中国自由贸易试验区协同创新中心

自贸区研究系列

2015上海城市经济与管理发展报告

亚太城市可持续竞争力研究

上海财经大学上海发展研究院　上海财经大学城市与区域科学学院
上海市政府发展研究中心　上海发展战略研究所·赵晓雷工作室　编

主　编　赵晓雷
副主编　邓涛涛
编　委　胡彬　杨嬛　王婧

格致出版社　上海人民出版社

前　言

　　从世界范围来看,随着经济全球化和区域经济一体化程度的加深,各国间的竞争也在不断加剧,国家间的竞争主要体现在城市特别是大城市之间的竞争。城市间的竞争,一方面促进了人才、资本等要素在全球范围内进行合理配置,使全世界城市的生产体系纳入全球生产链;另一方面,城市间的竞争也迫使城市面临严峻的挑战,置身于全球化背景下的城市均面临着来自全球范围的激烈竞争。

　　在经济全球化的今天,亚太地区正成为全球的政治、经济、文化、科技的重点区域,在全球发展格局中的话语权越来越大。在亚太地区崛起的过程中,城市亦扮演着非常重要的角色,它既是经济开放的窗口,同时还是工业化推进的前沿地带。可以说,亚太城市的转型与巨变见证了该地区崛起的先机与传导过程。亚太城市具有人口密度高、超大城市聚集发展的特点,亚洲城市化超常的发展规模、速度及人口密度为城市可持续发展带来了诸多挑战。每年数千万人口从农村转移到城市,能源和自然资源在工业化快速发展阶段被超常规利用,生态环境状况在亚太大多数城市的整体恶化趋势还在延续。这些挑战严重制约了亚太城市未来的发展,因此必须把人的发展、资源的消耗、环境的退化和生态的协调紧紧地联系在一起,这种关系就体现了人和自然必须走和谐与协同进化的道路。如何把城市人口、资源、环境和发展的整体关系约束在可持续发展的理念之中,并由此构建系统、科学、准确的指标体系,来测度城市可持续竞争力,已经成为亚太乃至全球城市当前关注的焦点。

　　城市是一个社会—经济—生态复合巨系统,城市可持续竞争力反映了城市发展的质量和效率,最终表现为一种具有更强、更为持续的发展能力和发展趋势。亚太经济的崛起带动亚太城市的兴起,并促使亚太城市中的全球城市的崛起。上海凭借着以亚太地区为依托、以国家战略为支撑、以长三角区域为广阔腹地的优势有望成为下一个亚太城市网络中的重要节点城市。全面提升上海可持续发展能力,使城市经济增长与人口、生态环境之间相协调、持久地发展,是上海城市化过程中需解决的关键问题。

本报告共分7章:第1章,亚太地区的崛起与发展;第2章,城市可持续竞争力理论分析;第3章,亚太城市可持续竞争力指标体系设计;第4章,亚太城市可持续竞争力计量分析;第5章,城市可持续竞争力城市:亚太地区最佳城市案例;第6章,可持续发展视角下亚太城市转型与未来战略;第7章,依托亚太地区的上海城市转型契机与可持续竞争战略。

本报告的研究工作由上海财经大学财经研究所/城市与区域科学学院"城市经济规划研究中心"及上海市政府发展研究中心上海发展战略研究所"赵晓雷工作室"负责实施。本报告的主题设计、框架确定及科研工作组织由赵晓雷教授主持,具体分工撰写及书稿统筹由邓涛涛负责。各章分工如下:第1章,胡彬;第2章,邓涛涛、马木兰;第3章,杨嬛;第4章,杨嬛;第5章,王婧;第6章,张可、邓涛涛;第7章,胡彬、胡晶;附录,邓涛涛。

赵晓雷

2015年1月于上海财经大学

目 录

第1章　亚太地区的崛起与发展　001

　　1.1　亚太地区的范围界定　001

　　1.2　亚太地区城市的变迁与发展　002

　　1.3　全球增长重心的转移与亚太地区的崛起　013

　　1.4　亚太城市的发展态势与特点　025

第2章　城市可持续竞争力理论分析　038

　　2.1　城市竞争与城市竞争力　038

　　2.2　可持续发展与城市可持续竞争力　049

　　2.3　城市可持续竞争力影响因素分析　052

　　2.4　城市可持续竞争力指标体系判别维度　055

第3章　亚太城市可持续竞争力指标体系设计　062

　　3.1　城市可持续竞争力指标体系的设计　062

　　3.2　亚太城市可持续竞争力评价指标体系　068

第4章　亚太城市可持续竞争力计量分析　088

　　4.1　研究方法与数据　088

　　4.2　中国城市可持续竞争力指数　098

　　4.3　亚太城市可持续竞争力指数　110

　　4.4　本章小结　141

第5章　城市可持续竞争力：亚太地区最佳城市案例　143

　　5.1　新加坡——最具竞争力的"花园城市"　143

　　5.2　大阪——知识集群创新中心　150

　　5.3　旧金山——世界创新之都　155

　　5.4　悉尼——后奥运时代的绿色都市　160

第6章　可持续发展视角下亚太城市转型与未来战略　　167

　　6.1　亚太城市转型面临的若干挑战　　168

　　6.2　亚太城市间的竞争与合作　　180

　　6.3　亚太城市的发展前景与战略选择　　190

第7章　依托亚太地区的上海城市转型契机与可持续竞争战略　　210

　　7.1　以亚太地区为依托的上海可持续竞争力发展趋势　　210

　　7.2　基于亚太地区整体竞争优势的上海城市转型契机　　219

　　7.3　上海可持续竞争力提升的障碍因素　　230

　　7.4　提升上海可持续竞争力的战略举措和政策建议　　247

附录　　260

参考文献　　274

第1章
亚太地区的崛起与发展

亚太地区,作为包含了奇迹般增长模式、在地缘政治中发生重大变迁和由经济体系孕育着大量发展机会的区域,它的崛起引起了学界与政界的广泛关注,为研究不同地理背景下城市成长的特点、发展规律,以及发生在全球化背景之下的区域化增长特征等提供了难得的样本。本章通过对全球增长重心转移的历史过程进行分析,阐释亚太地区崛起的序列关系及主要阶段。我们认为,发生于国家内部的城市化进程与快速和大规模卷入全球化分工体系所带来的一系列变化共同促成了亚太地区的崛起。与此同时,亚太地区崛起路径的独特性又与相关国家和地区不尽相同的经济发展和开放模式密切相关,并深刻影响着城市为竞争更多的由全球化赋予的发展机会而采取的措施和实施的战略,从而使得现实中观察到的亚太城市的发展既存在共性的一面,又具有值得关注和深入研究的个性特征。但是,不论具体表现形式如何,随着亚太地区参与全球化分工深度和广度的变化,城市之间的联系也将日趋紧密并依存于利益共享、互惠互通的网络组织结构来获得进一步的功能提升。

1.1 亚太地区的范围界定

亚太地区(Asia and the Pacific)的范围界定是本报告研究的前提。对亚太概念有种种不同的理解,有学者(陈峰君,1999)将其归纳为三方面的原因:一是就亚太地理范围本身来说不好界定,易产生不同看法。一般很少有复合的地理概念,几乎没有人使用"欧大"(欧洲和大西洋)、"美大"(美洲和大西洋)、"美太"(美洲和太平洋)、"非大"(非洲和大西洋)等概念。而且有几个大国如美国、俄罗斯、加拿大,或濒临两大洋,或地跨两大洲,如何界定它们不是简单的地理知识所能解决的。二是亚太概念已融入了相当程度的地缘政治和地缘经济因素,人们更多地用它来说明这一地区的经济上的重大变化和国际政治格局上的变迁。三是亚太地区的各类国家,特别是大国,为谋求其国家利益,往往在亚太概念上做有利于它自身的解释。

目前,大多数的学者都将亚太地区视为亚洲地区和太平洋沿岸地区的简称。亚太地区的地域概念有广义和狭义的区分。广义上,可以包括整个亚洲和环太平洋地区。狭义上,指西太平洋地区,主要包括东亚、东南亚、俄罗斯远东地区、大洋洲的澳大利亚和新西兰等国。本书重点针对亚太城市可持续竞争力进行研究,对于亚太城市的遴选,参考广义定义,以中国城市为主,选取了亚太地区 70 个在政治、经济方面最重要的城市进行分析(参见表 1.1)。

表 1.1 亚太地区主要城市

北京、上海、广州、深圳、成都、杭州、天津、南京、青岛、武汉、宁波、大连、沈阳、重庆、济南、西安、郑州、长沙、福州、哈尔滨、昆明、厦门、石家庄、合肥、长春、乌鲁木齐、海口、南宁、太原、南昌、呼和浩特、贵阳、银川、兰州、西宁、香港、台北

东京、首尔、新加坡、吉隆坡、雅加达、马尼拉、曼谷、新德里、河内、堪培拉、惠灵顿、伊斯兰堡

大阪、名古屋、京都、万隆、胡志明市、孟买、悉尼、墨尔本、奥克兰、旧金山、洛杉矶、西雅图、釜山、横滨、高雄、神户、槟城、卡拉奇、阿德莱德、布里斯班、奥克兰

1.2 亚太地区城市的变迁与发展

1.2.1 亚太概念的形成

亚太概念是在亚洲大陆和太平洋水域之间的相互联系发展到一定程度时才逐渐形成的,它并非二者的简单相加,而是亚洲大陆与太平洋水域间地缘政治和地缘经济关系发展的产物,相继经历了"东印度"概念时期、"远东太平洋"概念时期、东亚太平洋战场及战后初期和亚太概念形成时期四个阶段(陈峰君,1999)。亚太概念的形成,是由几个主要的原因促成的:其一,东亚经济特别是日本、亚洲"四小龙"的经济迅速增长,引起世界瞩目。其二,中华人民共和国诞生后日趋强大,它和其他亚洲新兴力量为亚洲增加了政治活力,美国为与苏联争夺世界霸权,把中国等亚洲发展中国家当作对抗苏联的一支重要力量。其三,大洋洲国家在战后实行"脱欧入亚"政策,同太平洋西岸亚洲国家的经贸关系已超过它们同大英联邦的关

系。20 世纪 50 年代初，澳大利亚 65％的贸易是以英国和其他欧洲国家为对象的，到了 60 年代末，对日贸易已取代了对英国的贸易。其四，美国同东亚经济关系进一步密切。20 世纪 70 年代初，美国同西太平洋地区的贸易额占美国对外贸易总额的 30％左右，已超过对大西洋地区的贸易额。①

可见，区域性的崛起是亚太地区备受关注的主要原因，也是人们接受亚太概念的事实依据。美国学者约翰·奈斯比特(John Naisbitt, 1991)等指出，无论从地理、人口或经济的角度来衡量，从南美洲的西海岸向北延伸，跨过白令海峡到达前苏联，南下至澳大利亚，由太平洋之水连接起所有国家的环太平洋地区在全球都占有举足轻重的地位。他强调，亚洲经济的增长奇迹推动了世界贸易中心从大西洋向太平洋的转移，并促使文化也向这一区域转移。在 20 世纪 90 年代初，他就预测，整个东亚地区——中国与亚洲"四小龙"将成为继日本之后起支配作用的经济力量。东亚增长奇迹所释放出的活力，无形中加强了亚太概念的区域凝聚力，主要表现为亚洲以外国家与之频繁的经贸往来和不断加深的政治合作。以南太平洋国家澳大利亚为例，20 世纪 80 年代末至 90 年代初，它对东亚国家的制成品出口的增幅就高达 30％—40％。澳大利亚前总理霍克最先提出了创建 APEC 组织的提议。因此，我们在看待亚太概念时，应该将其视为一种区域崛起并逐步扩大影响力的发展现象。由于经济、文化与社会发展的影响力会改变国家和地区之间的力量对比格局，并会通过要素流动、投资与贸易增长、产品流通等渠道提升和扩大崛起区域的吸引力与经济规模，而那些在此过程中发挥重要作用以及被辐射与波及的国家和地区自然是亚太概念的组成部分，将成为影响亚太地区未来发展的动态因素。

1.2.2　亚太城市的发展

1. 始于 20 世纪 80 年代的城市变迁和城市化特点

亚太地区工业化的迅速推进，也深刻影响到了城市化的发展模式与路径特点。城市作为区内经济转化、社会及生活现代化的引擎，带动一系列的政治和文化变迁(杨汝万, 2004)，从而成为审视亚太地区在崛起中如何发生剧变的另外一个重要视角。著名学者 McGee(2004)在为杨汝万教授的《全球化背景下的亚太城市》一书作序时指出，城市变迁是继 1945—1970 年间亚太国家和地区经历的政治变迁和突出

① 　对于亚太概念的分析，本部分引用了陈峰君(1999)的观点。

表现、在20世纪80年代的经济变迁之后的第三次变迁。他将城市变迁归纳为一个涉及城乡迁移、城市边界延伸入农村地区,以及超级城市区域连绵形成的复杂过程,这种复杂的变迁给中央和地方政府带来了很多挑战。

作为出口导向型工业化的发展样本,亚太地区的城市化进程也形成了自身的特点。首先,在一些国家中出现了特大城市,并且大城市的市区发展速度十分迅猛(亚太经济和社会委员会,1987)。这种状况与亚太国家不平衡的城乡发展格局和较低的城市化水平有关,致使工业化快速发展的机会主要被交通便利、基础设施和公共服务相对集中的大城市获得,并转化为使其进一步扩张的动能。其次,城市发展机会的不均等,势必会造成大城市和小城市以及农村地区之间发展差距的拉大和城市问题的丛生。一个典型的现象就是,一些大型和加速扩展的城市都得到妥善的管理和服务,但一些小城市却饱受恶劣物质环境的困扰(UNCHS,1996)。在迅猛工业化造成的城市化压力下,亚太地区的大多数国家都面临房荒、物质基础设施和社会公益服务短缺的问题。这种现象一度被视为是由于"过度的"国内迁移所造成的"超城市化",从而迫使亚太发展中国家的政府探索一项不是放慢速度便是扭转国内迁移的政策(亚太经济和社会委员会,1987)。从时间的角度来看,发展中国家的最大型城市在80年代的人口增长速度,比60年代和70年代都慢得多(杨汝万,2004)。

2. 世纪之交前后亚太城市发展中的剧变与特点

世纪之交,全球化对城市发展产生了深刻的影响。Olds(1995)界定了全球化的五个方面:国际金融系统的发展和再构,财产市场的全球化,跨国公司,社会关系与世界社会网络,社群的扩张、移动和网络。Thrift(1994)则从金融的全球化和过度生产的金融权力、生产全球化和全球供不应求的市场的持续提升、知识的全球化和知识结构与输出系统的重要性的增加、跨国投资的增长和跨国经济对外策略的提升,以及国家权力的全球化这几个方面概括了经济全球化的若干主要特征。可见,全球化是一个涉及经济、政治、文化、社会等多方面的综合性概念,它是由各种因素复合在一起形成的,并且是各种要素相互作用的结果。因此,对于全球化及其作用不能做单一的解释,应当予以全面的理解和把握(丰子义,2009)。认识全球化的复杂性,是研究亚太城市化的特殊性和城市发展特点与趋势的前提,更是前瞻性地试图应对城市可能面临的危机和困境时必须思考的问题。

全球化既是一个过程,也是一种现象和一种意识形态,它将越来越多的国家、城市和民众捆绑在一种互相依存和互相联结的关系中;全球化也带来剧烈的竞争、巨大的动力和创造性的合作关系(杨汝万,2004)。在这种背景下,亚太地区的城市地位随着国家经济实力的壮大普遍得到了提升,其城市化对于开放环境所提供的外部推力呈现出高度依赖性,这是亚太国家与工业化国家所经历的城市化道路的典型不同之处。亚太国家如何依托城市融入全球分工体系,同时在接受全球化影响的过程中城市又经历了怎样的转型,是研究亚太地区城市化与城市发展问题的两个息息相关的视角。

根据联合国人居计划署的数据,20 世纪 90 年代,亚太地区的城市人口刚刚超过 1 亿。亚洲城市人口的比例从 1990 年 31.5%增长到 2010 年的 42.2%,在 10 年间增长了 10.7 个百分点。其中,巨型城市(megacities)①的数量增长迅猛。在全世界范围内的 21 座巨型城市中,亚洲城市达到 12 个,所占比例超过一半。作为高度城市化的地区,巨型城市不仅吸引了大量的发展型投资,同时还充当着创造的中心和具备最好教育设施和文化机构的知识中心,是文化多样化、丰富多彩又有着充分活力的城市空间。事实上,在一个国家之内,城市的聚集能力和空间集中倾向增强,大都市的数量明显增加,大都市在各国社会经济生活中的作用更加显要,经济、政治与文化能量的空间集中日益突出的情况在发展中国家尤其是人口密度很高,又有较长的大都市历史的亚洲地区似乎更为明显(李青,2002)。

跨国资本大量流入发展中国家,引发了大都市及以其为中心的区域对 FDI 的激烈争夺,也带动了国内生产型投资的相应增长。这是因为,20 世纪 90 年代以来,FDI 被认为是区域发展的“万能药”,正是由于区域对外资的争夺,不断强化了多国公司(MNCs)在全球经济中的支配性地位(徐海英、郭丽丽、张春梅,2011)。跨国公司作为全球生产的组织者,通过投资、贸易、运输等活动将具有不同资源、要素和禀赋条件的区位联结起来,从而得以绕过国家边界的约束,突出发展中国家的大都市在全球生产中的重要地位,带动其出现前所未有的超常规发展。这种发展势头在亚太地区崛起的大背景之下,根据国家在全球地域分工中的角色定位和融入全球化程度的差异,对国内城市化格局造成了一些新的影响。

首先,无论是发达国家还是发展中国家,在全球化过程中都无一例外地经历了地区经济重构的过程,在城市化获得大幅度推进的同时,也引发了收入差距扩大、人口过度聚集等一系列问题。

以日本为例,它作为亚太地区崛起的核心力量,在经历了 20 世纪 50—60 年代的高度工业化发展之后,其城市化空间也发生了巨大的变化,最突出的就是在依托太平洋的沿海工业带,形成了高度密集的都市带布局结构。当然,这些变化所产生

---

① 是指人口规模超过千万的城市。

的效应也是双重的。一方面,国内资源和增长财富的高度集中,极大地提升了核心大都市的国际地位,并促使其在与周边国家和地区之间频繁而密集的经济和金融联系中逐步确立"世界城市"的中心地位。受国土狭窄、资源贫瘠等条件的限制,日本城市化空间以东京、大阪、名古屋三大都市圈为中心。尤其是东京大都市圈,自20世纪60年代以来呈现出以近域蔓延和同心圆式分散为主的圈层状大都市区空间结构,几乎囊括了国家政治、经济、文化及国际金融等全部城市职能(顾朝林、袁家冬、杜国庆,2007),为跨国企业提供金融服务,为跨国企业行使海外资产管理和控制职能等创造了条件。"世界城市"的概念源起于20世纪80年代,指的是在全球经济体系的空间联系中发挥最重要作用的那些城市,也是指与这个体系构成一个整体的所有不同规模的城市的集群(约翰·弗里德曼,2005)。这个时期,东京与伦敦、纽约一道被学界视为位居世界城市等级体系顶层的三大城市。另一方面,伴随着日本将劳动密集型产业向外转移的过程,日本国内也在酝酿着一场规划变革,以解决因空间过度集中导致的住房困难、地价高涨、交通拥挤、远距离通勤、生活环境恶化等一系列问题。自20世纪70年代中后期,东京大都市圈开始实施"多核分散"的设想,试图将东京的部分城市功能分散到周边的神奈川、千叶、茨城、群马、栃木诸县,构建区域多极多圈层的城市化空间结构。然而,20世纪90年代的经济全球化浪潮,再次粉碎了实施"多核分散"的设想,与世界城市东京持续增长形成反差的是那些远离全球化的国家、地区、城市和个人边缘化倾向明显,导致区域性中心城市发展停滞和地方性城市衰退(顾朝林、袁家冬、杜国庆,2007)。城市规划面临的这种困境,并非日本东京所独有的现象。例如,印度的加尔各答和马德拉斯、印度尼西亚的雅加达都是在新全球经济背景下成长起来的亚太巨型城市,它们为了适应城市规模的扩张和新增功能的发展,尝试采取多中心分散或改变城市增长轴线的规划策略,以期在空间上实现优化发展。但是,这些举措都收效甚微。导致这种现象的主要原因,除了缺少相应机制来控制土地利用,使得实际发展与计划规定出现严重脱节(杨汝万,2004)以外,还与城乡发展权不平等,缺乏城乡统一的规划理念,农村发展被长期忽视等密切相关。

在发展中国家,工业化的推行是以"城市偏向"为基础的,迅速的城市化造成了城乡和地区差距的持续扩大。同时,政府在城市为争取外国投资而进行的对关键基础设施和服务的投入亦会加大城乡之间在基础设施和服务可获得性上的差距。在亚太国家,"城市偏向"还体现在政府根据人口规模对于城市地区有着不同的界定,却对农村地区没有进行明确的定义,并且在整个亚太地区还存在一种趋向,就是通过将更多的地区界定为城市,以便给予它们一定的行政管理权限,进而将其纳入到特定区域的治理范围内（United Nations，2001）。联合国亚太经济与社会委员会（2001）的资料认为，在这种发展导向下，尽管几十年后大多数的人口都将居住在城市，但是各种形式的贫困现象在农村要比城市普遍得多，因此，这种城市化意味着贫困的城市化。1998 年，亚太地区的贫困人口①占全世界总贫困人口的比例达 66.8%，比 1987 年的 75.4% 仅降低了 8.6 个百分点。其中，在 20 世纪 90 年代，在印度尼西亚等国家出现的贫困率不降反升的现象，恰恰是因为农村具有比城市更高的贫困集中率。这种状况是由长期以来不利于农业发展的直接或间接的偏向政策所造成的。在被调查的 7 个国家（分别是韩国、马来西亚、巴基斯坦、菲律宾、斯里兰卡、泰国、土耳其）中，只有韩国在长达 20 多年的时期内的总偏向率（按照由直接或间接干预造成的农业国内贸易不景气程度计算）为负值，这亦反映出亚太地区内部的城市化质量并不均衡。相对而言，发展速度较快的东亚和东南亚有着较高的城市化水平，尽管从长期看，农村人口的平均变化率根据预测会出现持平的趋势，参见表 1.2。

表 1.2　亚洲内部各地区的城市化水平及其变化率

	城市人口（%）				平均变化率（%）			
					城　市		农　村	
	1950	1975	2000	2025	2000—2005	2025—2030	2000—2005	2025—2030
亚　洲	17.4	24.7	36.7	50.6	1.31	1.10	-0.8	-1.19
东　亚	18.0	25.2	38.5	51.8	1.20	1.06	-0.79	-1.20
中南亚	16.6	22.2	30.6	44.7	1.36	1.37	-0.63	-1.18
东南亚	14.8	22.3	37.2	53.2	1.85	1.00	-1.18	-1.20
西　亚	26.7	48.5	70.2	77.0	0.71	0.26	-1.77	-0.97
世界总计	29.7	37.9	47.0	58.0	0.83	0.77	-0.86	-1.12

资料来源：United Nations（2000）。

由于自然、社会文化条件以及政策制定等方面的差异，这种存在于发展中国家城乡之间的差距同样也存在于一国内部的区域之间。对此，杨汝万（2004）指出，全球化的新世界既充满希望，也布满危机，使人忧心的是全球化所产生的边缘化后果。国家、城市和个人若有能力紧随全球化步伐则可获益，但若缺乏适当的基础设施建设或资金投入则会被忽略和边缘化，这种尖锐的两极化同时存在于发达国家和发展中国家，并不局限在世界的特定的部分。这表明，由全球化引发的地区空间

① 这里的贫困人口是指日均消费水平低于 1 美元的人口。

重构已成为亚太地区发展中的一个普遍现象,并给缩小国内区域发展差距和解决城市问题带来了难度。

其次,亚太地区的城市聚集体(urban agglomeration)在 2000 年之后开始快速兴起,并且人口规模的增长幅度有了较大程度的提升(参见表 1.3)。自从 20 世纪 50 年代中期的日本东京取代美国的纽约—纽瓦克成为世界第一大人口聚集体之后,亚太地区的人口聚集就开始成为学界关注的显著现象。1990 年,在全世界 30 个最大的城市聚集体中,亚太地区城市有 14 个,所占比例接近一半。到了 2000 年,尽管这个数字没有发生变化,但是位序排列有所不同,其中印度和中国的城市聚集体的位次上升最快。2011 年,亚太地区跻身全世界前 30 位的城市聚集体达到了 15 个,印度的德里从 2000 年的第 6 位跃至第 2 位,仅次于日本的东京,中国的上海也从 2000 年的第 7 位跃至第 5 位。从规模上看,与 20 年前相比,除了第 1 位的日本东京没有太大的波动以外,当今城市聚集体的人口规模膨胀速度明显加快,其中尤以发展中国家为甚。在 1990 年,人口规模达到 1 000 万以上便可以位居前 10 大城市聚集体的行列,而到了 2011 年这种规模的城市聚集体连前 20 位都排不上。与 2000 年相比,我们发现中国的城市聚集体增长迅猛,深圳和武汉成为除上海、北京、广州和重庆之外的新晋成员,这亦表明中国的城市圈和城市群发展战略的政策效应已经开始释放。联合国经济和社会事务部(2012)预测,到 2025 年,印度和中国的城市人口集中度将有一个大幅度的提高,印度的德里将成为除日本东京以外又一个城市人口规模超过 3 000 万的城市聚集体,而中国的上海和北京聚集的城市人口将分别达到 2 840 万和 2 263 万,武汉和天津也将成为人口规模超千万的城市聚集体。

表 1.3 1990—2025 年按人口规模排序的 30 个最大的城市聚集体

	国　家	城　市	人口(百万)
1990			
1	日　本	东　京	32.53
2	美　国	纽约—纽瓦克市	16.09
3	墨西哥	墨西哥城	15.31
4	巴　西	圣保罗	14.78
5	印　度	孟　买	12.44
6	日　本	大阪—神户	11.04
7	印　度	加尔各答	10.89
8	美　国	洛杉矶—长滩—圣安娜	10.88
9	韩　国	首　尔	10.54

（续表）

国　家	城　市	人口（百万）
10　阿根廷	布宜诺斯艾利斯	10.51
11　印　度	德　里	9.73
12　巴　西	里约热内卢	9.59
13　法　国	巴　黎	9.33
14　埃　及	开　罗	9.06
15　俄罗斯	莫斯科	8.99
16　印度尼西亚	雅加达	8.18
17　菲律宾	马尼拉	7.97
18　中　国	上　海	7.82
19　英　国	伦　敦	7.65
20　美　国	芝加哥	7.37
21　巴基斯坦	卡拉奇	7.15
22　中　国	北　京	6.79
23　孟加拉国	达　卡	6.62
24　土耳其	伊斯坦布尔	6.55
25　伊　朗	德黑兰	6.36
26　泰　国	曼　谷	5.89
27　秘　鲁	利　马	5.84
28　中　国	香　港	5.77
29　印　度	金奈（马德拉斯）	5.34
30　俄罗斯	圣彼德堡	4.99
2000		
1　日　本	东　京	34.45
2　墨西哥	墨西哥城	18.02
3　美　国	纽约—纽瓦克市	17.85
4　巴　西	圣保罗	17.10
5　印　度	孟买	16.37
6　印　度	德　里	15.73
7　中　国	上　海	13.96
8　印　度	加尔各答	13.06
9　阿根廷	布宜诺斯艾利斯	11.85
10　美　国	洛杉矶—长滩—圣安娜	11.81
11　日　本	大阪—神户	11.17
12　巴　西	里约热内卢	10.80
13　孟加拉国	达　卡	10.28
14　埃　及	开　罗	10.17
15　中　国	北　京	10.16
16　巴基斯坦	卡拉奇	10.03

（续表）

	国　家	城　市	人口（百万）
17	俄罗斯	莫斯科	10.00
18	菲律宾	马尼拉	9.96
19	韩　国	首　尔	9.92
20	法　国	巴　黎	9.74
21	土耳其	伊斯坦布尔	8.74
22	印度尼西亚	雅加达	8.39
23	美　国	芝加哥	8.33
24	英　国	伦　敦	8.22
25	中　国	重　庆	7.44
26	中　国	广　州	7.33
27	秘　鲁	利　马	7.29
28	尼日利亚	拉各斯	7.28
29	伊　朗	德黑兰	6.88
30	中　国	香　港	6.78
2011			
1	日　本	东　京	37.22
2	印　度	德　里	22.65
3	墨西哥	墨西哥城	20.45
4	美　国	纽约—纽瓦克市	20.35
5	中　国	上　海	20.21
6	巴　西	圣保罗	19.92
7	印　度	孟　买	19.74
8	中　国	北　京	15.59
9	孟加拉国	达　卡	15.39
10	印　度	加尔各答	14.40
11	巴基斯坦	卡拉奇	13.88
12	阿根廷	布宜诺斯艾利斯	13.53
13	美　国	洛杉矶—长滩—圣安娜	13.40
14	巴　西	里约热内卢	11.96
15	菲律宾	马尼拉	11.86
16	俄罗斯	莫斯科	11.62
17	日　本	大阪—神户	11.49
18	土耳其	伊斯坦布尔	11.25
19	尼日利亚	拉各斯	11.22
20	埃　及	开　罗	11.17
21	中　国	广　州	10.85
22	中　国	深　圳	10.63
23	法　国	巴　黎	10.62

（续表）

	国　家	城　市	人口（百万）
24	中　国	重　庆	9.98
25	印度尼西亚	雅加达	9.77
26	韩　国	首　尔	9.74
27	美　国	芝加哥	9.68
28	中　国	武　汉	9.16
29	秘　鲁	利　马	9.13
30	英　国	伦　敦	9.01
2025			
1	日　本	东　京	38.66
2	印　度	德　里	32.94
3	中　国	上　海	28.40
4	印　度	孟　买	26.56
5	墨西哥	墨西哥城	24.58
6	美　国	纽约—纽瓦克市	23.57
7	巴　西	圣保罗	23.17
8	孟加拉国	达　卡	22.91
9	中　国	北　京	22.63
10	巴基斯坦	卡拉奇	20.19
11	尼日利亚	拉各斯	18.86
12	印　度	加尔各答	18.71
13	菲律宾	马尼拉	16.28
14	美　国	洛杉矶—长滩—圣安娜	15.69
15	中　国	深　圳	15.54
16	阿根廷	布宜诺斯艾利斯	15.52
17	中　国	广　州	15.47
18	土耳其	伊斯坦布尔	14.90
19	埃　及	开　罗	14.74
20	刚果民主共和国	金沙萨	14.54
21	中　国	重　庆	13.63
22	巴　西	里约热内卢	13.62
23	印　度	班加罗尔	13.19
24	印度尼西亚	雅加达	12.82
25	印　度	金奈（马德拉斯）	12.81
26	中　国	武　汉	12.73
27	俄罗斯	莫斯科	12.58
28	法　国	巴　黎	12.16
29	日　本	大阪—神户	12.03
30	中　国	天　津	11.93

资料来源：United Nations, Department of Economic and Social Affairs, Population Division (2012)。

第三，与新一轮国际分工强调基于比较优势的开放性竞争相对应，全球经济之间的联系因为各种层次的城市竞争与合作而得到了增进，这亦使得亚太地区内部在融入国际分工体系的过程中经历了一个分化重组的过程。Cohen(1981)将新全球经济的特征界定为生产设施的跨国分布、与企业相关的服务的跨国分布和国际化资本市场体系的兴起这三个方面的内容。也正是经由这三个渠道，亚太地区的城市发展在适应中转型，在转型中提升，在提升中实现功能上的相互关联，进而表现出一些新的特点。

那些充当着区域和全球运输枢纽、金融中心的城市在聚合区域资源中的作用日益突出，并利用组织区域分工带来的发展机会，增强自身在全球经济中的管理和协调能力。也就是说，在亚太地区的全球城市形成过程中，我们可以看到与区域化生产相互促进的典型特征。正如Scott(1996)所言，经济协调和操控能力正在经历上到国家层面、下至区域层面的意义深远的重新布局过程，世界资本主义正在进入一个以（融入并植根于全球劳动地域分工中的）强化了的区域化生产为标志的发展阶段。区域化生产造就了一类新兴的地域组织形态。在亚太地区，杨汝万(2004)将这类地域组织称为"成长三角"(Growth Triangle)。他举了两个例子，一个是以香港为中心的包括广东、福建和台湾在内的华南成长三角，一个是以新加坡为中心的包括马来西亚的柔佛、印度尼西亚的廖内群岛在内的柔新廖成长三角，学界简称SIJORI(Singapore, the Johore State of Malaysia, and Riau Province of Indonesia)。SIJORI于1989年由新加坡副总理吴作栋正式提出，是新加坡在20世纪80年代和90年代区域发展计划的核心部分，旨在将新加坡的劳动密集型产业转移到邻近的国家和地区。在发展之初，SIJORI覆盖了大约600万的人口规模，在最初的五年里就吸引了100亿美元的私人部门投资，如今的SIJORI已经成长为面积达6 889平方公里、人口超过800万的区域。Kruger(1996)指出，对于东盟国家来说，区域合作不失为一种吸引投资和技术的竞争模式，特别是在面临中国和印度等更大经济体的时候。因此，"成长三角"的战略价值往往会上升到国家层面来加以明确。随着SIJORI"成长三角"潜力的逐渐释放，吸引了更多马来西亚的州和印度尼西亚的省的加入。1994年12月7日，三方签署了谅解备忘录，标志着印度尼西亚、马来西亚和新加坡的"成长三角"(Indonesia-Malaysia-Singapore Growth Triangle，简称IMS-GT)的正式成立。国家之间缔结这种发展关系，是为了利用国家之间的互补性来达到增强区域经济联系的目的。

从另一个角度看，区域化的生产平台构成了亚洲全球城市成长的重要基础。然而，以此为基础的全球城市却发挥着超越"成长三角"所界定范畴的影响力与服务功能。对于 SIJORI,约翰·弗里德曼(2005)提出了自己的看法,他认为虽然新加坡的直接腹地包括马来西亚的柔佛和印度尼西亚的廖内岛,但在某种意义上,这个充满活力的城市国家对整个东南亚的跨国区域发挥着金融中心的作用。显而易见,基于全球化需要的区域化生产已经成为亚太全球城市成长的必要条件,但是全球城市影响和辐射的范围却取决于它依托于区域生产所实现的联系世界经济的广度与深度。因此,要评判和比较城市的竞争力,需要结合它在所属区域中的角色定位、影响与组织能力以及该区域发展的源动力和未来的增长潜力来综合确定。

以上分析提示我们,既然我们明确了区域发展在全球化中的重要作用,以及全球化经由不同类型的区域化过程来得到推进和实现这样一种关系,那么我们在审视亚太地区的城市发展与竞争问题时,就有必要对亚太地区的崛起这一具有划时代意义的重大历史背景及影响该过程的主要因素展开分析。

1.3　全球增长重心的转移与亚太地区的崛起

1.3.1　全球增长重心的转移及其对亚太地区发展的影响

1. 全球增长重心转移的主要历程

全球增长重心的转移是通过世界制造业中心的几次大的转移来实现的。自从 19 世纪以来,世界范围内总共发生了四次大规模的产业转移。第一次产业转移发生在 19 世纪 80 年代之后的第二次工业革命期间。这时候,通过第一次工业革命确立"世界制造业中心"地位的英国逐步被美国和德国取代。在产业方面,则表现为电力、汽车、化工等产业的发展速度远超过了纺织、钢铁和煤炭等传统产业。凭借在这类产业领域建立的大规模工业化的技术体系优势,全球增长的重心再次发生转移,使得美国在第二次世界大战以后取代德国正式确立了第二代"世界制造业中心"的地位,这就是第二次产业转移。到 1948 年,美国的工业总产值占整个资本主义世界的 53.9%,超过其他资本主义国家的总和(张为付、张二震,2003)。

第三次产业转移发生在第二次世界大战以后的第三次技术革命期间,其间涌现了以信息技术(计算机技术、通信技术、自动控制技术)为先导的高新技术产业,包括利用核能的新能源技术、航天航空技术、新材料技术、生命科学和生物工程等。

这些新兴技术产业既强化了美国在新技术产业领域的发展优势,同时也促使那些技术成熟的产业以更大的规模向外转移。20世纪50年代以后,在美国控制东亚的战略需要和日本旨在"技术立国"的战略目标的共同影响下,日本的制造业迅速崛起,并成为经济复苏的主要力量。到了20世纪70年代初期,日本的钢铁、半导体、汽车、家用电器、机械设备、电子信息产品等产品的生产能力跃居全球首位,其制造技术和质量达到了全球领先水平。20世纪80年代中期,随着微电子革命,日本在新兴的半导体产业技术方面超过了美国,赢得了占全球半数以上的市场份额,确定了继美国之后的全球制造业中心的地位。与美国全面取代英国成为全球制造业中心不同,日本成为新的全球制造业中心,主要倚靠其在重点行业、重点技术领域取得领先于美国的竞争优势,日本并没有完全取代美国(梅松,2004)。对此,张为付和张二震(2003)给予了解释。他们认为,前二代分别以英国和美国为主的"世界制造业中心"均以具有强大完整的产品生产能力为标志,产品生产全过程基本上被限定在一国国界之内,具有"全配套"式的产业结构,工业制造业的竞争力以产品生产全过程的综合竞争力来表现,产业间的水平分工是国际分工的主要形式,产业转移路径是按产品"生命周期"理论所描述的方式进行的。而当日本成为新的"世界制造业中心"以后,"世界制造业中心"的内涵已经发生了一些变化,主要表现在日本作为全球制造中心是凭借其在重点行业和重点产品及部件生产而非生产的绝对规模上领先于世界。在原因上,是由于这个时期以垂直分工为特点的产业内分工已经成为国际分工的主要形式。

第四次产业转移发生的背景是,20世纪90年代以来,中国对全球经济增长的贡献度不断加大,显示出对世界经济逐步增强的影响力。1990—2003年间,中国GDP的年平均增长率为9.26%,而这一时期世界GDP的年平均增长率为2.52%,其中,发达国家为1.91%,发展中国家为4.03%,亚太地区为5.22%(杨丹辉,2005)。这种格局既延续了产业内分工对制造业生产力布局的影响效应,同时也受到了中国国内改革开放路径的积极引导,从而呈现出一些新的特点,诸如制造业的竞争主要依靠成本优势而非技术优势,关键的零部件和高附加值的中间产品仍然需要进口,制造业的整体技术创新能力不足,出口产品的技术含量较低等。这意味着,我们不能继续沿用形成"世界制造业中心"的既有模式来审视中国在经济增长重心转移中扮演的角色及其在亚太地区发展中发挥的作用。中国成为"世界工厂"将改变东亚各国(地区)经济力量的对比,使东亚内部分工形态更加开放和多元化(杨丹辉,2005),同时还会因加剧出口模式的竞争而促使产业升级和进一步扩大分工网络的覆盖范围,从而为中国国内和亚太地区相对落后区域的工业化带来更多的机会。从这个角度来看,中国的"世界工厂"地位仍然存在较大的上升空间①,也将在较长时期内对亚太地区的发展起到深远影响。

目前,亚太地区成为发展中心的阶段性趋势日渐清晰。第一阶段是第二次世界大战后由日本的崛起带动的起步阶段,第二阶段是当前由中国的崛起带动的关键阶段,第三阶段是由印度的崛起带动的形成阶段(金泓汎、全毅,2011)。按照世界银行划定的标准,2009 年以后,中印两国都不再是世界低收入国而进入中下收入经济体之列。与中国的改革开放相比,印度的"经济自由化"改革始于 1991 年。尽管印度的经济增长速度和人均收入水平不及中国,但是对外开放对经济增长同样起到了显著的促进作用。相较于中国的对外开放,印度的对外贸易依存度波幅较小,总体上保持了稳步的阶梯攀升趋势;印度的服务贸易而非货物贸易成为外汇储备增加的最大源泉;印度注重对服务业的外资引入,印度的对外投资以私营企业而非国家资本和国有企业为主(赵伟,2011)。近年来,在国际金融危机的冲击下,东南亚国家和印度的货币对人民币的汇率普遍下降了 10%—30%,即使不考虑人民币升值的压力,随着贬值时滞的消逝,其对中国出口的供应替代的压力将日益增大(陈志昂、章丽琼,2010)。综合这些表现,印度的崛起尤其为世界所瞩目,甚至有评估报告认为印度凭借其快速增长的劳动年龄人口,有望在未来某个时间超越中国。由此看出,尽管存在着不确定的因素,但是亚太地区真正成为世界发展中心是可以预期的。与前几次世界增长重心的转移以一国"独秀"迥然不同的是,亚太地区的崛起持续时间较长,呈现出波浪式推进的特点,并且高度依赖各国和地区之间建立的竞争与合作关系,从而表现出"一荣俱荣、一损俱损"的特点。1997 年金融危机对亚太多国产生的连锁波及效应及 1998 年末期开始的大规模相继复苏,都是典型的例证。因此,在加强区域一体化中谋求亚太地区的崛起,关乎整个地区的发展福祉。

2. 全球产业分工形式的演变及其对亚太地区的影响

凭借外部机遇和内部战略导向而崛起成为"世界制造业中心"的日本,在不断

---

① 按照在国际分工中的地位,"世界工厂"可以分为三类。一类是来料加工型的"世界工厂"。由于发展中国家劳动力便宜,跨国公司就把发展中国家作为工业品的生产加工基地。这类"世界工厂"在国际分工生产价值链中处于最低端。在第二类"世界工厂"中原材料采购和零部件制造以实行本土化为主,跨国公司控制着研发和市场销售网络。这种类型较第一种类型层次提高一些,但仍然属于生产车间型的"世界工厂"。第三种类型的"世界工厂",既具有研发能力和名牌,也控制着国际市场的销售网络,既在本土进行加工制造,同时也在全球范围内进行采购,以实现资源的最优配置。这一类"世界工厂"能够获得生产链上的最大经济利益。只有成为第三类"世界工厂",才能真正成为对世界经济有重要影响的经济体(于蕾、沈桂龙,2003)。

深化的国际分工过程中也对以其为中心的亚太地区的经济发展产生了重要影响。更确切地说,日本成长为新一代的"世界制造业中心"与亚太地区的其他国家和地区利用比较优势参与由日本主导的国际分工体系不无关联。20世纪60年代以前,东亚地区基本上呈现出一种单一的垂直形式的国际分工格局,即主要由日本生产工业制成品,其他国家和地区生产原料和初级产品(汪斌,1998),这属于较为典型的中心外围式分工模式。到了60年代末至80年代前期,东亚地区的这种中心外围式的分工模式发生了改变,通过吸引来自日本的产业转移,形成了不同工业部门之间的国际分工体系。80年代中期的日元升值和亚洲新兴工业化国家与地区在90年代面临的劳动力成本上升、通货升值等问题,都通过产业结构的调整促使东亚地区的国际分工发生明显的改变。

汪斌(1998)从三个角度概括了20世纪80年代中期以后东亚地区国际分工的发展过程。其一,在产业间分工方面,由于亚洲新兴工业化国家和地区发挥了"资本品、中间产品供给国"和"接受消费品市场"的作用,使其部分替代了日本、美国原先承担的角色,从而加速了产业间分工的进一步发展。其二,在产业内分工方面,东亚各国(地区)在同种产业部门之间充分发挥各自的比较优势,分别生产不同档次和规格的产品,然后通过贸易互通有无。这种分工形式不仅使生产地点更加接近销售地点,而且还促进了产业内产品差异化分工的发展,进而提高了产业的非价格竞争能力。其三,在日本跨国公司对外投资的主导下,企业内分工形成并快速发展。一种形式是日本的跨国公司在企业内部按生产工序进行分工,或按零部件专业化分工,把具有不同禀赋的、分散的、各国独立的生产活动纳入公司内部的国际分工体系,以获取垂直分工的比较利益、水平分工的差别化利益和规模效益。另一种形式是日本跨国公司把一部分研究开发工作从国内转移到东亚其他国家(地区),利用当地的技术人员,根据当地市场的需要,设计并开发新产品,或加工零部件,而日本跨国公司在其本土的母公司只承担新产品开发和零部件加工的基础研究。我们认为,这三类分工形式在亚太地区的并存恰恰印证了20世纪80年代国际分工体制发生的深刻变化。更多的亚太国家和地区加入分工体系,而且在它们之间形成了层次多样、错综复杂的网络分工关系。国际分工的发展对亚太地区的区域经济合作和城市发展产生了重要影响。

首先,产业间分工的大规模发展在较短的时期内为东亚各国和地区的工业化进程提供了必要的资本条件,它不仅打破了中心外围式的分工模式,而且促使东亚各国和地区直接面向全球经济变化带来的机遇与挑战。发展速度一直是亚太地区中的东亚彰显其增长奇迹的重要指标。与西方国家的经济增长以渐进性为主要特点不同,亚太地区内以东亚为主的八个经济实体的增长速度异常迅猛。自从 20 世纪 60 年代中期以来,亚洲几个新兴的工业国和日本一起,创造了长期持续的高增长速度,到 70 年代以后,泰国、印度尼西亚和马来西亚作为第二代新兴工业化国家也加入了这一高速增长的行列,中国从 80 年代起也实现了持续的高速增长,东亚八个经济实体所具有的高速持续增长的特点,使其能在较短的历史时期内克服了由后发展所引致的滞后效应(杨先明,1997)。亚太地区取得的增长绩效与它们和美国、日本之间建立的资本、技术和市场联系有关。以东亚为主的国家和地区获得了商业银行贷款、直接投资、经济援助、金融银行分行的服务、政府借款。以直接投资为主的资金支持直接促进了亚太地区一些先行国家和地区的经济结构调整和产业升级,诸如中国香港和新加坡,使它们一跃成为地区增长的领先者。从相关的统计数据中可以看出亚太地区在全球产业加速转移过程中吸引外资流入的强劲势头。1991 年世界投资报告的数据显示,在整个 20 世纪 80 年代,全球年均资本流入位居前列的发展中国家和地区(占总流入量的份额)分别是新加坡(12%)、巴西(12%)、墨西哥(11%)、中国(10%)、中国香港地区(7%)、马来西亚(6%)、埃及(6%)、阿根廷(4%)、泰国(3%)、哥伦比亚(3%)。亚太地区大量吸引外资的状况一直持续到了今天。2005—2007 年,亚洲吸引的 FDI 项目的份额占到全世界总量的 30%,其中东亚和东南亚的份额达到了 13%,这两项指标到了 2011 年分别达到了 31% 和 22%(UNCTAD,2012)。2012 年,尽管发展中国家吸引外资数量的减少部分主要集中在亚太地区(2012 年亚洲吸引的外资规模为 4070 亿美元,比 2011 年减少 290 亿美元),但是从相对数量来看,亚洲吸引的外资规模占全球外资流入规模的比重仍然达到了 30.1% 的高位,其中东亚和东南亚的份额就达到了 24.1% 的水平(UNCTAD,2013)。在引进外国技术方面,亚太地区呈现出三方面的特点:不失时机地引进劳动力密集型生产技术;引进技术注重通过设备的现代化提高生产效率;技术的引进和更新都旨在提高产品的出口竞争力。在技术引进方面的这些导向,大大缩短了亚太地区从传统的工业化阶段过渡到以信息化为基础的工业化阶段所需要的时间,从而为经济赶超创造了条件。

当然,实施外向型的发展战略是激励其赶超的另外一个重要因素。外向型的发展战略又被称为出口工业化战略(associative export-oriented development strategy)。这种战略与西方发达国家的非联系性自主型发展战略(disso dative autonomous development strategy)显然不同。其内容是按照国际比较优势的原则,在政府产业政策的具体支持下,通过积极引进外国资本和技术,面向国际市场组织生产,并通过扩大出口,带动经济增长,缓和国际收支压力(莫翔,2008)。亚太国家和地区采取出口导向型的工业化战略,最大程度上规避了本国市场狭小、资源贫乏、技术创新能力不足等缺陷。亚太地区实施的外向型发展战略与发达国家向外转移传统产业和标准化工序以调整产业结构的现实需要高度契合。世界投资报告的数据显示,流入外资的回报率在发展中国家要普遍高于发达国家。尽管近六七年来,亚太地区流入外资的回报率不及转型经济体和非洲国家,但是却相对稳定,说明良好的投资环境对于实现亚太地区外向型经济的持续发展仍然起到了重要作用。

其次,产业内分工和企业内分工为亚太地区提供了嵌入式工业化的发展机会。嵌入式工业化与自发演进的工业化的不同之处在于,生产结构根据出口结构和FDI重点流入的产业领域而呈现出一定的偏向性,即工业化的自主性存在不足。亚太地区的发展得益于与美国和日本这两个发达国家保持和建立的密切联系。美日两国在以它们为主导的国际分工体系中扮演着重要角色。因此,这两个国家的出口结构、FDI流动情况以及国际生产的产业布局倾向对亚太地区嵌入式工业化发展的产业结构与生产体系均会产生至关重要的影响。以日本为例,自20世纪90年代中期以来,由大企业主导的汽车、电子信息产业的国际生产规模呈现出快速增长的态势,并因此带动了中间品贸易和FDI的迅速增长。这促使亚洲新兴工业化国家与地区以及若干东盟国家也将未来经济的发展寄托于电子信息等科技工业的发展上(吴能远,1985)。例如,中国台湾地区在1980年成立了新竹科学工业园区,以此为信息产业发展的核心组织载体。再比如,新加坡在20世纪70年代就制定了发展成为东亚信息和软件中心的战略目标,并在工资增长和税收优惠等方面制定了相应的刺激政策。当然,嵌入式工业化发展的非自主性也在很大程度上影响着亚太地区发展格局的走向以及内部国家和地区彼此之间的相互关系。例如,自从20世纪80年代中期以来,以美国为主要市场的日本和亚洲新兴工业化国家(NIEs)先后遭到美国出口配额和非关税壁垒的限制,日本和NIEs的企业为纾解其出口困境的所采取的对策之一,就是将出口型产业移至海外生产,尤其是马来西亚、泰国等东盟国家和中国,结果在日本、NIEs和东盟诸国之间形成了一个贸易三角,其特征是在最终技术上高度依靠日本和NIEs,在资金上依靠日本和NIEs,在生产上选择劳动力低廉的东盟诸国和中国沿海地区,在生产技术上多为加工装配业,在出口市场上高度依靠美国(李岩,1998)。

与产业间分工显著不同的是,产业内水平分工的深化主要依赖由知识产权和人力资源优势所带来的交易成本下降和规模经济效应等优势(张建平,2010),这反映了近20年以来以知识、技术为核心的技术密集型产业和以人力资本为主的服务业产业转移规模逐步扩大的中长期趋势。据联合国的世界投资报告(2012)显示,金融危机前的 2005—2007 年之间，全球范围内分布在制造业项目中的 FDI 比重达到 41%，而服务业项目中的 FDI 比重则达到了 50%。尽管与金融危机之前相比，服务业吸引 FDI 的增长率有所下降（与 2005—2007 年相比，2011 年平均下降了 31%），但是与 2010 年相比，服务业内部各行业都出现了增长。与汽车和核燃料制造业、电子电气装备制造业、汽车和运输装备制造业的 FDI 比重下降形成鲜明对比的是，电力、汽油等服务，运输、仓储和通信等服务的 FDI 比重呈现较大幅度的增长态势。

表 1.4 中的数据显示，在亚太地区，以东亚和东南亚作为目的地的 FDI 绿地项目的投资数额在 2012 年明显减少，比 2011 年下降了 44.69%，这些地区作为投资者的绿地投资也在同期下降了 40.73%。与之形成对比的是，在第一产业中的东亚和东南亚作为投资者的绿地投资和第三产业中以东亚和东南亚为目的地的绿地投资都出现了小幅增长，分别达到 2.9% 和 3.65%。然而，从行业结构来看，只有建筑业吸引的 FDI 出现了畸高的正增长，其他行业的服务 FDI 吸引规模有所下降。相比之下，东亚和东南亚作为投资者的服务业绿地投资却呈现大幅的增长态势，主要集中在电力、汽油和水以及建筑业这两个行业。这些变化说明，结构调整的压力已

表 1.4　2011—2012 年 FDI 绿地项目的产业分布情况　　　（百万美元）

部门/产业	东亚和东南亚作为目的地			东亚和东南亚作为投资者		
	2011	2012	2011—2012 年之间的增长率	2011	2012	2011—2012 年之间的增长率
总　计	206 049	147 608	−28.36%	115 133	118 476	2.90%
第一产业	4 444	363	−91.83%	5 158	3 022	−41.41%
采矿、采石、石油开采	4 444	363	−91.83%	5 158	3 022	−41.41%
制造业	127 673	70 614	−44.69%	73 297	43 443	−40.73%
化学和化工产品	25 615	9 886	−61.41%	6 495	10 733	65.25%
金属和金属制品	16 836	8 902	−47.13%	14 522	6 799	−53.18%
电气与电子装备制造业	21 768	9 361	−57.00%	11 455	11 468	0.11%
汽车和其他运输制造业	17 578	17 716	0.79%	9 022	4 797	−46.83%
服务业	73 932	76 632	3.65%	36 678	72 011	96.33%
电力、汽油和水	4 567	4 507	−1.31%	7 697	22 813	196.39%
建筑业	7 021	19 652	179.90%	3 840	29 147	659.04%
运输、仓储和通信	19 730	13 096	−33.62%	7 653	2 950	−61.45%
金　融	16 651	13 658	−17.97%	5 371	6 074	13.09%

资料来源：根据 UNCTAD(2013)计算而来。

经削弱了亚太地区先行发展区域对于制造业资本的吸引力,然而这并不对应于它们投资于其他地区的相应能力的提升,这意味着国际制造业资本的高流动性才是影响这些变化的主要原因。在服务业领域,东亚和东南亚区域向外输出资本的结构倾向表明,受到自身技术、管理和创新等能力的局限,服务业资本还主要是以参与其他国家和地区的城市建设为利润来源,这与其未能形成以自有资本为基础的制造业生产体系有密切的关系。

表1.5从国家和区域的角度列举了与东亚和东南亚相关的FDI绿地项目来源情况。其中一个典型的特征就是,无论是发达国家、发展中国家还是转型经济体,还是在东亚和东南亚区域内部,绿地投资的规模都出现了较大幅度的负增长,而这两个区域对除了德国以外的发达国家的绿地投资则呈现出较大幅度的正增长,表明投资环境依然是其考量的首要因素。

表 1.5　2011—2012 年 FDI 绿地项目的来源　　　　（百万美元）

伙伴区域/经济体	东亚和东南亚作为目的地			东亚和东南亚作为投资者		
	2011	2012	2011—2012 年之间的增长率	2011	2012	2011—2012 年之间的增长率
世界范围	206 049	147 608	−28.36%	115 133	118 476	2.90%
发达经济体	133 212	99 091	−25.61%	16 726	43 863	162.24%
欧　盟	58 072	38 248	−34.14%	7 299	18 768	157.13%
德　国	22 308	12 020	−46.12%	1 129	249	−77.95%
英　国	11 621	8 372	−27.96%	1 175	15 003	1 176.85%
美　国	32 580	27 628	−15.20%	5 961	21 525	261.10%
澳大利亚	2 230	1 473	−33.95%	1 410	2 070	46.81%
日　本	30 416	24 646	−18.97%	533	677	27.02%
发展中国经济体	71 605	47 824	−33.21%	91 844	69 246	−24.60%
非　洲	400	166	−58.50%	12 360	4 616	−62.65%
东亚和东南亚	55 390	43 666	−21.17%	55 390	43 666	−21.17%
南　亚	10 973	2 388	−78.24%	9 197	8 211	−10.72%
转型经济体	1 232	694	−43.67%	6 563	5 368	−18.21%

资料来源:根据 UNCTAD(2013)计算而来。

根据联合国给出的FDI潜力测度标准(参见表1.6),亚太地区的澳大利亚、中国内地、中国香港、马来西亚、新加坡、越南等高潜力的地区吸引了与其潜力相匹配的外资数量,印度和泰国、印度尼西亚虽然吸引FDI的条件较好(仅次于前述几个国家和地区),但所吸引的外资数量却不如预期,与其潜力不相匹配。同样的情况还存在于日本和韩国这两个引资潜力居于中低水平的国家,它们实际吸引的外资亦不及根据其潜力所预期的水平。但是,值得一提的是,亚太地区的次区域中心在引导资本的流向上扮演着重要角色。以东南亚区域为例,新加坡作为次区域的中心仍然是吸引外资的领先国家。与此同时,区域一体化进程的加快并促进了价值链分工模式下的产业转移。例如,日本的汽车制造业跨国公司增强了对泰国的产业布局。目前,泰国已经取代中国成为日本丰田公司的第三大生产基地。

表 1.6　FDI 潜力的测度标准

市场吸引力	● 市场规模(GDP 购买力平价) ● 消费能力(GDP 购买力平价) ● 市场增长潜力(实际 GDP 增长率)
低成本劳动力和技术 的可获得性	● 单位劳动力成本(小时补偿与劳动生产率) ● 制造业劳动力规模(按当前技术水平计算)
自然资源条件	● 自然资料的开采(燃料的价值和矿石的出口) ● 农业发展的潜力(可耕地的规模)
基础设施的供给状况	● 运输基础设施(包括道路密度、铺面道路的百分比、铁路里程、班轮运输的联通性指标) ● 能源基础设施(电力消耗量) ● 电信基础设施(百人拥有的电话数量、移动电话和固定宽带用户数量)

资料来源:UNCTAD(2012)。

区域一体化的发展适应了企业内分工深化的总体趋势。除日本的跨国公司以外,欧盟、美国等发达国家的跨国公司也开始在东盟的低收入国家(诸如缅甸等)设立业务机构,而中国也加大了在东盟区域基础设施领域的投资力度。因此,在这里需要指出的是,表 1.6 反映的以东亚和东南亚为代表的亚太地区对外投资规模大幅度增长的现象,同时作为区域一体化的结果和动因而存在。2012 年在外资流出方面出现了几个值得关注的现象。其一,随着中国企业国际化进程的明显加快,在包括以市场、效率、自然资源和战略资产搜寻等为导向的多样化目标驱动下,中国已经成为第三大资本输出国(UNCTAD, 2013)。在电子产品高端环节上的大规模投资占据了中国大陆和中国台湾对外投资的很大一部分比重。与东南亚区域中新加坡对外投资规模下降形成对比的是,由于区域内投资流动的缘故,马来西亚和泰国的 FDI 流出规模出现了显著的增长。其二,区域内部的资本频繁流动,既将更低劳动力成本的区位纳入分工体系,扩大了产业分工的宽度,同时也加剧了产业分工的深度,促进了产业的升级。例如,在中国的高科技制造业中,无论是国内还是国外的投资都经历了升级的过程。韩国的三星公司在苏州投资建立了生产最新一代液晶显示器的合资企业,并宣布将在西安斥资 70 亿美元建设生产高级闪存的工厂,计划将其建设成为三星公司在全球的第二大存储芯片生产基地。

通过上述分析,我们发现,全球增长重心的转移发生在国家边界消解和区域力量兴起这两个相互关联的过程之中。作为伴随着引起生产空间结构变迁的、不断深化的地域分工发展而产生的一种现象,它所带来的是政治经济乃至社会发展格局等全方位的变化。换言之,在日本成长为第三代世界制造业中心的背景下,受到产业间分工向产业内分工和企业内分工转变的趋势影响,亚太地区的崛起彰显出区域合作的巨大推力。

1.3.2 亚太地区的崛起

1. 区域性崛起视角下的亚太概念再审视

亚太地区的崛起属于典型的区域性崛起。所谓的区域性崛起,是指在一定的区域范围内,经济增长与文化影响力的扩大已经成为一种普遍的而非个别的现象。这使学者们对研究相关国家之间的发展序列与彼此之间的影响关系产生了浓厚的兴趣。特别是东亚和东南亚国家和地区,诸如有着"四小龙"之称的中国香港、新加坡、韩国和中国台湾,它们凭借劳动力的比较优势,重点发展劳动力密集型加工产业,并通过推行出口导向型战略,成为了地区经济增长的火车头。这些国家和地区作为继日本之后的亚太增长中心,又通过产业转移的方式与东盟等国家建立起垂直分工的发展关系,从而形成了利用发展阶段的差异逐次推动"雁形模式"形成的序列格局。

"雁形模式"是在日本经济学家赤松要的"雁行产业发展形态论"的基础上扩展而来的提法。其原意本身是用来描述日本的某一产业发展依次经历了进口、生产、出口和重新进口这四个主要阶段。日本学者小岛清将"雁形模式"的演化机理归纳为生产的效率化、生产的多样化和高度化,以及生产在国际间的转移与传导。由于"雁行模式"以国际垂直分工为基础,发达的投资国通过向低梯度的国家和地区转移已经处于劣势的劳动密集型产业,为自身的产业结构调整腾出了空间,从而在要素与资源的利用、商品的流通与贸易等方面建立了国与国之间互惠发展的关系。对于后发国家和地区来说,雁行形态是一种追赶模式,而不是创新模式(车维汉,2004),所以当这种模式所依存的"发展阶段的差异"日益缩小时,雁行形态所能提供的发展空间也必然会变得非常有限。在现实中,随着日本经济增长陷入乏力和以信息技术为代表的新技术的迅猛发展与广泛应用,都使得以日本为头雁的发展模式在严格意义上已不复存在。正如日本经济学家大来佐武郎针对原有的雁行形态所指出的,这种模式已经不充分了,雁行形态既不是水平分工也不是垂直分工的形态,而是两者的复合,但从长远来看,它是一些雁持续追赶其他雁,形成紧随其后的水平的飞翔形态(车维汉,2004)。

　　到了一定的阶段之后,那些通过"雁行模式"获得发展的国家和地区同样也面临着产业结构的调整与升级问题。日本与它们之间以及它们内部彼此之间不断加深的市场、技术、产业分工、投资和技术转移联系,使得各国之间的发展关系变得更加复杂。从 20 世纪 90 年代以来,日本、中国、韩国等部分东亚国家的经济形势发生了深刻变化,从而引发了东亚国家和地区产业分工的新变化,打破了"雁行模式"的分工排序(外交学院课题组,2011)。因此,亚太概念在区域性崛起背景下的意义,已经不再局限于依托某个产业的序列性增长,而是在于通过高速增长完成了工业化所必要的积累之后,能够在信息经济时代开启的新一轮竞争中占得发展先机。在此过程中,亚洲"四小龙"分别找到了属于自己的发展道路。例如,早在 20 世纪 80 年代后期,韩国逐步确立了技术立国的发展方向,韩国的电器生产就表现出超常的增长速度。新加坡作为超级城市国家,凭借优惠的税法和高效的政府,完成了从参与国际劳动分工的生产制造向扶植本国企业、发展服务经济的转型。中国的台湾地区依托企业规模小、数量众多的"船小好调头"的优势,在灵活适应世界市场变化的过程中,通过对外投资和产业转移,推动了经济结构的大幅度调整。

　　我们认为,亚太概念的实质在于外向型工业化的快速发展和崛起效应在区域内部的逐次传递。适逢 1985 年日元升值与亚洲"四小龙"货币升值带来的国际产业结构调整与转移的机遇,中国和东盟实现崛起。亚洲地区经过 30 多年的工业化努力所积聚的巨大能量,成为助长东南亚工业化变革的重要动力。曾经带动日本与亚洲"四小龙"经济走向繁荣的劳动密集型产业开始了第二次大迁徙,投资浪潮席卷东南亚。作为日本、亚洲"四小龙"一部分产业落脚点与生长点的东南亚,在 20 世纪 90 年代注定成为亚洲新一轮工业化变革的中心地带(金泓汎、全毅,2010)。在不同时期,在拥有不同资源基础、机会条件,处于不同国际环境的情况下相继崛起的国家和地区,共同造就了经济繁荣发展、社会结构多元化和文化魅力彰显的亚太地区。

　　2. 亚太地区崛起的几种模式与路径特征

　　由于工业化的初始条件、比较优势与禀赋基础、参与全球化的时机乃至政府作用等方面的不同,使得在亚太地区出现了几种不同的发展模式。世界银行在 1993

年出版的《东亚奇迹》报告中认为,在东亚地区不止存在单一的"东亚模式"。在世界银行所涉及的八个经济体中,至少存在三种模式。日本、韩国、中国台湾地区的模式与城市经济体——新加坡、中国香港地区的模式完全不同,应视为两种不同的模式,马来西亚、泰国、印度尼西亚这三个东南亚国家可被视为第三种模式。另有学者从工业化的时间序列和空间次区域的角度进行了划分,将亚洲"四小龙"称为亚洲"第一层次新兴工业化经济体"(first-tier ANIEs),将东盟三国(马来西亚、泰国和印度尼西亚)称为亚洲"第二层次新兴工业化经济体"(second-tier ANIEs),或"东亚虎"(east asian tigers)与"东南亚虎"(southeast asian tigers)。莫翔(2008)则认为,在亚太地区形成了至少四种不同类型的经济发展模式:亚洲"四小龙"外向型经济发展模式、东盟三国(马来西亚、泰国和印度尼西亚)的综合型发展模式、菲律宾拉美型二元断裂性经济发展模式、中国和越南转轨型经济发展模式。

　　亚太地区崛起模式的差异是由于路径的不同造成的,每种模式在亚太地区崛起中扮演的角色和发挥的作用也不尽相同。在整个亚太地区的崛起过程中,日本是一支绝对重要的力量。日本在崛起的过程中,不仅使自己成为拥有"世界制造业中心"称号的经济大国,而且还与美国一起促进了资本主义在亚太地区的扩张。作为被日本直接影响和带动的经济体,包括新加坡、韩国、中国香港、中国台湾在内的亚洲"四小龙"是第二批崛起的国家和地区。它们以日本为模仿和赶超的对象,确立了出口导向型的发展战略,在追随日本的过程中纷纷嵌入国际分工体系,从而极大地推进了本国(地区)的工业化进程。亚洲"四小龙"崛起的基本途径分为两种类型:韩国和中国台湾地区属于一类,它们崛起的途径包括:美国的经济援助和日本的战争赔款,战后实施的以发展资本主义市场经济为基础的制度建设,选择合适的发展模式,选择利用外资发展经济的途径和通过引进外国技术推进工业化,依靠威权政治促进经济发展。与韩国和中国台湾地区不同,新加坡和中国香港地区属于另一类,它们都是国际性自由港,也都是城市国家或地区,主要靠自由贸易机制和以航运业、国际贸易和国际金融等第三产业为中心,兼顾发展工业的多元化经济(金泓汎、全毅,2010)。东盟各国与中国和越南在崛起国家的序列中分别位居第三和第四(参见图1.1)。在东盟崛起的过程中,呈现在其面前的,既有危机,也不乏机遇。在20世纪80年代,国际市场初级产品价格下跌重创了东盟国家处在外围的垂直分工地位,迫使其调整工业化的战略基础;同样在20世纪80年代中期,日本和亚洲"四小龙"基于产业结构调整的目的而将部分产业向外转移,这促进了东盟相对不发达地区的发展。而中国也通过改革开放抓住了国际产业转移的机遇,并凭借着庞大的国内市场维持着对外国资本强大而持久的吸引力。

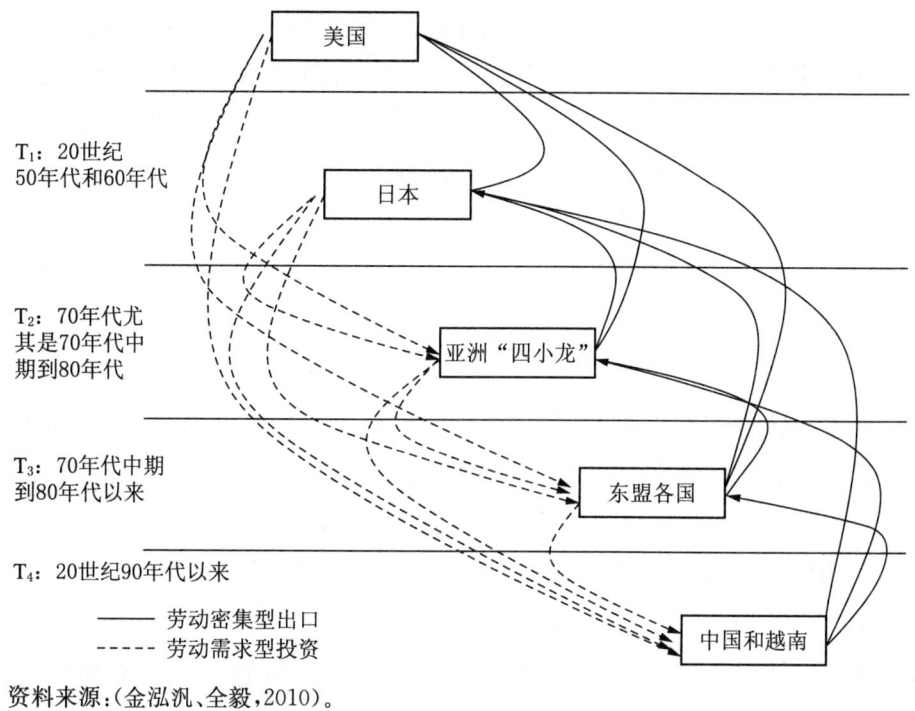

T₁: 20世纪50年代和60年代

T₂: 70年代尤其是70年代中期到80年代

T₃: 70年代中期到80年代以来

T₄: 20世纪90年代以来

—— 劳动密集型出口
- - - - 劳动需求型投资

资料来源:(金泓汎、全毅,2010)。

图 1.1　亚太地区东亚崛起的序列关系

　　通过前面对产业分工的分析,我们不难发现,以梯度分工为分析视角的"雁形模式"已经不足以概括亚太地区的发展现状。日本学者渡边利夫(1989)在《成长的亚洲、停滞的亚洲》一书中认为,亚洲"四小龙"的发展是一种"压缩型发展"的模式,它不仅压缩了先进国家的经验,也"压缩"了日本的经验。我们认为,撇开历史性因素不谈,亚太地区诸国和地区呈序列分布的继起式崛起与由信息技术发展和生产方式变革引发的分工演进,以及内部加快的区域一体化进程密切相关。

1.4　亚太城市的发展态势与特点

1.4.1　影响因素与驱动力量

1. 全球化

　　亚太地区嵌入式的工业化模式受到了全球化的深刻影响,而这种深刻的影响又是由全球化内涵的复杂性所决定的。全球化的内涵主要包括:(1)以交通和通信技术的革命,产业组织形式的发展,商品、资本流动限制的撤除为条件;(2)以跨国组织基于利润的原则主导的跨国分工为主要运行方式;(3)以贸易自由化、金融国际化、生产跨国化为主要特征;(4)以改变按民族国家划分的传统国际分工关系,在大工业的基础上,在全球范围内组织起统一的分工为演进方向(郑文晖、宋小冬,2009)。除了这些在经济层面上表现的全球化内涵以外,全球化的内涵还可以从文化、技术和政治等角度来综合审视。

对于亚太地区而言,全球化带来的影响亦是多方面的。首先,亚太地区受到了多轮资本全球化的持续推动。迄今为止,资本全球化经历了四个发展阶段。从战后持续相当长一段时间的国际援助,由国际贸易主导的互惠互利式的资本流动,到生产全球化主导的资本流动以及目前的以规避风险为目标的资本全球化布局,亚太地区都分享了来自全球化的收益。其次,随着增长重心的转移,曾经发生在20世纪60年代的西方国家的城市开发高峰也开始波及以亚太地区为代表的新兴工业化国家和发展中国家的大中城市。20世纪80年代,以一批大规模的"旗舰"(flagship)工程为标志,新一轮的城市巨型工程建设拉开序幕。而到了90年代,在全球可持续发展理念的影响下,城市巨型工程建设更加强调环境、生态和社会效益的综合考虑(赵玉宗,2006)。作为全球的领先增长区域,亚太地区存在庞大的基础设施建设的需要和许多发展瓶颈,这带来了无限的建筑商机,因而亚太地区对有能力提供概念突破、技术专长和财务安排的本国和跨国公司构成了莫大的吸引力(杨汝万,2004)。这意味着,由发展中国家如火如荼的城市化引发的投资机会的增加亦成为吸引资本流入的重要因素之一。值得关注的是,这些现象反映的是金融资本全球化的迅猛态势。Douglass(2005)认为,80年代后期,日本泡沫经济开始在区域内蔓延,继而亚洲银行系统开放全球短期投机投资,是亚太地区巨型工程兴起的主要原因。当然,亚太地区巨型工程的兴起对于亚太城市的转型也有着不同寻常的意义。特别是城市中心,为了尽可能快地融入全球化进程,往往处在转型的核心位置和前沿地带。受巨型工程影响的区位无论是发展的速度还是对产业空间和劳动力市场的重构性影响,都在客观上形成了带有全球化深刻烙印的新型二元结构形态。

2. 区域一体化

区域一体化是指两个或两个以上的国家和地区,为谋求经济上的共同发展,通过签订经济合作的条约、协议,促使区域内部商品和生产要素流动自由化,形成一个区域经济联合体的过程(李郁、殷江滨,2012)。因此,当代世界经济的发展呈现出两大主要的趋势,两者处于复杂和多种矛盾的相互作用之中:一方面,经济活动全球化过程加快;另一方面,区域和次区域一体化增强,将区域协作扩展到前所未有的规模的明显意图,无异于是对全球化过程的回应(莫谢伊,2003)。

亚太地区在促进区域一体化进程时所做的积极努力,也是其取得发展成效的主要原因。20 世纪 90 年代以后,全球性区域经济合作的浪潮和亚洲金融危机促进了亚太地区区域经济合作的发展。截止到 2012 年 5 月,亚太地区经济体参与的区域贸易协定(regional trade agreements,简称 RTAs)达到了 175 个,其中内部 RTAs 共有 56 个。值得关注的是,在以发展中国家为主体组建的区域贸易协定中,"开放区域主义"(open regionalism)正在成为一种流行趋势,参与区域经济合作的国家放弃了"进口替代"的战略思想,不再寻求建立区域内互补产业结构、免受外部竞争的产业政策,更大的区域市场成为提高生产率和竞争力的前提条件(李向阳,2002)。开放区域主义原则不局限于强化在现有区域和次区域集团范围内的协作,它同时要求推广在不同的一体化联盟间的互利协作(莫谢伊,2003)。在此目标的主导下,亚太地区的区域一体化呈现出成员方利益取向的多元化和区域经济一体化形式的多元化这两个主要的特征(杨勇,2012)。经济体利益目标的多元化,既是由于全球化发展到一个新阶段所导致的结果,诸如由单纯的经济利益目标转变为经济利益目标与非经济利益目标并重,而对于经济利益目标的追求,又从注重货物贸易利益转向注重服务贸易利益、投资利益等其他非贸易利益,同时还与参与国数量的大幅增加及其千差万别的现实情况与发展诉求有关。大国和小国所追求利益目标集的不尽相同,为区域贸易协定的缔结创造了更加宽松的条件。亚太多边化区域主义的主要表现是"泛太平洋战略经济伙伴关系协议"(Trans-Pacific Strategic Economic Partnership Agreement,TPP)的出现(杨勇,2012)。Elms(2009)认为 TPP 是美国利益的完全体现,其谈判内容包括了农产品贸易、服务贸易、知识产权保护、标准与技术壁垒、投资保护、政府采购、原产地规则、环境与劳动标准,表明大国对于亚太市场的重视以及对利益争夺的主导倾向。在这种情况下,亚太地区如果想要在 TPP 的框架下谋求预期的利益,尚需要提高地区内国家之间的分工程度以及深化它们之间的产品内贸易关系。

1.4.2　城市在国家和区域发展中的地位与作用

由于发展中国家的政策在基础设施和服务设施的投入、税收、价格等方面表现出极强的城市偏向,使城市(特别是国家首都或拥有主要港口或空港的城市)表现出其他地区无法比拟的优越条件(汤茂林,2003)。在亚太地区崛起的过程中,城市亦扮演着非常重要的角色,它们既是经济开放的窗口,同时还是工业化推进的前沿地带。可以说,亚太城市的转型与巨变见证了该地区崛起的先机与传导过程,它们在国家和区域发展中的地位与作用在很大程度上受到了全球化与区域一体化的双重影响。这些被卷入急速全球化过程的城市中心所受到的影响亦是多元化的，包括城市发展中强烈的生产导向性特征，城市规模扩张动能的扩大，消费主义浸润对城市空间结构的深刻改变，城市全球竞争意识的增强等诸多方面。在此，本章重点就亚太城市转型中的一些典型现象对国家和区域发展的影响效应进行分析。

首先，大城市中心往往率先被卷入加速全球化的浪潮之中，并以其为中心形成了新型而多样化的空间结构，从而大幅度提升了城市（及受其影响和带动的区域）代表国家参与全球竞争的能力。过去二三十年间，亚太地区国家及其主要都市中心经历了全球化过程，在这一过程的驱动之下发生了转型（Marcotullio and Alaedini，2003）。这种转型的一个重要趋向就是，城市集聚、整合周边区域的资源和要素以及促进产业协同发展的能力明显增强。当然，城市生产导向型的发展政策及与之相匹配的公共政策和规划战略在转型中发挥了关键的作用。以中国香港地区为例，它在1988年公布的大都市规划（metro plan）方案就是针对大规模综合性的城市更新和城市中心重建的一种战略规划。它既满足了香港在20世纪80年代步入"国际商务阶段"后从空间上加强业务、商业和专业利益的规划需要，保证更大范围内的政治平衡，并支持持续的跨国发展，同时也兼顾了发展与中国内地之间"前店后厂"式分工关系的战略目标（郭彦弘，1997）。从今天的视角来看，当年旨在进一步升级跨国运营功能的规划战略，的确从空间的层面上满足了市场自发的跨区域发展的客观需要。对香港"前店"的规划定位，为香港本地及所吸引的跨国企业向内地投资和进行产业转移建构了一个极佳的平台。在市场力量的驱动下，经过1979—1996年这期间十余年的发展，香港与深圳之间形成了"前店后厂"式的一体化关系（罗小龙、沈建法，2010）。Sasuga（2004）对此现象进行分析之后，将珠三角新经济空间（深圳和东莞）的出现解释为与东亚区域一体化相伴而生的微区域主义（microregionalism）过程。我们认为，这与香港面对全球竞争在规划上强调提升城市中心功能的战略举措有很大的关系，香港所体现出的对深圳、广州、珠海、澳门以及珠江三角洲诸多小城镇的巨大影响力，也反过来对香港在全球经济中的表现（诸如抵御金融危机的影响）以及改变香港与内地之间的区域合作基础等都发挥了重要作用。①

---

① 2004年后，香港和深圳之间开始步入制度化的区域一体化阶段，两地政府签署了《关于加强深港合作的备忘录》。《备忘录》提出了港深合作的总原则，并且确定了口岸及跨境基础设施建设、经贸、生态环境保护、文化教育等合作方向，为港深合作提供了制度框架（罗小龙、沈建法，2010）。

其次,以城市为单位的高强度投资加剧了城市之间的激烈竞争,并促成了城市走廊这样一种新的区域发展形式的出现。东京—大阪、汉城—釜山、大连—沈阳、天津—北京、香港—广州、台北—高雄、上海—苏州—杭州等都是典型的例子。当这类城市走廊被赋予全球经济的战略地位时,就发展成为一种全新的地域空间现象——全球城市区域(global city region)。全球城市区域不同于普通意义的城市,也不同于仅有地域联系的城市群或城市连绵区,而是在高度全球化下以经济联系为基础,由全球城市及其腹地内经济实力较雄厚的二级大中城市扩展联合而形成的独特空间现象(Scott, 2001)。当然,从城市走廊、城市密集区到全球城市区域需要经历一个飞跃式的发展过程。它们将从传统意义上的地区内“城市—区域”关系演化为“城市/区域—全球”这种新的关系形式(易千枫、张京祥,2007)。这种转变的意义是双重的:其一,在全球化中的竞争是城市联合区域的一种集体行为,而非仅凭城市单体力量就能够实现的目标;其二,能够担负起全球竞争战略功能的城市区域,是由新型经济联系形成的全新空间组织。Douglass(1992)和 McGee(1997)等人预见性地提出未来城市/区域空间发展将形成二级层级的全球城市体系。沙森(2005)关注到了与资本控制能力和商品链不断“上调”(upscaling)到全球或超国家层次相对应的是另外一种倾向,即生产能力和产业竞争力不断“下调”(down-scaling)到地方区层次。我们认为,正是由于全球生产体系的布局使得全球二级城市体系的网络层次日益明显。对此,Lo 和 Yeung(1996)、Lo 和 Marcotullio(2000)举例分析了东京至雅加达及大部分沿海城市的大型城市走廊形成的情况,认为这种区域性的城市网络属于一种“功能城市体系”(functional city system)(Marcotullio and Alaedini, 2003)。这种次一级的、存在于区域层面的城市体系,其联结方式高度依存于它们参与全球化的方式,围绕不同联结方式枢纽地位的竞争很大程度上将决定城市是否能在区域性城市体系中发挥核心的组织作用。

第三,在嵌入全球分工体系的过程中,亚太地区的城市发展呈现出一些新的特点,对国家和区域发展亦造成了一定的影响。Marcotullio 和 Alaedini(2003)认为,亚太地区的城市过于强调“世界城市架构”的基础设施,相对之下忽视了城市整体基础服务的提供。同时,在亚太地区,基础设施集中在首都或主要的大城市,这些中心城市得到政府提供的很多帮助。由此,在发展中国家既有的城乡二元结构基础之上,又叠加了新的二元结构特征——城市中心与非中心的二元结构(由于发展速度的不均衡和政策导向的缘故,会造成中心之间的轮替)和是否被纳入“世界城市框架”而造成的二元结构。这种新型二元结构造成的负面影响也是不容忽视的,诸如中心城区的交通拥堵,急剧恶化的环境污染,贫富差距分化等等。规划制度的不完善以及对区域管治问题的不够重视,也导致了一些新问题的产生,包括地方政府的权力配置不能满足城市区域边界扩张的需求,城市吸引外资的强烈冲动使得规划很难起到战略性的引导和约束作用等。总之,在全球经济下这些相似的增长模式都对应于国家政策接近一致的制定取向,如包含着工业布局政策的国家计划,工业地产的开发,以及后来的高科技、研发中心,交通基础设施的大量投资,以及几乎相似的规划系统。

1.4.3　城市在全球分工和产业体系中的作用与特征

在亚太地区,城市在全球分工和产业体系中发挥的作用是相当积极的。20世纪后期兴起的第二次经济全球化以垂直专业化分工为主要特征。Hummels等人(1998)认为,垂直专业化分工与贸易体现了市场一体化与生产分散化的统一。由此得出启示:市场一体化和生产分散化是垂直专业化分工得以成立的两个前提条件,也是全球化背景下影响城市和区域发展的两个非常重要的途径。全球生产网络的理论分析框架为研究城市和区域在全球生产体系与贸易发展中的角色与作用提供了线索。全球生产网络是沿着研究跨国公司主导下的分工体制演变的思路提出的全新概念,是对跨国公司全球配置生产活动的交易成本稳定下降和收益持续增长所给予的一种解释。对于全球生产网络,Ernst和Kim(2002)给出了自己的界定,他们认为全球生产网络是以跨国公司为核心所推动形成的一种独特且有效的组织创新。

首先,来看市场一体化的影响。在产品内分工的模式下,市场的开放具有更深层次的内涵,它不仅促进了以产品为对象的贸易活动,并且还对要素流动的畅通性和效率提出了更高要求。这是因为,在这种分工模式下,价值链中的每个环节都配置到最有利于获得竞争优势的区位,国际分工的接点由产品逐步转变为要素(杨丹辉,2005)。因此,市场一体化的重点就变成了如何为要素的高效流动提供便利的问题。沙森(2009)认为,涵盖50个全球城市的网络为日益增强的国际交流提供了一种新的组织模式。这种组织模式的存在,有助于在国内或全球范围内对城市进行重新定位,全球化进程和市场的融合为进一步扩充城市空间带来了巨大的影响。她进而指出,这种融合作为新兴城市经济的一部分,原属于全球城市最重要的特点,如今在一些规模较小或者全球化程度不高的城市中也开始出现。这意味着区域性和地方性的市场(及其一体化进程)也孕育着阶梯式成长为全球城市的机会与条件,并且这种机会伴随着全球贸易活动的分散化而呈现出不均衡的发展态势。

亚太地区的中国香港和新加坡确立了以贸易中心、金融中心和区域性中心为功能目标的战略定位,并通过强有力的规划体系、政府对土地和资产的效率利用以及对市场的控制来推进其实现。当然,全球城市的形成并不能够运用全球性经济活动来得到全部解释,还有待于通过研究地域性因素在全球生产过程分解中的现实作用给予深入的剖析。

其次,从生产分散化及其影响的视角来加以审视。Jones 和 Kierzkowski(2000)认为技术进步和服务关联成本(service link costs),尤其是信息、运输和金融服务成本的下降直接导致了垂直一体化生产过程被分散成不同的独立生产片断,当这些生产片段同时进入国际市场时,就可以利用各国在技术上的比较优势和由于要素禀赋差异所带来的要素价格方面的不同来组织全球网络生产,以这种国际网络分工的形式带来获益的新机会(朱妮娜、叶春明,2011)。亚太地区大规模的信息和交通基础设施建设大幅度地降低了服务关联成本,并在生产网络之外并行形成了另外一种组织形式——服务网络。传统意义上的服务网络用以衡量交通运输联系的紧密程度。相关研究表明,中国国际航空网络与亚太地区的日本、韩国、泰国、新加坡的客货往来关系是在 20 世纪 90 年代中期日益加深的,与这些国家联系活跃的城市主要包括北京、上海、广州、厦门、大连、西安这几个城市。在现代意义上,从跨国公司分工角度审视的生产性服务网络是衡量全球化时代城市管理与服务能力的重要标准,它关系到跨国公司从资源密集、交易信息复杂和知识创新活跃的城市环境中获取利润的实际能力。表 1.7 列示了亚太地区 12 座城市用公司得分情况衡

表 1.7　亚太地区 12 座城市的生产性服务业公司得分情况

城　市	会计	广告	银行(金融)	法律	城市加总
曼　谷	7	10	14	8	39
北　京	6	9	10	7	32
广　州	4	5	4	0	13
香　港	11	11	29	17	68
雅加达	9	9	16	4	38
吉隆坡	8	8	16	0	32
大　阪	10	0	6	0	16
首　尔	10	9	18	0	37
上　海	6	7	13	1	27
新加坡	8	14	29	10	61
台　北	8	9	19	5	41
东　京	14	9	29	14	66
行业加总	101	100	203	66	470

资料来源:http://www.lboro.ac.uk/gawc/datasets/da8.html。

量的生产服务业网络联系程度。可以看出中国香港、东京和新加坡居于遥遥领先的地位,中国内地的城市不仅与它们的差距很大,而且还不及首尔、台北、雅加达、曼谷、吉隆坡这几个城市。这反映出中国的工业生产体系与城市服务部门的发展存在不对称的状况,这种现象直接导致了分散化的生产不是建立在较低的服务关联成本之上,无形中抵消了部分依靠低要素成本获取的全球生产竞争优势。

1.4.4 中国城市在全球城市体系中的地位与作用

前面的分析表明,在亚太地区,区域化增长是城市赖以发展和进步的普遍力量。值得关注的是,即便是一个大国经济体内部,也存在着孕育全球城市的区域条件,诸如中国的长三角、珠三角和京津冀区域就分别对上海、香港和北京的全球城市地位起着提升作用。Derudder 等人(2012)测算并对中国城市在全球城市网络中的联系程度进行了排序,参见表 1.8。从表中可以看出,香港的全球联系程度最高,达到 73%。香港从一开始起就是一个不同世界的关键相交点,通常是公司来往于中国与世界其他地方,以及所有海外华人社团之间的一个强大的交换节点。今天,香港仍然是先进服务最复杂的集聚地之一,尽管其份额在减少,但与伦敦、纽约、法兰克福及巴黎相差并不大(沙森,2005)。国内除香港之外的城市,在全球联系程度排名中,上海和北京分别排在第 7 位和第 12 位,分别为 62.7% 和 58.4%。在它们之后的城市与全球联系的程度较低,尚不能与这几个城市相提并论。

表 1.8　2010 年在世界城市网络中全球联系度最高的 25 个中国城市排名与全球位序

中国范围的排序	全球范围的排序	城　市	GNCa(%)
1	3	香　港	73.0
2	7	上　海	62.7
3	12	北　京	58.4
4	43	台　北	41.7
5	67	广　州	34.1
6	106	深　圳	25.8
7	188	天　津	16.8
8	223	高　雄	14.3
9	245	南　京	13.5
10	252	成　都	13.1
11	262	杭　州	12.5
12	267	青　岛	12.3
13	275	大　连	12.0
14	291	澳　门	10.9

（续表）

中国范围的排序	全球范围的排序	城　市	GNCa(%)
15	319	重　庆	8.9
16	323	西　安	8.7
17	325	苏　州	8.6
18	337	武　汉	8.0
19	346	厦　门	7.5
20	348	宁　波	7.5
21	356	沈　阳	7.2
22	359	福　州	7.1
23	361	新　竹	7.1
24	367	太　原	6.7
25	401	昆　明	5.1

资料来源：Derudder and Taylor(2013)。

作为国内重要和亚太地区颇具前景的金融中心，上海与全球联系度的加强得益于其在区域发展中发挥的中心角色。当然，这与区域增长所赋予的机遇密切相关。国内的长三角区域在第一个层面上。表1.9显示，长三角地区是一个富有活力的增长区域，所包括城市的生产总值在2010年的增长率都超过了10%。上海作为长三角地区的首位中心城市，据统计局初步核算，2012年实现的生产总值达到20 101.33亿元，按可比价格计算，比上年增长7.5%。从分产业的情况看，第一产业增加值127.8亿元，增长0.5%。第二产业增加值7 912.77亿元，增长3.1%。第三产业增加值12 060.76亿元，增长10.6%。其中，第三产业增加值占全市生产总值的比重首次达到60%，比上年提高2个百分点。相对集中的金融业，交通运输、仓储及邮政业，科学研究、技术服务和地质勘查业是上海服务于长三角地区的功能基础，也为上海经济结构的转型创造了条件。亚太地区在第二个层面上。亚太地区的崛起极大地推动了亚太自贸区的发展，使之成为与欧盟自贸区匹敌的潜在区域，而上海由于与伦敦和纽约均有着较强的联系，在国内城市中的全球开放程度仅次于香港（主要表现在与亚太全球城市新加坡的联系上有所逊色）（具体参见表1.10），因此有望成为该地区的中心城市。2013年，中国（上海）自由贸易试验区正式挂牌成立，意味着朝着这个方向迈出了关键一步。在一期建设中，上海自贸试验区将建设五大功能平台，包括跨国公司地区总部平台、亚太分拨中心平台、专业物流平台、高端现代服务业平台和功能性贸易平台。这些功能平台的建设，将有助于进一步提升上海在高层次全球网络核心中的位序，预期其全球联系度，特别是在亚太地区的枢纽地位,将会有较大幅度的提高。从表1.10还可以看出,在亚太地区,上海在成长为全球城市的道路上将直接面对来自香港、新加坡和东京这三个城市的竞争。

表1.9　长三角地区的经济发展指标

	地区生产总值(亿元)	人均地区生产总值(元)	地区生产总值增长率(%)	地方财政一般预算收入(亿元)	货物进出口总额(万美元)	外商直接投资(万美元)	经济密度(万元/平方公里)
上　海	17 165.98	76 074	10.3	2 873.58	36 886 900	1 112 100	27 075.68
南　京	5 130.65	65 273	13.1	518.8	4 560 125	267 592	7 789.054
无　锡	5 793.3	92 167	13.2	511.89	6 122 296	330 007	12 520.64
常　州	3 044.89	67 327	13.1	286.18	2 227 750	244 342	6 964.524
苏　州	9 228.91	93 043	13.3	900.55	27 407 639	853 511	10 872.89
南　通	3 465.67	48 083	13	290.81	2 107 510	206 059	4 331.546
扬　州	2 229.49	49 786	13.5	167.78	823 993	205 645	3 382.628
镇　江	1 987.64	64 284	13.3	138.1	815 392	161 462	5 166.727
泰　州	2 048.72	44 118	13.5	170.8	858 580	116 148	3 540.211
杭　州	5 949.17	69 828	12	671.34	5 235 548	435 627	3 584.701
宁　波	5 163	69 368	12.5	530.93	8 290 424	232 336	5 259.78
嘉　兴	2 300.2	52 143	13.7	176.83	2 282 418	160 994	5 875.351
湖　州	1 301.73	45 323	12.1	97.27	692 770	91 905	2 237.418
绍　兴	2 795.2	57 580	11	193.23	2 701 612	95 327	3 376.253
舟　山	644.32	58 378	11.3	61.04	1 073 258	6 719	4 474.444
台　州	2 426.45	41 172	13.2	164.88	1 700 137	13 206	2 578.313
合　计	70 675.32	—	—	7 754.01	103 786 352	4 532 980	—

资料来源:《中国城市统计年鉴(2011)》、《中国区域经济统计年鉴(2011)》。

表1.10　2010年世界城市网络中20个联系度最强的城市

全球排序	配对排序		比率(%)	城市单项排序	全球网络联系(%)
1	纽　约	伦　敦	100	伦　敦	100
2	伦　敦	香　港	75.0	纽　约	94.4
3	纽　约	香　港	69.0	香　港	73.0
4	新加坡	伦　敦	66.5	巴　黎	68.3
5	巴　黎	伦　敦	66.2	新加坡	67.5
6	新加坡	纽　约	62.1	东　京	63.8
7	上　海	伦　敦	62.1	上　海	62.7
8	巴　黎	纽　约	61.3	芝加哥	61.6
9	伦　敦	芝加哥	59.2	迪　拜	61.4
10	上　海	纽　约	58.7	悉　尼	61.1
11	东　京	伦　敦	58.5	米　兰	58.9

（续表）

全球排序	配对排序		比率(%)	城市单项排序	全球网络联系(%)
12	纽　约	芝加哥	57.6	北　京	58.4
13	东　京	纽　约	55.7	多伦多	58.3
14	伦　敦	北　京	55.6	圣保罗	55.7
15	伦　敦	迪　拜	53.5	马德里	55.2
16	纽　约	洛杉矶	53.1	孟　买	55.2
17	洛杉矶	伦　敦	53.0	洛杉矶	55.1
18	悉　尼	伦　敦	52.6	莫斯科	54.3
19	纽　约	北　京	52.3	法兰克福	52.6
20	新加坡	香　港	51.6	墨西哥城	52.5

资料来源:Derudder and Taylor(2013)。

北京作为中国的政治中心,是另一个崛起中的全球城市。在表 1.10 中,配对排序的全球联系度测算结果显示,北京与伦敦存在 55.6% 的联系,与纽约存在 52.3% 的联系,在全球层面上的对外联系活跃度不及上海。单项全球联系度的测算结果显示,它排在上海之后,超过了印度的孟买。然而,在早期,印度的孟买曾经被认为最有可能发展成为一座世界城市(Yeung, 1993;杨汝万,2004)。北京之所以能够在全球联系度上超越孟买,很大程度上与其所依托的区域发展条件及由城市群创造的巨大生产力有关。同时,来自长三角、珠三角及这两个区域的核心城市的竞争也极大地推动了北京全球城市位序的提升。如表 1.11 所示,京津冀区域的 GDP总量尽管与长三角区域相差悬殊,仅相当于后者的 56%,其进出口贸易额和外商直接投资额也只有长三角区域的 40%,但是地区生产总值的增长速度却相当快,普遍超过了长三角区域,表现出了可预期的发展潜力。

表 1.11　京津冀区域各城市经济发展的相关指标

	地区生产总值(亿元)	人均地区生产总值(元)	地区生产总值增长率(%)	地方财政一般预算收入(亿元)	货物进出口总额(万美元)	外商直接投资(万美元)	经济密度(万元/平方公里)
北　京	14 113.6	75 943	10.3	2 353.93	30 166 129	636 358	8 600.09
天　津	9 224.46	72 994	17.4	1 068.81	8 220 078	1 084 872	7 843.93
石家庄	3 401.02	33 915	12.24	163.63	1 097 410	24 415	2 146.02
唐　山	4 469.16	59 389	13.1	195.84	753 895	87 409	3 317.37
秦皇岛	930.5	31 182	12.3	72.02	350 931	49 706	1 236.87
保　定	2 050.3	18 451	14	91.03	585 860	47 450	996.06
张家口	966.42	22 517	14.15	62.45	28 491	10 045	262.09

（续表）

	地区生产总值（亿元）	人均地区生产总值（元）	地区生产总值增长率(%)	地方财政一般预算收入(亿元)	货物进出口总额（万美元）	外商直接投资（万美元）	经济密度（万元/平方公里）
承 德	888.96	25 698	11.4	54.84	31 894	6 994	224.78
沧 州	2 203.12	31 091	14.5	91.3	167 837	23 257	1 567.72
廊 坊	1 351.1	31 844	12.5	105.86	479 867	49 070	2 101.57
合 计	39 598.6	—	—	4 259.71	41 882 392	2 019 576	28 296.5

资料来源:《中国城市统计年鉴(2011)》《中国区域经济统计年鉴(2011)》。

如表 1.12 所显示的,相比之下,除了香港、上海和北京以外,台北、广州和武汉的全球化程度较高,全球化指数超过了 1,是为数不多的几个开放成长性较好的城市,而天津尽管与北京同处京津冀区域,全球化程度却不尽如人意。其他的城市在全球网络联系中的重心由于存在着偏差,因而全球化指数为负值,这其中包括了长三角区域的苏州、杭州和宁波,以及澳门和台湾地区的高雄、新竹。

表 1.12 2010 年中国在世界城市网络联系度最强的 25 个城市的全球化指数

排名	城 市	全球化指数	排名	城 市	全球化指数
1	香 港	3.11	14	太 原	−0.72
2	上 海	2.87	15	青 岛	−0.76
3	北 京	2.68	16	南 宁	−0.79
4	台 北	1.72	17	昆 明	−0.86
5	广 州	1.05	18	重 庆	−0.98
6	武 汉	1.04	19	澳 门	−1.05
7	天 津	0.28	20	杭 州	−1.11
8	大 连	−0.30	21	福 州	−1.12
9	成 都	−0.60	22	西 安	−1.44
10	厦 门	−0.65	23	高 雄	−1.73
11	苏 州	−0.68	24	宁 波	−2.24
12	深 圳	−0.69	25	新 竹	−2.49
13	沈 阳	−0.69			

注:全球化指数是一个相对指数,是由特定城市居前十位的全球网络联系与全球居前十位的城市联系度的差值来测算的,旨在反映基于网络联系的相对竞争力,全球城市联系度的统计范围包括 525 个城市。

资料来源:Derudder and Taylor(2013)。

综合上述分析,我们可以看出,包括中国在内的亚太地区的城市发展依赖全球化赋予的分工机遇以及区域合作意识增强的影响,以至于学术界开始思考世界性城市(或全球城市)在亚太崛起背景下有别于以往的成长路径。然而,是否能够通过分析这些成长路径找到一般性的规律,仍然是一个待解的问题。但是,可以肯定的是,研究全球化与城市发展之间的相互影响关系将为分析全球城市的成长路径提供一个可行的视角。正如 Short 和 Kim(1999)所言,"全球化发生在城市,而城市体现、反映了全球化。全球化过程改变着城市面貌,而城市也在调整全球化过程,使之适应当地实际。当代城市的动态变化就是全球化的空间表述,而城市的变化反过来影响和改变着全球化进程"。这一观点表明,城市至少不是全球化的被动推动方,它参与全球化的方式既改变了自身的发展路径,同时也对全球化造成了影响。当然,城市对全球化的影响是通过区域化来实现的。从城市的角度来看,区域化对于全球化的影响是多方面的。首先,它极大地扩展了全球化的广度,更多数量的城市被纳入到全球化的范畴中来,以至于行使全球职能的城市为加强与新兴区域中核心城市的联系,需要进行新的战略布局。其次,区域化的发展影响着本身就已经很不平衡的全球化格局。一方面,区域化的过程会带来经济结构的重组,它所引发的可能是新一轮的全球竞争条件下的经济结构重组。①这两类具有继起关系的经济结构重组势必会创造出新的不平衡发展格局,甚至会加深原有的不平衡发展格局。另一方面,区域化作为全球分工的一种空间体现,反映的是全球生产方式转变与国家地域重构的互动关系,是影响全球性产业布局的内在因素。第三,世界城市网络的构成既容纳了等级性,也容纳了不同的区域形式(彼得·J.泰勒,2005),这也意味着影响全球化的力量在不同的区域可以有不同的表现。一个值得关注的现象就是,在以欧洲、美国和日本等先进国家的城市为蓝本的研究方兴未艾的同时,从新的国际劳动分工和发展国家模式等角度,对亚洲地区的新兴工业国家(亚洲"四小龙")的研究已经开始(Kim,1993),并且将伴随着亚太地区崛起效应的长久释放而持续进行。

---

① 是否能够引起全球竞争条件下的经济结构重组,取决于区域中核心城市的开放程度以及对于外在变化的应变能力。

第 2 章
城市可持续竞争力理论分析

　　城市已处于快速变换和高度复杂的竞争环境之中,并且城市之间的竞争趋势愈演愈烈。一个城市要持续存在和健康快速发展,就必须参与与其他城市的竞争,持续提高城市竞争优势,优化城市软环境,提升城市综合实力。城市可持续竞争力反映了城市发展的质量和效率,最终表现为一种具有更强、更为持续的发展能力和发展趋势。在保证城市经济效率和生活质量的前提下,要使得城市经济增长与人口、生态环境之间相协调、持久的发展,增强城市的可持续发展能力是城市化过程中需解决的关键问题。本章通过对前人研究成果的综合梳理和扩展,论述城市可持续竞争力的内涵、特征,以及内部外部影响因素,在此基础上对城市可持续竞争力评价维度做初步判断。

2.1　城市竞争与城市竞争力

2.1.1　城市竞争

　　城市竞争,是指城市作为市场竞争主体,通过实施一定的社会、经济政策和措施,参与市场竞争,经过市场力量博弈,为实现城市自身经济文化繁荣与发展和社会进步而发生的利益竞争或重新分配的过程(陈前、廖信林,2010)。从世界范围来看,随着经济全球化和区域经济一体化程度的加深,各国间的竞争也在不断加剧,加之各国政府管理模式改革引发了管理中心进一步下移,导致各国竞争主要体现在城市,特别是大城市之间的竞争。随着经济全球化进一步深入和世界知识经济蓬勃兴起,全球经济、技术、人口、文化和政治领域的变革重新构建了当今世界的城市发展环境,作为区域中心的城市变得越来越重要,作用也越来越大。上述这些变革和城市发展环境的变化,加剧了城市在区域之间、国家之间乃至全球范围内展开的激烈竞争。

1. 城市竞争产生的原因

城市竞争的出现以及进一步加剧的原因是多方面因素综合作用的结果:

(1) 城市处于相同或者相近的社会分工体系当中。城市之间的竞争产生于现代大工业时期,工业化的发展带动了城市化,深化了城市之间的分工与交换。如果没有社会分工,就没有交换,市场经济就无从谈起,更不用谈城市竞争。如果城市参与的社会分工体系不同,城市之间也很难产生竞争。随着社会分工不断深入和细化,城市之间的竞争随之产生并不断加剧。

(2) 城市具有相同或者相似的产业结构。如果两城市处于相同或者相近的社会分工体系之中,城市工业部门结构相似系数和行业结构相似系数比较大,那么这两个城市之间的竞争会相当激烈。地方政府在发展过程中,在政策上和经济决策上就会为了争夺有利的资源、人才、市场等方面而竞争,为它们城市的制造服务业和产业优化提供更大的发展空间。如果不加以引导,就会导致城市间无序竞争或者过度竞争,浪费人力、物力、财力以及社会其他资源,形成城市低水平、低效率、不可持续的发展模式。

(3) 城市定位、城市发展战略的相似性。城市定位是指在社会经济发展的坐标系中综合确定城市坐标的过程,它为城市发展指明了一个方向和目标。城市的定位是多方面的,包括城市在不同尺度区域空间的社会经济地位;确定城市的社会经济发展战略;确定城市的发展特色。城市发展战略是在分析城市政治、经济、社会、文化诸方面发展现状的基础上,根据国内外的政治、经济形势,提出城市发展战略目标。如果两城市在城市定位和发展战略上相似,就必然会出现政策措施上的相似,城市政策吸引力辐射一定的区域空间,导致在一定辐射空间内引起竞争,争夺有利的资源、资本、技术、人才等要素,因此必然会展现一定程度上的竞争。这种因素引起的城市竞争,存在于不同的空间层次,包括地方的、区域的、跨区域的或全球的。

(4) 区域协调组织的不健全。混乱无序的城市竞争则会造成财富的巨大浪费、贫富差距拉大等消极后果。目前,许多城市或多或少地参加了各类区域性组织,以便协调自己的行为。但由于目前这些区域性组织只是一个联络机构,不具备法律约束性,使城市发展战略、措施等方面没有得到有效的协调,从而使城市之间的冲突不可避免,并且有加剧的趋势。

（5）经济全球化程度的加深。全球化是城市竞争加剧的最主要动因。随着资本、技术、劳务等要素在全球范围内的重新配置，全球产业也不断地进行调整，作为企业竞争的载体和国家竞争重要组成部分的城市，纷纷想抓住这一机遇把国外先进技术、管理经验与本地比较优势结合起来，对城市经济结构进行调整。然而想发展自己的城市很多，资源却有限，使城市竞争加剧成为必然。

2. 城市竞争具有两面性

城市间存在各种形式的竞争，既有直接面对面地为争夺公共资本、重大基础设施的竞争，也存在为隐含或间接与经济增长相关的要素的竞争。①一方面，城市间加剧的竞争为城市带来发展机遇，促进了资源、人才、资本等要素在全球范围内进行合理配置，使全世界城市的生产体系纳入全球生产链；另一方面，城市间的竞争也迫使城市发展面对严峻的挑战，所有的城市均面临着来自全球范围的激烈竞争。

城市竞争具有双面性（颜丽杰，2008）。一方面城市竞争使地方政府逐渐认识到自身由"裁判员"到"运动员"的角色转变。各地政府争相改善政策制度（如减免税等）和投资环境来吸引国际资本，使其在办事效率、制度创新方面得到了迅速提高。另一方面，城市竞争也为城市发展带来了负面影响，主要表现在资源的过度开发与公众利益的牺牲两个方面。城市之间的竞争很大程度表现为引资优惠政策的不断出台、税收的减让、价格的调整，以及土地出让政策变动等方面，并形成相互攀比的势头，甚至不惜触及相关法律政策的底线。比如，地方政府为了促进本地经济的快速发展，突出政绩，容易采取比较激进的措施。城市开发区一再扩大用地规模而利用率极低，耕地资源也因此遭受破坏。另外，地方政府在引进与安排项目方面，频繁出现为了满足企业的需要不惜破坏环境与资源，损害公众利益的现象。

2.1.2 城市竞争力

对于"竞争力"的研究首先始于对国家层面的竞争力研究。当今世界从事国际竞争力评价的主要有两个权威机构，一个是总部设在日内瓦的"世界经济论坛"（World Economic Forum，WEF），另一个是瑞士洛桑国际管理发展学院（International Institution for Management Development，IMD），二者都较早提出并着手对

---

① Lever（1999）认为城市间产生竞争主要源于五个方面：（1）争夺流动资金，从最初的制造业生产到当前任何能产生财富和就业的部门（包括商业开发、不动产和信息部门等）；（2）促进经济增长；（3）争夺人口，基于人口能代表收入、人力资本、政治实力和需求的假设；（4）争取全国或州层面的公共资金；（5）标志性事件（如奥林匹克运动会）或重大基础设施。

国际竞争力概念进行研究,且各自发展出一套当下较为权威的国际竞争力评估体系。早在 1980 年,WEF 便开始关注一国的全球竞争力的问题。1987 年,WEF 和 IMD 开始携手开发国际竞争力广阔的研究领域。1996 年,两大机构因为在研究方法上的争议而分道扬镳,各自展开独立的研究。两家机构的主要分歧在于,WEF 对国家竞争管理强调的是一国实现国民经济持续高速增长的能力,而 IMD 更重视国家向企业提供具有竞争力环境的能力。

表 2.1　WEF 和 IMD 对国际竞争力的定义研究

WEF(1985)	国际竞争力是一国企业能够提供比国内外竞争对手更优质量和更低成本的产品与服务的能力
WEF—IMD (1991)	国际竞争力是在世界范围内一国企业设计、生产和销售产品与服务的能力,其价格和非价格特性比国内外竞争对手更具有市场吸引力
WEF—IMD (1994)	国际竞争力是指一国在世界市场上均衡地生产出比其竞争对手更多财富的能力
WEF(1996)	国际竞争力是指一国使人均生产总值实现持续高速增长的能力

世界经济论坛和洛桑管理学院对于国际竞争力的研究,引起了学者以及政策决策者的广泛关注。随着城市人口的不断增加,以及城市在一个国家政治、经济、文化等领域地位的不断上升,城市在国家发展中扮演的角色越发重要。在这种情况下,城市发展的规模、速度和质量都关系到国家竞争力的强弱、企业竞争力的提升,因此一些学者开始从城市层面对竞争力进行了研究。

表 2.2　国外学者对城市竞争力的定义研究

Gordon and Cheshire(1998)	城市竞争力是一个城市在其边界之内能够比其他城市创造更多的收入和就业的能力。这意味着一个城市的竞争力是城市之间在区位以及区位内的企业在优劣势相互比较中所体现出来的能力
D'Arcy and Keogh(1999)	城市竞争力是指与其他城市相比,一个城市利用或创造竞争优势,产生快速、可持续经济增长的潜力
Begg(1999)	城市竞争力是一个城市在自由公平的市场经济条件下,为满足国际、区域或者城市间市场的需要而生产产品和提供服务的能力,并且能够同时增加其居民长远的实际收入
Kresl(1999)	城市竞争力是指城市创造财富、提高收入的能力
Webster and Muller(2000)	城市竞争力是指一个城市能够生产和销售比其他城市更好的产品的能力。非交易商品和当地服务也是竞争力的一个重要组成部分
Kresl(2007)	城市竞争力是指与其他城市相比,一个城市能够提供给当前居民和目标居民在就业、收入、文化和休闲设施、社会融合、管治和城市环境等方面的能力

表 2.3 国内学者对城市竞争力的定义研究

郝寿义、倪鹏飞（1998）	城市竞争力是指一个城市在国内外市场上与其他城市相比所具有的自身创造财富和推动地区、国家或世界创造更多社会财富的能力。城市竞争力综合反映了城市的生产能力、生活质量、社会全面进步以及对外影响
宁越敏、唐礼智（2001）	城市竞争力是指在社会、经济结构、价值观、文化、制度政策等多个因素综合作用下创造和维持的，一个城市为其自身发展在其从属的区域中进行资源优化配置的能力。通过发挥城市竞争力，可以获得城市经济的持续增长
于涛方等（2001）	城市竞争力是指一个城市为满足区域、国家或者国际市场的需要生产商品、创造财富和提供服务的能力，以及提高纯收入、改善生活质量、促进社会可持续发展的能力
倪鹏飞（2002）	一个城市在竞争和发展过程中与其他城市相比较所具有的吸引、争夺、拥有、控制和转化资源，争夺、占领和控制市场，以创造价值为其居民提供福利的能力
姚士谋等（2002）	城市竞争力是一个城市生产适应大区域、国内、国际市场需求的产品和服务的能力，同时也是增加实际收入、改善居民生活质量和促进社会可持续发展的能力
仇保兴（2002）	城市竞争力是以城市发展的质量、效率和潜力来衡量其获得外界发展机遇和加快自身发展的能力，强调的是与其他城市的横向比较，是动态的，是相比较而起伏的，着眼于未来的发展，表达的是城市发展的后劲
徐康宁（2002）	城市竞争力是指城市通过提供自然的、经济的、文化的和制度的环境，集聚、吸收和利用各种促进经济和社会发展的文明要素的能力，并最终表现为比其他城市具有更强、更为持续的发展能力和发展趋势
汪明峰（2002）	城市竞争力主要就是指一个城市对外来资源（包括人口、资本、技术和资金）的吸引力的大小
连玉明等（2003）	城市竞争力是指一个城市在经济全球化和区域一体化的背景下，与其他城市比较，在资源要素流动过程中，所具有的抗衡甚至超越现实的和潜在的竞争对手，以获取持久的竞争优势，最终实现城市价值的系统合力

伴随着城市的诞生、成长和发展，相互联系的城市之间就存在着不同程度、不同方式的竞争。在全球化过程中，城市作为国家竞争的最重要部分和企业竞争的载体，为企业提供了环境条件。城市作为人类居住生活的主要场所，其重要性日益提高，城市之间的竞争、区域与区域的竞争越来越受到重视，但是对城市竞争力的内涵还存在不同理解。

国外学者或机构对城市竞争力概念的把握主要从以下两个方面展开：（1）借用国家竞争力的概念，将其转嫁到城市竞争力的分析上；（2）从国家的产业竞争力视角来间接分析一个城市的竞争力。例如：波特通过产业的角度来分析国家竞争力，但他同时说明他的国家竞争力理论同样适合次级经济存在（如城市或区域）。以上关于城市竞争力的种种定义反映出城市竞争力本身是一个具有明确直观含义却又不易精确把握的概念,难以对其进行精确的定义。

城市竞争力作为一个新课题,其理论尚未成熟,体系尚未建立,因此学术文献中关于城市竞争力的研究,诸如概念及内涵的阐述,基本是将相对成熟的国家竞争力或企业竞争力概念经过一番修正后嫁接过来的,而城市作为竞争的主体在概念中未得到很好的体现。对于介于企业与国家之间属于中观层次的城市,在批判性继承 IMD 和波特竞争力模型的基础上,应构建具有自身特色的城市竞争力模型。事实上,城市相互之间的竞争与国家和企业之间的竞争并不等同,城市是介于国家和企业之间的中观层面的经济和社会有机体。目前关于城市竞争力的研究尚不完善,主要还是针对城市的经济问题、投资环境与市场等因素进行了一些研究,尚未形成成熟的理论和研究方法。一方面是因为该领域研究的历史不长,学术主流力量对此关注得较晚,另一方面是因为对于竞争力的研究涉及经济学、城市学、行政管理学、社会学等多方面的学科,研究难度较大,研究成果尚处在一个积累的过程中。

从表 2.2 和 2.3 可以看出,虽然国内外学者是基于不同角度对城市竞争力进行了不同定义,但在对城市竞争力的概念内涵的理解上也存在一些共性:(1)强调城市对资源的吸引、争夺、控制和转化能力;(2)强调创造价值和财富;(3)强调城市竞争的最终目的是提高居民的生活水平和城市获得持续发展的能力。这三者之间存在着辩证关系。提高城市居民生活和城市可持续发展能力是增强城市竞争力的终极目标,财富创造是达到这个目标的途径,而对资源的吸引、争夺、拥有、控制和转化能力则是城市竞争力最根本的因素和基础。

2.1.3　城市竞争力理论模型

国内外学者对于城市竞争力的研究,主要基于以下几种竞争力模型:

1. 国外学者的城市竞争力模型比较

(1) WEF—IMD 理论模型。

1989 年起,世界经济论坛(WEF)和瑞士国际管理与发展研究所(IMD)开始携手合作,进行国家竞争力研究。1992 年,WEF 和 IMD 将国际竞争力评估体系的一级指标调整为 8 个大类,包括国家经济实力、国际化程度、政府管理、金融体系、基础设施、企业管理、科学技术、国民素养。WEF—IMD 模型研究的重点虽然是国家竞争力,却为城市竞争力模型的塑造提供了有益参考。

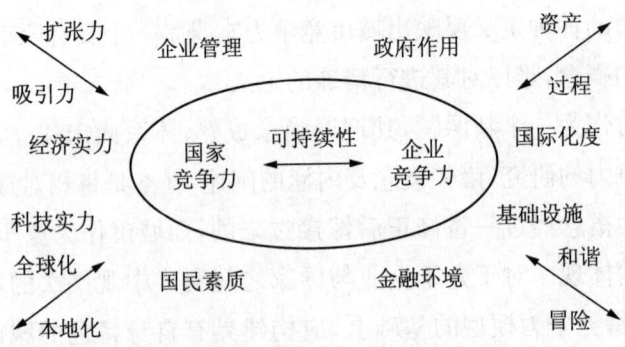

图 2.1　WEF—IMD 国家竞争力理论模型

（2）Porter 的"钻石"理论模型。

20 世纪 80 年代，美国的 Michael Porter 教授连续发表了《竞争战略》《竞争优势》《国家竞争优势》三部著作，建立了竞争优势理论。与一般理论和政策着眼于一国经济增长和繁荣的宏观条件不同的是，Porter 在研究国家竞争优势时指出：一个国家的竞争优势主要源于该国的产业在国际上的竞争力，而一国的产业能否具备竞争优势主要取决于四种因素：生产要素、需求条件、相关产业和支持性产业的表现，企业战略，企业结构，以及竞争对手。同时，机会和政府的作用也有相当大的影响力。由此形成的著名的"钻石体系"，即 Porter 的国家竞争优势模型。

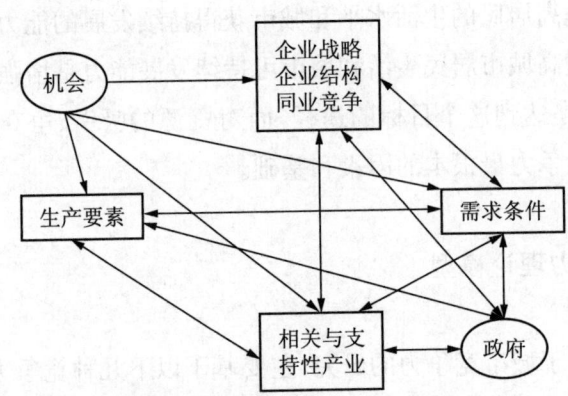

图 2.2　Porter 的国家竞争优势模型

（3）Kresl 的城市竞争力理论模型。

美国学者 Peter Karl Kresl 教授认为，城市竞争力是指城市为其居民提供更多工作机会、更高收入水平、更加完善的文化和娱乐设施的能力。他同时强调，城市自身的社会凝聚力程度、政府管理水平、环境也是影响城市竞争力的重要因素。Kresl 和 Singh（2011）将城市竞争力的影响因素区分为经济因素和战略因素，利用美国 24 个城市的历史数据构造了城市竞争力的指标体系,并对城市竞争力进行排名比较和历史变化比较,然后选择反映城市竞争力影响因素的若干个指标与城市竞争力的排名进行了回归分析,以此检验影响城市竞争力的各项因素的影响程度。

(4) Begg 的"迷宫"理论模型。

欧洲经济学家 Iain Begg 教授将影响城市经济行为的因素集中在一起,将不同的竞争力因素归类为一个系统。Begg 的"迷宫"模型是以城市经济运行为基础,以城市生产能力为外在表现,以生活标准为目标,并加入四个要素而组成的。"迷宫"模型将对城市竞争力的显性要素和决定要素的分析结合了起来,体现了城市绩效的"投入"(自上而下的部门趋势、宏观影响、公司特征、商业环境、创新和学习能力)和"产出"(就业率和生产所决定的居民生活水平)的关系。Begg 的理论模型分析了城市经济行为与企业、公司运作的密切关系,并将关系居民福利的生活标准作为城市竞争力的终极目标。

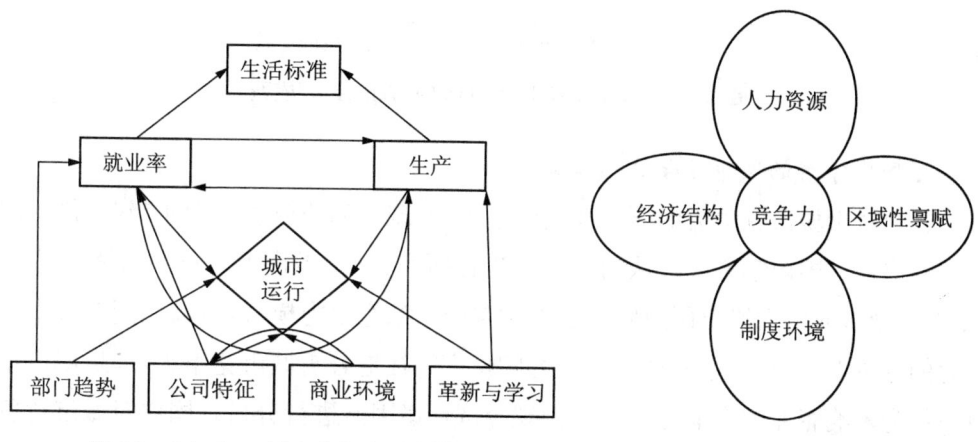

图 2.3　Iain Begg 城市竞争力理论模型　　　图 2.4　Webster 和 Muller 的城市竞争力模型

(5) Webster 和 Muller 的城市竞争力模型。

Webster 和 Muller 将决定城市竞争力的要素分为经济结构、区域性禀赋、人力资源和制度环境等四个方面。其中,经济结构是各个竞争力评价体系的焦点所在;区域性禀赋是专属一个特定资源、基本上不可转移的地区性特征;人力资源是指技能水平、适用性和劳动力成本;制度环境是指企业文化、管理框架(包括激励机构)、政策导向和网络行为倾向。Webster 和 Muller 的城市竞争力模型的突出贡献点在于提出了国家政策和人力资源对城市竞争力的影响越来越重要。对今天的城市而言,人才和制度作为促进城市发展的主要因素,应该纳入城市竞争力的评价体系范围之内。

（6）Sotarauta 和 Linnamaa 的"城市经营"模型。

Sotarauta 和 Linnamaa(2001)认为网络基于社会资本又创造着社会资本,尤其是在电子信息技术迅速发展的今天,网络几乎无所不在,对城市的发展和竞争产生越来越重要的影响,在城市竞争力评价中是不可缺少的一个要素。因此,Linnamaa提出,一个城市的竞争力主要由 6 个要素决定,包括基础设施、企业、人力资源、生活环境的质量、制度和政策网络、网络中的成员。

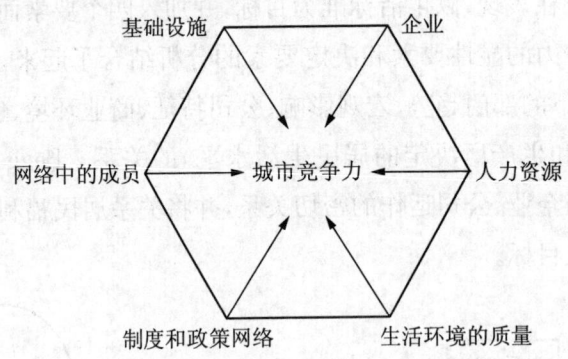

图 2.5　Sotarauta 和 Linnamaa 的"城市经营"模型

2. 国内学者的城市竞争力模型比较

国内对于城市竞争力的研究要稍晚于国外,现有的研究多集中于吸收、借鉴国外研究成果。国内学者大致从两个角度进行研究:一是借用 Porter 国家竞争力的"钻石模型",或瑞士洛桑国际管理发展学院的国家竞争力模型,将其用到对城市竞争力的分析上;二是从企业产业竞争力的角度间接地分析城市竞争力,即把城市竞争力作为影响企业和产业竞争力的微观经济环境因素进行分析。国内对城市竞争力的研究比较深入、比较有代表性的模型有以下几种:

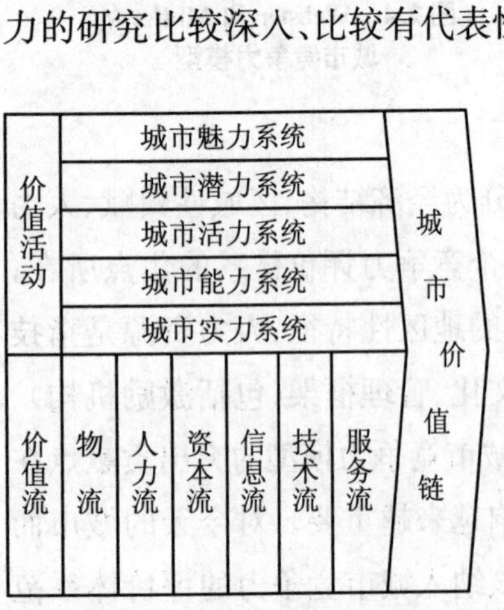

（1）城市价值链理论模型。

由连玉明(2003)牵头,北京国际城市发展研究院(IUD)建立了中国城市竞争力的"城市价值链"模型。该模型用一个价值链来描述整个城市的资源配置和经济运行过程,其实质是建立体现高度区域一体化的全球资源配置机制和运行模式。城市价值链理论强调一个城市的价值取向主要取决于它的价值流,价值流是指一个城市以相应的平台(基础平台、操作平台、服务平台)和条件(政策体制、政府管理、市场秩

图 2.6　城市价值链理论模型

序、社会文化),吸引区外物资、资本、技术、人力、信息、服务等要素向区内集聚,通过各种资源要素的重组、整合来促进和带动相关产业升级和扩充,形成和扩大竞争优势,并向周边和外界扩张和辐射。

(2) 城市弓弦箭理论模型。

倪鹏飞(2003)提出的"城市弓弦箭理论模型"认为城市竞争力是一个综合的、由许多子系统组成的复杂系统,其众多要素和环境系统以不同方式存在,又处在不同的维度和层次上,它们共同集聚、构成城市综合竞争力,决定城市的价值收益。城市竞争力的复杂子系统以其表现方式的不同可概括成两类:硬竞争力系统和软竞争力系统。城市竞争力的大小最终由这两种竞争力决定,而硬竞争力和软竞争力又分别由不同的要素竞争力构成。如果把硬竞争力比作弓,软竞争力比作弦,城市产业比作箭,它们之间相互作用,"弓弦"质量越好,搭配越恰当,所形成的力量越大,城市产业这支"箭"就会射得越远,获得的价值也越大。

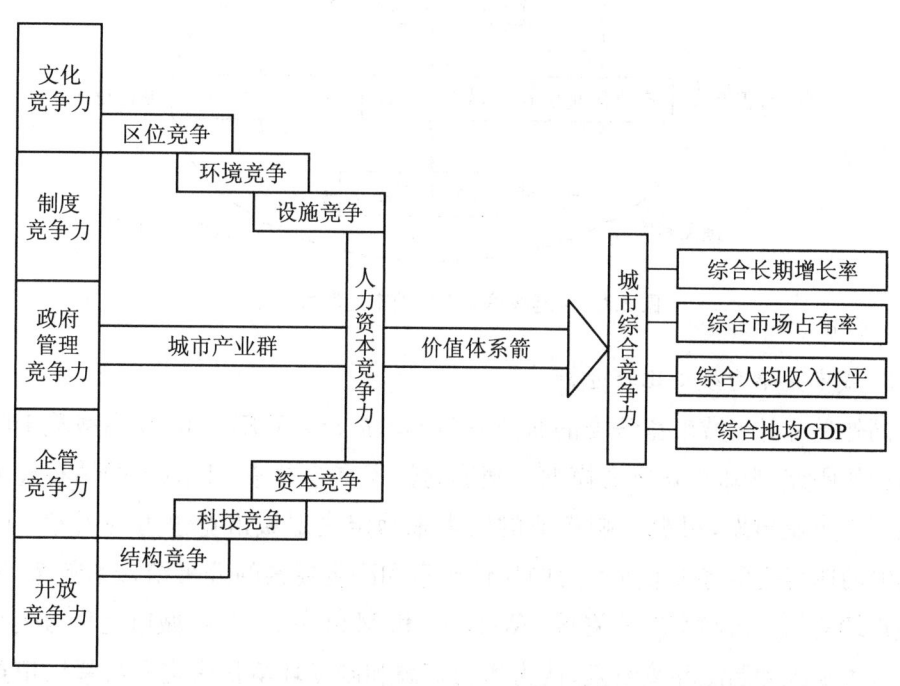

图 2.7　城市竞争力弓弦箭理论模型

(3) 上海社会科学院提出的总量、质量、流量模型。

上海社会科学院对城市的综合竞争力的设置主要从聚集和扩散功能比较上着手,并把城市的综合竞争力划分为总量、质量、流量三个指标。总量是城市经济持续发展和综合竞争力的基础,也是城市经济发挥聚集和扩散功能的基础。总量指标突出体现一个城市的经济实力、实际产出能力及发展状况;质量指标反映了城市发展质量和经济的"健康"状况,质量是决定城市综合竞争力强弱以及聚集和扩散能力的主要因素;流量指标体现了城市经济聚集和扩散功能的发挥程度。通过指标比较可具体反映各个城市在资本、技术、人力资源、对外开放、资源利用等方面的聚集和扩散能力。

(4) 宁越敏等提出的城市竞争力模型。

在批判性继承瑞士洛桑国际管理开发学院和波特的国家竞争力模型的基础上,宁越敏、唐礼智(2001)根据中国城市发展的特点,提出以经济综合实力、产业竞争力、企业竞争力、科技竞争力等核心因素构成的城市竞争力模型,并且指出,城市竞争力受金融环境、政府作用、基础设施、国民素质、对外开放程度、城市环境质量等基础性和环境性因素的支撑。

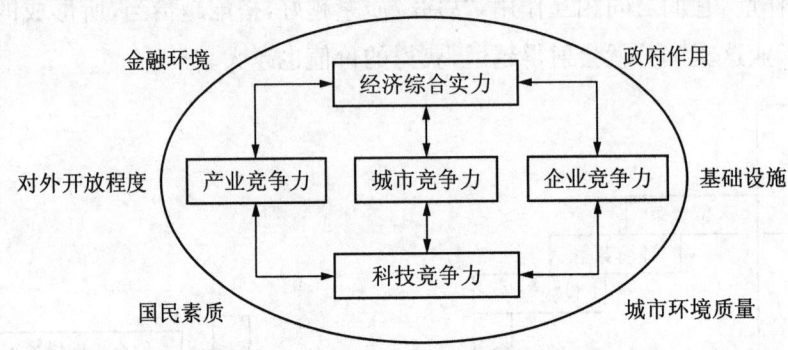

图2.8 宁越敏等提出的城市竞争力模型

3. 城市竞争力模型比较分析

国外学者对于城市竞争力的研究视角比较广泛。WEF—IMD 模型基于国家竞争力的研究,为城市竞争力模型的塑造提供了有益参考。Porter 的钻石理论模型从城市产业出发,根据影响产业的因素来确定决定城市竞争力的因素。Begg(1999)的迷宫模型将城市竞争力的显性要素和决定要素的分析结合了起来,体现了城市绩效的投入和产出的关系。Webster 和 Muller(2000)的城市竞争力模型引入了人力资源和制度环境因素,认为人力资源和制度环境是决定和解释城市竞争力的最为重要的因素,并且认为人力资源决定着城市活动的价值链的发展程度。Sotarauta 和 Linnamaa(2001)在模型中引入了网络因素,认为网络基于社会资本又创造着社会资本,尤其是在电子信息技术迅速发展的今天,网络对城市的发展和竞争产生越来越重要的影响,在城市竞争力评价中是不可缺少的一个要素。

国内学者关于城市竞争力的理论研究还处于发展之中,众多学者有不同的研究模型和指标体系,各个城市在进行竞争力研究时所采用的模型和指标体系也有不同。总的来看,用得较多的还是倪鹏飞(2003)提出的城市弓弦箭理论模型和上海社会科学院的城市竞争力研究的总量、质量、流量模型。尽管各个研究的指标体系有所不同,但是总结各项研究,以下指标是每项研究都涉及的:城市经济实力、基础设施、政府管理、对外开放程度、城市科技实力、人才竞争力。这些指标是构成城市竞争力非常重要的因素。

2.2 可持续发展与城市可持续竞争力

2.2.1 城市可持续发展

城市是一个由社会、经济、自然三个亚系统构成的复合生态系统,通过人的生产与生活活动,将城市中的资源、环境与自然生态系统联系起来,形成人与自然、经济发展与资源环境的相互作用关系与矛盾。城市在快速发展的同时,也产生了一系列人口、经济、环境方面的问题和弊端,对城市的运行和可持续发展造成了影响,这些问题和弊端被称为"大城市病"。联合国人居署在其全球人类住区报告(2009)中将未来城市所面临的挑战归纳为:(1)气候变化和城市过度依赖石油驱动汽车带来的环境挑战;(2)快速城市化、萎缩的城市、城市老龄化及城市中不断增加的多元文化组合带来的人口挑战;(3)未来发展的不确定性及对以市场为主导的方法存在的基本疑虑所带来的经济上的挑战,以市场为主导的方法引起了目前的全球经济危机以及城市活动中不断增长的非正规性;(4)不断增长的社会空间挑战,特别是社会和空间上的不平等、城市扩张、未经规划的城乡交错区的城市化及城市空间规模的不断扩大;(5)与市政和地方政府任务正在改变有关的机构方面的挑战。

中国作为发展中国家,也饱受"大城市病"的困扰。随着中国城市化步伐的加快,城市的快速扩张,中国城市出现的人口拥挤、交通堵塞、就业困难、住房紧张、贫富两极分化、公共卫生恶化、环境污染、生态环境破坏等问题一直困扰着中国城市的发展,也成为影响国家经济和全球竞争力的潜在隐患。为了更好地发挥城市的作用,提升城市的竞争力,城市可持续竞争力的研究逐渐被提上议事日程。

1972 年,联合国召开了人类历史上的第一次世界环境大会,发表了第一个《人类环境宣言》,提出了可持续发展的思想。1983 年,联合国成立了世界环境与发展委员会(Commissionon Sustainable Development,UNCSD),并于 1987 年发表《我们共同的未来》报告,第一次对可持续做了全面、详细的阐述。在报告中可持续发展被定义为:"可持续发展是既能满足当代人的需要,而又不对后代人满足其需要的能力构成危害的发展"(World Commission on Environment and Development,1987)。一般认为,可持续发展应包含以下内容(张卫民,2002):(1)公平性:满足当代人和后代人的基本需求。这里强调的是人的理性逻辑维度。(2)可持续性:实现长期、稳定的经济持续增长,使之建立在保护地球环境的基础上。这里侧重于发展的时间维度。(3)和谐性:实现社会、经济和环境的协调发展。这里侧重于发展的空间维度。

可持续的理念逐步渗入至更小的地理范围——城市的研究中,从而引发了21世纪有关城市可持续发展研究、宜居型城市研究、低碳城市的一系列相关研究。

学者们分别从资源角度、环境角度、经济角度和社会角度对城市可持续发展进行了定义(张卫民,2002)。其中,海热提等(1998)认为城市可持续发展是一种全新的城市发展观,它是指城市社会、经济与环境相协调的持久发展,即在一定的时空尺度上,以适度的人口、高素质的劳动力、高质量的经济增长、高级化的产业结构、综合的经济效益、无污染或少污染的环境质量、高投入的环境建设资金、可持续利用的资源及其合理消费,取得城市发展的聚集效益,促进城市化,从而既满足当代城市发展的需求,又满足未来城市发展的需求。世界卫生组织提出,城市可持续发展应在资源最小利用的前提下,使城市经济朝向更富效率、更加稳定和更具创新性的方向演进。张卫民(2002)认为城市可持续发展应包含三个要素:(1)城市可持续发展强调以人为本;(2)城市可持续发展是"社会—经济—生态"三维复合的协调发展;(3)城市可持续发展强调能力建设。

2.2.2 城市可持续竞争力的内涵

城市可持续竞争力是一个综合概念,具有丰富的内涵,我们认为城市可持续竞争力的内涵至少应包含以下几方面:(1)城市可持续竞争力是一个多目标、多层次体系,是追求经济发展、社会进步、资源环境的持续支持以及培植持续发展能力相协调的多目标模式。(2)城市在发展过程中依靠的自身资源,既包括有形资源,也包括无形资源,既包括现实资源,也包括潜在资源。在竞争力运行机制的作用下,这些资源转化为竞争优势和维持并发展竞争优势的状态。(3)发挥城市可持续竞争力的作用是使城市比其对手更具资源优化配置的能力,使城市能为居民提供更高的生活质量和收入水平,也就是使城市呈现出比对手更具优势的良性循环的态势与实现可持续发展的能力。(4)从时间范围上看,应从过去的限时状态摆脱出来,投向更远的未来。不仅要考虑现实发展的合理性,而且还要考虑未来发展的可能性。(5)城市竞争力的终极目标是提高创造价值财富的能力,提升人们的福利水平,实现城市的可持续良性发展。

从上文的分析中可以看出,城市竞争力和城市可持续发展存在一定的联系,但又存在显著的不同。城市竞争力更多地着眼于城市的效率,城市生产和创造财富的能力。而城市可持续发展则更多地关注城市与人与环境的和谐性。城市竞争力更多地关注城市当前的发展能力,而城市可持续发展则更多地关注城市未来的发展潜力。城市的可持续竞争力则是在两者之间寻求平衡点。

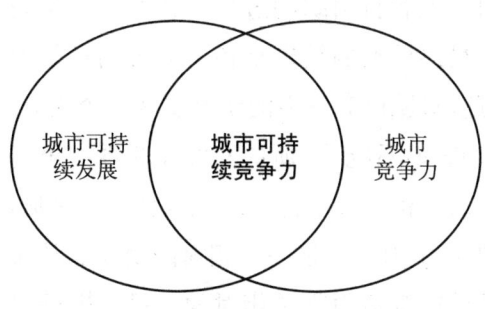

图 2.9　城市可持续竞争力

目前,也有少数学者对城市的可持续竞争力进行研究。倪鹏飞等(2013)对中国城市的可持续竞争力进行了研究。他认为建设城市的可持续竞争力需要走新型城镇化道路。即走"防治结合"的道路,确保人居环境越来越好;走"质量领先"的道路,创造营商环境的"竞争优势";走"绿色发展"的道路,确保生态环境的"自然优美";走"包容增长"的道路,确保社会的"公平正义";走"创新驱动"的道路,确保城市"引领未来";走"融合均等"的道路,确保城市"反哺农村";走"迎头追赶"的道路,确保城市"沟通无限";走"一本多样"的道路,确保城市的"世界个性"。

我们认为可持续的城市竞争力是在考量城市发展成本的前提下,追求城市发展最大竞争力的发展路径,城市可持续发展竞争力是城市的发展效率的体现。其中,城市的发展成本包括经济成本、社会成本、环境成本、资源成本等。同样地,城市的竞争力也包括经济竞争力、社会竞争力、环境竞争力和资源竞争力。城市可持续竞争力即是在两者之间追求平衡。

2.2.3　城市可持续竞争力的特征

(1)系统性、综合性、多层次性。城市可持续竞争力是由各种因素组成的有机整体,各个要素的综合作用决定了一个城市竞争力的强弱。如果只强调其中某一个因素或几个因素,都会产生盲目性和片面性。因此,营造城市可持续竞争力将是一项系统工程,必须从整体出发,全面考量,才能达到在整体上增强城市竞争力的目的。用来衡量城市竞争力的指标很多:既包括可以直接量化和可用于比较的指标(例如 GDP、人均 GDP、FDI 等),又包括一些不易量化却很重要的指标(例如政府效率、商业效率等)。

(2) 动态性。城市可持续竞争力是自身资源与外部环境通过制度与机制发生综合作用的结果,自身有形资源、无形资源处在动态变化之中,外部环境因素更是瞬息万变,而制度与机制也有自组织的过程。各类因素对城市竞争力的影响会随着时间的变化而变化,最终导致的结果是各个城市的竞争力水平总是处在不断发展变化的过程中。因此,对城市竞争力的研究要从一个动态发展过程来分析,城市可持续竞争力是一个动态的系统,必须从发展和联系的角度来研究城市竞争力变化的规律性,这样才能从真正意义上比较准确地把握一个城市的竞争力水平。

(3) 相对性。城市竞争力主要是一个相对的概念。从某一时空去观察城市的竞争状况,所观察到的城市竞争力都是相对的。只有进行横向的城市间比较或纵向的城市历史间比较,城市可持续竞争力才有实际意义,也只有通过选定参照城市,再经过城市间的相互比较,最后才能得出各个城市的竞争力高低。

(4) 特色性。城市的特色体现了一个城市的魅力,是城市发展的灵魂。城市特色是城市吸引各种要素的基础,为城市参与竞争、发展提供强大动力。因此,政策制定者在提升自身城市竞争力的过程中,一定要充分了解城市特色,找准城市定位,因地制宜地提出一系列举措来经营好城市的特色,充分发掘城市的潜力和优势,从而带动城市提高创造社会财富和提升居民福利水平的能力。

2.3 城市可持续竞争力影响因素分析

2.3.1 外部环境因素

1. 经济全球化与全球城市体系

经济全球化是指经济资源在全球范围内大规模和高速地流动。第二次世界大战以后,世界范围内的技术合作日益紧密,各国之间经济相互依存程度大幅度上升,国际政治经济组织异常活跃,现代意义上的经济全球化时代已真正到来。随着生产要素在全球范围内的加速自由流动,一个全球统一的大市场正在形成。全球化在促进全球产业结构重组的同时导致了全球产业的转移。在此过程中,跨越国界的物流、人流、资本流和信息流的加速运动,形成了全球规模的经济系统。全球经济系统包含各国或地区大大小小的经济系统,而城市作为经济系统的主要载体,代表所在国家或地区参与全球经济分工和合作,起到与其经济系统相适应的作用。这样,众多规模不等、作用不同的城市构成了全球城市体系。

在这样一个网络中,国家、区域与城市或主动或被动地日渐走向开放,与外界发生着千丝万缕的联系,而资本、技术、资源则以这种相互联系为载体,在全球范围内加速流动。经济资源,尤其是金融资本的全球流动,一方面给城市发展资源的重新确定和市场化配置创造了条件。另一方面,全球资本的流动性特征,决定了这种外部力量迅速并且出乎意料的变化,也给城市产业、市场、资本、人才、贸易带来波动,增加了城市的不确定性。在全球资源快速流动的环境中,城市在吸引稀缺资源时面临着越来越多的竞争者和越来越激烈的竞争。全球化浪潮正在弱化城市之间的市场界限,更多的社会财富和国际资本进一步向大城市和城市密集地区(城市群)集聚。

2. 区域产业集聚

产业集聚是指一定区域内相互关联的企业和机构在地理空间上的集聚。如果说全球化生产是产品价值链的分散化,那么产业集群的实质就是企业产品价值链在地理空间上的紧密结合(于涛方、李娜,2003)。在经济全球化的背景下,城市核心竞争力往往表现在区域特色产业集群上。产业集群的形成能够提高城市的创新能力,加快城市化进程的步伐,形成城市的"品牌效应"。从某种意义上来说,产业集群已成为促进城市经济发展和提升区域综合竞争力的重要途径。

3. 新经济的出现

作为一种新的经济发展模式,新经济特指以科技创新为主导,以信息、网络技术为基础,推动全球经济剧烈竞争、快速增长的一种经济发展模式。新经济不同于以往经济发展模式的本质特征至少有三项:其一,新经济的发展是靠知识创新及其应用,技术创新更是新经济的重要动力;其二,新经济的出现源于全球性的资源优化配置,资产优化组合和竞争扩展到世界范围;其三,新经济的发展需要新的投融资方式,其发展资本主要来源于资本市场,并且把人力资本的开发和利用放在首位。

新经济的出现是以信息、网络技术为基础的,而信息技术的发展以及信息和通信技术的融合促进了信息城市化的形成。基于信息技术的知识产业在城市经济增长中将起到决定性的作用。不同于以制造业为主的"旧经济",以信息技术为主的"新经济"对城市发展提出新的要求,带来新的机遇。"新经济"对自然资源的依赖较少而对人才的依赖极大,这就为缺乏自然资源的城市带来了发展的机遇。

2.3.2 内部环境因素

1. 经济因素

经济因素包括生产要素和基础设施。生产要素是指进行社会生产经营活动时所需要的各种社会资源,是维系国民经济运行及市场主体生产经营过程中所必须具备的基本因素。其中,物质资本是指长期存在的生产物资形式,如机器、设备、厂房、建筑物,交通运输设施等。人力资源不仅包括教育结构、技能培训以及工作经验,还有一些其他的特质分析,如企业家精神、创造精神,以及风险的承受能力等。

基础设施是指城市可利用的各种设施及质量,主要包括交通基础设施、信息基础设施、能源基础设施、电力基础设施、环境基础设施。如交通系统、通信系统、能源动力系统,以及住房储备,文、卫、科、教机构和设施等。基础设施是城市经济、社会活动的基本载体,是真正属于城市的不可移动的场所要素。信息基础设施已经成为场所竞争力的一项关键性资产和基础。

2. 地理区位

地理区位是决定城市竞争力的重要因素,在历史上很多情况下甚至起到决定性的作用。地理区位可分为自然地理区位与经济地理区位。自然地理区位一般指的是城市所处的经纬度,城市所在区域的地质、地貌、气候、水文、土壤、植被情况,以及城市气候、景观等环境条件。处于气候温和、景色优美、河流纵横、植被茂盛、地势平坦、土壤肥沃、无不良地质灾害的区域的城市,相比于那些气候恶劣、地质灾害不断、水土流失严重的地区的城市而言,其竞争力要大得多。经济地理区位一般指城市所在区域的发展基础,城市与交通要道或枢纽的距离,是否处于沿海、沿江地区,自身是否具有建设天然良港的条件,交通便捷程度或与世界、国家政治文化经济中心的距离,信息交流顺畅与否,对外开放程度如何等。城市的区位条件不仅决定了它适合人居的程度,而且在很大程度上影响了企业的选址布局,也就是影响城市对要素的吸引力,影响城市的竞争力。

3. 资源禀赋

城市所在区域的自然资源条件也是城市竞争力的影响因素之一。拥有丰富的矿产资源往往是矿业城市形成和兴起的原因,但随着资源的枯竭,矿业城市长期以来形成的单一产业结构已不能适应城市未来发展的需要,城市也随之衰落,竞争力大大下降。丰富的水资源、充足的土地资源是开办许多类型工业企业的必要条件。独特的自然景观构成的自然旅游资源,是城市吸引人流、资金流、信息流的重要源泉,也是城市竞争力的影响因素之一。

4. 城市政策和城市管治

城市政策和城市管治对于企业的运作和城市的经济表现、生产率和竞争力有重大影响。城市决策者可以通过改进商业环境,培育创新和学习气氛,确保社会和谐,从而提高城市的竞争力。在城市政策和管治方面,沈建法(2001)认为政府可以采取下列措施增强城市竞争力:使用种种优惠吸引外资,对中小型企业提供协助和支援,提供基础设施,土地利用规划,教育和培训。丁成日(2004)从经济学的角度出发,认为城市竞争力最重要的决定因素之一是城市效率,城市效率可以通过劳动力资源效率、土地资源效率、资本资源效率和城市基础设施利用与投资效率来体现。在城市规模有限的情况下,应该规划和促进高密度城市就业中心的形成和发展而不鼓励就业空间分散;提高资本和土地投入之间的可替代功能,允许城市开发根据房地产市场的变化加以调整;城市规划通过对人类活动形式、活动地点、活动时间、活动强度、活动方式等空间形态来影响城市的空间结构,从满足人的需要的角度来影响城市竞争力。

5. 城市创新能力

创新能力是一个国家或地区作为政治和经济实体不断产生有商业意义的创新的潜力,它不仅反映已实现的技术创新水平,而且反映一个国家或地区为建立促进创新的环境所具备的基础条件、所进行的投资和所实施的政策。城市的创新能力是城市的创新设想转化为新产品、新工艺、新服务的能力。这其中既有知识创新、技术创新、网络创新,也有制度行为、组织、战略和其他动力因素的创新。城市创新的目标是改进管理的模式,开拓竞争力提升的途径,创造新的产业概念,增加服务和产品使用的效率,以及解决诸如能源、食品、气候、健康、就业等社会问题。

2.4　城市可持续竞争力指标体系判别维度

2.4.1　城市竞争力指标体系的构建与评述

城市竞争力是综合性、多层次、多方面的。无论是构成城市竞争力的条件,即城市为形成竞争优势而提供的环境,还是构成城市竞争力主体的集聚、吸收和优化各种城市文明要素的能力,都是综合性的,多层次、多方面的。国内外学者主要是以城市竞争功能为考察对象,建立了城市竞争力的评价指标体系,通过定性和定量的方法对城市竞争力进行测度。

1. 国外关于城市竞争力指标体系的研究

1985年,在世界经济论坛上,关于国际竞争力的独立的理论概念与统计方法体系初步形成,各国国际竞争力评价排名报告首次得到发表。1989年世界经济论坛(WEF)与瑞士洛桑国际管理学院(IMD)合作推出了《世界竞争力报告》,把衡量国际竞争力的指标分为381项。这些指标可归纳为十大类,即经济活力、工业效率、市场趋向、金融活力、人力资源、国家干预、资源利用、国际化倾向、未来趋势和社会政治稳定性。1992年,WEF和IMD将国际竞争力评估体系的一级指标调整为8个,包括国家经济实力、国际化程度、政府管理、金融体系、基础设施、企业管理、科学技术、国民素养。这些指标大体上涉及两大类:一类是可以从各国的各类统计年鉴中直接获取的可测度指标,即硬指标;另一类是可通过问卷调查以及专家打分的形式而得到的关于国际竞争力问题的判断性指标,即软指标。后来,WEF和IMD因为在研究方法上的争议分道扬镳,两大机构又分别将这些因素重新调整、归类及合并,不断结合实践,修正评价指标。如今WEF每年都会推出《全球竞争力报告》。IMD则将国际竞争力决定要素归纳成经济表现、政府效率、企业效率和基础设施等4个方面,每年推出《世界竞争力年鉴》,用以衡量世界各国和地区管理经济和人力、促进增长繁荣的能力。

IMD的国际竞争力评价体系的基本逻辑为:国家作为竞争主体,其竞争力表现为一种综合能力,该能力以国家(地区)为企业提供良好的运营环境水平和人民福祉增进水平为标准,利用经济、科技、社会、教育和政治方面的信息进行描述。因此竞争力水平的评价信息应包含被评价经济体的社会、经济、科技、体制现状的全部信息。WEF的国际竞争力评价体系的基本逻辑为:人民生活福祉、国家繁荣是由生产率的提高带来的,所以,竞争主体的生产率就是竞争力。竞争力评价信息来自决定生产率高低的各方面,包括生产要素、政策和制度。上述逻辑的根本差别体现在:WEF认定的生产率与竞争力等价,而IMD则认为生产率是竞争力的表现之一。如果使用模型变量概念加以区分,那么IMD的被解释变量是综合能力,其中生产率仅是综合能力的一个解释变量而已。而WEF的被解释变量就是生产率,因此,生产率不能作为解释变量进入评价指标(肖红叶、郑华章,2008)。

表 2.4　国外对城市竞争力指标体系的研究

来　源	研究对象	一级指标	二级指标	三级指标
Parkinson et al.(2004)	英格兰 8 个核心城市	经济多样性、熟练劳工、执行长期发展策略的战略能力、企业和机构的创新能力、生活质量	共 7 组二级指标(人口、生产率、就业、人力资本、社会剥夺指数、交通通达度、技术革新)	共有 34 个三级指标
Parkinson et al.(2005)	苏格兰 6 个核心城市			
Huggins and Thompson (2011)	英国 407 个地区	投入因子、产出因子、结果因子	共 15 组二级指标(研发支出、经济活动比率、每万人劳动力的教育和培训资质、创业率以及每千名居民的企业数量等)	
WEF(2012)	全球 144 个经济体	基础条件、效率驱动、创新因素	共 10 组二级指标(机构制度、基础设施、宏观环境、健康和基础教育、高等教育、商品市场效率、劳动力市场效率、金融市场发展、市场规模、技术成熟度、商业成熟性、研发创新性)	共有 93 个三级指标
IMD(2012)	全球 59 个经济体	经济表现、政府效率、企业效率和基础设施	共 10 组二级指标	共有 329 个三级指标
Economist Intelligence Unit(2012)	全球 120 个主要城市	8 个一级指标(经济实力、人力资本、物质资本、金融成熟度、机构效能、社会和文化特质、环境和自然危害、全球吸引力)	共有 31 个二级指标	

　　WEF 和 IMD 都采用将竞争力复杂系统用要素—子要素—指标的层级描述范式描述出来,建构的指标体系都是比较复杂的,它们之间既有共性又有区别。WEF 和 IMD 竞争力指标体系的共性主要体现在:(1)两者的研究方式都是通过设置一套完整的评价体系对世界上主要的国家和地区进行调查、测算、评价和排序。(2)两者设置的指标都包括硬指标和软指标两类。(3)两者在竞争力评价方法上均选择了多指标综合评价方法。两者的区别主要体现在:WEF 侧重软指标,对于调查数据的赋权较大,而 IMD 更侧重硬指标,对于硬性指标的赋权较大。

　　2. 国内关于城市竞争力指标体系的研究

　　国内学者一般从影响城市竞争力的各项因素出发,构建多因素影响下的综合模型,然后再应用层级指标体系对各个组成部分进行说明。比如,徐康宁(2002)认为城市作为一个主体,拥有具有优势的自然和非自然的环境,是城市竞争力的条件;积聚、吸收和利用各种文明要素是城市竞争力的核心和主体;城市是否能够快速和可持续发展则是城市竞争力的最终体现。在此基础上,徐康宁(2002)采用了以下指标体系:经济要素—经济实力、资本与市场、国际化程度、产业结构、创新与成本,环境要素—城市规模、城市素质、城市环境和基础设施,体制要素—市场化程度和政府管理。此外,还有大量学者针对不同城市样本进行了城市竞争力度量指标的探讨和实证研究,但从理论上而言并没有太大的突破,只是在指标体系的具体设置上有所不同。国内学者对城市竞争力的分析主要采用定性与定量相结合的分析方法。在这方面影响最大的是中国社会科学院的倪鹏飞研究员。《中国城市竞争力报告》由中国社会科学院发布,由中国社会科学院财政与贸易研究所倪鹏飞博士牵头。自2003年开始,《中国城市竞争力报告》每年发布一次,对全国294个地级以上城市的综合竞争力进行比较后排出座次。该报告为相关省区和具体城市分析自身竞争力,制定提升竞争力的战略提供启示和参考。

3. 研究评述

以上研究成果为经济全球化背景下的城市如何发展以及如何提升自己的竞争力,提供了有益的探索,但目前国内外对城市竞争力的相关研究仍存在许多尚待完善之处。

(1) 关于城市竞争力评价指标的选取。城市竞争力是一种极其复杂的经济现象和社会现象,其决定因素涉及政治、经济、社会、文化的诸多方面。在很大程度上,城市竞争力直接表现为经济实力。但是,一个有竞争力的城市不仅要有雄厚的经济实力,还必须有丰富的人力资本、社会文化资本和环境资本,并且要有能够激发这些资本增值的动力机制(竞争环境)。因此,当前对于城市竞争力的研究主要采用定性研究与定量研究相结合的方法,包括引入必要的调查方法。但在建立的指标体系中,存在一些难以量化又十分重要的指标,如生活质量指数和政府服务效率等指标。这些城市竞争力的定性指标应该如何定量化,还需要进一步研究。

(2) 关于城市竞争力的评价对象。从研究城市竞争力的地域分布来看,全球城市竞争力的研究集中在以下三个地区:北美、欧洲以及亚太地区。在北美,对美国城市竞争力及其相关影响因素的研究比较深入。在欧洲,伴随着欧盟地区的一体化进程进一步深化,城市竞争力的研究成为学者们关注的焦点。而由于亚太地区的全球化发展程度相对不如北美和欧洲地区,城市竞争力研究范围往往局限于城市竞争力评价,对其竞争机制等的探讨不如前两个地区深入。亚太城市具有人口密度高、超大城市聚集发展的特点,亚洲城市化超常的发展规模和速度以及高人口密度为城市可持续发展带来了诸多挑战。在亚太快速城市化的过程中,如何在

表 2.5　国内对城市竞争力指标体系的研究

来　源	研究对象	一级指标	二级指标	三级指标
郝寿义、倪鹏飞（1998）	中国 7 个主要城市	6 个一级指标（综合经济实力、资金实力、开放程度、人才及科技水平、管理水平、基础设施）	共有 21 个二级指标	—
宁越敏、唐礼智（2001）	理论研究	10 个一级指标（经济综合实力、产业竞争力、企业竞争力、科技竞争力、对外、对内开放程度、基础设施、政府作用、金融环境）	共有 39 个二级指标	—
上海社会科学院城市综合竞争力评价指标（2001）	中国十大城市	3 个一级指标（总量、质量、流量）	14 组二级指标（经济实力、金融实力、科技实力、政府实力、发展水平、产业结构、经济效益、城市服务设施、社会环境、GDP 流量、人口流量、资金流量、实物流量、信息流量）	共有 79 个三级指标
徐康宁（2002）	理论研究	3 大类要素（经济要素、环境要素、体制要素）	共 11 组二级指标（经济实力、资本与市场、国际化程度、产业结构、创新与成本、城市规模、城市素质、城市环境、基础设施、市场化程度和政府管理）	共有 69 个三级指标
北京国际城市发展研究院城市竞争力课题组	理论研究	5 个一级指标（城市实力系统、城市能力系统、城市活力系统、城市潜力系统和城市魅力系统）	23 组二级指标（经济规模、产业结构、城市功能、社会进步、可持续发展、集聚能力、辐射能力、流通能力、增长能力、企业活跃度、资本市场成熟度、市场开放度、创新环境、城市治理结构、市场空间、资源效率、投资吸引、社会成本、人力资源、城市品牌认知度、城市形象影响力、城市文化凝聚力、城市游客满意度）	共有 140 个三级指标
倪鹏飞《中国城市竞争力报告》（2012）	中国 294 个地级以上城市	8 个一级指标（经济规模、经济增长、经济效率、发展成本、产业层次、收入水平、居民幸福感、城镇失业率）	共有 20 个二级指标	
倪鹏飞《全球城市竞争力报告》（2012）	全球 500 个城市	3 个一级指标（产出指标体系、产业竞争力指标体系、要素环节指标体系）	10 组二级指标（产出指标、产业门类指标、产业环节指标、企业本体、当地要素、当地需求、基础设施、内部环境、公共制度、全球联系）	共有 103 个三级指标

保证城市经济效率和生活质量的前提下,使得城市经济增长与人口、生态环境之间相协调、持久的发展,是当前亟待解决的关键问题。

2.4.2 城市可持续竞争力指标体系初判

当前多数研究主要从投入产出的角度,强调城市竞争力的经济导向,而从可持续发展的角度对于城市竞争力的研究却并不多见。城市是一个社会—经济—生态复合的巨大系统,其中存在着复杂的社会结构、经济结构和生态结构。虽然一些学者(徐康宁,2002;OECD,2006)指出,城市竞争力最终表现为比其他城市具有更强、更为持续的发展能力和发展趋势,但是目前对城市"可持续竞争力"还缺乏理论模型的研究,并且从未经过实践检验。城市可持续竞争力体现了一个城市的"可持续"竞争能力。城市可持续竞争力和城市竞争力是两个不同的概念,两者有着明显的区别:第一,城市竞争力主要反映的是城市发展的总量、综合水平,而城市可持续竞争力主要反映的是城市发展的质量、效率和可持续发展的能力;第二,城市竞争力是城市本身纵向的比较,是静态指标,而城市可持续竞争力强调城市横向比较和城市之间的相互作用力,是相对的、动态的指标体系;第三,城市竞争力描述的是城市的现状,反映的是当前的发展水平,主要使用绝对量指标,而城市可持续竞争力指标不仅是现实的,更着眼于发展的后劲和潜力,强调以增长率等相对指标来计算。

从1978年联合国环境与发展大会上提出可持续发展到今天,已有30多年的时间。我们一直在谈可持续,作为人类主要聚居地的城市更是应该实现可持续,这种可持续是社会、生态、经济统一体的可持续。城市可持续竞争力包括城市的社会、经济、资源、环境的可持续,是衡量城市发展可持续能力的重要体现。城市可持续竞争力是一个综合性的概念,它全面反映了一个城市在经济、社会、文化、科技、环境、发展和制度上的综合表现。在城市可持续竞争力背后的则是一个庞大的系统工程,其中不仅仅有城市产业集群的创新,更有文化、科技、环境、制度等的综合创新。

1. 经济可持续性

经济可持续性是指促进居民收入水平提高的平衡经济增长。经济可持续性应表现城市经济增长方式的根本转变,采用清洁生产,文明消费,不仅重视经济增长的数量,而且还要重视增长的质量。城市经济的可持续增长离不开区域生态环境背景,离不开区域内城市与城市之间资源和产业配置的协调和城市内部合理的产业结构。

在区域发展可持续性提升的过程中,经济发展既是推进社会文明进步的动力,又是破解诸多人类发展难题的重要支持。经济发展可持续性与经济总量的增长与质量和效益的提高分不开,是经济增长速度、要素配置效率、制度和科技创新驱动、资源与环境容量等约束与解约束等观测变量之间的均衡性、稳定性与持续性的集合。

2. 社会可持续性

社会可持续性是可持续发展的一个重要维度。社会可持续性强调社会资源的管理,包括人们的技能和能力、制度、关系和社会价值。城市的社会可持续发展能力主要从社会安定、城市本身方面考虑,是引导城市未来发展的重要因素。人是城市的主体,不断提高人类生活水平,是可持续发展所追求的最终目标。它包括关注城市居民的基本权利,改善人居条件,公平分配社会资源,健全社会保障体系,稳定社会心理等一系列目标的实现。

3. 环境可持续性

环境可持续性中的环境是指环境保护、环境卫生,以及有利于城市可持续发展的城市建成环境。可持续性发展被普遍定义为"不超过环境承载能力的发展"。这说明环境可持续性是可持续性发展的重要前提。

长期的环境可持续性取决于基本的天赋资源、已往的实践活动、当前的环境结果,以及对于挑战的适应能力等多项因素,它主要表现在以下 5 个方面:(1)环境系统的状态,如空气、土壤、生态系统和水;(2)环境系统所承受的压力,以污染程度和开发程度来衡量;(3)人类对于环境变化的脆弱性,表现为粮食资源的匮乏或环境所致疾病而造成的损失;(4)社会与体制应对环境挑战的能力;(5)对全球环境合作需求的反应能力,如通过合作努力保护大气等国际环境资源。

4. 资源可持续性

资源的可持续性消费模式从本质上看,是人类在享受近代工业文明成果的同时又付出沉重的代价的基础上,重新审视经济发展与资源消费之间关系基础上提出来的。资源可持续利用作为人类不断追求、探索的资源运作模式,既是解决自然资源约束的手段,更是资源科学发展要达到的最优状态。资源可持续性不仅仅指资源的持续供应,还意味着资源的生产和利用能够长远地增进,或者至少与人类福利和生态平衡相协调。

第 3 章
亚太城市可持续竞争力指标体系设计

本章研究旨在明确亚太城市可持续竞争力指标体系的设计原则、指标选取依据，以及指标设计背景。在此基础上提出城市可持续竞争力指标体系，以及针对亚太城市的城市可持续竞争力指标体系。在总结前人研究的基础上，通过结合亚太城市的特点进一步进行分析，本章研究认为城市可持续竞争力是城市发展效率的体现，是在成本最优的基础上追求效率最大化的发展结果。因此，将亚太城市可持续竞争力指标体系界定为经济可持续竞争力、社会可持续竞争力、环境可持续竞争力和资源可持续竞争力四个主要部分。其中，经济竞争力代表了城市的运行现状，社会竞争力代表了城市的运行主体，环境和资源则是城市运行的承载主体。这四个模块的综合发展则代表了城市可持续竞争力的发展水平。在这四个模块的基础上，本章对亚太城市的可持续发展情况进行回顾，结合亚太城市的发展特点，提出指标体系的设计思路，并最终确定城市的可持续竞争力指标体系和精简的城市可持续竞争力指标体系。

3.1 城市可持续竞争力指标体系的设计

3.1.1 指标体系设计原则

一般认为，在设定指标体系时，需要遵循以下原则(万瑜,2008)：

(1) 科学性。指标概念必须明确，且具有一定的科学内涵。不论指标选取、数据获得，还是评价方法，都应建立在科学的基础之上。

(2) 动态性。城市的可持续竞争力是一种复杂的系统发展、进化的过程。所选的指标应能反映可持续发展的动态趋势。而且在指标选取好之后，对于标准数据的确定并不是一成不变的,而是随着城市发展的不同阶段和要求进行变化的。

(3)可比性。本章研究着眼于亚太城市的研究,不同区位的城市差异很大。因此应该选取能体现城市共同特点的指标,剔除不同城市的个性因素。而且采取相对性指标较好,针对可持续发展水平,可以将不同规模的城市放在一起比较。对于基本指标应采用国际规范化的标准设置,具有可比性。

(4)综合性。指标体系作为一个整体,应能比较全面地反映城市社会、经济、环境等各方面发展的主要特征和发展状况。

(5)针对性。设置指标时应尽量选择那些有代表性的综合指标。本书研究关键词主要包括可持续与竞争力。因此应针对城市的当前竞争力以及可持续发展潜力选取有针对性的指标。

(6)可操作性。由于可持续发展理论与国民经济核算体系不一致,在选取指标时应注意数据获得的难易。而且所选指标不宜过多。在数据选取,计算方法上都较易实现。

(7)独立性。度量城市的指标经常存在信息上的重叠,所以要尽量选择那些具有相对独立性的指标。

根据以上原则,我们将着重对亚太城市的可持续竞争力进行研究。

3.1.2 评价指标的选取

在研究区域及城市差异时,最初通常使用单一的指标及方法,常用的直接测度指标包括国民生产总值、国民收入、人均 GDP、消费支出;常用的变异系数包括基尼系数法、广义熵法及其泰尔指数法。这些指标都在一定程度上从不同的角度反映了城市的竞争力及可持续发展能力。然而,对于综合评价城市的可持续竞争力,单指标的方法显然不够。目前,有关城市竞争力及城市可持续发展的研究主要采用综合指标的方法对其进行度量。虽然目前还尚未有比较权威的城市可持续竞争力研究指标体系,但是国内外机构和学者在城市竞争力和城市可持续发展方面已经积累了一定的研究成果。我们对这些指标体系和综合指数进行了简要的总结,如表 3.1 和表 3.2 所示。

从表 3.1 和表 3.2 中可以看出,虽然国内外机构和学者对城市竞争力和城市可持续发展的指标体系尚未得出一致的结论。但是有关城市竞争力和城市可持续发展指标体系也存在一定的共性。

表 3.1 国外城市及区域竞争力 & 可持续发展主要评价指标体系

指数名称	层次	简 介	指标架构
全球竞争力指数（Global Competitiveness Index，GCI）	国家	是由世界经济论坛（World Economic Forum）自 1979 年开始公布的，多依赖调查问卷等软性数据	(1) 基础条件：制度、基础设施、宏观经济、健康与初级教育 (2) 效率驱动：包括更高级教育与培训、商品市场效率、劳动市场效率、金融市场效率、技术成熟度、市场规模 (3) 创新和高级化因素：包括商业高级化、创新
世界竞争力指数（World Competitiveness Index，WCI）	国家	由瑞士的洛桑国际管理发展学院"世界竞争力中心"（IMD World Competitiveness Center）从 1989 年开始发布。IMD 的 WCI 指数比较重视"硬性"统计数据	(1) 经济绩效：国内经济、国际贸易、国际投资、就业、物价水平 (2) 政府效率：公共财政、财政政策、制度框架、商业立法、社会框架 (3) 商业效率：生产率和效率、劳动力市场、金融、管理实务、态度和价值观 (4) 基础设施：基本设施、技术设施、科学设施、健康与环境、教育
人类发展指数（Human Development Index，HDI）	国家	是由联合国开发计划署在《1990 年人文发展报告》中提出的。其设计的原则为：(1)测量人未来发展的基本内涵；(2)只包括优先的变量以便于计算和管理；(3)是综合指标而不是过多的独立指标；(4)既包括经济又包括社会选择；(5)保持指数范围和理论的灵活性；(6)有充分可信的数据来源保证	预期寿命、成人识字率、人均 GDP 的对数
全球繁荣指数（Prosperity Index，PI）	国家	是列格坦研究机构（Legatum Institute）比较 140 多个国家和地区的各种因素而做出的年度排名。数据来自盖洛普世界民意调查（Gallup World Poll）、世界贸易组织、世界发展指标（World Development Indicators）、国内生产总值、世界知识产权组织、联合国人类发展报告、世界银行、经济合作与发展组织和世界价值调查。89 个因素被归纳为 8 类	经济、创业与机遇、政府管治、教育、健康、安全和保安、个人自由、社会资本

（续表）

指数名称	层次	简　介	指标架构
宜居城市指数（Best Cities Ranking，BCI）	城市	由《经济学家》智囊团（Economist Intelligence Unit，EIU）每年对全世界 140 个以上的城市进行评价，涉及城市的多个实体角度	稳定性、卫生保健、文化和环境、教育、基础设施
全球城市指数（Global City Index，GCI）	城市	由美国《外交政策》（Foreign Policy Magazine）和美国科尔尼管理咨询公司和芝加哥全球事务委员会（Kearney & Chicago Council on Global Affairs）从 2008 年起对全球 66 个城市进行打分和评选。与其他指数相比更关注于城市的全球影响力	商业活动、人力资源、信息交换、文化体验、政治参与
城市繁荣指数（City Prosperity Index，CPI）	城市	由联合国人类居住规划署（United Nations Human Settlements Programme）发布。2012 年考察了全球 95 个城市，除了考量生产率和基建发展外，其更关注各个城市的生活质量、平等和社会融入度，以及环境的可持续发展度	生产效率、基础设施、生活质量、环境可持续、公平和社会融入
欧洲绿色城市指数（European Green City Index，GCI）	城市	欧洲绿色城市指数是由独立的科学情报机构对 30 个领先欧洲城市的环境影响进行衡量的指标体系，在城市尺度展开评价指标，具有广泛的影响力	二氧化碳、能源、建筑物、交通、水、废物和土地利用
澳大利亚可持续城市指数（Sustainable Cities Index）	城市	澳大利亚的可持续城市指数是由澳大利亚自然保护基金会（Australian Conservation Foundation）针对澳大利亚的 20 个主要城市进行的研究。包含了 3 个一级指标和 15 个二级指标	(1) 环境表现指数：空气质量、生态足迹、绿色建筑、水、生物多样性 (2) 生活质量指数：健康、密度、主观幸福感、交通、就业 (3) 恢复力指数：气候变化、公共参与度、教育、家庭偿还能力、食品制造
英国可持续城市指数（Sustainable Cities Index）	城市	英国的可持续城市指数是由英国的未来论坛（Forum for the Future）于 2007—2010 年间对英国的 20 个主要城市开展的调查研究。着重于研究城市的环境表现、生活质量以及对未来挑战的处理能力。包括了 3 个一级指标和 13 个二级指标	(1) 环境影响：城市对资源和污染的影响 (2) 生活质量：生活在城市中的人对城市的感知 (3) 未来防护：城市的未来可持续发展能力

资料来源：资料整理。

表 3.2　国内城市及区域竞争力 & 可持续发展主要评价指标体系

指数名称	层次	简　介	指标架构
中国城市竞争力指标体系	城市	由中国社会科学院倪鹏飞研究员牵头,两岸四地城市竞争力专家共同完成。报告从全球、国家、区域、省区和重点城市等不同层面,从城市规模、行政等级和发展阶段等不同视角,从城市竞争力构成的不同方面,来分析中国城市竞争力格局。具体排名是根据较为完善的指标体系和成熟的计量方法得出的研究结果,对中国两岸四地294个城市竞争力指数进行具体比较和格局分析来进行城市排名	经济规模、经济增长、经济效率、发展成本、产业层次、收入水平、居民幸福感、城镇失业率
全球城市竞争力指标体系(2011—2012)	城市	由中国社会科学院倪鹏飞研究员和美国学者彼得·克拉索共同主编。报告中使用的全球城市竞争力指标体系由3个一级指标、10个二级指标、103个三级指标构成	(1) 产出指标体系 (2) 产业竞争力指标体系:产业门类指标、产业环节指标 (3) 要素环节指标体系:企业主体、当地要素、当地需求、基础设施、内部环境、公共制度、全球联系
中国城市竞争力年鉴	城市	由中国城市竞争力研究会编制。中国城市竞争力研究会成立于1998年,是中国最早成立的专门研究城市竞争力,并向城市提供竞争力提升、顾问、服务于评价服务的公益性、非营利的跨国学术团体。该指标体系体现了城市政府、城市企业、城市居民三大主体在整个城市系统中的不同作用,涵盖了经济、社会、文化、环境四大系统	综合实力竞争力、产业竞争力、财政金融保险竞争力、商业贸易竞争力、基础设施竞争力
中国城市竞争力研究	城市	以南开大学城市与区域经济研究中心的郝寿义为代表,提出了城市竞争力的定义、指标体系与计量分析方法	综合经济实力、资金实力、开放程度、人才及科技水平、管理水平、基础设施及住宅
国内十大城市综合竞争力比较研究	城市	上海社会科学院城市综合竞争力比较研究中心在2001年发表的《国内十大城市综合竞争力比较研究》中详细提出了城市综合竞争力的测度指标体系。他们认为,城市经济的集聚和扩散功能是城市综合竞争力的关键因素。因此,他们对城市竞争力的研究指标体系主要从城市的集聚和扩散功能中着手,将城市综合竞争力划分为总量、质量和流量三个一级指标	(1) 总量:经济实力、金融实力、科技实力、政府实力 (2) 质量:发展水平、产业结构、经济效益、城市服务设施、社会环境 (3) 流量:GDP流量、人口流量、资金流量、实物流量、信息流量

（续表）

指数名称	层次	简　介	指标架构
宜居城市科学评价标准	城市	2007 年 6 月通过建设部科技司评审验收,正式对外发布,为中国首个由国家级别的政府部门颁布的"宜居城市"评价标准,该标准根据不同得分将城市分为宜居城市、较宜居城市和宜居预警城市	社会文明度、经济富裕度、环境优美度、资源承载度、生活便宜度、公共安全度
城市可持续发展指数	城市	是城市中国计划(UCI)最初几项研究之一。UCI 是哥伦比亚大学、麦肯锡公司和清华大学于 2010 年共同合作创建的,最初发表了《城市可持续发展指数:衡量中国城市的新工具》,随后又在其基础上不断地更新和发展。2011 年对中国 112 个主要城市的整体可持续发展性进行排名,将成都、柳州和苏州作为重点城市进行了考量	(1)社会:社会福利投资;(2)经济:经济发展;(3)环境:空气质量、垃圾处理、城市建成环境;(4)资源利用

资料来源:资料整理。

有关区域和城市竞争力的研究多关注于经济发展以及城市运行效率。经济方面所涉及的主要指标包括:生产总值、贸易、投资、产业、企业发展等相关指标。城市运行效率方面的指标包括城市的基础设施建设、商业运行效率、政府运行效率、创新能力等相关指标。

与城市竞争力的指标体系略有不同,城市可持续发展、城市繁荣程度等指标体系更关注城市的主体(人以及社会)对城市的影响。这些指标体系同样关注城市的载体(资源和环境)对城市未来可持续发展的影响。有关人以及社会方面的指标包括教育、健康、安全、社会融合度等。与环境相关的指标包括空气、水、垃圾、生态环境等。而与资源有关的指标主要关注资源的可持续,包括土地、水资源等的承载能力,能源消耗等方面。

从表 3.1 和表 3.2 的总结中还可以看出,目前有关城市竞争力以及城市可持续发展方面的指标体系正处在不断融合的过程中。随着城市面临越来越严峻的挑战,城市竞争力的相关研究也更加关注社会、资源、环境等对城市竞争力的影响。如全球竞争力指数(Global Competitiveness Index, GCI)将健康与初级教育作为城市竞争力基础条件指标;中国城市竞争力指标体系将居民幸福感也作为考量城市竞争力的主要指标之一。但是,就目前的指标体系而言,仍然未有成熟的指标体系同时对城市的竞争力和城市的可持续发展能力进行考量。然而,如前所述,城市可持续竞争力的研究已经成为城市未来发展的重要课题之一。在这样的条件下,我们以亚太城市作为样本,建立城市可持续发展指标体系,它主要由城市的现状表现(经济)、城市的运行主体(人和社会)、城市的承载主体(环境和资源)构成,其结构示意如图 3.1 所示。

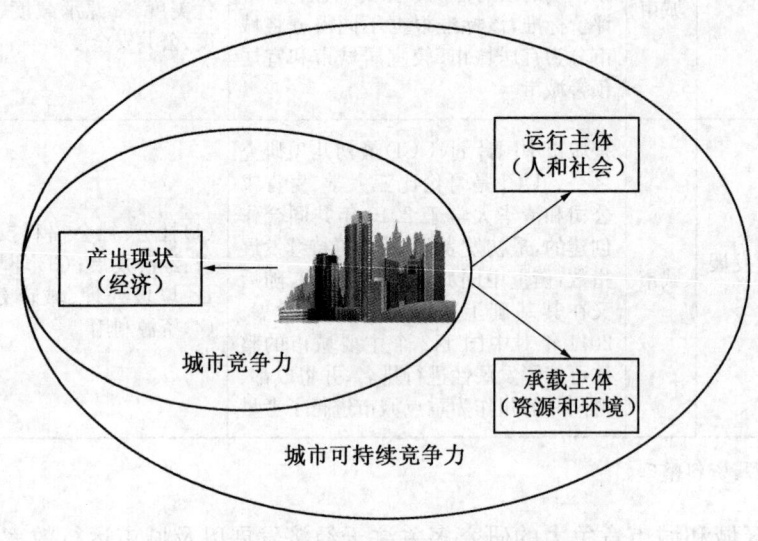

图 3.1 城市可持续竞争力指标选择示意图

3.2 亚太城市可持续竞争力评价指标体系

3.2.1 亚太城市发展特征

从亚洲"四小龙"到亚太"四小虎",从 20 世纪的日本经济起飞,到近期频频讨论的"龙象之争",亚太经济和社会的发展历来是全球媒体和学术界关注的焦点。克鲁格曼(2000)认为,国家之间并没有真正意义上的竞争,真正的竞争者是公司和城市。从 20 世纪 80 年代起,亚太城市就已成为亚太地区经济发展的承载主体。从图 3.2 中可以看出,亚太地区的国内生产总值主要为城市创造和产出,大多数亚洲国家和地区的城市生产总值均超过国内生产总值的 50%。东南亚和东亚地区的城市生产总值达到国内生产总值的 70% 以上,东亚甚至接近 90%。可以看出,城市在亚太地区的发展过程中扮演着重要的角色。

但从现有的全球城市竞争力及可持续发展指标体系的排名中可以看出,亚太地区城市之间的发展差距较大。澳大利亚、新西兰、日本、韩国和新加坡的城市在

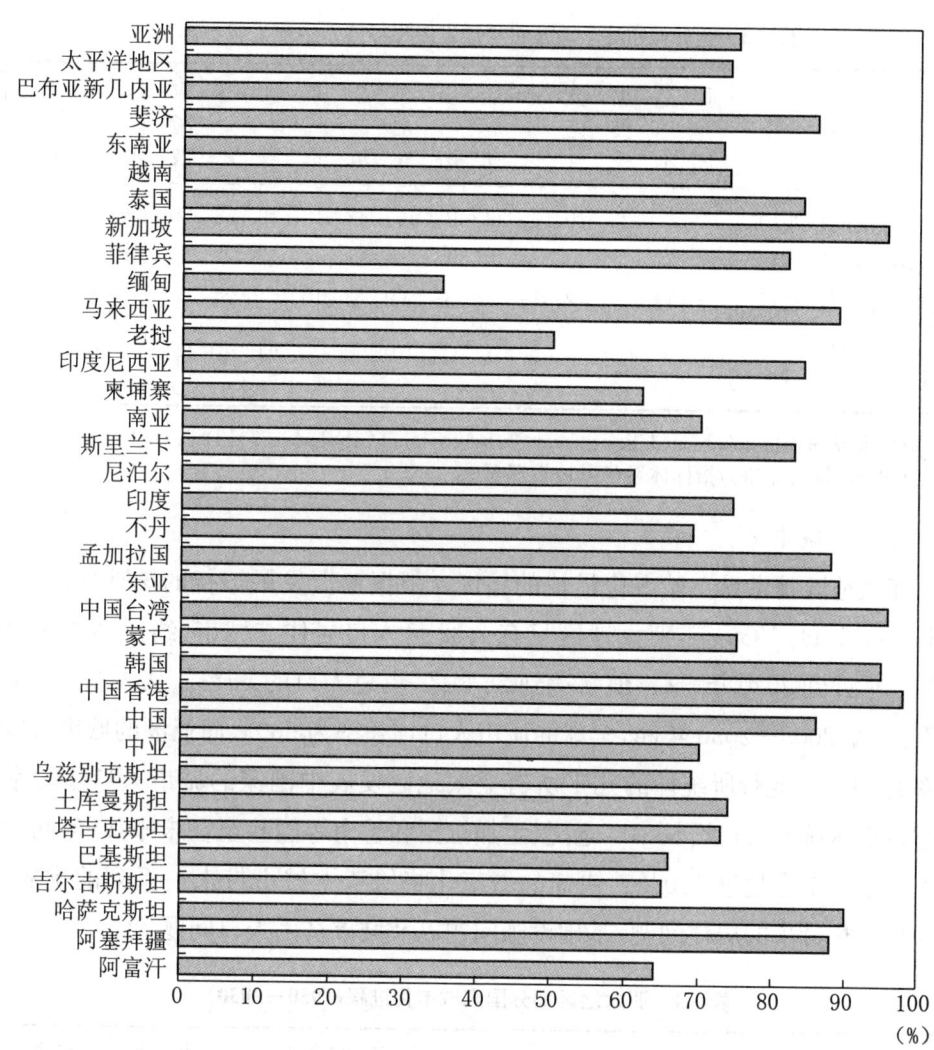

资料来源:Choe and Roberts(2011)。

图 3.2　亚太地区主要国家和地区城市 GDP 所占比重(2004)

各项排名中都具有较好的表现(参见表 3.3)。但是其他发展中的亚太城市,尤其是东南亚一带的城市在全球的相关排名中仍然较为落后,尤其体现在城市的环境和宜居性方面。长期以来,亚太城市依赖大规模的要素投入获得了较快的发展和城市竞争力的显著提升。然而,进入 21 世纪以来,亚太城市在经济发展潜力、环境、人口等方面面临着诸多挑战,继续靠以往的粗放式发展方式已经难以为继。在这样的大背景下,如何提升亚太城市的可持续竞争力成为关注的焦点。近期,受到快速城市化、城市规模的迅速扩张、产业结构的改变等因素的影响,亚太城市的发展轨迹正在进行深刻的变革。

表3.3　全球城市竞争力及可持续发展指标体系中亚太城市排名

指标体系	悉尼	墨尔本	惠灵顿	奥克兰	雅加达	新德里	曼谷	马尼拉	新加坡	东京	大阪	首尔	吉隆坡	台北	香港	北京	上海
宜居城市指数(2010)	7	3	23	10	\	113	103	107	53	18	12	58	79	62	31	76	83
全球城市指数(2012)	12	32	\	\	\	48	43	51	11	4	47	8	49	40	5	14	21
城市繁荣指数(2012)	\	11	\	12	39	52	33	41	\	10		24	\	\	\	37	28
全球城市竞争力指标体系(2011)	46	\	102	\	\	\	115	\	8	3	24	9	197	38	10	59	37

资料来源:根据 Global Livability Survey(2010)、Global City Index(2012)、City Propensity Index(2012)和全球城市竞争力指标体系(2011)整理而成。

1. 快速城市化

亚太地区是世界上城市化最快的地区。根据亚洲发展银行的统计(Choe and Roberts,2011)1950 年,亚太地区只有 2.32 亿人口居住在城市,约占到总人口的17%。估计到 2030 年,这一值将达到 26.6 亿,占总人口的 55%。从表 3.4 中也可以看出,在 2005—2030 年间,全球的城市人口增长率为 56%,而亚洲的城市人口增长率为 71%。亚行所统计的几乎所有亚太地区发展中国家的城市人口增长率都远超过全球城市人口增长率。老挝、孟加拉国和越南等国甚至在未来 20 年间的城市人口增长率会超过 100%。快速的城市化将给亚太城市带来一系列的挑战,包括人口增长带来的居住问题、基础设施问题以及城市贫困人口问题等。

表3.4　亚太地区部分国家城市化进程(1950—2030)

国　　家	人均国内生产总值(美元)(2003)	人口(百万)(2005)	城市人口(百万)(2005)	城市人口所占百分比(%)			预估城市人口增长及增长率(2005—2030)	
				1950	2005	2030	增长数量(百万)	增长率(%)
全　　球	/	6 453.6	3 172.0	29	49	61	1 772.7	56
亚　　洲	/	3 917.5	1 562.1	17	40	55	1 102.2	71
孟加拉国	1 770	152.6	38.1	4	25	39	48.4	127
柬埔寨	2 078	14.8	2.9	10	20	37	5.8	197
中　　国	5 003	1 322.3	536.0	13	41	61	341.6	64
印　　度	2 892	1 096.9	315.3	17	29	41	270.8	86
印度尼西亚	3 361	225.3	107.9	12	48	68	80.0	74
老　　挝	1 759	5.9	1.3	7	22	38	2.3	177

（续表）

国 家	人均国内生产总值（美元）（2003）	人口（百万）（2005）	城市人口（百万）（2005）	城市人口所占百分比（%）			预估城市人口增长及增长率（2005—2030）	
				1950	2005	2030	增长数量（百万）	增长率（%）
马来西亚	9 512	25.3	16.5	20	65	78	10.8	66
巴基斯坦	2 097	161.2	56.1	18	35	50	79.3	141
菲律宾	4 321	82.8	51.8	27	63	76	34.8	67
斯里兰卡	3 778	19.4	4.1	14	21	30	2.4	59
泰 国	7 595	64.1	20.8	17	33	47	14.6	70
越 南	2 490	83.6	22.3	12	27	43	24.5	110

资料来源：Choe and Roberts(2011)。

2. 城市规模的快速扩张

快速城市化同时也带来了城市规模的快速扩张。从表 3.5 中可以看出，亚太城市，特别是人口数量在 50 万—500 万之间的中型城市，扩张速度较快。而人口数量在 500 万以上的大城市，扩张速率明显低于中型城市，并呈现出逐步放缓的趋势。城市的快速扩张将在一定程度上影响城市的运行效率，并带来"大城市病"等一系列问题。从表 3.3 中可以看出，大部分亚太城市的宜居城市指数较低，这也和亚太城市较大的规模、较高的人口密度和较为落后的基础设施建设相关。城市规模的扩张将在一定程度上对城市的管理和发展提出挑战，并对城市的可持续竞争力造成影响。

表 3.5 亚太地区部分国家城市的扩张速度

城市规模（人口）	中 国			印 度			印度尼西亚		
	数量	平均年增长率（%）		数量	平均年增长率（%）		数量	平均年增长率（%）	
		2005—2010	2010—2015		2005—2010	2010—2015		2005—2010	2010—2015
0—50 万	126	1.8	1.91	157	2.04	2.18	14	2.38	2.47
50—100 万	127	2.03	2.08	45	2.45	2.36	10	2.78	2.54
100—500 万	93	1.25	1.45	33	2.79	2.52	5	2.78	2.45
>500 万	4	0.77	1.04	7	2.30	2.30	1	3.19	2.46

资料来源：Choe and Roberts(2011)。

3. 经济发展结构转变

亚太经济的发展与亚太城市经济的发展密不可分。亚太城市作为"世界工厂",它们的经济发展具有较为鲜明的发展特征。学者将亚太城市的经济繁荣主要归因于包括出口导向、城市基础建设服务、外商投资和城市竞争、城市与市场的联系等几个主要方面(UN-habitat and ESCAP,2010)。

表 3.6 亚太城市地区人均 GDP 前 20 位

排名	城 市	国 家	GDP(10 亿美元)	人均 GDP(美元)
1	新加坡	新加坡	161	37 597
2	香 港	中 国	244	35 159
3	东 京	日 本	1 191	33 835
4	大 阪	日 本	341	30 177
5	首 尔	韩 国	218	22 602
6	曼 谷	泰 国	89	13 499
7	上 海	中 国	139	9 586
8	北 京	中 国	99	9 238
9	胡志明市	越 南	40	7 935
10	雅加达	印度尼西亚	98	7 424
11	班加罗尔	印 度	48	7 080
12	河 内	越 南	30	7 073
13	孟 买	印 度	126	6 923
14	普 纳	印 度	32	6 829
15	万 隆	印度尼西亚	28	6 685
16	加尔各答	印 度	94	6 573
17	武 汉	中 国	40	6 542
18	艾哈迈达巴德	印 度	34	6 364
19	海德拉巴	印 度	40	6 359
20	成 都	中 国	22	6 342

资料来源:www.citymayors.com/statistics。

随着工业化进程的不断推进,城市的产业结构也随之产生了变化。亚太地区的主要城市也正在经历从第二产业向第三产业转变的重要阶段。亚太地区最初依靠低端制造业取得发展,如纺织业。但目前这种现状正在改变,在新加坡、中国香港和印度班加罗尔,经济发展重心已经从依靠低成本基础设施、廉价劳动力和低税收转向依靠技术工人、先进的基础设施和创新能力,从而建设具备高度竞争力的城市和产业集群(Choe and Roberts,2011)。从表 3.7 中也可以看出,第三产业在亚太地区的大型城市中已经占主导地位。

表 3.7　亚太地区部分城市产业结构

城　市	国　家	产业结构（％）			年份
		第一产业	第二产业	第三产业	
北　京	中　国	2.6	35.8	61.6	2003
香　港	中　国	0	10.0	90.0	2004
雅加达	印度尼西亚	1.3	22.1	76.6	1990
大　阪	日　本	1.3	25.3	73.5	2005
首　尔	韩　国	3.3	40.3	56.3	2004
新加坡	新加坡	0.0	35.0	65	2004
上　海	中　国	1.5	50.1	48.4	2003

资料来源：Choe and Roberts(2011)。

4. 社会问题逐步凸显

　　然而，随着亚太城市经济的不断发展，城市规模的不断扩大，人口的不断集聚，城市的社会矛盾等问题也日益凸显，包括城市房价的高企、公共基础设施的缺乏等问题，都成为困扰亚太城市可持续发展的主要问题。2011 年，根据相关组织对包括食品、服务、服装、住房、基础设施费用等在内的城市生活成本的统计，评选出全球最贵城市（most expensive cities），亚太地区城市东京蝉联世界最贵城市之首。而包括中国北京、上海在内的亚太地区其他城市排名均显著提高（表 3.8），高昂的日常生活成本将成为亚太城市可持续发展的阻力。

表 3.8　亚太地区最贵城市前 20 位（2011 年）

亚太地区排名	全球排名	城　市	国　家
1	1	东　京	日　本
2	4	名古屋	日　本
3	6	横　滨	日　本
4	10	神　户	日　本
5	21	首　尔	韩　国
6	31	新加坡	新加坡
7	35	北　京	中　国
8	41	上　海	中　国
9	58	香　港	中　国
10	63	釜　山	韩　国
11	77	蔚　山	韩　国
12	80	台　北	中　国
13	84	广　州	中　国
14	89	深　圳	中　国

（续表）

亚太地区排名	全球排名	城　市	国　家
15	90	雅加达	印度尼西亚
16	110	高　雄	中　国
17	112	沈　阳	中　国
18	116	天　津	中　国
19	119	青　岛	中　国
20	124	大　连	中　国

资料来源：www.citymayors.com/statistics。

而与此同时，城市发展的贫富差距现象越来越明显，根据亚洲发展银行自20世纪90年代对其进行的调查显示，多数亚太国家的社会贫富差距都逐步加大，社会稳定性降低，这为亚太城市的可持续发展埋下了隐患（UN-habitat and ESCAP，2010）。

从图3.3中可以看出，在亚太地区，香港、深圳、科伦坡、曼谷、清迈和胡志明市的基尼系数均超过了0.4的国际警戒线水平。另外，无锡、马尼拉等城市的基尼系数也与警戒线水平较为接近。亚洲国家的政府长期以来一直在强调经济发展的速度和效率，而忽略了发展的公平性以及社会问题，这在一定程度上造成了亚太地区城市社会可持续发展的隐患。实现亚太城市的可持续发展，社会因素是必须考量的关键要素。

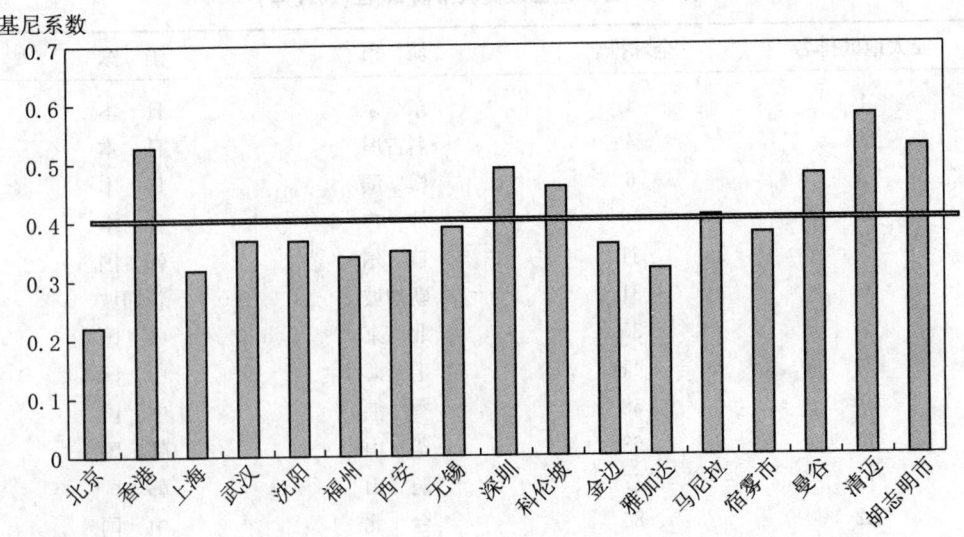

资料来源：UN-habitat（2008）。

图3.3　亚太地区主要城市基尼系数

5. 环境面临严峻挑战

随着城市规模的不断扩大,城市人口集聚程度的不断上升,城市面临着越来越严峻的环境挑战。同时,城市环境也对世界环境产生着重要的影响。相关统计显示,全球 70% 的温室气体排放都与城市的生产和生活相关。而由于亚太城市人口密度较大,城市产业结构第二产业所占比例较高等一系列特点的影响,亚太城市的环境问题尤为突出。

从图 3.4 中可以看出,亚太地区大部分城市的年均 PM10 排放浓度都远超过世界卫生组织的推荐值 20 微克/立方米,中国的部分城市更是远超世界卫生组织的推荐值数倍以上。亚太城市空气质量堪忧,这将影响城市的可持续竞争力。

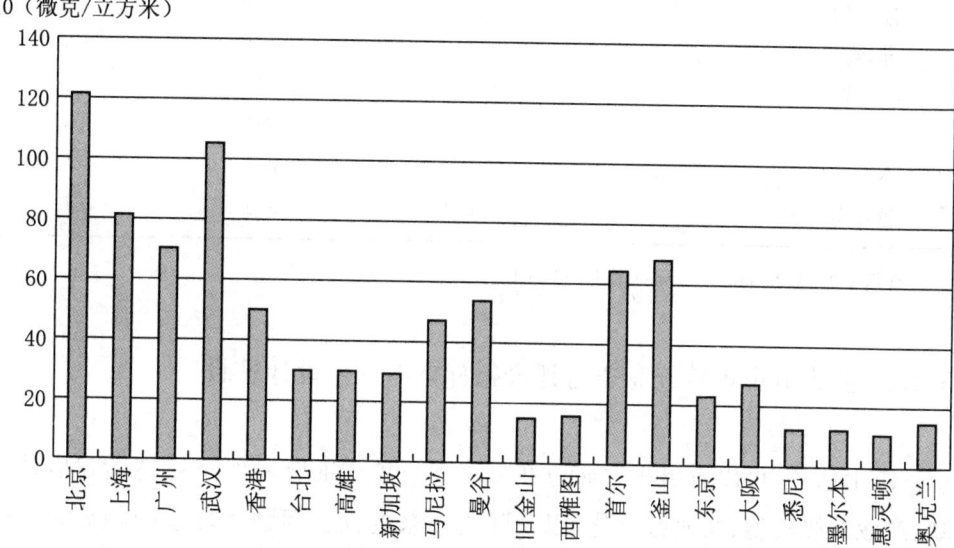

资料来源:世界卫生组织室外空气污染城市数据库,http://www.who.int/phe/health_topics/outdoorair/databases/cities/en/。

图 3.4 亚太地区主要城市 PM10 年度均值(2010 年)

同时,除空气质量以外,随着城市居民生活质量的提高,日常生产生活产生的固体废弃物将大量增加,再辅以亚太城市快速增长的人口基数,将对亚太城市日常垃圾的处理能力提出严峻的考验。

此外,亚太城市在城市水资源、城市土地、城市生态系统、城市气候等方面都面临着诸多问题(UN-habitat and ESCAP,2010)。在发展经济的同时,合理高效地解决城市发展所面临的环境问题,建立良好的环境保护机制,这才是城市可持续发展的根本要务。

表3.9　亚太地区主要国家城市固体废弃物

国　家	1995		2025（预估）	
	城市人口（千人）	城市垃圾产生率（千克/每人/每日）	城市人口（千人）	城市垃圾产生率（千克/每人/每日）
孟加拉国	27 786	0.49	72 844	0.60
中　国	374 257	0.79	851 430	0.90
印　度	253 473	0.46	523 202	0.70
日　本	81 079	1.47	85 877	1.30
韩　国	34 935	1.59	42 910	1.4
老　挝	836	0.69	4 050	0.80
马来西亚	11 468	0.81	27 188	1.40
缅　甸	2 356	0.50	10 717	0.60
菲律宾	33 786	0.52	64 951	0.80
新加坡	3 480	1.10	5 362	1.10
斯里兰卡	3 131	0.89	3 788	1.00
泰　国	18 208	1.10	30 679	1.50
越　南	16 202	0.55	41 371	0.70

资料来源：UN-habitat and ESCAP（2010）。

3.2.2　亚太城市可持续竞争力评价指标体系主体设计思想

综上所述，可以看出亚太城市在未来的发展中面临着经济可持续发展动力欠缺、产业升级转型、快速城市化，以及随之而来的社会问题和环境问题等一系列挑战。亚太城市应当如何在当前全球经济不景气、亚太城市面临深刻转型、城市人口和环境压力激增的情况下，获取可持续的城市竞争力？我们将以亚太城市的发展为背景，以城市的可持续发展为出发点，在实现亚太城市竞争力增强和可持续发展之间寻求平衡，并建立亚太城市可持续竞争力综合评价指标体系。

1. 城市经济可持续竞争力（City Economics Sustainable Competitiveness，CESC）

我们的研究不只注重城市经济发展的规模，还注重城市经济发展的效率以及可持续发展的潜力；不只关注宏观经济的发展，也同时关注宏观经济中各主体（产业、公司、人等）和要素（基础设施）的发展。在此理念的引导下，提出如图3.5所示的一系列紧密联系的二级指标。

（1）经济规模。城市经济规模是指城市经济的综合容量与范围，反映了生产要素在城市的集中程度或集聚水平。衡量一个城市经济规模最重要的指标是一个

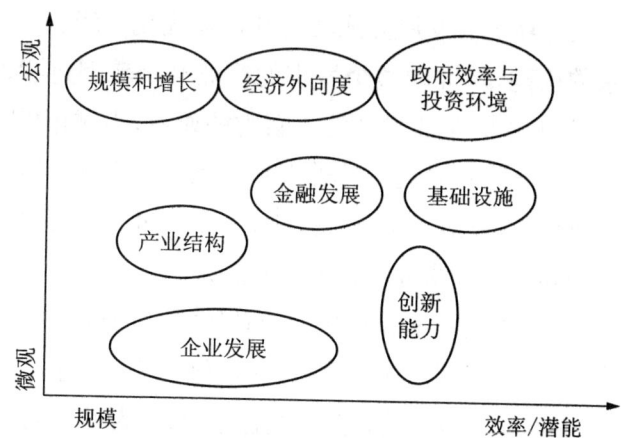

注:纵轴表示指标从微观到宏观的演变,横轴表示指标从规模指标向效能/潜能指标的转变。

图 3.5　城市经济可持续发展相关指标示意图

时期内创造的 GDP 的大小。我们将主要采用 GDP 总量、人均 GDP、工业总产值、地方财政一般预算收入、全社会固定资产投资总额等指标对其进行测度。

（2）经济增长。倪鹏飞和候庆虎(2009)认为,城市的竞争同时是增长的竞争,城市吸引、占领、争夺、控制资源和市场创造价值的能力、潜力及其持续性决定了经济的增长。将主要选用 GDP 增长率、人均 GDP 增长率来对城市的经济增长进行度量。

（3）产业结构。产业在城市发展中属于中观层次,是城市竞争力的重要载体。产业结构是指各产业的构成及各产业之间的联系和比例关系。如前所述,产业结构的变革是亚太城市正在经历的关键发展历程。能否成功实现产业结构的转型,提升高附加值产业、高新技术产业和第三产业在产业结构中所占的比例,将在很大程度上决定城市未来的竞争力。我们主要选取非农产值占 GDP 的比例、第三产业增加值占 GDP 比例来衡量城市的产业结构。

（4）企业发展。企业属于中观层次指标。企业是城市竞争力的中观构成和实现基础,是城市发展的核心竞争力,是城市竞争力培育与提升的基础与重要前提。同样,城市竞争力的提升也将不断作用于企业的发展和壮大。因此,企业的发展也从另一个侧面反映出城市的整体竞争力。但是在中国,有关微观企业方面的数据资料较少,为了更好地反映企业的发展,我们选用了数据收集较为完善的工业企业数据来反映各地企业发展的情况。一些学者认为,城市的发展也同样要依赖实体经济,即工业企业等的发展。我们主要选择了国有及规模以上工业企业数和工业企业外商投资占比两个指标来对企业发展进行度量。

（5）金融发展。金融发展和城市经济发展之间的显著相关作用已经被多名学者所证实(艾洪德等,2004;王景武,2005;周立,2003)。作为现代经济的核心,金融的发展将不断推动服务经济的发展方式转变和产业优化升级。一方面,金融产品的创新与服务体系的构建,将推动整个城市的产业升级转型过程的进行;另一方面,金融业的发展将为城市的企业发展注入新鲜的血液,为城市的企业发展、科技创新、环境保护、城市建设等一系列活动带来新的动力。因此,金融发展也作为反映城市竞争力的重要指标,被纳入城市可持续竞争力的指标体系中,我们主要选取了金融机构存款余额和金融机构贷款总额两个指标。

(6) 政府效率与投资环境。有关中国城市蓝图规划的重大决策权多掌握在政府手中,包括城市规划、产业规划、项目执行、环境保护等,都与政府效率有着至关重要的关系。此外,亚洲发展银行的相关研究也指出,亚太城市的发展具有一定的共性,政府是城市资源的管理和调配主体,政府的决策和效率直接影响着城市的可持续竞争力(Asian Development Bank, 2008)。总体而言,政府效率将决定城市是否能够朝竞争力可持续的方向发展。同时,政府效率与城市的投资环境息息相关。因此,我们将政府效率和投资环境合并为一个指标,作为城市可持续竞争力指标体系中的重要指标之一。由于政府效率和投资环境均属于较难度量的软指标,因此,本研究中中国城市的政府效率和投资环境的测度将主要建立在前人分析的基础上。虽然这些研究主要集中于省级层面,但由于我们将所选取的城市主要为省会城市或一省的经济中心,因此利用省一级的数据来代替城市层面的数据也具有一定的可行性和合理性。我们所选择的指标包括省级政府管理效能、政府与市场关系和市场化指数。

北京师范大学管理学院及北京师范大学政府管理研究院发布了《2012年中国省级地方政府效率研究报告》,对省级政府效率进行了测度,其中江苏、北京、山东位列前三,而重庆、贵州和西藏位列最后三位。我们选取这一指标作为度量政府效率的重要指标之一。

樊纲等(2010)对中国各地区的市场化进行定期的测度,反映各地区在市场化改革方面的进展,该成果为研究中国市场化进程提供了重要参考。我们选取了该研究2009年的结果。同时,选用政府与市场关系和市场化指数两个指标来分别对政府效率和城市投资环境进行度量。

(7) 创新能力。中国经济的发展乃至亚太地区经济的发展都主要依赖劳动密集型产业的发展,低利润率、低附加值的出口代工业的发展。亚太城市的创新能力一直遭到诟病。然而,转型中的亚太城市越发清醒地认识到创新对城市可持续竞争力发展的重要性。可以认为,创新是城市可持续竞争力的灵魂。一个城市只有具有创新能力才能具有可持续发展的动力。在此背景下,越来越多的学者关注创新型城市的研究。创新型城市指主要依靠科技、知识、人力、文化、体制等创新要素驱动发展的城市,对其他区域具有高端辐射与引领作用。创新型城市的内涵一般体现在思想观念创新、发展模式创新、机制体制创新、对外开放创新、企业管理创新和城市管理创新等方面。以此为出发点,我们选取了总研发支出占 GDP 的比例和专利申请数量两个指标来度量城市的创新能力。

（8）经济外向度。经济外向度也叫对外贸易系数、外贸依存度或外贸依存率,是指一个国家或地区的进出口贸易额占国内(地区)生产总值(GDP)的比重,它反映一个国家或地区的经济与国际经济联系的紧密程度,是衡量一个国家或地区开放型经济发展规模和发展水平的宏观指标之一。一个国家或地区的经济外向度高,说明这个国家或地区的经济与国际经济联系紧密,开放程度高,也说明这个国家或地区的进出口对国际市场依赖程度高(龚曙明,2004)。城市经济外向度的高低反映城市吸收和输出能力的强弱。对于城市的经济外向度,我们在原有定义的基础上进行了拓展。拓展后的城市经济外向度,不仅包括城市与国际不同地区的联系,也包括国内城市间的联系,不仅是经济上的联系,也包括了文化旅游等方面的联系。根据这一理念,我们引入了外商直接投资实际使用额、货物进出口总额、国际旅游外汇收入、货运总量、客运总量这些指标来衡量城市可持续竞争力中的经济外向度。

（9）基础设施。基础设施是一个城市经济发展的载体,是影响城市投资环境的主要因素,也是吸引资金、人才、技术和信息等生产要素集聚和扩散的主要力量。完善的基础设施对加速社会经济活动,促进城市分布形态的演变和城市的快速发展有重要作用。中国是世界上基础设施发展最快的国家之一,基础设施是过去很长一段时间内拉动中国经济的重要增长点。但同时,中国快速的城市化所带来的人口和环境压力又对中国城市的基础设施提出了严峻的考验。倪鹏飞(2002)通过对全国 24 个样本城市的研究发现,基础设施是城市竞争力最重要的构成或影响力量。因此,我们将基础设施纳入城市可持续竞争力的分析指标体系中,并选用城市道路面积、城市公路里程、机场航班起降架次、电信业务总量、邮政业务总量、移动电话年末用户数、国际互联网用户数、本地电话年末用户数等指标,从交通、邮电、通信三个方面对城市的基础设施进行考量。

2. 城市社会可持续竞争力(City Social Sustainable Competitiveness, CSSC)

根据麦肯锡公布的《2011 城市可持续发展指数》(肖耿等,2011),城市的社会可持续性被定义为为人民提供基础的社会福利。而在世界经济论坛发布的全球竞争力指数中,社会可持续被定义为以下四个层次:(1)保护利益相关者的生理健康需求;(2)保护利益相关者的精神健康需求;(3)形成社会的凝聚力;(4)公平对待所有的利益相关者。

其中,生理健康需求和公平对待是城市利益相关者的最基本需求,精神健康需求则是更高层次的需求,而稳定和协调则是实现社会可持续发展的终极目标(图3.6)。

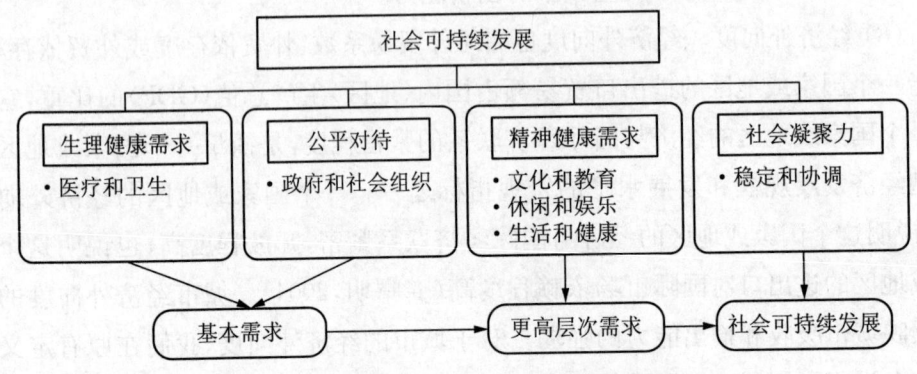

图3.6 城市社会可持续发展相关指标示意图

2012年10月31日,中国科学院发布的《2012中国新型城市化报告》称,2011年中国城市化率首次突破50%。快速的城市化虽然促进了经济增长,改善了人民的生活水平,然而却也带来了一系列的问题。报告显示,中国城市化的质量仍然较低,有很大一部分居民并未享受到或者完全享受到城市居民应享有的国民教育、医疗卫生、社会保障、低保、社会救助、住房保障等方面的福利和政策,很多城市仍然处于半城市化或"伪城市化"状态。城市能公平地对待每一个利益相关者,满足每一个利益相关者的基本需求,甚至是更高层次的精神健康需求,成为城市社会可持续发展的重要任务。能否成功地解决流动人口和快速城市化带来的"伪城市化"现状,将成为未来决定中国城市能否实现可持续发展的重要方面。为了从更多层面更好地诠释城市的社会可持续竞争力,我们在参照前人研究的基础上,从基本需求、更高层次需求和社会可持续发展三个维度来对城市社会可持续竞争力进行研究。

(1)医疗和卫生。医疗和卫生是城市社会可持续竞争力的基本需求层面。为了反映城市的基本医疗和卫生条件,对城市的可持续竞争力指数进行测度,我们分别对样本城市的医生数和卫生机构床位数进行了考察。但是城市规模对城市的医疗条件起到了重要的影响作用,为了避免不同规模城市医疗水平差距对城市可持续竞争力造成的影响,最终将指标定义为每万人拥有的医生数和每万人拥有卫生机构床位数。

（2）社会福利投资。社会福利投资是指国家依法为所有公民普遍提供旨在保证一定生活水平和尽可能提高生活质量的资金和服务的社会保障制度。在本书研究中,社会福利投资主要指为了满足居民对生活、教育、医疗的基本需求,城市对国民收入进行再分配的过程。通过社会福利投资,国家对生活有特殊困难的公民的基本生活权利给予保障,公平地对待每一个利益相关者。社会福利投资一方面是满足全体城市居民基本需求的有效手段,另一方面也是维护城市社会稳定和谐的重要方法,对城市的可持续竞争力具有重要的意义。我们选取了政府社会保障支出占 GDP 比例、政府教育支出占 GDP 比例、政府医疗卫生支出占 GDP 比例三个指标对社会福利投资进行度量。

（3）教育文化。教育文化属于城市可持续竞争力中的精神健康需求,即更高层次的需求。我们中选用每万人普通中学专任教师数,每万人在校大学生数和公共图书馆数量三个指标对城市的教育文化水平进行度量。

（4）社会发展环境。社会发展环境是城市社会可持续竞争力的更高级体现,也是一些要素的综合反映。一方面,社会发展环境反映了社会的稳定程度,我们用城乡收入差距、通货膨胀率和城镇登记失业率来共同度量;另一方面,城市发展环境还反映了社会的凝聚力,城市利益相关者对城市发展的满意程度,我们选用了生活质量满意度、城市幸福感指数两个主观指标来度量。

生活质量满意度根据中国经济实验研究院生活质量研究中心于 2012 年发布的"城市生活质量指数"。"城市生活质量指数"是中国经济实验研究院生活质量研究中心于 2011 年开始的一项研究活动,其研究范围覆盖了中国的 35 个主要城市,指标体系包括主观和客观两部分。其中,主观指标相关数据主要通过电话调研的方式采集,包括生活水平满意度指数、生活成本满意度指数、人力资本满意度指数、社会保障满意度指数、生活感受满意度指数五个部分;客观指标体系的建立则主要依靠年鉴等二手数据,包括生活水平客观指数、生活成本客观指数、人力资本客观指数、社会保障客观指数、生活感受客观指数五个部分(中国经济实验研究院城市生活质量研究中心,2012)。为了避免与该指数客观部分指标体系重复,我们仅选取了主观满意度作为生活质量满意度指标。在 2012 年的调查中,排名前 5 的城市分别为长春市、杭州市、石家庄市、济南市和合肥市。而北京、上海、广州排名则较低,表明大城市较高的生活成本拖累了城市生活满意度。

城市幸福感是指市民对所在城市的认同感、归属感、安定感、满足感,以及外界人群的向往度、赞誉度。城市幸福感是体现城市的凝聚力的核心指标。2012 年,中国城市竞争力研究会公布了"中国最具幸福感城市指数",其中,青岛以 95.08 分高居榜首,杭州紧随其后。城市幸福感指数由满足感指数、生活质量指数、生态环境指数、社会文明指数、经济福利指数等 5 项一级指标、21 项二级指标和 47 项三级指标组成。

3. 城市环境可持续竞争力(city environment sustainable competitiveness, CESC)

中国自改革开放以来,经济得到了快速发展,然而中国快速的经济发展也在很大程度上依赖"两高一低"粗放型的工业增长模式,以及大规模投资的拉动。在这样的环境下,中国城市的环境问题也日益凸显,温室效应、PM2.5 超标、雾霾天等已经受到了越来越多的关注。在这样的情境下,城市的承载主体"环境"的可持续竞争力已经成为城市可持续竞争力的最重要保障。城市环境子系统是由自然环境和人工环境等要素组成的,其可持续性表现为顺畅的自然再生产过程,以其功能直接或间接满足人们日益增长的生态需求(张卫民,2002)。而我们的研究中主要关注人的部分,即人类的生产生活对城市环境造成的影响,包括环境污染和环境治理两部分。

(1) 环境污染。环境污染所选取的指标主要包括城市空气总体质量以及单位 GDP 的工业污染物两个部分。其中空气质量根据环境保护部每日对 62 个重点城市的监控记录。环境保护部每日对 62 个重点城市(2013 年起为 74 个城市)的空气质量进行检测(AQI 指数),并定期公布空气质量公报。我们选定的指标为空气质量达标率,用以反映城市的整体空气质量情况。

反映单位 GDP 工业污染的指标包括单位 GDP 工业二氧化硫排放量、单位 GDP 工业废水排放量和单位 GDP 工业烟尘排放量三个指标。

(2) 环境治理。为了促进城市的可持续发展,中国近年在城市的环境治理方面投入了大量的人力和物力,并取得了一定的成果。我们选用污水集中处理率、工业固体废弃物综合利用率、生活垃圾无害化处理率和建成区绿化覆盖率等几个指标分别从污水处理、垃圾及废弃物处理以及绿化方面对城市的环境治理加以综合评价。

4. 城市资源可持续竞争力(city resource sustainable competitiveness, CRSC)

亚洲发展银行(2008)在其有关亚洲城市管理的研究中指出,土地资源和能源是城市实现可持续发展的核心资源。其中,有关城市空间布局以及交通基础设施建设的合理布局关系着城市的未来发展。而在全球能源匮乏,能源价格大幅上涨的环境下,提高能源的使用效率,转换能源的消费方式对城市的可持续发展至关重要。

（1）土地资源。土地是城市发展的物质载体，城市的生产活动和城市居民的生活都需依赖于城市的土地。因此，土地资源影响是城市可持续竞争的重要资源之一。随着中国城市化进程的快速推进，中国城市的规模快速扩张。根据相关统计，2000—2010 年 10 年间，中国城镇建成区面积扩张了 60%。城市规模的快速扩张一方面为城市提供了更大的发展空间和支持，但另一方面也带来了用地结构不合理、使用效率较低、城市土地生态系统恶化、城市土地市场机制不健全等一系列问题。为了反映城市土地资源的储量和城市土地资源的利用情况，我们选用了土地面积和人口密度两个指标对城市土地资源的使用情况进行度量。

（2）资源利用效率。如前所述，资源的使用效率已经越来越受到城市相关研究的重视。资源的使用效率不仅关系到城市的环境发展，同时，随着资源要素价格的不断上涨，也极大地关系到城市的运行效率。因此，与城市的可持续发展竞争力具有重要的联系。我们选取了人均用电量、人均用水量、人均煤气用量、人均液化石油气用量和万元 GDP 能源总消耗量指标从生活和生产两个方面对城市的资源使用效率进行度量。其中，万元 GDP 能源总消耗量指标来自梁竞和张力小（2009）的研究。他们对 30 个案例城市市辖区内生产和生活消耗能源，即能源消费总量进行了分析。其中生产能源消费指各市市辖区规模以上工业企业能源消费量，城市居民生活能源消费未包括交通用能；能源品种分为煤炭、煤油、柴油、汽油、燃料油、电力及其他（煤气、液化石油气、天然气及热力）。根据他们的度量，30 个城市中上海的总能源消费量最高，而太原的人均能源消费量最高。

3.2.3　亚太城市可持续竞争力评价指标体系

根据评价指标体系的相关论述，亚太城市可持续竞争力评价的指标体系如表3.10 所示。

Economist Intelligence Unit（2011）认为由于区域和城市发展阶段的不同，发展模式的差异，以及约定俗称的一些规定，不同地区和城市在统计口径和统计指标方面存在较大的差异，这为全球城市和区域城市间的横向比较带来了一定的困难。为解决这些困难，其在对全球绿色城市的研究的过程中将城市分为亚洲城市、北美城市、欧洲城市、非洲城市和大洋洲城市几类，并对指标进行精简，以确保不同地域和地区的城市可以在同一个标准和体系下对绿色城市这一议题进行分析和比较研究。目前，亚洲城市、北美城市、欧洲城市和非洲城市的研究已经完成，澳大利亚城市的研究仍在进行中。

表 3.10　亚太城市可持续竞争力评价指标体系

一级指标	二级指标	三级指标
经济可持续	经济规模	GDP 总量(亿元) 人均 GDP(元) 工业总产值(亿元) 社会消费品零售总额(亿元) 地方财政一般预算收入(亿元) 全社会固定资产投资总额(亿元) 人均可支配收入(元)
	经济增长	GDP 增长率(%) 人均 GDP 增长率(%)
	产业结构	非农产值占 GDP 的比例(%) 第三产业增加值占 GDP 比例(%)
	企业发展	工业企业数(个) 工业企业外商投资企业占比(%)
	金融发展	金融机构存款余额(亿元) 金融机构贷款总额(亿元)
	政府效率	省级政府管理效能指数 政府与市场关系指数 市场化指数
	创新能力	总研发支出占 GDP 比例(%) 专利申请量(个)
	经济外向度	外商直接投资实际使用额(万美元) 货物进出口总额(亿美元) 国际旅游外汇收入(万美元) 货运总量(万吨) 客运总量(万人次)
	基础设施	城市道路面积(万平方米) 公路里程(公里) 机场航班起降架次 电信业务总量(亿元) 邮政业务总量(亿元) 移动电话年末用户数(万户) 国际互联网用户数(户) 本地电话年末用户数(万户)

（续表）

一级指标	二级指标	三级指标
社会可持续	社会福利投资	政府社会保障支出占 GDP 比例（%） 政府教育支出占 GDP 比例（%） 政府医疗卫生支出占 GDP 比例（%）
	社会发展环境	城乡人均收入差距（元） 通货膨胀率（%） 城镇登记失业率（%） 生活质量满意度 城市幸福感
	教育文化	每万普通中学专任教师数（人） 每万人在校大学生数（人） 公共图书馆数量（个）
	医疗和卫生	每万人拥有医生数（人） 每万人拥有卫生机构床位数（个）
环境可持续	环境污染	空气质量达标率（%） 单位 GDP 工业二氧化硫排放量（吨/亿元） 单位 GDP 工业废水排放量（吨/亿元） 单位 GDP 工业烟尘排放量（吨/亿元）
	环境治理	污水集中处理率（%） 工业固体废弃物综合利用率（%） 生活垃圾无害化处理率（%） 建成区绿化覆盖率（%）
资源可持续	土地资源	土地面积（平方公里） 人口密度（人/平方公里）
	资源利用效率	人均用电量（千瓦时/人） 人均用水量（吨/人） 人均煤气用量（立方米/人） 人均液化石油气用量（吨/人） 万元 GDP 能源总消耗量（吨标准煤）

我们对于亚太城市的定义采取了广义的亚太城市的概念。亚太城市既包括狭义亚太地区中的各主要城市，还包括了澳大利亚和新西兰的主要城市，以及太平洋沿岸主要城市，如美国西海岸的旧金山和西雅图；城市中既包含发展中国家的代表性城市，如北京、上海、曼谷等，又包含了发达国家代表性城市，如东京、首尔、悉尼和旧金山等。地域和发展阶段跨度较大，为数据的收集带来了较大的难度。为了

使目前的研究能够在同一基准下更好并更加全面地对亚太城市的可持续竞争力进行评价,本着科学性、一致性、可获性的原则,在保持原有城市可持续竞争力主体框架不变的基础上,我们对城市可持续竞争力指标体系进行了精简,以方便在统一的标准下,对亚太城市的可持续竞争力进行研究和比较。

根据以上所述,亚太城市可持续竞争力的主体指标体系如表 3.11 所示:

表 3.11 亚太城市可持续竞争力评价主体指标体系

一级指标	二级指标	三级指标
经济可持续	经济规模	GDP 总量(亿元) 人均 GDP(元)
	创新能力	企业创新能力 知识产权保护指数
	经济外向度	跨国公司指数 全球 2000 强总数
	基础设施	总体基础设施质量 道路便利度 电力供给状况 互联网普及率(%)
社会可持续	社会发展环境	通货膨胀指数 城镇登记失业率(%) 公众对政府信任度 司法独立水平 产权保护
	教育医疗	总体教育体系质量 预期寿命 每千婴儿的死亡率(‰)
环境可持续	环境污染	年度平均 PM10 浓度(微克/立方米) 人均二氧化碳排放量(吨/人)
	环境治理	污水处理率(%) 垃圾收集及完全处理比例(%) 人均绿地(平方米/人)
资源可持续	能源利用效率	万元 GDP 能源总消耗量
	土地资源	土地面积(平方公里) 人口密度(人/平方公里)

从表 3.11 中可以看出,精简的亚太城市可持续竞争力评价主体指标体系与 3.10 中的亚太城市可持续竞争力评价主体指标体系保持了一致的一级指标研究框架,即将主要从经济可持续、社会可持续、环境可持续和资源可持续四个方面对亚太城市的可持续竞争力发展水平进行比较和分析。

其中,指标数据既包含一手数据,也包含部分二手数据。主要数据来源包括亚太城市统计年鉴及公报、世界经济论坛的全球竞争力指数、全球竞争力报告、绿色城市指数、世界卫生组织报告、麦肯锡可持续发展指数、经济学人宜居城市指数、联合国人类居住规划署的城市繁荣指数和亚洲发展银行有关亚太城市发展的一系列报告。通过对指标体系的设计和对数据的标准化处理,我们将力求全面、详实地反映亚太地区主要城市的可持续竞争力发展水平,为该地区城市现阶段的发展定位,为制定未来城市发展规划提供参考。

第4章
亚太城市可持续竞争力计量分析

本章的研究旨在前面章节的研究基础上,引入城市可持续竞争力指标体系和亚太城市可持续竞争力指标体系,运用层次分析法,选取了中国 35 个主要城市和亚太地区 20 个主要城市,并对它们的可持续竞争力指数进行测度。中国包括北京、上海在内的主要城市与亚太地区主要城市相比还存在较大的差距,这种差距主要体现在环境可持续竞争力和资源可持续竞争力方面,这表明中国城市在追求城市发展经济效率最大化的同时,忽略了城市的发展成本,导致了城市可持续发展水平的下降。通过对主要城市聚类分析结果的进一步研究,我们将亚太地区 20 个主要城市分为四大类、七个小类。四大类分别为卓越型城市、良好型城市、发展型城市和追赶型城市。这些城市又进一步被分为效率卓越型城市和公平卓越型城市,经济良好型城市和社会良好型城市,以及缺失发展型城市和全面发展型城市。中国的样本城市北京、上海、武汉和广州,由于它们在城市可持续竞争力方面的不平衡发展,均属于缺失发展型城市,这表明中国城市提升可持续竞争力将面临严峻挑战。

4.1 研究方法与数据

4.1.1 城市竞争力、城市可持续竞争力主要评价方法

城市可持续竞争力的研究包含众多的指标变量,如何把这些指标综合成为统一的评价指标,进而对城市的可持续竞争力进行评价是关键的任务。在对城市竞争力以及城市可持续竞争力进行总结之后,我们发现最主要的多指标综合评价方法有专家评估法、多目标决策法、数据包络分析法、层次分析法、模糊数学

综合评判法、主成分分析法、因子分析法、聚类分析法等等。但总体上,这些方法可以分为两类:主观赋权方法和客观赋权方法。主观赋权法大多依靠相关领域专业人士的评分来确定权重,如专家评价法、层次分析法、模糊综合评判法等。客观赋权法则依据各指标间的相关关系或各指标的变异程度,通过计量经济的处理方法来确定权数,如因子分析法、主成分分析法、灰色聚类分析法等。下面对城市竞争力和城市可持续竞争力评价已有研究所采用的主要方法进行简要的介绍。

1. 因子分析法

因子分析(factor analysis)是多元统计分析技术的一个分支,也是城市竞争力评判中经常用到的方法之一,它的主要思想是"降维",即通过研究众多变量之间的内部依赖关系,探求观测数据中的基本结构,并用少数几个假想变量来表示基本的数据结构。通常这些假象变量被称为基础因子,或因子(factor)。这些因子能够反映原始变量所代表的主要信息,并能够解释原始变量之间的相互依存关系。因此,因子分析法就是以最少的数据信息丢失将众多的原始变量转化成较少的互不相关的因子,从而简化数据分析过程(郭志刚,1999)。郝寿义和倪鹏飞(1998)较早地运用主成分分析的方法对中国城市的竞争力进行了研究和测度,通过对天津、北京、上海、大连、广州、厦门和深圳 7 个城市 1984—1995 年 12 年间的相关数据进行分析,确定了这些城市的城市竞争力的时空演变情况。马立静(2005)运用主成分分析法对山东省 17 个地级市的城市竞争力进行了研究,试图寻找提升山东省城市竞争力的主要方法。胡钰蕾和周钧(2011)利用因子分析法对长三角地区城市宜居规模进行了研究,发现城市经济发展水平、城市公共服务水平、城市公共基础设施状况是影响城市宜居规模的主要因素。魏强(2009)运用客观赋权的主成分分析法对福建 9 个地级市的城市竞争力进行了研究。李琳等(2011)运用主成分分析法对长沙和东部主要城市的创新竞争力进行了实证分析,揭示出主要城市创新竞争力的动态变化和特征,以及长沙的优劣势。

2. 数据包络分析方法

数据包络分析方法(data envelopment analysis,简称 DEA)由著名运筹学家 A. Charnes 和 W.W.Copper 等学者于 1978 年首次提出。DEA 分析法是基于"相对效率"的概念,从多指标投入和产出的角度出发,对相同类型的单位或部门进行有效性或效益评价的一种系统分析方法。该评价方法经常用于生产生活的各个系统中,并对整个的经济系统或者生产过程进行管理、决策和相对效益评价等。该方法认为一个经济系统或者一个生产过程可以看成一个单元在一定范围内,通过投入一定量的生产要素而生产出一定量"产品"的活动,其目的就是要尽可能地使投入取得最大的"效益"。这样一个投入产出的过程称为一个决策单元。每一个决策单元都代表了一定的经济意义,并且每一个决策单元都具备输入和输出指标项。郑欣(2003)对运用数据包络分析法对城市竞争力进行了系统的分析、评述和比较,并选用全国26个重点城市,对其进行实证研究。结果表明城市竞争力最强的是上海,其次是南京、天津和杭州。吴奇修(2005)运用数据包络分析法对中国资源型城市的竞争力进行了研究。霍琳(2010)分别运用数据包络分析法和层次分析法,从相对和绝对的角度对黑龙江省12个主要城市的竞争力进行了评价。

3. 空间分析技术方法

遥感和地理信息系统(GIS)的快速发展,使得空间分析技术在城市研究中的应用范围越来越广,特别是栅格数字模拟技术已经成为研究城市问题的有效手段。GIS空间分析是以地理事物的空间位置和形态特征为基础,以空间数据运算、空间数据与属性数据的综合运算为特征,提取与产生新的空间信息的技术和过程。在城市宜居研究中,借助GIS提取实时的客观数据,结合居民主观调查,利用GIS强大的空间分析功能,将主客观数据结合起来,是城市评价中值得探索的一种新型思路和方法(董晓峰等,2010)。张文忠(2006)、孟斌等(2009)利用近万份实地调查问卷,采用空间插值、空间相关性分析等空间分析方法,研究了北京市区宜居城市满意度的总体特征和空间自相关特征。结果发现北京的宜居城市满意度存在明显的空间自相关性,并且空间自相关性表现出较强的尺度变化特点。

4. 生态位法

在英文中,生态位(niche)这个词表示使个体或事物适应的一个地方或一个位置。这表示个体或事物在生态位中可以受到一定程度的保护,或得到可持续性。在竞争的环境中,生态位可以为它的占有者提供一些保护,以免和其他个体发生冲突(Tisdell and Seidl, 2004)。与生物相似,人类对环境因子也有一个适宜的阈值,如气温、空气质量、水质量等。人类对于这些因素都有一定的适宜范围,这个范围被称为最佳资源多维发展空间。如果居住环境因子处于这个范围之外,人类就不能正常或者很好地生活。20世纪80年代,王如松等学者将生态位适宜度理论应用于城市生态系统的研究,认为城市生态位是一个城市提供给人们或可被人们利用的各种生态因子(如水、食物、土地等)和生态关系(如生产力水平、环境容量、生活质量等)的集合。基于城市生态位和生态位适宜度的概念,王莉莉(2007)以江苏省 13 个城市为例,利用生态位适宜度理论对这些城市的竞争力和生态适宜度进行了对比分析。段七零(2008)也同样以江苏省为研究区域,测算出 13 个地市经济发展、基础设施、生态环境、居民健康与教育、城市吸引力以及综合共 6 类生态位适宜度,并研究了他们的空间分布,并运用 SPSS 分析了它们之间的相似性。赵晓雷等(2013)运用生态位的分析方法对 4 个直辖市的生态位适宜度进行了比较和分析。

5. 层次分析法

层次分析法(analytic hierarchy process,AHP)是美国匹兹堡大学的 T. L. Saaty 教授于 20 世纪 70 年代提出的。它是将与决策单元有关的元素分解成目标、准则、方案等层次,在此基础上进行定性和定量分析的方法。它是将定性分析与定量分析综合集成的典型系统工程方法,将人们对复杂系统的思维过程数学化,对人的主观判断进行定量化处理,使各种判断要素之间的差异数值化,帮助人们保持思维过程的一致性,为复杂决策问题提供简便。

由于城市竞争力以及城市可持续竞争力的评价中也面临着多指标综合和权重的分配等问题,因此也常用于城市的竞争力以及城市可持续竞争力的评价中。丁蕾等(2006)应用层次分析法对城市旅游竞争力进行了评价,构建了包括环境竞争力、人才竞争力、经济竞争力、设施竞争力、业绩竞争力、制度竞争力和开放竞争力在内的城市旅游竞争力评价指标体系。赵国杰和赵红梅(2006)应用网络层次分析法从总量、质量和流量三个方面对城市的竞争力进行了分析,并构建了指标体系。此外,海热提·涂尔逊等(1998)、刘颂和刘滨谊(1999)分别运用层次分析法对城市的可持续竞争力进行了评价。虽然属于主观赋值法的层次分析法会由于专业人士打分角度的不同,产生一定的主观臆断偏差。然而,客观赋值法(如主成分分析法)由于主要依靠数学的方法进行降维,常在分析过程中产生一些难以解释的现象,如形成难以解释的因子,从而对分析的结果造成影响。因此,我们将主要选用层次分析法对城市的可持续竞争力进行分析。

4.1.2　层次分析法应用

1. 建立层次结构模型

层次分析法的第一步是建立层次结构模型,在深入分析实际问题的基础上,将有关的各个因素按照不同属性自上而下地分解成若干层次,同一层的诸因素从属于上一层的因素或对上层因素有影响,同时又支配下一层的因素或受到下层因素的作用。最上层为目标层,通常只有 1 个因素,最下层通常为方案或对象层,中间可以有 1 个或几个层次,通常为准则或指标层。当准则过多时(譬如多于 9 个),应进一步分解出子准则层。

根据表 3.7,本书研究的主体指标体系共分为 4 层:目标层——城市可持续竞争力评价指标体系,以及 3 个决策层。指标体系中共有 62 个指标。

2. 构造成对比矩阵

从层次结构模型的第 2 层开始,对于从属于(或影响)上一层每个因素的同一层诸因素,用成对比较法和 1—9 比较尺度构造成对比较阵,直到最下层。我们应用 yaahp6.2 对各指标进行判断。以第一层指标为例,如图 4.1 所示,分别根据右上角的判断条对指标之间的关系进行调整,形成第一层指标的对比矩阵。

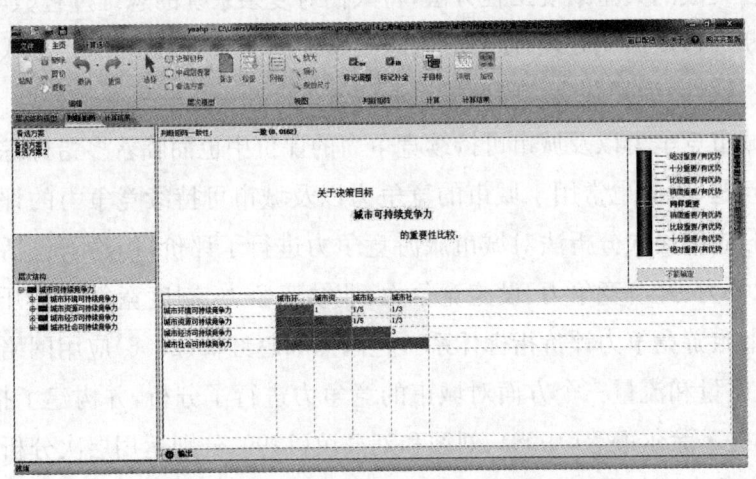

图 4.1　应用 yaahp 软件对指标权重进行判断

3. 计算权向量并做一致性检验

对于每一个成对比较阵计算最大特征根及对应特征向量,利用一致性指标、随机一致性指标和一致性比率做一致性检验。若检验通过,特征向量(归一化后)即为权向量;若不通过,需重新构造成对比较阵。

4. 计算组合权向量并做组合一致性检验

计算最下层对目标的组合权向量,并根据公式做组合一致性检验,若检验通过,则可按照组合权向量表示的结果进行决策,否则需要重新考虑模型或重新构造那些一致性比率较大的成对比较阵。

通过以上步骤,将各专家有关指标的打分反复输入 yaahp 软件,通过综合专家的打分结果,形成最终的指标权重,如表 4.1 所示。

表 4.1　城市可持续竞争力主体指标权重

一级指标	二级指标	三级指标	权　重
经济可持续	经济规模	GDP 总量(亿元)	0.008 589
		人均 GDP(元)	0.008 589
		工业总产值(亿元)	0.002 862
		社会消费品零售总额(亿元)	0.008 589
		地方财政一般预算收入(亿元)	0.002 862
		全社会固定资产投资总额(亿元)	0.002 862
		人均可支配收入(元)	0.002 862
	经济增长	GDP 增长率(%)	0.018 606
		人均 GDP 增长率(%)	0.018 606
	产业结构	非农产值占 GDP 的比例(%)	0.006 203
		第三产业增加值占 GDP 比例(%)	0.031 009
	企业发展	工业企业数(个)	0.027 909
		工业企业外商投资企业占比(%)	0.009 303
	金融发展	金融机构存款余额(亿元)	0.018 606
		金融机构贷款总额(亿元)	0.018 606
	政府效率	省级政府管理效能指数	0.047 823
		政府与市场关系指数	0.015 945
		市场化指数	0.047 823
	创新能力	总研发支出占 GDP 比例(%)	0.083 685
		专利申请量(个)	0.027 895
	经济外向度	外商直接投资实际使用额(万美元)	0.008 589
		货物进出口总额(亿美元)	0.008 589
		国际旅游外汇收入(万美元)	0.002 862
		货运总量(万吨)	0.008 589
		客运总量(万人次)	0.008 589
	基础设施	城市道路面积(万平方米)	0.024 336
		公路里程(公里)	0.024 336
		机场航班起降架次	0.024 336
		电信业务总量(亿元)	0.008 737
		邮政业务总量(亿元)	0.008 737
		移动电话年末用户数(万户)	0.008 737
		国际互联网用户数(户)	0.008 737
		本地电话年末用户数(万户)	0.003 626

(续表)

一级指标	二级指标	三级指标	权 重
社会可持续	社会福利投资	政府社会保障支出占 GDP 比例(%)	0.028 036
		政府教育支出占 GDP 比例(%)	0.009 347
		政府医疗卫生支出占 GDP 比例(%)	0.028 036
	社会发展环境	城乡人均收入差距(元)	0.011 953
		通货膨胀率(%)	0.031 893
		城镇登记失业率(%)	0.005 676
		生活质量满意度	0.031 893
		城市幸福感	0.031 893
	教育文化	每万普通中学专任教师数(人)	0.022 38
		每万人在校大学生数(人)	0.003 679
		公共图书馆数量(个)	0.009 075
	医疗和卫生	每万人拥有医生数(人)	0.017 567
		每万人拥有卫生机构床位数(个)	0.017 567
环境可持续	环境污染	空气质量达标率(%)	0.018 056
		单位 GDP 工业二氧化硫排放量(吨/亿元)	0.018 056
		单位 GDP 工业废水排放量(吨/亿元)	0.018 056
		单位 GDP 工业烟尘排放量(吨/亿元)	0.018 056
	环境治理	污水集中处理率(%)	0.006 019
		工业固体废弃物综合利用率(%)	0.006 019
		生活垃圾无害化处理率(%)	0.006 019
		建成区绿化覆盖率(%)	0.006 019
资源可持续	土地资源	土地面积(平方公里)	0.012 038
		人口密度(人/平方公里)	0.012 038
	资源利用效率	人均用电量(千瓦时/人)	0.014 106
		人均用水量(吨/人)	0.014 106
		人均煤气用量(立方米/人)	0.005 287
		人均液化石油气用量(吨/人)	0.005 287
		万元 GDP 能源总消耗量(吨标准煤)	0.033 447

如前所述,由于亚太城市在地域和发展阶段方面都跨度较大,在数据获取方面存在较大的难度。为了获得更加准确的、及时的同时又具有意义的数据,在亚太城市可持续竞争力评价主体指标体系的基础上,我们根据亚太城市的实际情况以及数据可获得性,设计了亚太城市可持续竞争力精简指标体系。我们力图在尽量遵循亚太城市可持续竞争力设计理念和原则的基础上,对亚太城市的可持续竞争力

进行实证研究和比较分析,并在条件改善和允许的情况下,根据亚太城市可持续竞争力评价主体指标体系,不断对亚太城市可持续竞争力的精简指标体系进行扩充和完善。我们同样使用层次分析法,将专家根据精简的亚太城市可持续竞争力指标体系的各项打分反复输入 yaahp 软件,通过综合专家的打分结果,形成最终的指标权重,如表 4.2 所示。

表 4.2　精简的城市可持续竞争力主体指标权重

一级指标	二级指标	三级指标	权　重
经济可持续	经济规模	GDP 总量(亿元)	0.034 9
		人均 GDP(元)	0.034 9
	创新能力	企业创新能力	0.156 9
		知识产权保护指数	0.052 3
	经济外向度	跨国公司指数	0.034 9
		全球 2 000 强总数	0.034 9
	基础设施	总体基础设施质量	0.052 2
		道路便利度	0.116 7
		电力供给状况	0.020 1
		互联网普及率(%)	0.020 1
社会可持续	社会发展环境	通货膨胀指数	0.043 1
		城镇登记失业率(%)	0.014 4
		公众对政府信任度	0.043 1
		司法独立水平	0.043 1
		产权保护	0.043 1
	教育医疗	总体教育体系质量	0.026 7
		预期寿命	0.026 7
		每千婴儿的死亡率(‰)	0.008 9
环境可持续	环境污染	年度平均 PM10 浓度(微克/立方米)	0.036 1
		人均二氧化碳排放量(吨/人)	0.036 1
	环境治理	污水处理率(%)	0.004 8
		垃圾收集及完全处理比例(%)	0.004 8
		人均绿地(平方米/人)	0.014 4
资源可持续	能源利用效率	万元 GDP 能源总消耗量	0.072 2
	土地资源	土地面积(平方公里)	0.006 0
		人口密度(人/平方公里)	0.018 1

4.1.3 数据处理

1. 数据来源

为了更好地证明城市可持续竞争力指标体系的实用性和科学性,我们拟利用城市可持续竞争力主体指标体系对中国 35 个主要城市的城市可持续竞争力进行分析。然后,运用精简的城市可持续竞争力指标体系对亚太地区 20 个主要城市的城市可持续竞争力进行分析。

其中,衡量中国 35 个主要城市的城市可持续竞争力指标数据主要有三个来源:

(1) 统计年鉴。统计年鉴主要包括统计局公报《中国区域经济统计年鉴》、《中国城市统计年鉴》,以及各省、各地市统计局网站的统计年鉴。

(2) 统计公报。对于各种年鉴中难以收集的数据,通过各省、各地市统计局网站公报获取。

(3) 其他指数报告。如第 3 章所述,为了促进报告的完整性和客观性,我们引入了一系列主观指标。这些指标数据主要取自前人的调研报告,如《城市生活质量调查报告》、《城市可持续发展指数》、《市场化指数》等相关报告。

而有关亚太城市可持续竞争力的主要数据来源包括:

(1) 亚太城市统计年鉴及公报。亚太城市的相关数据主要来自亚太城市政府的主要网站及所在国家地区的主要统计网站及公报。

(2) 相关研究报告。亚太城市的相关数据也建立在前人相关研究的基础上。除了前文所述的亚太城市政府主要网站外,部分数据还来自前人的统计公报。包括:

① 世界经济论坛的全球竞争力指数。世界经济论坛的全球竞争力指数虽然主要收集国家层面的数据,但是其产权保护、通货膨胀率、司法独立水平、公众对政府信任度等一系列指标在城市级别的评价指标体系中仍然具有重要价值。因此本研究选取了这些指标,对亚太城市的社会可持续竞争力进行度量。

② 倪鹏飞主编的《全球城市竞争力报告》。《全球城市竞争力报告》的指标体系以其独特的视角对公司对城市竞争力的影响进行了诠释。公司作为城市竞争的主体,对城市可持续竞争力具有重要的作用。因此,本研究选取了《全球城市竞争力报告》中的跨国公司指数、全球 2000 强指数,对城市可持续竞争力的经济可持续指标进行诠释。

③ 经济学人的绿色城市指数。由西门子赞助,经济学人智库开展的绿色城市指数研究分别对亚洲、非洲、欧洲、北美洲和澳大利亚等地区的绿色城市指数进行了研究,是目前较为全面并科学的在城市级别进行的绿色指数研究项目,其指标包括城市空气质量状况、人均二氧化碳排放量、污水处理率、垃圾收集及完全处理比例、万元 GDP 能耗等指标,对本研究指标体系的完善提供了重要的支持。

此外,我们所参考的相关研究报告还包括世界卫生组织的城市空气质量排名、麦肯锡的城市可持续发展指数、经济学人的宜居城市指数、联合国人类居住规划署的城市繁荣指数和亚洲发展银行有关亚太城市发展的一系列报告。

2. 数据标准化

(1) 数据同趋化。

数据同趋化处理的主要目的是解决数据性质不同的问题。改变逆向指标的方向,可使所有指标对评测目标的作用力同趋化。

在城市可持续竞争力的主体指标体系中,逆向指标包括城乡人均收入差距、通货膨胀率、城镇登记失业率、单位 GDP 工业二氧化硫排放量、单位 GDP 工业废水排放量、单位 GDP 工业烟尘排放量、人均用电量、人均用水量、人均煤气用量、人均液化石油气用量,以及万元 GDP 能源总消耗量,在分析中对这些指标取负值。

在城市可持续竞争力的精简指标体系中,逆向指标包括通货膨胀指数、城镇登记失业率、每千婴儿死亡率、年度平均 PM10 浓度、人均二氧化碳排放量、万元 GDP 能源总消耗量,在分析中将对这些指标取负值。

(2) 数据无量纲化。

为了使所有数据均处于同一个数量级别上,需要对原始数据进行无量纲化处理。常用的方法包括 min-max 标准化、z-score 标准化、decimal scaling 小数定标标准化方法等。根据前人的研究,采用 z 标准化方法:

$$X'_{ij} = \frac{X_{ij} - \bar{X}_{ij}}{S_j} \tag{5.1}$$

其中,X'_{ij} 表示城市 i 指标 j 生态位的标准化值;X_{ij} 表示城市 i 指标 j 的现实生态位,$\bar{X}_{ij}$ 为指标 j 的现实生态位均值,S_j 表示指标 j 的标准差。运用 SPSS 对不同指标不同年份进行标准化。

4.2 中国城市可持续竞争力指数

4.2.1 综合可持续竞争力指数

通过上文的指标体系的构建、层次分析法的权重赋值、数据处理等过程,最后得出中国城市可持续竞争力综合指数,如表 4.3 所示:

表 4.3 2011 中国城市综合可持续竞争力指数

排名	城市名称	得分	排名	城市名称	得分
1	北　京	1.025 688	19	合　肥	−0.085 16
2	上　海	0.971 404	20	长　春	−0.102 62
3	深　圳	0.625 513	21	哈尔滨	−0.116 65
4	重　庆	0.529 546	22	贵　阳	−0.131 04
5	杭　州	0.484 772	23	海　口	−0.136 45
6	广　州	0.467 792	24	郑　州	−0.136 66
7	天　津	0.387 976	25	昆　明	−0.207 77
8	成　都	0.333 175	26	乌鲁木齐	−0.294 76
9	宁　波	0.276 495	27	南　宁	−0.302 21
10	青　岛	0.226 443	28	南　昌	−0.315 08
11	南　京	0.149 083	29	石家庄	−0.353 75
12	武　汉	0.108 727	30	太　原	−0.358 72
13	沈　阳	0.037 832	31	呼和浩特	−0.412 37
14	大　连	0.006 746	32	兰　州	−0.521 03
15	济　南	−0.016 94	33	西　宁	−0.600 24
16	福　州	−0.034 08	34	银　川	−0.680 04
17	西　安	−0.052 04	35	拉　萨	−0.690 57
18	长　沙	−0.083 02			

从表 4.3 中可以看出,在中国城市可持续竞争力综合指数的排名中,直辖市较为靠前,居前四位的城市中有三个是直辖市。北京以 1.026 分排名第一,上海以 0.971 分紧随其后。排在第三的深圳与前两个城市的得分差距较大。这表明北京和上海仍是中国综合可持续竞争力最强的城市。

从图 4.2 中可以看出,在位居前列的城市中,北京和上海主要是以其在经济方面具有绝对的可持续竞争力优势而获得综合可持续竞争力的优势。上海由于其社会可持续竞争力方面的负向得分而使其综合可持续竞争力略低于北京。深圳、广州的经济可持续竞争力表现也较好,但同时,其在社会、资源方面的表现拖低了其整体的综合指数。与其他城市相比,排在第四位的重庆各方面表现较为平均,除在环境方面的得分较低外,其在社会、资源方面较强的可持续竞争力水平有效地提升了城市整体的可持续竞争力水平。总体看来,综合可持续竞争力表现较强的城市都主要依托于经济的发展,而在社会、环境、资源方面的表现均较差。而排名位于中游的城市则在社会、经济和环境中都有较好的表现。这表明大城市在综合发展方面表现仍较差,高生活成本严重影响了大城市的生活质量(中国经济实验研究院城市生活质量研究中心,2012),而大城市的集聚效应也同时对生态环境和资源提出了严峻的考验。

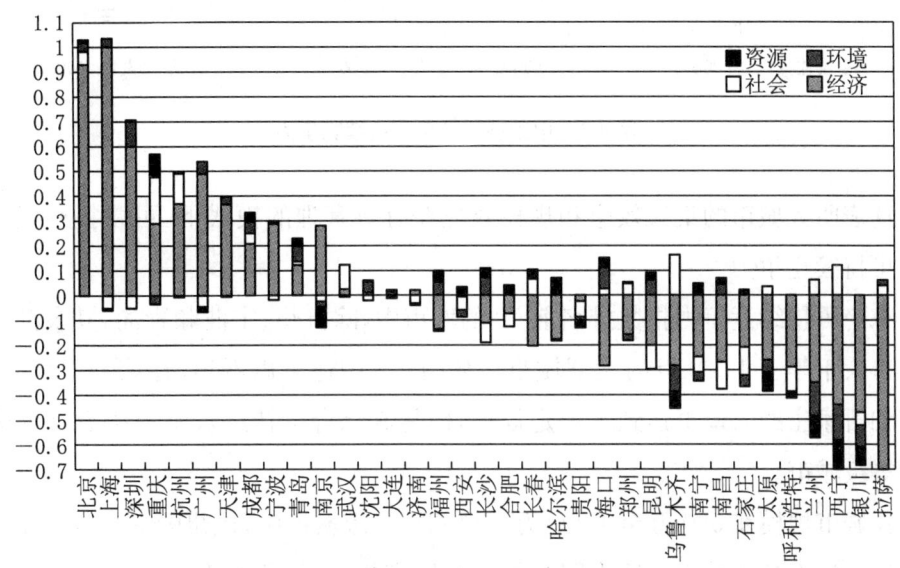

图 4.2　中国城市综合可持续竞争力构成

很多学者认为大城市对于各种生产要素的集聚能力远高于小城市,因此将大城市和中小城市置于同一层面进行竞争力的对比是没有意义的(肖耿等,2011)。同样,我们也认为由于人口的集聚,大城市所面临的社会、环境、资源的挑战也远远大于中小城市。所以,为了对同级别城市的可持续竞争力进行更为有效的对比,我们根据城市的常住人口,将城市划分为三个等级,并对不同等级城市的综合可持续竞争力进行比较,如图 4.3 所示。

从图 4.3 中可以看出,中国城市的综合可持续竞争力根据城市规模的不同而逐级递减。可以推断,虽然大城市规模会在一定时期内对城市管理和可持续发展造成一定的影响,但是总体而言,规模越大的城市仍具有更强的综合可持续竞争

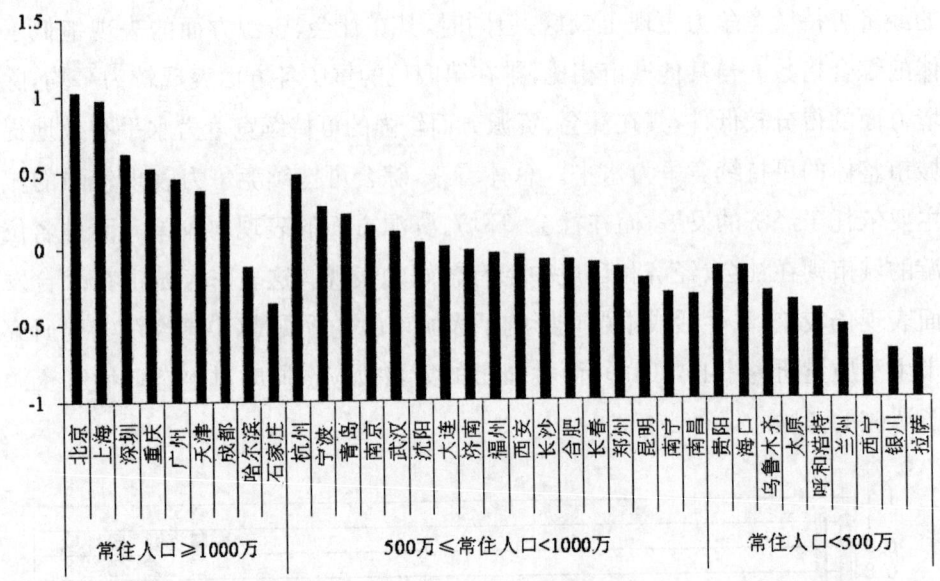

图 4.3　中国城市综合可持续竞争力

力。这表明大城市的集聚效应和规模效应在有效管理的模式下,可以提升城市的综合可持续竞争力。

综合可持续竞争力指数排名前 10 的城市中,除杭州、宁波和青岛,其余都为常住人口大于等于 1 000 万的大型城市。从图 4.3 中还可以看出,在第一层次中,哈尔滨和石家庄的人口也达到了一定规模,但是其综合可持续竞争力指数远远落后于同等级城市。

在城市规模在 500 万至 1 000 万人口的第二级城市中,杭州的综合可持续竞争力远远领先于其他城市。这表明与同等级城市相比,杭州具有较高的资源利用效率和较高的城市发展潜能。

在 35 个被调查的城市样本中,常住人口在 500 万人以下的城市共有 9 个,其中贵阳和海口的城市综合可持续竞争力在这一级别城市中位居前列,这表明它们拥有较强的城市综合可持续竞争力。但同时,较小的城市规模同样会限制城市的发展,使其在全部城市的排名中靠后。

从 35 个样本城市可持续竞争力综合指数还可以看出,中国城市的综合可持续竞争力水平呈现出较为明显的区域化特征。东部样本城市的综合可持续竞争力明显较高,西部城市除重庆和成都外,其余城市的综合可持续竞争力还与东部城市有较为明显的差距。此外,京津冀城市群、长三角城市群、珠三角城市群和成渝城市群的城市综合可持续竞争力表现出较高的水平,表明中国未来区域发展的高地和重心。

4.2.2　经济可持续竞争力分析

表 4.4　中国城市经济可持续竞争力

排名	城市名称	得　分	排名	城市名称	得　分
1	上　海	0.993 282	19	长　沙	−0.111 7
2	北　京	0.925 213	20	福　州	−0.139 09
3	深　圳	0.600 561	21	郑　州	−0.159 25
4	广　州	0.490 000	22	哈尔滨	−0.178 5
5	天　津	0.364 055	23	昆　明	−0.197 5
6	杭　州	0.363 673	24	长　春	−0.203 82
7	重　庆	0.288 119	25	石家庄	−0.212 85
8	宁　波	0.284 458	26	南　宁	−0.251 6
9	南　京	0.278 655	27	太　原	−0.264 32
10	成　都	0.209 868	28	南　昌	−0.270 02
11	青　岛	0.121 789	29	海　口	−0.283 79
12	武　汉	0.026 518	30	乌鲁木齐	−0.285 64
13	济　南	0.017 421	31	呼和浩特	−0.289 11
14	沈　阳	0.008 842	32	兰　州	−0.355 1
15	西　安	−0.006 66	33	西　宁	−0.442 52
16	大　连	−0.008 57	34	银　川	−0.474 61
17	贵　阳	−0.027 99	35	拉　萨	−0.733 29
18	合　肥	−0.076 54			

　　从表 4.4 中可以看出,上海的城市经济可持续竞争力最强,北京紧随其后,其他城市的经济可持续竞争力与上海和北京相比,还存在一定的差距。此外,城市经济可持续竞争力也表现出东高西低的态势,包括上海、北京、深圳、广州等在内的东部城市都表现出较强的城市经济可持续竞争力。西部城市中,重庆的排名最高,但也远远落后于上海和北京。

　　从经济可持续竞争力的构成上来看,上海和北京与其他城市相较,其优势主要体现在经济规模、企业发展、金融发展、创新能力、经济外向度以及基础设施等几个方面。而东部排名靠前的主要城市经济增长指标与西部城市相比均表现较差。这表明东部经济发展已经进入了较为成熟的阶段,在经济增长速度上已经表现出"西强东弱"的态势。2011 年西部主要城市重庆和成都的国内生产总值增长率达到了15%以上,两个城市都表现出强劲的经济增长态势。此外,还可以看出,杭州、宁波和南京在政府效率方面,深圳和贵阳在创新能力方面,广州和重庆在基础设施方面,宁波在企业发展方面均有较好的表现。

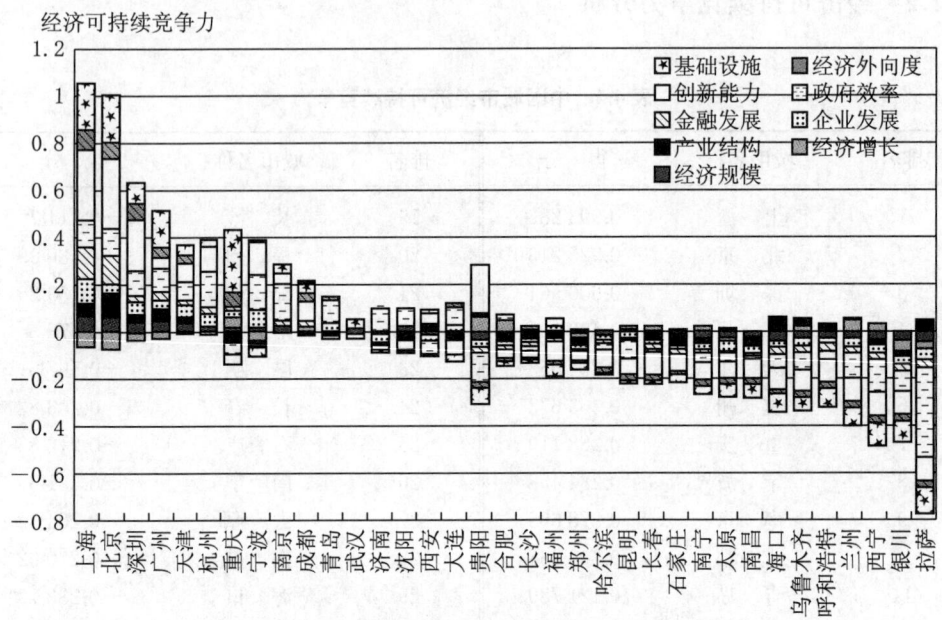

图 4.4 中国城市经济可持续竞争力构成

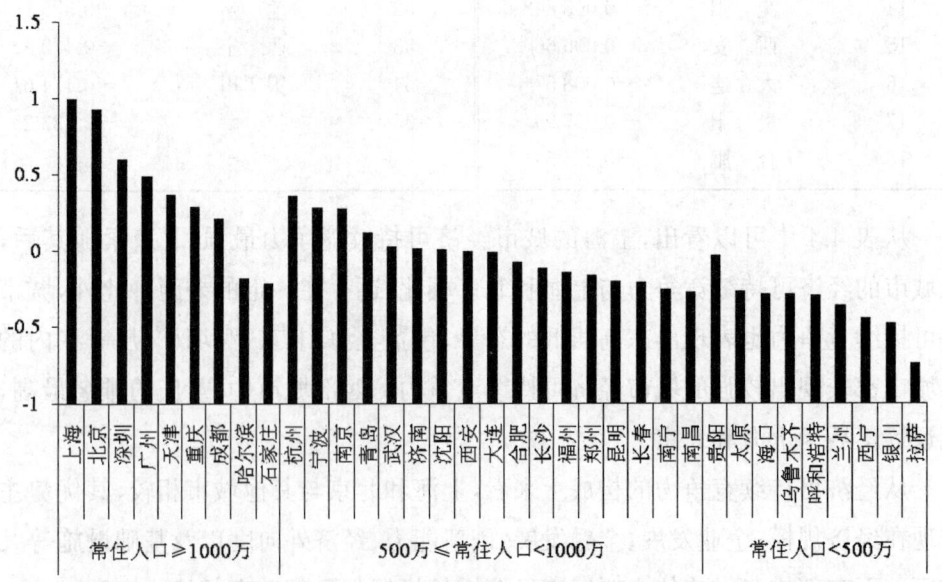

图 4.5 中国城市经济可持续竞争力

从图 4.5 中也可以看出,城市的经济可持续竞争力根据城市规模的不同呈现出较为明显的逐级递减态势。常住人口大于 1 000 万的特大城市的整体经济可持续竞争力高于其他城市。在常住人口大于 1 000 万的特大城市中，上海和北京又表现出较强的经济可持续竞争力。与其他同规模城市相比，哈尔滨和石家庄的经济可持续竞争力明显弱于其他城市。常住人口在 500 万到 1 000 万之间的大型城市中，除杭州、宁波和南京三个城市较为突出外，其他城市的经济可持续竞争力发展总体较为均衡。在常住人口小于 500 万的样本城市中，只有贵阳的表现较为突出。而拉萨的经济可持续竞争力与其他城市还存在较大的差距。

4.2.3　社会可持续竞争力分析

表 4.5　中国城市社会可持续竞争力

排名	城市名称	得　分	排名	城市名称	得　分
1	重　庆	0.188 918	19	沈　阳	−0.020 12
2	乌鲁木齐	0.161 425	20	宁　波	−0.022 61
3	杭　州	0.123 684	21	南　京	−0.027 77
4	西　宁	0.117 646	22	济　南	−0.032 45
5	武　汉	0.091 902	23	广　州	−0.045 93
6	长　春	0.067 004	24	西　安	−0.046 12
7	北　京	0.056 859	25	合　肥	−0.049 13
8	兰　州	0.054 424	26	上　海	−0.051 77
9	郑　州	0.044 026	27	银　川	−0.052
10	拉　萨	0.039 607	28	贵　阳	−0.057 99
11	成　都	0.034 836	29	南　宁	−0.066 74
12	太　原	0.029 691	30	深　圳	−0.074 7
13	海　口	0.021 729	31	长　沙	−0.081 72
14	青　岛	0.016 627	32	呼和浩特	−0.097 1
15	天　津	−0.000 49	33	昆　明	−0.099 31
16	哈尔滨	−0.000 71	34	石家庄	−0.106 89
17	福　州	−0.000 74	35	南　昌	−0.110 03
18	大　连	−0.004 06			

中国城市的社会可持续发展竞争力的排名与经济可持续发展竞争力的排名有很大不同。重庆的社会可持续竞争力排名第一，乌鲁木齐、杭州和西宁紧随其后。而在经济发展方面有较好表现的北京、上海等城市排名都较后。从表 4.5 中可以看出，北京排名第 7 位，而上海仅排名第 26 位。中国城市经济快速发展的同时引发了巨大的社会变革，城乡人口大迁移推动了城市规模的增长，也挑战着城市为全

体居民提供服务的能力。如何实现社会公用服务的均等化,促进中国城市经济和社会的全面发展,是中国主要城市面临的关键问题。

从图 4.6 中可以看出,重庆社会可持续竞争力的优势主要体现在社会福利投资方面。2011 年,重庆社会保障支出占 GDP 比重达到 3.38%,教育支出占 GDP 比重达到 3.18%,医疗卫生支出占 GDP 比重达到 1.44%,均在样本城市中位居前列。乌鲁木齐的社会可持续竞争力指数排名第 2,其在社会发展环境和医疗卫生方面均具有较好的表现。通过进一步分析发现,乌鲁木齐在城乡人均收入差距、通货膨胀率,以及每万人拥有卫生机构床位数方面,均具有较好的表现。

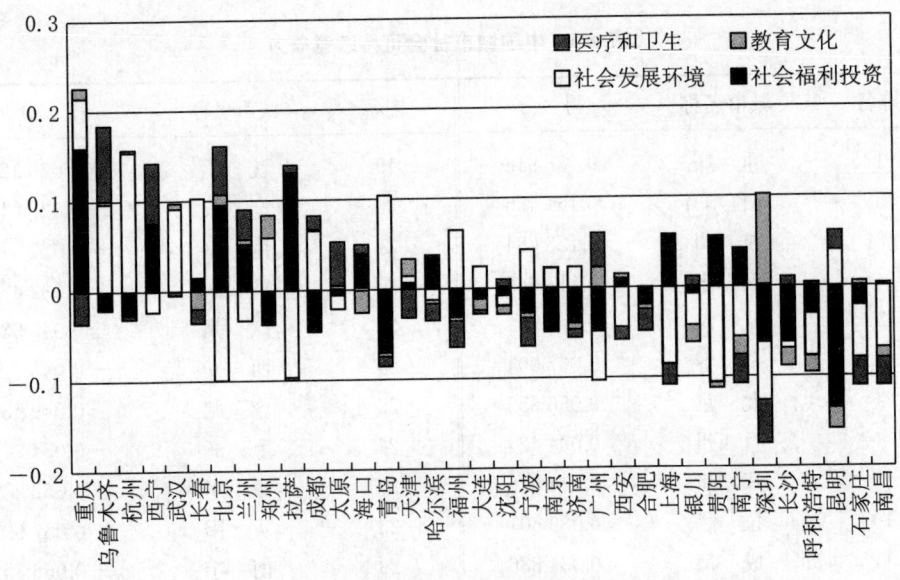

图 4.6 中国城市社会可持续竞争力构成

与在经济方面的突出表现相比,上海、北京、深圳、广州等城市在社会可持续竞争力方面的表现均不理想。其中,上海在社会发展环境和医疗卫生方面的表现都较差。这主要是较高的城乡收入差距、较低的生活质量满意度和城市幸福感造成的。在中国经济实验研究院生活质量研究中心开展的中国 35 个城市的生活质量满意度调查中,上海仅排名第 20 位。同时,上海等一些大城市在一些社会公共服务的平均指标方面也未有较好表现。上海每万普通中学专任教师数、每万人在校大学生数、每万人拥有医生数、每万人拥有卫生机构床位数等几个公共服务指标的得分均为负值,这表明其在这些方面的表现低于全国平均水平。高企的房价和生活成本、过高的人口集中水平、快节奏的生活和工作节奏都严重降低了上海等大城市的生活质量(中国经济实验研究院城市生活质量研究中心,2012),降低了社会公共服务的水平和质量,影响了城市的社会可持续竞争力。可以发现,上海、北京、广州和深圳几个经济可持续竞争力较强的城市,在社会发展环境中均未有较好的表现。

从图 4.7 中可以看出,中国城市的社会可持续竞争力指数并未呈现出随城市规模递减的趋势。常住人口小于 500 万的样本城市反而表现出较高的社会可持续竞争力均值水平。常住人口在 500 万到 1 000 万人之间的样本城市在城市社会可持续竞争力方面表现也较为平均。其中,杭州不仅在经济上具有较好的表现,在城市社会的可持续竞争力方面也在该等级城市中保持领先,这反映了其全面发展的趋势。与杭州相反,在经济可持续竞争力方面有较好表现的上海、深圳和广州在同等级城市中,社会可持续发展竞争力表现均较差,分列倒数位置,这表明它们在经济和社会方面的发展不平衡。

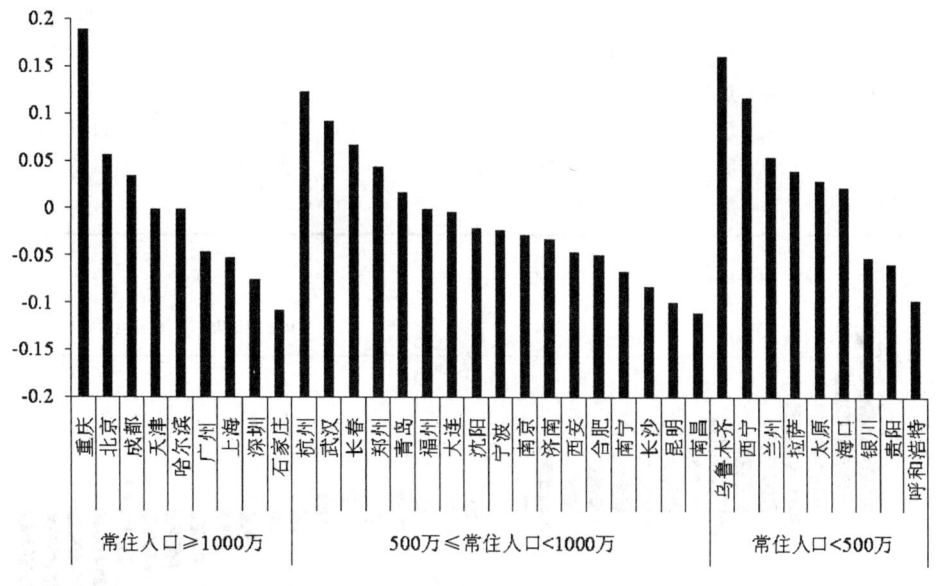

图 4.7　中国城市社会可持续竞争力

4.2.4　环境可持续竞争力分析

从表 4.6 中可以看出,深圳、海口和长沙的城市环境可持续竞争力指数较高,表明了其在环境方面的良好表现。总体看来,东部沿海城市的环境可持续竞争力指数高于西部城市,上海排名为第 11,北京排名为第 12。太原、兰州等资源型城市的环境可持续竞争力得分均较低。

表4.6 中国城市环境可持续竞争力

排名	城市名称	得 分	排名	城市名称	得 分
1	深 圳	0.098 673	19	长 春	0.000 212
2	海 口	0.090 1	20	呼和浩特	−0.000 15
3	长 沙	0.069 338	21	济 南	−0.001 35
4	昆 明	0.058 36	22	哈尔滨	−0.005 22
5	青 岛	0.058 292	23	杭 州	−0.005 49
6	福 州	0.053 212	24	贵 阳	−0.014 34
7	广 州	0.047 994	25	南 京	−0.020 74
8	成 都	0.047 456	26	郑 州	−0.027 22
9	沈 阳	0.041 45	27	南 宁	−0.028 69
10	南 昌	0.039 246	28	西 安	−0.032 26
11	上 海	0.037 041	29	重 庆	−0.036 75
12	北 京	0.033 012	30	太 原	−0.045 93
13	天 津	0.024 809	31	石家庄	−0.051 76
14	拉 萨	0.020 029	32	银 川	−0.086 19
15	大 连	0.009 719	33	乌鲁木齐	−0.101 43
16	武 汉	0.001 5	34	兰 州	−0.131 53
17	合 肥	0.000 98	35	西 宁	−0.143 07
18	宁 波	0.000 707			

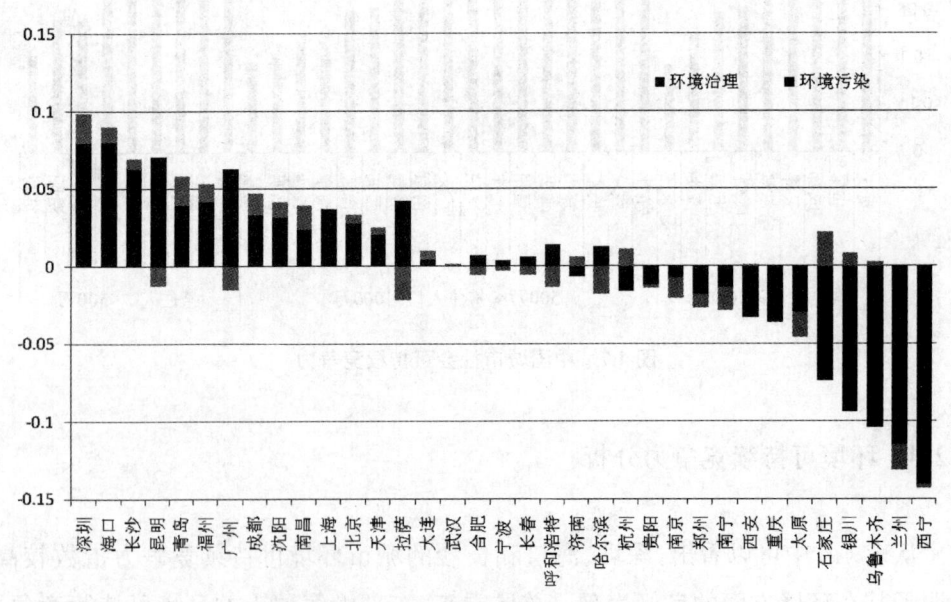

图4.8 中国城市环境可持续竞争力构成

在环境可持续竞争力指数的构成方面,可以看出,位居前列的深圳市和海口市在环境污染物排放的控制和环境治理方面都有较好的表现。根据深圳市人居环境网的统计,2013 年深圳市二氧化硫、氨氮化物、氮氧化物排放量同比继续减少,并推进了一系列节能减排、污水处理系统的建设。其中,新增城镇污水处理能力 800 万吨,使化学需氧量和氨氮年削减能力分别达到 60 万吨和 6 万吨;新增燃煤机组脱硫装机容量 700 万千瓦、脱硝装机容量 1.5 亿千瓦,对 77 条水泥生产线安装烟气脱硝设施,使二氧化硫和氮氧化物年削减能力分别达到 24 万吨和 160 万吨。在环境治理方面的投入,极大地改善了深圳市的生态环境,提升了城市的环境可持续竞争力。

　　观察不同规模城市的环境可持续竞争力,可以发现,处于中游的常住人口在 500 万到 1 000 万之间的样本城市在城市环境可持续竞争力方面表现总体较为平均,均值较高。而常住人口小于 500 万的样本城市中,城市间的环境可持续竞争力差距较大。海口的环境可持续竞争力明显优于其他同级别城市,而西宁、兰州、乌鲁木齐、银川和太原的城市环境可持续竞争力指数均较低。在常住人口大于 1 000 万的大城市中,除石家庄和重庆外,大多数城市在环境可持续竞争力方面都有较好的表现。这表明近年各主要城市在环境保护方面持续的投入和建设初见成效。

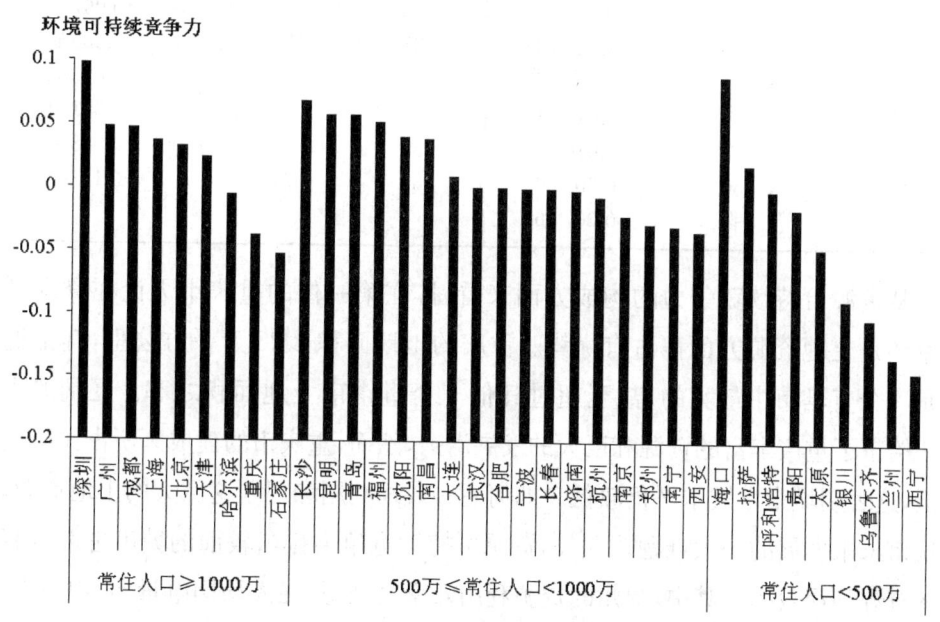

图 4.9　中国城市环境可持续竞争力

4.2.5　资源可持续竞争力分析

　　本研究中的资源可持续竞争力主要体现在土地资源和资源利用效率方面。从这两方面来看,重庆、哈尔滨和福州分列城市资源可持续竞争力的前3位。北京位列第16、上海位列第24。而资源型城市太原、兰州等城市的资源可持续竞争力水平均较低。这表明了其依仗能源优势的粗放式经济发展方式已经对城市的资源可持续发展能力提出了严峻的挑战。

表 4.7 中国城市资源可持续竞争力

排名	城市名称	得 分	排名	城市名称	得 分
1	重 庆	0.089 26	19	郑 州	0.005 785
2	哈尔滨	0.067 773	20	杭 州	0.002 903
3	福 州	0.052 529	21	深 圳	0.000 975
4	南 宁	0.044 822	22	天 津	−0.000 4
5	长 沙	0.041 06	23	济 南	−0.000 56
6	成 都	0.041 014	24	上 海	−0.007 15
7	合 肥	0.039 525	25	武 汉	−0.011 19
8	海 口	0.035 514	26	拉 萨	−0.016 92
9	长 春	0.033 992	27	广 州	−0.024 27
10	西 安	0.032 999	28	呼和浩特	−0.026
11	昆 明	0.030 677	29	贵 阳	−0.030 72
12	青 岛	0.029 736	30	银 川	−0.067 24
13	南 昌	0.025 725	31	乌鲁木齐	−0.069 11
14	石家庄	0.017 753	32	太 原	−0.078 17
15	宁 波	0.013 942	33	南 京	−0.081 06
16	北 京	0.010 604	34	兰 州	−0.088 82
17	大 连	0.009 66	35	西 宁	−0.132 3
18	沈 阳	0.007 664			

从资源可持续竞争力的构成方面来看,排在第一位的重庆市无论在资源利用效率还是土地资源方面都占有优势。重庆的土地面积8.28万平方公里,其土地面积是4个直辖市中最大的,甚至超过其他3个直辖市土地面积之和。辽阔的土地面积给予了重庆丰富的资源和巨大的发展潜力,然而,重庆市的建成区所占比例仍然较低,这表明城市发展水平仍较低。如何更有效地利用和规划这巨大的土地资源,是重庆市未来发展的一大难题。此外,资源可持续竞争力排名较前的城市也都具有较高的资源利用效率。其中,福州的资源利用效率最低,其在人均用电量、人均用水量、人均用气量以及万元GDP能耗方面都远低于35个样本城市的均值水平。

与此相对,上海和深圳的资源使用效率较低,严重拉低了城市的资源可持续竞争力水平。上海财经大学在对上海、北京、天津、重庆四个城市的低碳经济发展的研究中,发现上海几乎所有能源的二氧化碳排放都在四个直辖市中名列第一。这表明上海巨大的能源消费和二氧化碳排放量,同时也意味着上海城市发展的不

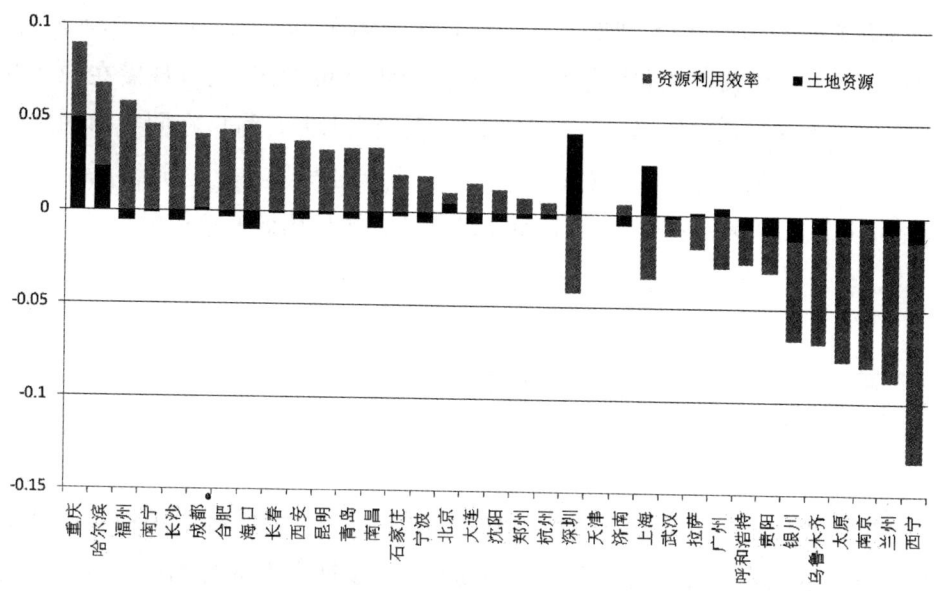

图 4.10　中国城市资源可持续竞争力构成

可持续性。上海为城市发展付出了巨大的发展成本,城市发展效率较低,在能源结构和能源利用方面存在着许多不合理的现象(赵晓雷,2013)。改善能源使用结构,提高能源使用效率,是上海和深圳实现城市可持续竞争力发展所面临的重要问题。

从不同规模城市的资源可持续竞争力方面来分析,可以看出,常住人口介于 500 万和 1 000 万之间的样本城市表现出较强的城市资源可持续竞争力。在此类城市中,除南京和武汉以外,其他城市的资源可持续竞争力指数均达到 0 以上。常

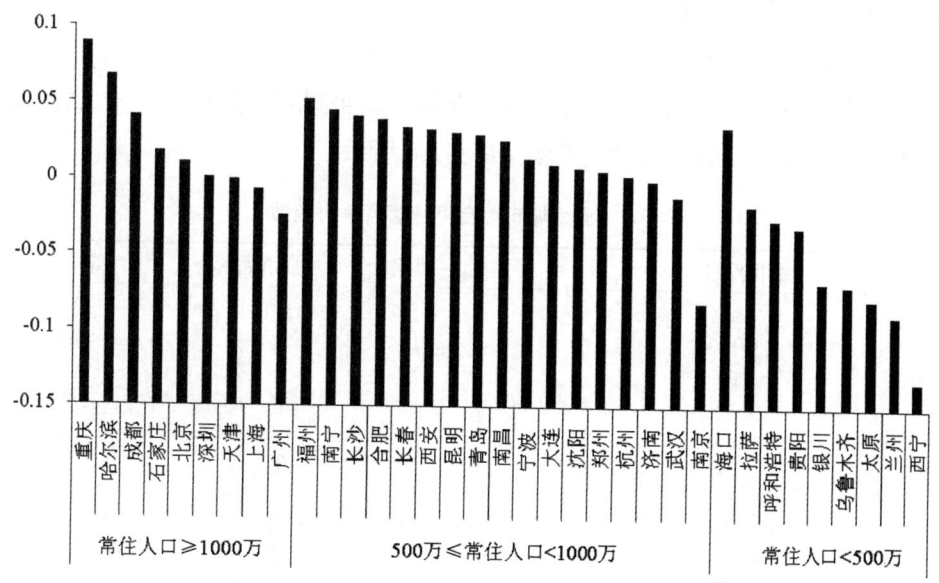

图 4.11　中国城市资源可持续竞争力

住人口大于 1 000 万的样本城市中,广州、上海、天津和深圳的表现较差,如前所述,主要由于较低的城市资源利用效率。与其他等级城市相比,人口规模在 500 万以下的样本城市在资源可持续竞争力方面的表现较为参差。海口在同规模的城市中表现出较为明显的资源可持续竞争力优势,而西宁的表现最差,远远落后于其他样本城市,从图 4.10 可以看出,主要是由于较低的资源使用效率造成的。

4.3 亚太城市可持续竞争力指数

在对中国城市的可持续竞争力进行分析的基础上,我们将应用精简的城市可持续竞争力指标体系对亚太城市的可持续竞争力发展水平进行测度和分析。受到城市样本所处地域、所面临的发展阶段不同等诸多因素的影响,亚太城市可持续竞争力的评判与中国城市可持续竞争力的评判在指标体系方面存在一定的差异。虽然仍延续了经济可持续竞争力、社会可持续竞争力、环境可持续竞争力和资源可持续竞争力的四模块框架结构体系,但由于选取指标的差异,最后的城市排名也存在一定的差异。这表明研究国内和国际视角的差异、指标选取的差异对城市可持续竞争力水平评价的影响。

4.3.1 综合可持续竞争力指数

通过上文的指标体系的构建、层次分析法的权重赋值、数据处理等过程,最后得出亚太城市综合可持续竞争力指数,如表 4.8 所示:

表 4.8 亚太城市综合可持续竞争力指数

排名	城市名称	得 分	排名	城市名称	得 分
1	东 京	0.849 6	11	旧金山	0.038 9
2	新加坡	0.838 9	12	高 雄	−0.002 9
3	大 阪	0.552 4	13	首 尔	−0.005 8
4	惠灵顿	0.433 3	14	釜 山	−0.168 5
5	奥克兰	0.379 4	15	广 州	−0.392 3
6	香 港	0.241 9	16	北 京	−0.428 3
7	悉 尼	0.208 3	17	上 海	−0.486 0
8	墨尔本	0.112 4	18	武 汉	−0.572 1
9	台 北	0.059 8	19	曼 谷	−0.794 7
10	西雅图	0.047 7	20	马尼拉	−0.911 8

　　东京以 0.849 6 的得分,成为 2011 年亚太城市可持续竞争力综合指数得分的第 1 名,新加坡和日本的大阪紧随其后。此外,新西兰的惠灵顿和奥克兰分列第 4、第 5 名,中国香港名列第 6。澳大利亚的主要城市悉尼、墨尔本分列其后。美国西海岸主要城市西雅图和旧金山也获得平均值以上的得分。除了香港之外,所选取的中国主要城市北京、上海、广州和武汉均未获得较高的排名和得分,表明中国的主要城市综合可持续竞争力与亚太地区的主要城市相比还存在出较大的差距。与中国城市可持续竞争力排名结果略有出入,广州在亚太城市综合可持续竞争力排名中超过北京、上海和武汉。这与亚太城市研究中所选取的指标有一定关系。

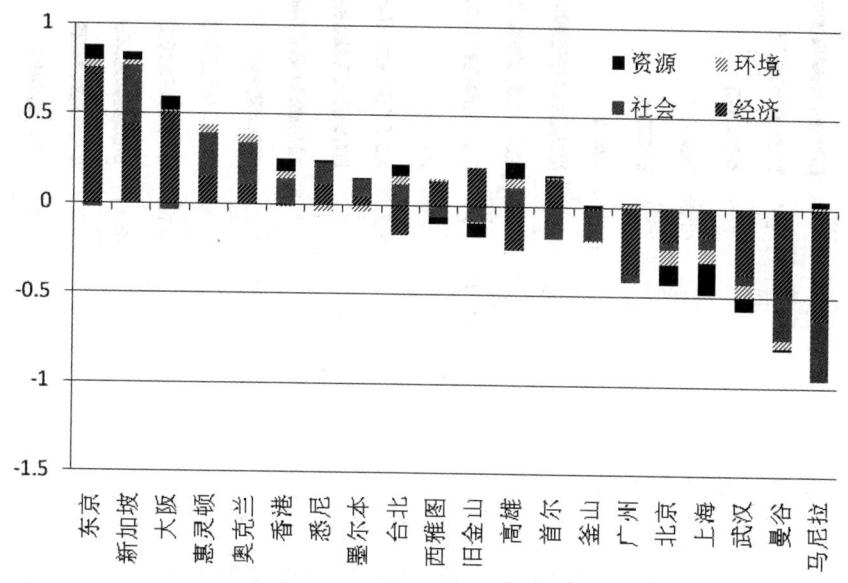

图 4.12　亚太城市综合可持续竞争力构成

　　从图 4.12 中可以看出,日本城市东京和大阪主要以其在经济可持续竞争力方面的表现超过其他城市,在综合可持续竞争力方面获得较好的表现。而新加坡、惠灵顿和奥克兰则主要以在社会可持续竞争力方面较好的表现达到较高的城市综合可持续竞争力水平。上海和北京虽然在经济可持续竞争力方面的表现超过广州(见后文),但是在资源和环境方面较差的表现致使城市的综合可持续竞争力水平降低。

　　从图 4.13 中可以看出,在常住人口大于 1 000 万的城市中,东京的城市综合可持续竞争力水平最高,首尔位列第 2,但与东京存在较大的差距。在常住人口大于 500 万并小于 1 000 万的第 2 梯队城市中,新加坡的城市综合可持续竞争力最强,大阪和香港紧随其后。在人口小于 500 万的亚太城市中,综合可持续竞争力水平整体较为平均。除马尼拉以外,都表现出较高的综合城市可持续竞争力水平。反观中国的特大型城市北京、广州、上海和武汉,虽然城市规模较大,人口较为集中,但是却并未表现出较高的综合可持续竞争力水平。这表明城市的综合可持续竞争力并不与城市的集聚水平成正比。城市的发展效率、产业结构、环境和资源合理利用和保护可能才是决定城市综合可持续竞争力强弱的重要因素。

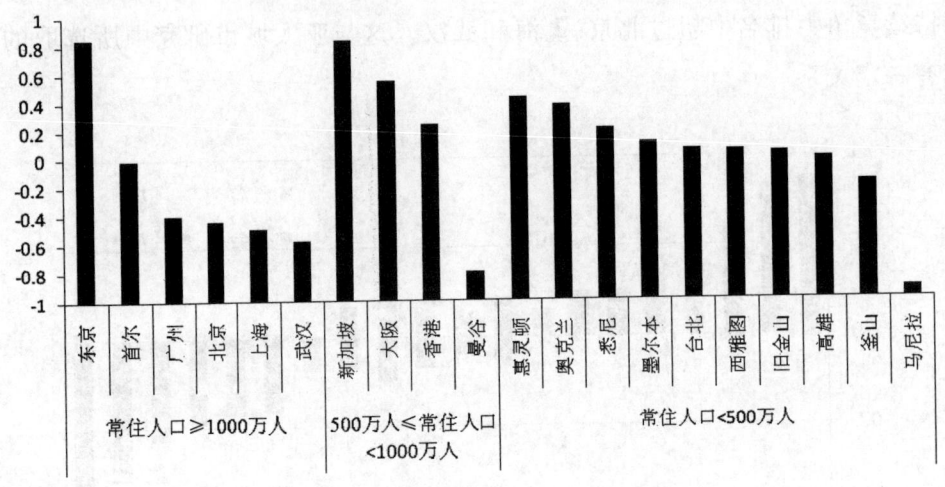

图 4.13 亚太城市综合可持续竞争力指数

4.3.2 经济可持续竞争力分析

从表 4.9 可以看到,东京以 0.755 8 的得分在亚太城市的经济可持续竞争力指数方面排名第 1,并与第 2 名的新加坡存在较大的差距。虽然 20 世纪 90 年代的泡沫经济使日本经济受到严重影响,也使东京的城市竞争力受到了巨大的冲击,但是可以看出,东京在亚太城市的经济发展中仍保持着绝对的领先地位。这与东京合理的产业结构、较强的创新能力、外向型的经济发展方式和良好的基础设施建设息息相关。东京的第三产业非常发达,是国际和日本的金融、管理中心,也是日本最大的商业、服务业中心。东京的商业(尤其是批发业)、金融保险业十分发达,其重要地位在 20 世纪 60 年代已经形成。此后,二者占 GDP 的比重基本稳定不变。而服务业比重则从 1975 年的 16.1% 上升到 1992 年的 25.6%,成为第三产业中最大的一个部门。服务业是 20 世纪 70 年代以后推动东京第三产业发展的最主要力量(沈金箴,2003)。此外,受到金融危机、石油危机、环境污染、国内经济不景气等一系列不利因素的影响，东京不断调整产业结构，其优势产业制造业也经历了一系列的发展与变迁。最明显的表现为：由劳动密集型及原材料型产业向加工型产业转变；由高耗能产业向节能型产业转变；电器机械、运输机械等产业向生产高附加值的产业转型；应用科技促进产业升级，原材料类型制造业比重逐步回升（雷新军、春燕，2010）。

表 4.9　亚太城市经济可持续竞争力指数

排名	城市名称	得分	排名	城市名称	得分
1	东京	0.755 8	11	釜山	−0.011 3
2	大阪	0.507 7	12	香港	−0.012 0
3	新加坡	0.442 2	13	上海	−0.161 9
4	旧金山	0.214 4	14	台北	−0.169 3
5	首尔	0.157 2	15	北京	−0.189 4
6	惠灵顿	0.147 8	16	高雄	−0.245 6
7	西雅图	0.134 0	17	武汉	−0.367 2
8	悉尼	0.110 9	18	广州	−0.368 9
9	奥克兰	0.104 2	19	曼谷	−0.478 3
10	墨尔本	0.048 4	20	马尼拉	−0.618 5

东京在创新能力方面有较好的表现，促进了东京整体经济可持续竞争力的提升。中小企业在日本的城市创新中起到了重要的作用，如以大田区为中心的东京南部的产业综合体已成为日本机械产业体系中最重要的技术创新核心。东京还出现了工业与居住良好共存的工业居住综合体，形成理想的土地利用模式，最终获得政府和社会的认可。没有创新就没有东京制造业今天这样的生命力。创新也是东京服务业，尤其是生产者服务业发展的源泉。众多总部在东京的跨国公司，向发展中国家转移了大量的低级产业、资金和外围技术，经济活动分散化导致管理的复杂化。因此跨国公司为了实施全球生产、资本的有效控制，就要求服务业不断创新，生产新的服务种类和新的金融衍生品，以满足控制不断延伸和拓宽的全球产业链的需要。

东京的基础设施也是东京经济可持续竞争力的重要组成部分，其中东京的地铁交通是东京基础设施的亮点之一。东京地铁系统拥有 13 条线路，220 多座车站，线路总长 312.6 公里。东京地铁的日平均客流量为 1 100 万人次，是世界上客流量最大的地铁系统，被誉为"轨道交通王国"。东京早在 1927 年 12 月就开通了银座至浅草寺的路段，因而是亚洲最早有地铁的城市。1955 年以后，都市化迅猛发展，为了解决这些人口的出行需求，轨道交通便成为首选，地铁也由此发展起来。东京地铁线网由东南海滨的城市中心向北、向西扇形发展,呈放射式布局,并与市郊铁路衔接联运。

在发展轨道交通的同时,东京还构建了综合的货物运输网络。东京政府在2006年制定了基于未来交通的全面货物运输政策,试图寻找既能提高东京国际竞争力又能促进居民生活方式和有效保护环境的措施。为此,东京政府建立了一个包括陆运、空运和海运的综合货物运输网络,加强了港口、机场,以及内陆地区联系,提高了运输效率。其次,东京全面升级其运输中心的功能和设施,改造和升级在京滨区、板桥区、足立区的区域运输中心,促进多摩地区货物运输功能的完善。东京政府还通过完善娱乐消费区中装载区规划,引导大型货运客车通过高速公路进行货物运输来着手货物运输改革(王桂新,2003)。东京便利的轨道交通网络,科学化、规范化和系统化的运作模式保证了东京城市的高效率运作,为其经济可持续竞争力提供了支撑。此外,它们还为减少东京的能源消耗、空气污染、交通事故、土地消耗等做出了巨大的贡献。

与东京相比,中国城市的经济可持续竞争力仍然存在较大的差距。排名最高的香港得分仅−0.012 0分,位列第12。作为世界重要的金融中心,香港在创新能力方面表现较差(见图4.14)。此外,过于单一的产业结构(金融业和奢侈品行业)也使香港的整体经济发展受到了一定程度的不利影响。上海和北京分列经济可持续竞争力排名的第13名和第15名,成绩并不理想。从图4.14中可以看出,上海和北京在经济可持续竞争力方面具有一定的共性问题。它们在经济外向度方面表现出较好的成绩,位于样本亚太城市均值以上。但是二城市在创新能力、基础设施方

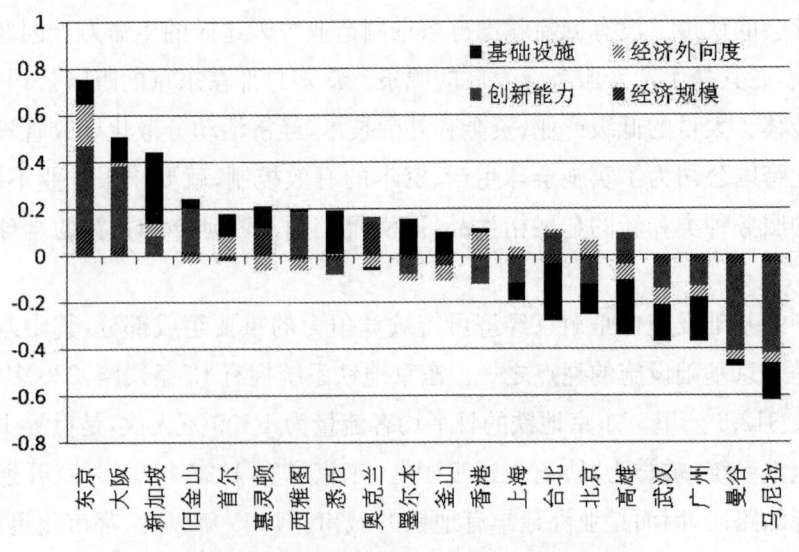

图4.14　亚太城市经济可持续竞争力构成

面都表现不佳。通过对中国工业企业数据库中长三角制造业企业的数据进行整理发现,长三角地区进行出口活动的企业所占比例超过 31%,而进行创新活动企业所占比例仅为 11%,同时从事出口和创新两种活动的企业所占比例仅为 6%。这与日本拥有 47% 的创新活动企业比例、31% 的出口活动企业比例和 23% 的既出口又创新企业比例形成鲜明对比(Ito,1997)。中国企业这种较低的创新比率以及较差的知识产权保护力度影响了中国城市的整体创新能力和创新的意愿,进而影响了中国城市的经济可持续竞争力。

从图 4.15 正可以看出,人口大于 1 000 万的城市中,经济可持续竞争力指数呈现出两极分化的趋势。以东京为代表的超大型城市表现出较高的经济可持续竞争力水平。而与此相对的是中国大城市在经济可持续竞争力方面较差的表现。与人口大于 1 000 万的超大城市相比,常住人口规模维持在 500 万至 1 000 万之间的城市中,大阪和新加坡表现出较强的经济可持续竞争力,而曼谷在这一类型城市中的指数得分最低。从图 4.15 中还可以看出,常住人口小于 500 万的亚太城市,在经济可持续竞争力方面的表现较为平均,只有马尼拉远低于平均值水平。

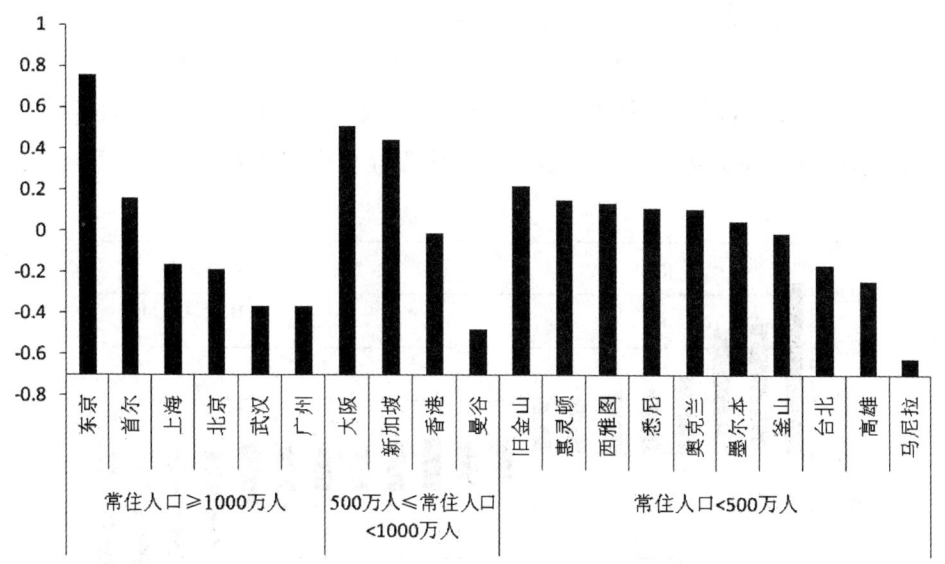

图 4.15　亚太城市经济可持续竞争力指数

4.3.3　社会可持续竞争力分析

从表 4.10 可以看到,新加坡在亚太城市的社会可持续竞争力方面以 0.323 8

的得分名列第1,新西兰的惠灵顿和奥克兰紧随其后。香港、悉尼、台北、高雄和墨尔本分列第4至第8名。而在经济可持续竞争力方面有较好表现的东京和大阪则位列第9和第10位。其得分为负值,表明其在社会可持续竞争力方面尚未达到亚太样本城市的平均水平。北京、广州、武汉和上海分列第11至14位。而美国西海岸城市西雅图和旧金山在社会可持续竞争力方面也没有获得较好的表现,仅列第15和16位。韩国的釜山和首尔分列第17和第18位。

表4.10　亚太城市社会可持续竞争力指数

排名	城市名称	得 分	排名	城市名称	得 分
1	新加坡	0.323 8	11	北 京	−0.044 3
2	惠灵顿	0.244 7	12	广 州	−0.050 8
3	奥克兰	0.237 5	13	武 汉	−0.060 5
4	香 港	0.144 1	14	上 海	−0.062 5
5	悉 尼	0.124 2	15	西雅图	−0.066 4
6	台 北	0.116 4	16	旧金山	−0.091 6
7	高 雄	0.105 9	17	釜 山	−0.173 1
8	墨尔本	0.095 5	18	首 尔	−0.179 6
9	东 京	−0.027 1	19	曼 谷	−0.255 3
10	大 阪	−0.040 9	20	马尼拉	−0.340 1

从图4.16中可以看出,新加坡在社会发展环境和教育医疗两个方面均具有较好的表现,因此以总分第一的成绩名列亚太城市社会可持续发展竞争力第1名。

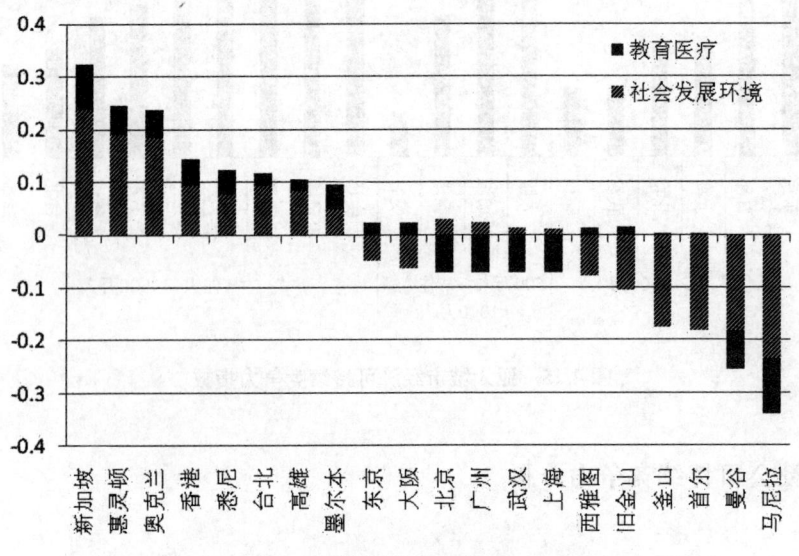

图4.16　亚太城市社会可持续竞争力构成

新加坡连续多年当选"亚洲最适宜居住城市",素享有"花园城市"的美誉。新加坡在社会发展方面的不懈努力也为世人所共知,尤其是其在住房保障方面的经验。新加坡的住房保障计划被称为"居者有其屋"计划,居者有其屋的安居计划是新加坡在城市发展过程中最具有特点的政策之一,后被包括中国在内的很多国家学习借鉴。

作为一个国土面积仅有 699.4 平方公里的岛国,新加坡最稀缺的资源便是土地资源,这极大地限制了新加坡的城市发展。上世纪五六十年代,新加坡的城市问题已经达到了难以解决的程度。过度拥挤、住房短缺以及不卫生的生活条件在城市中心区随处可见。市中心到处拥挤。常常是五十多个人挤在一个二三层楼的商铺房间内,或是住在临时搭设在肮脏的下水道的小屋里。在这样的环境下,1958年新加坡政府提出了第一个关于合理利用土地的行动计划。所有的城市土地逐步分区,划出了绿色地带和新城镇区域。1960 年依法成立了新加坡建屋发展局(HDB),统一负责住宅的规划、建设分配和管理工作。

新加坡的住宅从总体上可分为两种类型,即政府组屋和私人住宅。从 20 世纪 60 年代初至 20 世纪 90 年代初,新加坡为中低收入阶层建成 62.8 万套组屋(单元式住宅),240 余万居民住进这些组屋,占国民总数的 87%。随着新加坡人均收入和生活水平的提高,建屋发展局又适时推出了几种新的住宅类型,如中等入息公寓、执行共管公寓和私人组屋等。它们仍是组屋,但兼具政府组屋与私人住宅的某些特点。

组屋的形式分为"组团邻里中心"模式、"棋盘式"模式和"21 世纪新镇"模式。1965 年,新加坡开始通过建设新城来发展组屋。这一时期的"组团邻里中心"模式的特点是在新城内规划了镇中心和一定数量的公共设施,镇中配置规模较大的服务设施,周围设邻里单位。但是由于相邻的邻里中心相隔太远,居民日常活动仅局限于自己所在的邻里中心,因而导致相邻邻里之间的资源不能共享,镇中心的利用率也较低。1970 年以后首次出现了"棋盘式"结构的新城规划,它标志着新加坡组屋建设开始注重社区精神生活。"棋盘式"结构的特征是把区块作为规划的单元,活动场地、公园、学校、开放空间等公共设施均匀地分布于镇域范围内,这样各种公共设施均能得到较大程度的利用。"21 世纪新镇"模式类似于美国新城市主义提倡的公交导向型开发模式。新镇的各邻里之间通过轻轨或地铁联系,道路系统恢复为以前提倡的网格状系统,由轻轨和地铁组成高效的城市交通网络。交通站点间距为 300—350 米,通过轨道交通将住宅、教育、购物和娱乐功能整合成为一个紧凑的、适合步行的混合发展区(王丹娜、胡振宇,2010)。

组屋最初建造的目的是为解决急需用房的家庭的居住困难问题,主要为出租,在"居者有其屋"计划之后,建造的目的逐步由出租转为出售。售房对象是家庭月收入不超过1 000新加坡元的低收入家庭。随着国内人口平均收入的增长,这个标准一直在进行修正。组屋的分配对申请者是公平的。凡是符合《合格者条例》的居民都可根据自己的意愿提出申请。建屋发展局存有详细的登记表,表明申请者的个人情况、要求住房类型和区域等。建屋发展局根据登记资料制订建造计划。而后申请者通过排队形式进行选房。"居者有其屋"计划的推进,极大地改善了新加坡城市的形象,提高了人民的生活水平,也提升了新加坡的社会发展水平,为其社会稳定发展和城市综合竞争力的稳步提升奠定了坚实的基础。

除此之外,新加坡在城市的教育和医疗方面也做出了显著的成绩。新加坡政府认为,医疗保健服务既不能完全由国家提供,也不允许医疗服务在经营和价格方面任凭市场调节,而应当采取各方之长的综合管理模式。新加坡政府在全民的保健哲学方面有以下五个基本目标(陈培元,1995):(1)鼓励人民保持身体健康,重视开展健康教育和加强预防疾病的工作;(2)提倡人民对自己的健康负责,采取良好的生活方式,并为自己和亲属的医疗需要进行储蓄,谨慎地使用医疗服务;(3)社会向全民提供良好而且负担得起的基本医疗服务,追求良好的医疗保险服务;(4)利用竞争机制和市场力量推动医疗服务提供者改进服务,提高效率;(5)政府进行有效干预,本着人道主义原则,对没有支付能力的贫穷病人,向其提供基本医疗的服务。

新加坡政府通过这种更新理念、营造氛围、健全组织、优化载体、优质服务、人性管理、依靠制度、健全机制、重视文化建设、凝聚民心的社会建设方式,不断提升社会的可持续竞争力。新加坡政府在公众对政府的信任度方面取得了很高的得分。

与新加坡在教育医疗和社会发展环境方面的较高得分相比,中国城市在教育医疗方面表现较差,影响了它们在社会可持续竞争力方面的综合得分。

从图4.17中可以看出,常住人口大于1 000万的大城市在城市社会可持续竞争力方面整体表现不佳。这表明城市规模的扩张并不能对社会的可持续竞争力带来正面的影响,反而可能加剧社会的收入不均等、教育医疗等基础社会保障资源匮乏,从而影响社会可持续竞争力的进一步提升和发展。Nord(1980)认为城市规模与城市收入分配不均等会呈现一个U形关系。最初,城市规模较小时,城市就业机会缺乏,收入分配也会很不均等,而当城市规模慢慢扩大时,城市产业也会慢慢发展,就业机会也会慢慢增多,这时就业效应会发挥更大的作用,城市贫困阶层的收入占比会随着就业机会的增加而提高,收入分配的不均等会随着城市规模的扩大而逐步减弱;而当城市规模的扩张超过一定的程度,技能分层与产业分化效应才会占据主导地位,城市收入分配会随着城市规模的扩大而变得更加不均等,此时,收入分配不均等会随着城市规模的扩张而逐步加强。整体来看,城市的收入分配不均等与城市规模之间呈现出 U 形分布的趋势。常住人口大于 1 000 万的亚太城市已达到人口承载的一定的临界值,城市收入不均等现象更加严重,这可能也在一定程度上影响了社会的可持续竞争力的发展。

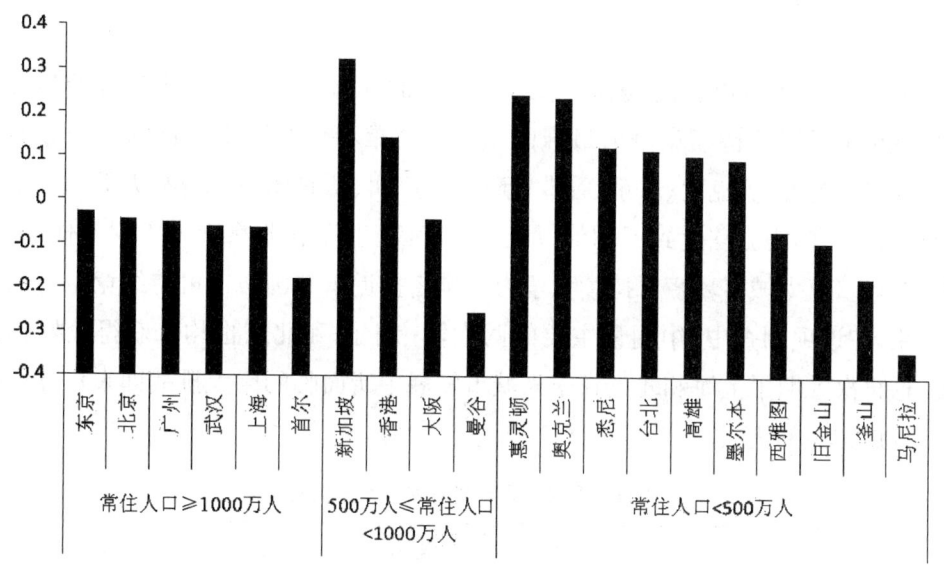

图 4.17　亚太城市社会可持续竞争力指数

此外,由于城市规模过大带来了一系列问题,包括城市居民的健康问题、医疗服务质量问题、城市生活的社会心理问题、城市生活的治安问题,都对大城市的社会可持续竞争力产生了一定程度的影响。中国城市的规模不断扩大,外来人口的不断涌入带来的社会经济地位、户籍分割、社会凝聚力和社会融入程度等问题都会影响居民的社会疏离感,又进一步对城市的社会竞争力造成了影响,并直接导致了中国样本城市社会可持续竞争力偏低的现状。

从图 4.17 中可以看出,在常住人口介于 500 万和 1 000 万之间的城市中,城市社会可持续竞争力的表现呈现出多样化分布的趋势。得分最高的为新加坡,香港也有较好的表现。但是大阪和曼谷则与同规模的城市存在较大的差距。这表明城市的规模并不是决定城市社会可持续竞争力的唯一要素,良好的法律法规、社会制度以及政府的管理都会改善并提升大城市的社会可持续竞争力,在这一方面,新加坡和香港显然取得了较好的成效。

与前两类城市的表现相比,人口小于 500 万的亚太城市在社会可持续竞争力方面整体表现较好。社会可持续竞争力指数均值在 0 以上的 8 个亚太城市中,有 6 个是人口小于 500 万的城市。表明随着城市规模的扩大,城市的社会可持续竞争力会受到一定程度的挑战。由于中国城市普遍规模较大,如何科学地管理和建设城市,提升城市的社会可持续竞争力成为中国城市发展面临的关键问题。

4.3.4 环境可持续竞争力分析

从表 4.11 中可以看出,惠灵顿以 0.048 7 的环境可持续竞争力指数得分成为亚太城市中环境可持续竞争力最强的城市。高雄和台北以很接近的得分分列第 2、第 3 名。此外,奥克兰、东京、香港、新加坡、广州、西雅图、马尼拉、大阪和首尔也均有不错表现,得分均达到了均值以上。而武汉、上海和北京则均表现不佳,位列倒数 3 名。亚太城市环境可持续竞争力的排名接近于中国城市可持续竞争力的排名结果,在该项调查中,中国最主要的两大城市上海和北京也均未获得较好的表现。这再次证明了上海和北京在未来城市发展中所面临的巨大挑战即来自环境可持续发展方面的挑战。

表 4.11 亚太城市环境可持续竞争力指数

排名	城市名称	得 分	排名	城市名称	得 分
1	惠灵顿	0.048 7	11	大 阪	0.008 9
2	高 雄	0.046 3	12	首 尔	0.002 7
3	台 北	0.045 8	13	釜 山	−0.000 3
4	奥克兰	0.044 1	14	旧金山	−0.002 9
5	东 京	0.039 5	15	悉 尼	−0.039 5
6	香 港	0.036 1	16	墨尔本	−0.039 5
7	新加坡	0.029 9	17	曼 谷	−0.048 2
8	广 州	0.026 3	18	武 汉	−0.066 9
9	西雅图	0.016 3	19	上 海	−0.078 2
10	马尼拉	0.011 5	20	北 京	−0.080 9

从亚太城市环境可持续竞争力的指数构成方面可以看出,亚太城市在达到环境可持续发展所采用的方法上存在较大的差异。一些城市是通过减少环境污染和加强环境治理两方面同时着手,提升城市的环境可持续竞争力,如惠灵顿和奥克兰;一些城市则主要体现在减少环境污染方面,比如中国台湾的主要城市台北和高

雄以及日本的东京;而一些城市则主要通过加强环境污染的治理强度来提升城市的环境可持续竞争力,如中国的广州。

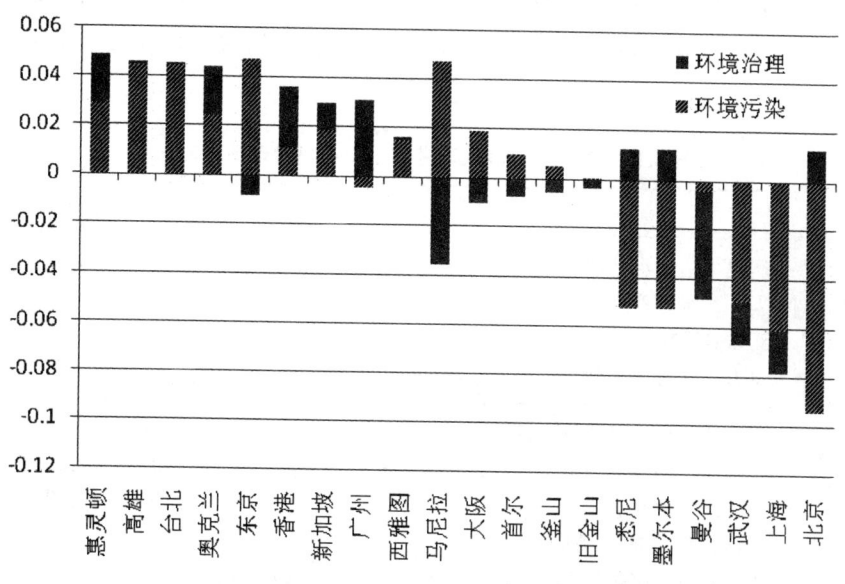

图 4.18　亚太城市环境可持续竞争力构成

与这些城市相比,上海和北京在城市的环境可持续竞争力方面还存在巨大的差距。尤其是北京,虽然近年北京在环境治理方面投入巨大,其在环境治理的指数方面也具有一定的优势。但是其在环境污染方面的表现仍然削弱了整个城市的环境可持续竞争力。在世界卫生组织公布的 1 100 个城市的空气质量数据中,北京以 1 035 位的排名接近垫底。世界卫生组织所做的全球空气检测结果显示,北京尽管 2008 年奥运会期间在清除污染空气方面取得了短暂的成功,但如今在世界最脏首都中名列第 10 位,仅略好于乌兰巴托、哈博罗内、新德里、伊斯兰堡、利雅得、达喀尔、开罗、达卡和科威特城。根据世界卫生组织的数据显示,2009 年,全球 1 100 个主要城市的 PM10(直径小于或等于 10 微米的颗粒物)浓度为 36 微克/立方米,而北京的 PM10 浓度达到了 121 微克/立方米,是平均值的 3 倍多。上海的 PM10 浓度也达到了 81 微克/立方米,远超过平均水平。据中国气象数据显示,北京市 2013 年年初的 100 天内,雾霾日已达到 46 天,北京城区的 PM2.5 的浓度值一度逼近 1 000。环境质量的不断恶化对包括上海、北京在内的中国大城市的竞争力产生了巨大的影响,甚至产生了一系列连锁反应。英国《金融时报》此前报道,北京的"空气末日"促使外国人离开北京,并大大增加公司招募国际人才的难度。而德国《商报》则报道,StantonChase 猎头公司中国分部总经理哈恩说,经常有经理表示,他们不想去北京,或因为空气污染家人不愿搬到北京。在这样的情况下,如何在加大环境治理投入的同时,加强对环境污染的控制,对城区的产业布局进行合理规划,对不按要求执行环保措施的企业加大惩戒的力度,提升城市的环境可持续竞争力水平,是北京和上海等中国主要城市所面临的关键问题。

表 4.12　东京、新加坡、香港和上海环境治理情况对比

	指标名称	东京	新加坡	香港	上海
污水处理系统	居民生活污水处理率(%)	100	100	79.5	78.92
	人均污水处理厂数(座/百万人)	2.09	1.24	9.49	2.71
	污水处理厂处理污水量(万立方米/日)	490.97	141.37	270.41	497.26
	每万人拥有城市排水管道长度(公里/万人)	12.42	7	2.277	7.05
固体废弃物处理	人均垃圾生产量(千克/日)	1.02	3.38	2.94	1.24
	生活垃圾回收利用量(万吨/日)	0.31	0.92	0.86	0.019 3
	生活垃圾回收利用率(%)	23.88	55.95	41.48	0.81
	生活垃圾处理量(万吨/日)	1	0.72	1.21	1.53
	生活垃圾无害化处理率(%)	100	100	100	78.8

资料来源:聂磊(2013)。

同时,从图 4.18 中还可以看出武汉和上海在环境治理方面也与其他亚太城市存在一定的差距。根据聂磊(2013)全球大都市基础设施建设的比较,发现上海与东京、新加坡和香港等城市相比,其在环境治理方面的表现还存在一定的差距,特别是固体废弃物处理方面。从表 4.12 中可以看出,上海的生活垃圾回收利用量和利用率都较低,甚至不及其他城市的 1/10,在污水处理率和生活垃圾无害化处理率方面也与其他城市存在一定的差距。聂磊(2013)认为:上海的固体废弃物处理系统与国际领先城市仍存在一定的差距,无害化处理率较低,突出表现为无害化处理能力不足;减量化成效不明显;生活垃圾处理方式过于依赖填埋;处理措施不到位,超负荷运营,环境影响较为突出。此外,根据本次研究的数据显示,上海在城市绿化方面也与其他城市存在较大的差距。人均绿地面积尚未达到亚太样本城市的平均值水平。虽然上海近年来在城市绿化方面取得了很好的成绩,自然宜人的城市生态功能进一步提升,但与发达城市相比,仍存在一些仍待破解的问题,包括绿化基础设施布局有待完善,绿地与林地之间连接度有待加强,功能完善、布局合理的生态基础网络尚未形成,外环绿带建设因资金、土地问题尚未全面展开,郊区公共绿地资源不足,屋顶绿化、垂直绿化不被重视等(聂磊,2013)。

在亚太城市环境可持续竞争力方面,常住人口小于 500 万的亚太城市在环境

可持续竞争方面的表现超过城市规模较大的前两级城市。从图 4.19 中可以看出，在环境可持续竞争力方面排名较为靠前的几个城市惠灵顿、高雄、台北和奥克兰都为常住人口小于 500 万的城市。在这一等级城市中，澳大利亚的悉尼和墨尔本的排名最低。根据风险评估公司梅波克洛夫公司(Maplecroft)公布的二氧化碳排放指数显示，主要依赖燃煤发电的澳大利亚的人均二氧化碳排放量高达 20.58 吨/年，远超美国(19.78 吨/年)，成为全球人均排放量最大的"污染源"。而中国尽管是目前温室气体排放总量最大的国家，但人均二氧化碳排放量仅为 4.6 吨/年，排在第 44 位，印度则为 1.2 吨/年。这表明澳大利亚主要城市在碳减排方面所面临的严重挑战和考验。

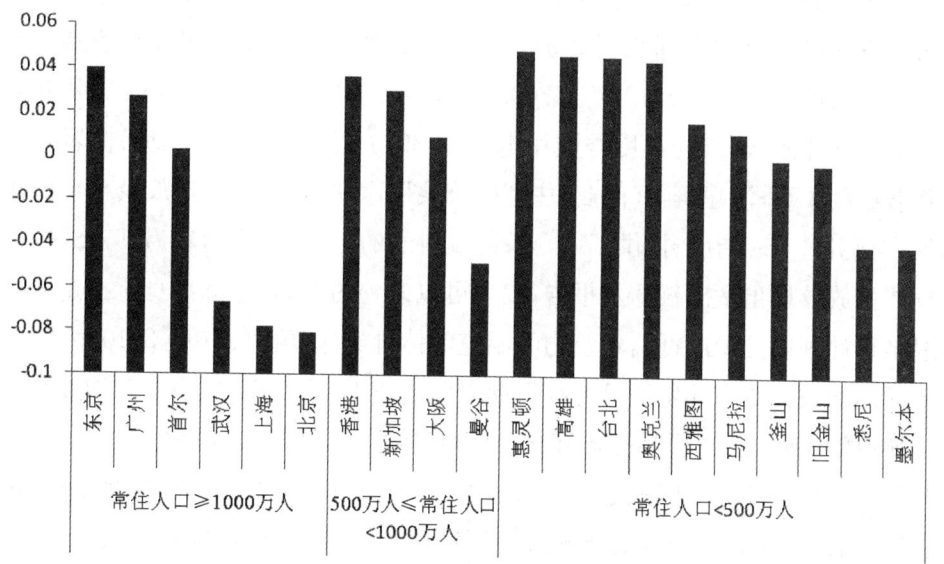

图 4.19　亚太城市环境可持续竞争力指数

在常住人口大于 1 000 万的城市中，东京以 0.039 5 的得分名列第 1。从图 4.21 中可以看出，东京在此方面的良好表现主要得益于其较小的环境污染。根据世界卫生组织的统计报告，2009 年东京的 PM10 的年度平均浓度为 23 微克/立方米，小于 36 微克/立方米的 1 100 个城市平均值。此外，东京的人均二氧化碳排放量也较低，在关注的亚太样本城市中具有较好的表现。在西门子的赞助支持下，2011 年《经济学人》对亚洲的绿色城市进行了调查和研究，将城市在环境和资源等方面的表现按照其得分分为了五类(远优于平均水平、优于平均水平、平均水平、低于平均水平、远低于平均水平)。在其研究中所选取的 22 个城市中，只有一个城市的能源和二氧化碳排放达到了远优于平均水平，就是东京。同时，也只有一个城市被评价为远低于平均水平,就是中国上海。

根据赵晓雷等(2013)对上海、北京、重庆和天津四个城市的碳排放的研究,上海的碳排放水平远高于其他直辖市,在 2010 年达到了 27 709.67 万吨,是北京的 1.9 倍,天津的 1.5 倍,重庆的 1.7 倍。赵敏等(2009)的研究表明,上海市人均碳排放是全国和全球平均水平的 2 倍多,这些都表明上海目前在城市环境可持续发展方面所面临的严峻形势。

在常住人口大于 500 万小于 1 000 万的城市中,香港和新加坡分别以 0.036 1 和 0.029 9 的得分分列第 1、第 2 位,这表明在同等规模的城市中,香港和新加坡在城市环境可持续发展方面具有良好的表现。

香港在 2012 年获得了英国《经济学人》评选的全球最宜居城市的第 1 名。在城市的发展过程中,香港非常重视城市发展的效率,推进低碳型城市的发展。香港的二氧化碳排放目标为 2012 年比 2005 年基准线减少 25%。作为一个以服务业为主导的经济体系,建筑物占用香港用电量的 89%。因此,香港环境保护署及机电工程署编制了《香港建筑物(商业、住宅或公共用途)的温室气体排放及检出的审计和报告指引》。该《指引》提供了一套系统及科学的方法,让使用者为其建筑物的温室气体排放及检出做出核算及报告,找出可以改善的方面,并就本身所指定的目标自愿推行计划以减少或抵消建筑物的温室气体排放(陈蔚镇、卢源,2010)。

而新加坡在城市环境的可持续发展方面也作出了不懈的努力。新加坡在建设宜居城市的同时,也非常重视城市的绿色可持续发展。新加坡是世界上最早设立专门部门来保护环境的国家之一。新加坡主要通过对土地开发、建筑规划、环境和排放进行有效控制等方式,提升城市的环境可持续竞争力,其具体做法包括(毛大庆,2006):

(1) 土地开发控制。新加坡对土地开发实施严格的控制,并将环境控制与国土规划进行联系。对于新的工业开发,环境和水资源部会严格地对其环境影响做出评估,以保证这项开发不会造成难以接受的健康安全问题或环境威胁。

(2) 建筑控制。新加坡开发商在开发计划被批准后,将建筑规划提交公共事务局的建筑控制署。此外,开发商还需要将建筑规划提交到环境和水资源部的技术部门,由该部门对建筑对环境的影响进行评估。在项目完成后,环境和水资源部和其他技术部门将对建筑物进行审查。

(3) 环境控制。新加坡政府采取了一系列的措施,使生活和生产对环境的影响降到最低。包括定期进行空气和水的质量监测,对工厂及一些存在较大潜在威胁的污染源,进行定期的现场检查,要求达到强制排放标准。

（4）排放控制。新加坡降低机动车辆污染的战略分两步：提高发动机和燃油质量以减少排放，通过交通管理方式来控制车辆增加和燃料消耗。环境和水资源部制定了各种交通规则来实行这两步战略。居民住宅全部建设垃圾通道，各个社区配套建设垃圾收集中转设施。垃圾由可焚化废物利用气动输送系统集中压缩后送往焚化厂。生物与医疗废物则经过特别装袋，送往特殊的生物焚化厂。

4.3.5 资源可持续竞争力分析

从表 4.13 中可以看出，高雄以 0.090 5 的得分名列亚太 20 个样本城市资源可持续竞争力之首。东京和大阪分列第 2、第 3 名。香港、台北、新加坡等城市也均有不错的表现。中国内地城市中，广州在城市资源可持续竞争力方面排名最高，以 0.001 分名列第 11 位，超过均值水平。而武汉、北京和上海均未在资源可持续竞争力方面获得较高的排名。其中，上海在 20 个所选亚太样本城市中得分仅为 −0.183 4，排名最后。

表 4.13 亚太城市资源可持续竞争力指数

排名	城市名称	得 分	排名	城市名称	得 分
1	高 雄	0.090 5	11	墨尔本	0.007 9
2	东 京	0.081 4	12	广 州	0.001 0
3	大 阪	0.076 7	13	奥克兰	−0.006 5
4	香 港	0.073 7	14	惠灵顿	−0.007 9
5	台 北	0.066 9	15	曼 谷	−0.012 9
6	新加坡	0.042 9	16	西雅图	−0.036 2
7	马尼拉	0.035 3	17	武 汉	−0.077 4
8	釜 山	0.016 2	18	旧金山	−0.081 0
9	首 尔	0.013 8	19	北 京	−0.113 7
10	悉 尼	0.012 6	20	上 海	−0.183 4

从图 4.20 中可以看出，在亚太城市资源可持续竞争力的构成方面，能源利用效率所占份额较大。这也是我们在考察亚太城市资源可持续竞争力时所参考的主要指标。排在前位的高雄、东京、大阪、香港和台北都在能源利用效率方面有较好的表现。

中国台湾地小人稠，自产能源较少，进口能源比率在 2008 年就高达 99.23％。在这样的环境约束下，台湾相当重视城市能源的使用问题。1968 年 7 月成立了"能源规划发展小组"，专门对能源使用和消费问题进行研究、监督和管理。2008 年

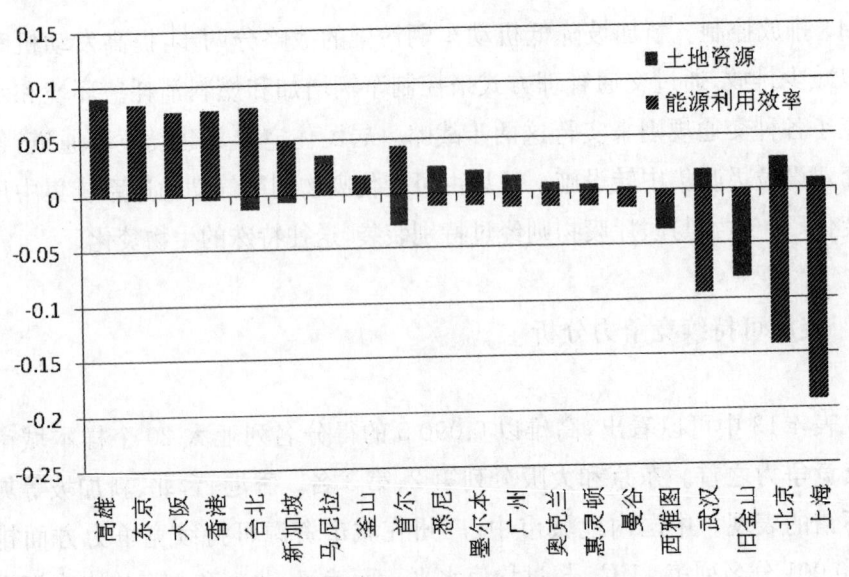

图 4.20　亚太城市资源可持续竞争力构成

6 月 5 日,颁布了"永续能源政策纲领",政策目标在于兼顾能源安全、经济发展与环境保护,执行方向在提高能源使用效率、发展洁净能源及确保能源供应稳定。2008 年 10 月,推动"新能源产业旗舰计划",该计划以太阳能光电及 LED 照明为主力,另外以风力、生物能、氢能、电动车及能源通信五大产业为辅。2009 年 6 月,通过"再生能源发展条例",第 1 条说明目标是"为推广再生能源利用,增进能源多元化,改善环境品质,带动相关产业发展"。2009 年 8 月出台的科技计划所规划的四大主题是:能源科技策略、能源技术、节能减碳以及人才培育。2010 年,成立"节能减排推动会",其架构有十大标杆方案,35 项标杆型计划。在以上这些机构、法规和纲领的不断推动下,中国台湾主要城市的能源利用效率都获得了显著的提升。根据《经济学人》的统计,2010 年台北市的能源利用效率为 1.4 百万焦/美元,而当年上海的能源利用效率为 14.8 百万焦/美元,约为台北的 10 倍。

东京素来以高效的城市运作方式被津津乐道。与中国城市相比,东京具有更强、更大的人口承载能力。王桂新(2003)通过对东京和上海在人口发展和产业结构等方面的比较最后得出结论,认为上海在城市的发展效率上仍与东京存在较大的差距。东京面积虽然只有上海面积的 34%,但是人口却超过了上海90%,人口密度是上海的 2.65 倍。同时,东京以上海 90% 的人口创造的 GDP 却是上海的 18.5 倍,人均 GDP 超过上海的 20 倍。东京在产业结构及从业劳动力的就业结构方面都比上海更合理。东京以相对狭小、高能量、高密度空间的发展方式,不仅创造了领先世界的经济发展水平,同时也创造了比上海更好的工作和居住环境。

　　东京从交通、产业、建筑等几方面不断提升城市的能源使用效率。其中,在交通方面,东京推进以城市规划为中心的低碳交通政策,包括构建多中心紧凑型城市群,以发展轨道交通为先导,构建综合货物运输网络(王桂新,2003)。在产业方面,东京受到 20 世纪 70 年代能源危机、汇率变化、国内生产成本上升、环境污染严重等问题的影响,对产业格局进行了重大的变革,改变了以往由第二、第三产业共同推动经济发展的格局,转而促进服务业的快速发展。第三产业,特别是生产性服务业逐步成为推动东京经济发展的主导力量。2005 年,包括生产性服务业在内的其他服务业,已经成为东京最大的产业部门,其产值占 GDP 的比重达到 86.5%(雷新军、春燕,2010)。在建筑方面,东京逐步推进建筑节能的发展,使用天然气发电,同时充分利用余热,通过以上措施,实现建筑节能(张泉等,2010)。

　　与以上这些城市相比,可以发现,北京和上海在能源利用效率方面还存在巨大的差距,尤其是上海。诸大建(2010)等的研究表明,虽然上海自 20 世纪 90 年代以来,在经济上取得了举世瞩目的发展成就,但是同时也消耗了大量的能源资源。自 1990 年起,上海市的 GDP 翻了两番,但是同时能源消费量也增长了 1 倍,能源消费年均增长达到 6%(图 4.21)。而且上海的能源效率总体偏低,虽然上海在过去的节能减排工作上取得了显著的成效,但无论在产业结构还是产品单位能耗方面,都与

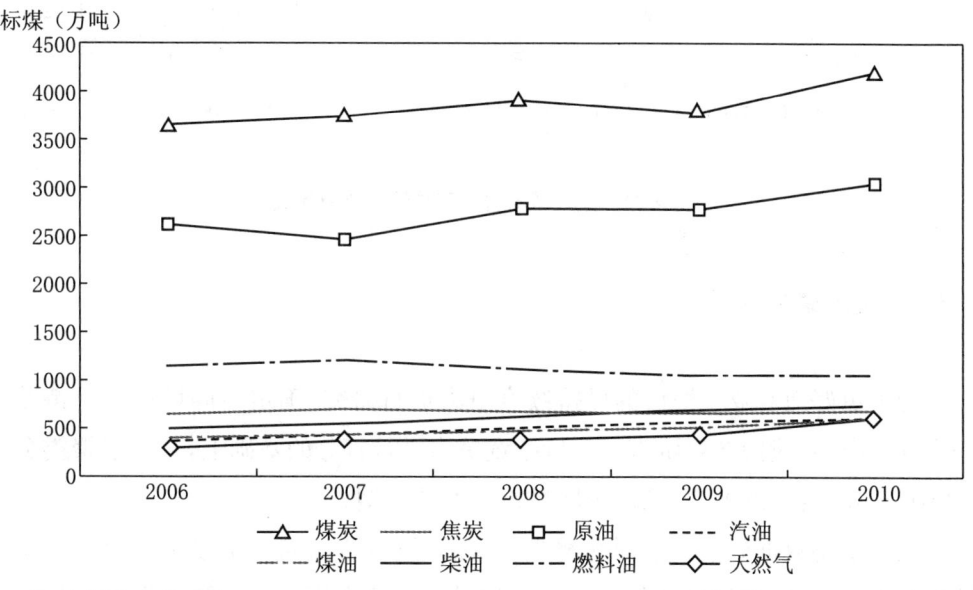

资料来源:赵晓雷等(2013)。

图 4.21　上海能源消费情况(2006—2010)

发达国家存在较大差距,仍有较大改善的空间。从图 4.21 中也可以看出,上海呈现出很明显的对煤炭和原油的依赖,并呈现出逐年上升的趋势。对于中国内地城市,降低能源消耗强度,提高能源的使用效率,调整能源结构,开发新型可再生能源是促进城市资源可持续竞争力提升的重要环节。

从图 4.22 中可以看出,常住人口小于 500 万的城市再次在资源可持续竞争力方面表现出其整体的优越性,其中高雄和台北更是名列所有样本城市的前两位。常住人口大于 500 万,小于 1 000 万的城市在资源可持续竞争力方面的表现次之。而人口大于 1 000 万的城市中,除东京以外,其余城市在资源可持续竞争力指数方面与前两类城市相比还存在一定的差距。上海在这一类城市中的得分较低,再次表明中国大城市在资源方面所面临的严峻考验。

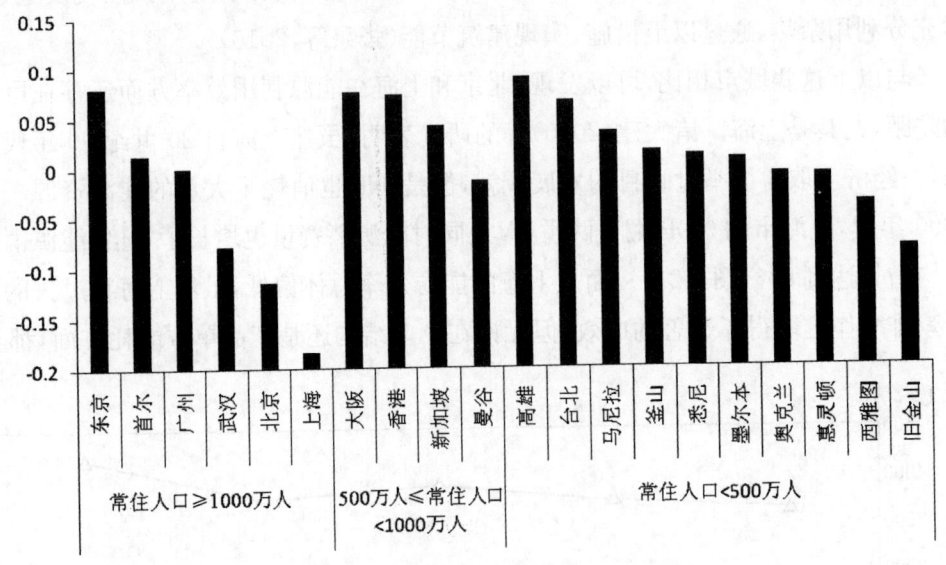

图 4.22　亚太城市资源可持续竞争力指数

4.3.6　城市聚类分析

为了更好地对亚太城市的可持续竞争力进行研究,确定不同城市的可持续竞争力发展类型,我们在对城市的可持续竞争力进行打分的基础上,选择了聚类分析(cluster analysis)的方法,确定不同城市的发展类型。

聚类是将数据分类到不同的类或者簇的过程,所以同一个簇中的对象有很大的相似性,而不同簇间的对象有很大的相异性。郭志刚(1999)认为聚类分析是根据研究对象的特征对研究对象进行分类的多元分析技术的总称。它的基本思想是

对 n 个样本进行分类,每个样本由一个 p 维向量表征,即由 $\{x_1, x_2, \cdots, x_n\}$ 构成一个 p 维向量集,把每个样本分到 m 个类即 $w_1, w_2, \cdots, w_m$ 中的某一个,从而使同类中样本较为相似,不同类间样本差异较大(余世孝,1995)。聚类分析的方法在机器学习、数据挖掘、模式识别、图像分析以及生物信息方面被广泛应用,如用来对不同的生物体样本进行分类。而本节中的分类对象为亚太城市。

聚类分析包括四个步骤:首先,根据研究的目的选择合适的聚类变量;其次,计算相似性测度;再次,选定聚类方法进行聚类;最后,对结果进行解释和验证(郭志刚,1999)。

1. 选择变量

因为聚类分析是根据所选定的变量对研究对象进行分析,聚类分析的结果仅仅反映了所选定变量所定义的数据结构,所以变量的选择在聚类分析中非常重要,对聚类分析的结果将产生重要的影响。一般认为所选取变量应该具有以下特征:(1)和聚类分析的目标密切相关;(2)反映了要分类对象的特征;(3)在不同研究对象上的值具有明显的差异;(4)变量之间不应该高度相关。

根据这些原则,我们选用城市的经济可持续竞争力、社会可持续竞争力、环境可持续竞争力和资源可持续竞争力四个指标对亚太城市的可持续竞争力进行聚类分析。

2. 相似度测度

相似性是聚类分析中的基本概念,它反映了研究对象之间的亲疏程度,聚类分析就是根据研究对象之间的相似程度来对所选取的样本进行分类的。相似度的主要测度方法包括皮尔逊相关系数法(Pearson correlation),距离测度法(distance measurement),关联测度法。

其中,距离测度法是最常用的方法,其基本原理是将每个研究对象看作 m 维空间中的一个点,在 m 维空间中定义点与点之间的距离,距离越近的点相似度越高,聚类时更有可能归为一类,反之亦然。常见的距离测度方法有欧氏距离法、绝对值距离法、明科夫斯基距离法和马氏距离法(Asian Development Bank, 2008)。我们选用欧氏距离法对研究对象的相似度进行测度,其公式为:

$$d_{ij} = \sqrt{\sum_{k=1}^{m} (x_{ik} - x_{jk})^2} \tag{4.1}$$

其中,d_{ij} 表示研究对象 i 和案例 j 之间的距离,在本研究中则表示城市 i 和城市 j 之间的距离,x_{ij} 表示第 i 个案例在第 k 个变量上的值。

3. 聚类分析

聚类分析的方法主要分为层次聚类法(hierarchical cluster procedures)和迭代聚类法(iterative partitioning procedures)两大类。

其中层次聚类法中最常用的方法为聚集法。聚集法是首先将每个案例看成一类,先把距离最近的两个案例合并,然后再重新计算类与类之间的距离,再把距离最近的两类进行合并,每一步减少一类,以此类推,直到所有的研究对象都归为一类为止。层次聚类法中的核心问题是计算类与类之间的距离,常用的方法包括最短距离法(single linkage)、最长举例法(complete linkage)、平均联结法(average link)、重心法(centroid)、离差平均和法(Ward's method)。其中常用的方法包括平均联结法和离差平均和法。

迭代聚类法中常用的方法为 K-均值法(K-means),也称快速聚类法,该方法由于其简单的处理过程以及大批量处理数据的能力,因而得到了广泛的应用[何晓群,2007(第二版)]。K-均值法是由麦昆于 1967 年提出的,它将数据看成 k 维空间上的点,将数据点归入最近的一个类别中,并试图最小化以下值:

$$V = \sum_{i=1}^{k} \sum_{x_j \in S_i} (x_j - \mu_i)^2 \tag{4.2}$$

其中:k 为类数目;S_i 代表第 i 类,$i=1, 2, \cdots, k$;n 表示数据点的个数;x_j 表示数据点 x_j 的值,所有属于类别 S_i 的数据点 x_j 的均值。K-均值法在计算前的第一步就需要先确定类的数目,它只能产生指定类数的聚类结果,而类的确定主要是由实践经验决定的,在这一点上,K-均值法较为主观(Tan, 2008;刘大海等,2008)。

由于我们的研究的样本数(20 个)和样本的变量数(4 个)都较少,因此,我们放弃常用的 K-均值法,而选用层次聚类法中的平均联结法对亚太城市的可持续竞争力进行聚类分析。

平均联结法是把两类之间的距离定义为两类中所有案例之间距离的平均值,不依赖于特殊点的距离(最短联结法、最长距离法),有把方差小的类聚集到一起的趋势。平均联结法是聚类效果较好、应用较为广泛的一种聚类方法(郭志刚,1999)。

4. 聚类分析结果

从图 4.23 中可以看出,如果取相异性系数 0.6,则亚太城市的 20 个样本可以被分为 3 组。东京、大阪、新加坡为第 1 组(组 A);首尔、旧金山、西雅图、釜山、香港、悉尼、墨尔本、惠灵顿、奥克兰、上海、北京、武汉、广州、台北、高雄为第 2 组(组 B);曼谷和马尼拉为第 3 组(组 C)。但如果取相异性系数 0.4,则亚太城市的 20 个样本城市可被分为5组。在本研究中,取相异性系数0.6,将样本分为3组。但由于第2组所含样本较多,故在分析中将其分为两组(B_1 和 B_2),分别对这些城市在可持续竞争力方面的特点进行分析,分组结果如表4.14所示。

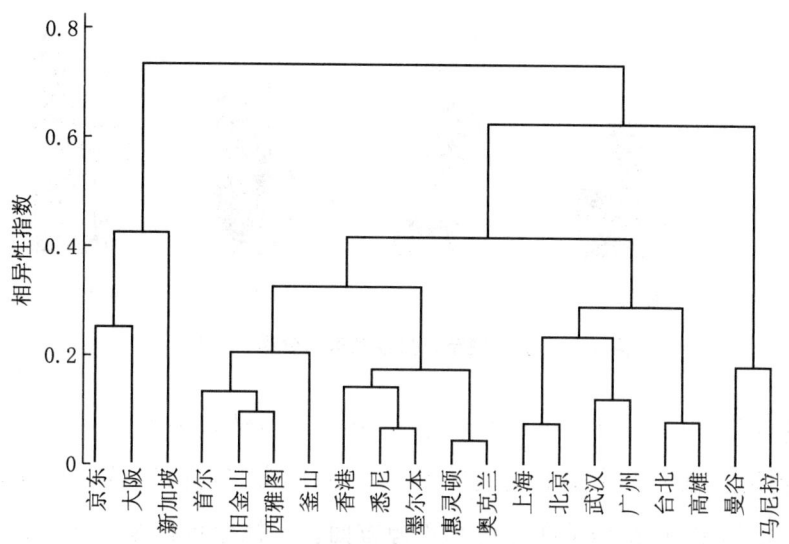

图4.23 亚太城市可持续竞争力聚类分析树形图

表4.14 亚太城市可持续竞争力聚类分组

组　　别		城市个数	城　市　名　称
组 A		3	东京、大阪、新加坡
组 B	B_1	9	首尔、旧金山、西雅图、釜山、香港、悉尼、墨尔本、惠灵顿、奥克兰
	B_2	6	上海、北京、武汉、广州、台北、高雄
组 C		2	曼谷、马尼拉

图4.24为根据聚类分析法分组后,对每组样本城市的指标求平均值后所得结果。[①]可以看出,组A城市平均得分最高,在经济、社会、环境和资源方面都超过其他城市,并且它们的平均得分多在0.5以上,表明这一类城市的城市综合可持续竞争力较高,发展较为全面。

组 B_1 城市虽然在各方面的表现均低于组A城市,但是其各项指标均值基本保持在0以上,表明此类型城市在各方面的表现均优于平均水平,也具有一定的城市可持续竞争力。其中,在经济可持续竞争力和资源可持续竞争力方面与组A城市

---

① 为了促进各一级分类指标的可比性,未对一级指标进行权重处理。即经济、社会、环境和资源的权重均为1。而在综合可持续竞争力分析中,四者之间具有不同的权重。下同。

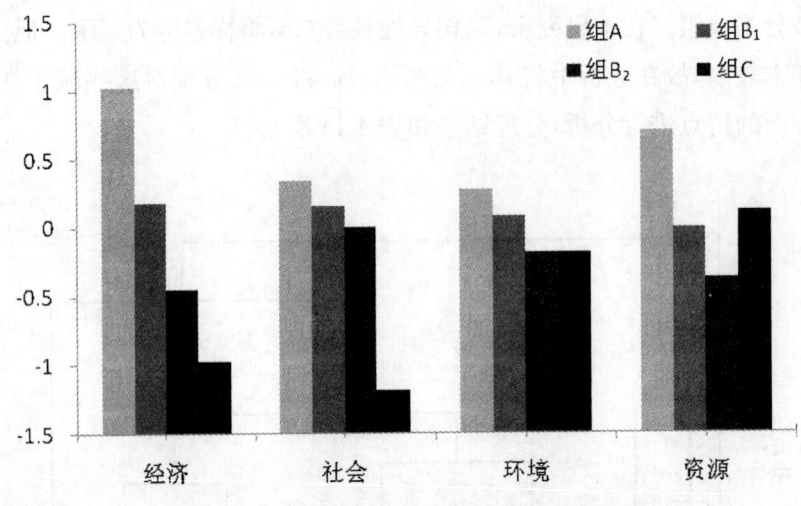

图 4.24 亚太城市可持续竞争力分组特征分析

有较大的差距,但是在社会可持续竞争力、环境可持续竞争力上都与组 A 城市的表现较为接近,表明其未来的发展潜力。组 B_2 城市与前两组城市在各方面指标都存在一定的差距,特别是在经济和资源方面。除社会可持续竞争力以外,组 B_2 城市在其余几项指标得分中均值均低于 0,表明尚未达到亚太城市可持续竞争力的均值水平。其在资源可持续竞争力方面表现最差,其值在 4 个类别的城市中得分最低。组 C 城市是四类城市中综合得分最低的城市,表明其在亚太城市中的整体竞争力较弱。尤其表现在经济和社会方面,与前三类城市群都存在巨大的差距。

4.3.7 城市分类详解

根据前文聚类分析结果以及对分组特征的进一步分析,我们将 20 个亚太样本城市根据其可持续竞争力水平分为 4 类,即卓越型城市、良好型城市、发展型城市和追赶型城市。

1. 卓越型城市——东京、大阪、新加坡

东京、大阪和新加坡长期以来作为亚洲城市的发展成功案例的典型代表,是各类有关亚洲城市以及全球城市研究中所关注的焦点。在本章研究中,新加坡、东京和大阪在城市可持续竞争力方面也获得了较高的得分,表明它们在亚洲城市中的发展地位和水平。然而,这 3 个城市在达到卓越城市的过程中,所选择的道路却是不同的。从图 4.25、4.26 和 4.27 中可以看出,日本城市东京和大阪在城市发展的过程中较为关注经济的发展,两个城市在经济可持续发展竞争力方面的得分较高。从表 4.9 中的经济可持续竞争力分析可以看出,日本的东京和大阪在 20 个样本城市中,其经济发展水平排名分列第 1、第 2 名。因此,东京和大阪可以被称为效率卓越型城市。而新加坡在城市发展过程中更关注社会的发展,通过表 4.10 可以看出,新加坡在社会可持续发展竞争力方面位于 20 个亚太样本城市之首,因此,新加坡被称为公平卓越型城市。

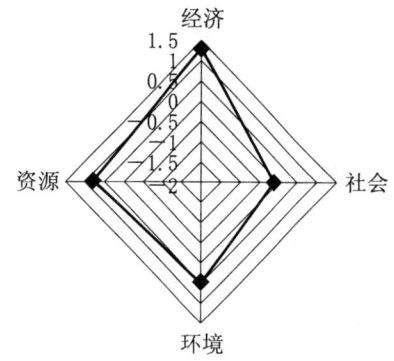

图 4.25 东京可持续竞争力

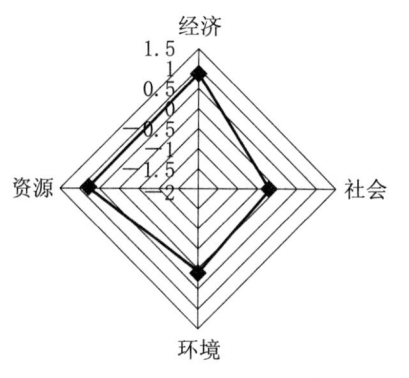

图 4.26 大阪可持续竞争力

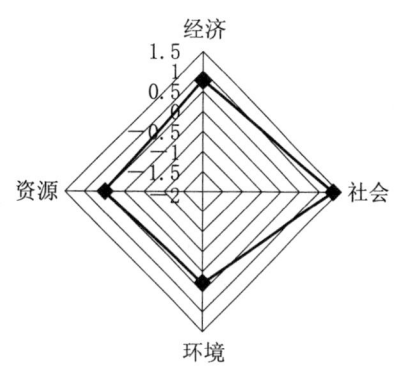

图 4.27 新加坡可持续竞争力

(1) 效率卓越型城市——东京、大阪。

早在 20 世纪 80 年代,弗里德曼就提出了世界城市的概念,并选取了 30 个他认为具有世界城市功能的城市,将这些城市分为了 4 个等级(表 4.15)。其中,东京是亚太地区唯一的全球金融联系城市,其与伦敦、纽约一起在全球城市的空间架构中形成三足鼎立的结构,表明东京在全球和亚太经济发展重要的经济作用。

2011 年,东京的 GDP 达到了 31 395 亿美元,超过美国纽约,成为世界第 1。如前所述,东京的成功发展与其合理的产业结构、企业较强的自主创新能力、高效能运作的基础设施及交通网络具有密不可分的关系。但是同时,东京社会、环境和资源方面也达到了一定程度的平衡发展,未出现城市发展的短板。近年,东京市政府在社会和谐发展、环境和资源保护、城市运行效率提高、节能减排方面也投入了大量的资金和精力,出台了一系列促进城市可持续发展,提高城市竞争力的法律法规。东京的发展道路为走效率型发展的其他城市提供了可供学习的最佳模板。

表 4.15　30 个世界城市的空间联系

1. 全球性金融联系	
伦敦#＊	A 级（同时也是国家级的联系中心）
纽约#	A 级
东京#＊	A 级（同时也是东南亚跨国联系的中心）

2. 跨国联系中心	
迈阿密#	C 级（加勒比、拉丁美洲）
洛杉矶#	A 级（太平洋沿岸）
法兰克福#	C 级（西欧）
阿姆斯特丹#	C 级或兰斯塔德 B 级
新加坡＊	C 级（东南亚）

3. 重要的国家级联系中心	
巴黎#＊	B 级
苏黎世#	C 级
马德里＊	C 级
墨西哥城＊	A 级
圣保罗	A 级
首尔＊	A 级
悉尼#	B 级

4. 次国家级或区域性的联系中心	
大阪—神户（关西地区）	B 级
旧金山#	C 级
西雅图#	C 级
休斯敦#	C 级
芝加哥#	B 级
波士顿#	C 级
温哥华#	C 级
多伦多#	C 级
蒙特利尔	C 级
香港（珠江三角洲）	B 级
米兰#	C 级
里昂	C 级
巴塞罗那	C 级
慕尼黑#	C 级
杜塞尔多夫—科隆—艾森—多特蒙德#（莱茵—鲁尔地区）	B 级

注：人口规模（20 世纪 80 年代）：A 级：1 000 万—2 000 万人；B 级：500 万—1 000 万人；C 级：100 万—500 万人。

＊ 表示国家首都，# 表示主要移民目的地。

资料来源：弗里德曼（2005）。

（2）公平卓越型城市——新加坡。

历史上的新加坡"除了土地和人民之外，几乎一无所有"，然而经过短短几十年的蜕变，新加坡就已率先从第三世界发展中的城市中脱颖而出，成为亚太地区的重要城市。其 GDP 从 1960 年的 9.93 亿美元增长至 2011 年的 1 516 亿美元。经合组织于 1996 年 1 月 1 日将新加坡晋升为发达国家。近年来，新加坡更是以其稳定保持的国际竞争优势与社会文明程度受到广泛的赞誉。是什么促使新加坡获得成功？一些学者将其总结为资本自由竞争制度和政府效率（周家雷、顾广玲，1990）。新加坡在承袭英国传统的自由资本主义思潮和治理经验的基础上，长期奉行鼓励资本自由竞争的制度，对内资、外资以及大小资本均实行平等待遇。新加坡领导层认为，只有推行自由资本制度，才能最大限度地调动个人的积极性，达到人尽其才。而同时，实行资本自由竞争制度并不意味着政府对经济运行放任不管。恰恰相反，新加坡在自由市场经济的基础上实行国家对社会经济的积极干预和调控，并在此基础上形成一套独具特色的政府制度。新加坡的政府与经济之间始终保持一定的距离，即两个领域各自有其相对独立性，尤其经济活动中的价格自由波动、资本自由进出、市场自主运营，均依据经济自身的客观规律，而很少为政局的波动、政府方针的变化以及领导个人的沉浮所左右，也就是说，经济生活的"自组织"能力比较强，显示了这种经济制度的成熟程度。而政府的干预和调控是间接的，并保持一定的取向和力度。

我们认为，与东京的发展道路不同，新加坡的成功主要源自其和谐的社会和高效廉洁的政府。在和谐的社会方面，如前所述，新加坡在住房保障、教育和医疗方面的改革和努力为世人所公认。同时，新加坡政府的高效廉洁也举世闻名。新加坡数十年的经济腾飞历史，新加坡前总理李光耀领导的人民行动党政府功不可没。李光耀曾经指出："当政要以廉洁、公正和效率为依归，政府领导人在廉洁问题上起着重要的榜样作用，如果主要领导人廉洁程度不够严格，他们在对高水准的要求就会不够严格，整个行政的廉洁结构就会软化直至崩溃。"正是在这样的社会制度下和高效政府的领导下，新加坡获得了较高的社会可持续发展竞争力，为其经济发展提供了良好的基础和保障，从而实现了城市的可持续发展竞争力的提升。

2. 良好型城市

根据聚类分析的结果，我们将首尔、旧金山、西雅图、釜山、香港、悉尼、墨尔本、惠灵顿、奥克兰分为一组，并定义其为良好型城市。可以看出，这类城市均为发达区域和国家中的主要城市，虽与卓越型城市存在一定的差距，但它们在经济、社会、环境和资源各方面的良好表现，也使它们在亚太城市的可持续竞争力评选中位居前位。这些城市是中国等发展中地区城市所学习的榜样及追赶的主要目标。通过

图4.23可以看出,良好型城市也可以分为两大类,首尔、旧金山、西雅图和釜山为一类,悉尼、墨尔本、奥克兰和惠灵顿为一类。

(1) 经济良好型城市。

经济良好型城市主要包括首尔、旧金山、西雅图和釜山。这一类城市的发展路径与东京相似,在经济可持续发展竞争力方面得分较高。旧金山、首尔在经济可持续竞争力排名方面仅次于东京、新加坡和大阪,分列第4、第5位。但是这一类城市的社会可持续竞争力整体偏低,得分均小于0。旧金山和西雅图在资源可持续竞争力方面的得分也较低。因此,我们称这一类城市为经济良好型城市(见图4.28—4.31)。

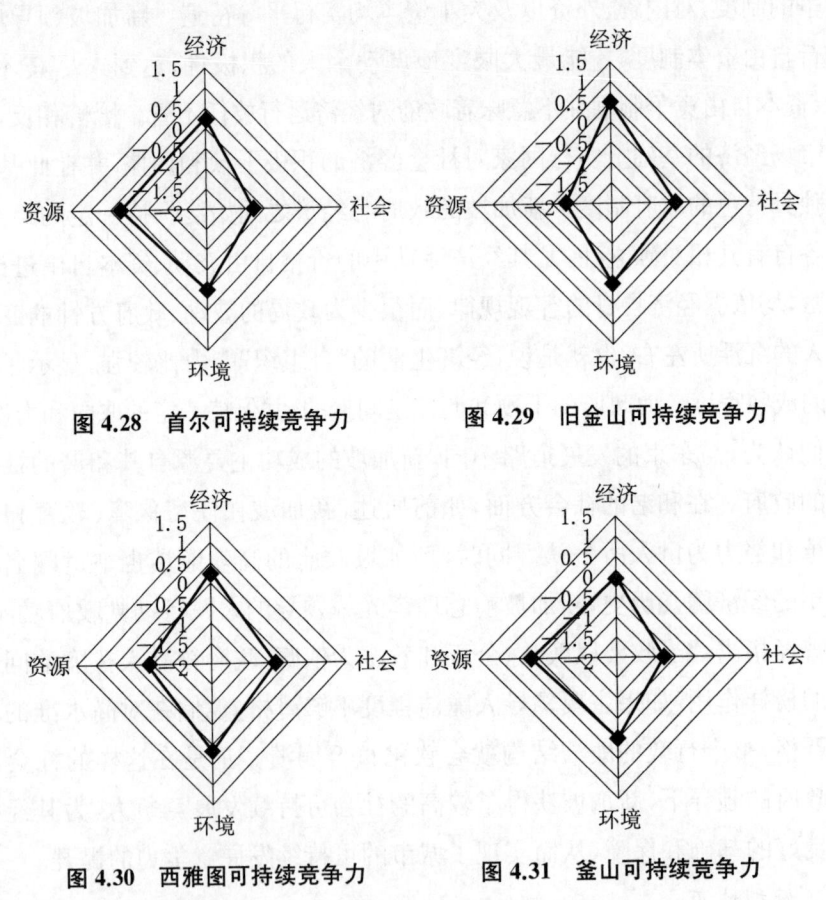

图4.28 首尔可持续竞争力　　　　图4.29 旧金山可持续竞争力

图4.30 西雅图可持续竞争力　　　　图4.31 釜山可持续竞争力

首尔为这一类型城市的典型代表。从图4.28中可以看出,首尔在经济、资源和环境各方面发展较为平均,只在社会可持续竞争力方面与亚太城市平均水平存在一定的差距。首尔2011年GDP达到2788亿美元,是上海当年GDP的1.1倍,北京的1.3倍。但是首尔在人均GDP、企业创新能力、全球2000强总数以及基础设施等经济可持续发展指数分项指标方面都超过上海和北京,因此在经济可持续竞争力方面获得较高的得分。首尔在产业集聚、产业结构方面与中国城市相比也存在一定的优势。从表 4.16 中可以看出,与北京相比首尔在产业结构方面第三产业产值所占比重更高,表明其产业结构更加高级和合理。同时,首尔的企业总体规模较小(企业平均人数),但企业效率较高,也符合其产业发展的特色。与北京相比,首尔的人均生产总值和地均生产总值都占有绝对优势,进一步表明了城市发展的效率,也同时表明中国城市在这一方面的发展差距。

表 4.16　首尔与北京产业发展地区生产总值相关指标比较

	第一产业占比(%)	第二产业占比(%)	第三产业占比(%)	工业企业数目(家)	就业人数(人)	销售总额(亿元)	增加值(亿元)	人均生产总值(元/人)	地均生产总值(亿元/平方公里)
首尔	0.5	16.6	82.8	20 076	283 816	2 991 127	1 312.95	65 530	11.17
北京	2.6	35.8	61.6	4 019	1 008 100	3 885.65	1 012.53	25 159	0.22

资料来源:江曼琦、唐茂华(2005)。

从图 4.28 可以看出,首尔在环境和资源可持续竞争力方面也有较好的表现。首尔从 2008 年开始,启动了“首尔气候行动”(CAP),旨在减少生活中二氧化碳的排放量。通过与市民团体、企业等进行合作,力图改变市民的能源消费习惯。同时,首尔以建设资源循环型(zero waste)社会为目标,一直致力于减少垃圾,再生利用能源资源化和二氧化碳减排,通过限制使用一次性生活用品、实施定量垃圾袋处理垃圾的政策、废弃物再生利用、垃圾能源化等一系列措施减少资源能源的浪费,实现循环利用,提高城市的环境和资源可持续竞争力。

(2) 社会良好型城市。

社会良好型城市主要包括香港、悉尼、墨尔本、惠灵顿和奥克兰。除香港属于亚洲城市外,悉尼、墨尔本、惠灵顿和奥克兰都属于澳洲主要城市。这一类城市的主

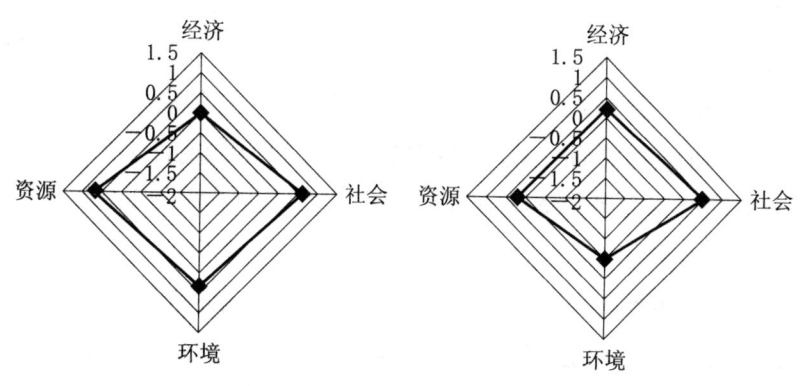

图 4.32　香港可持续竞争力　　　　图 4.33　悉尼可持续竞争力

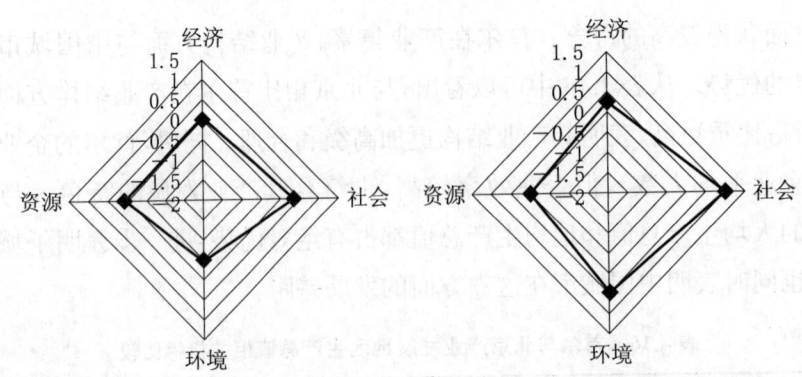

图 4.34　墨尔本可持续竞争力　　　图 4.35　惠灵顿可持续竞争力

要特征是其社会可持续竞争力总体表现较为良好,辅助其他城市可持续竞争力的全面发展,达到较高的综合可持续竞争力水平(见图 4.32—4.36)。

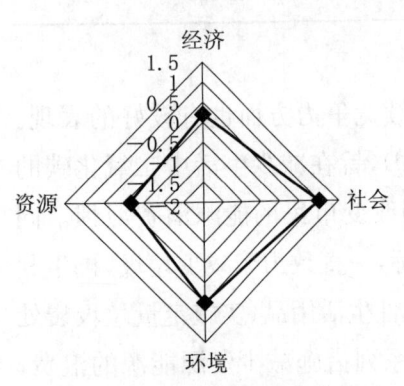

图 4.36　奥克兰可持续竞争力

香港是这一类城市中的典型代表。香港的社会可持续竞争力在亚太 20 个样本城市中排名第 4。其在社会福利、政府效率方面都取得了很好的成绩。香港在过去的很长一段时间实行低税率,不甘于自由港制度,政府对社会福利等承担优先。到 20 世纪 60 年代初期,香港经济高速发展,人口数量伴随着大规模移民潮而剧增。随着各种各样社会问题的出现,社会服务需求增加。1965 年,香港政府发表了《社会福利工作之目标与政策》白皮书,标志着香港的社会保障进入了一个由政府干预和支持的规范化新阶段。近年来,香港不断健全社会福利的管理体制,实现政府和非政府民间福利机构的合作发展,建立完善的社会保障及救济制度、社会服务制度、教育和医疗保障制度以及公房廉租制度(蓝庆新,2005)。

在政府效率方面,香港政府部门服务效率较高,认为"管理就是服务"的观念体现在各种工作制度、程序或方法中,对此香港市民对政府的满意度较高,这也体现在他们对政府的信任度方面。以上这些措施都提升了香港的社会可持续竞争力,进而为香港整体的城市可持续竞争力的发展奠定了基础。

3. 发展型城市

根据聚类分析的结果,将上海、北京、武汉、广州、台北、高雄划分为发展型城市。从前文的分析可以看出,这一类城市与卓越型城市和良好型城市在城市的可持续竞争力方面尚存在一定的差距,城市多来自发展中国家。其中,中国的四个样本城市都属于这一类城市。通过图 4.23 可以看出,良好型城市也可以分为两大类,其中中国大陆的四个样本城市上海、北京、武汉和广州可以分为一类,而中国台湾地区的主要城市台北和高雄则自成一类。

（1）全面发展型城市。

全面发展型城市主要包括台北和高雄。这一类城市虽然在经济可持续竞争力方面得分较低,但是其在资源、社会和环境方面具有不错的表现,得分均大于 0,表明高于亚太样本城市的平均水平。如前所述,社会、环境和资源方面的竞争力是城市可持续发展竞争力的重要基础,也是经济发展的重要支撑力量。社会、环境和资源方面的城市竞争力表现是城市可持续发展的精髓之所在,也同时是城市可持续竞争力的重要体现。因此,台北和高雄在这一方面的优良表现为其后期城市可持续竞争力的提升奠定了坚实、良好的基础。预期在不远的未来,其城市可持续竞争力将获得显著的提升,城市将步入良性循环的快速发展通道。

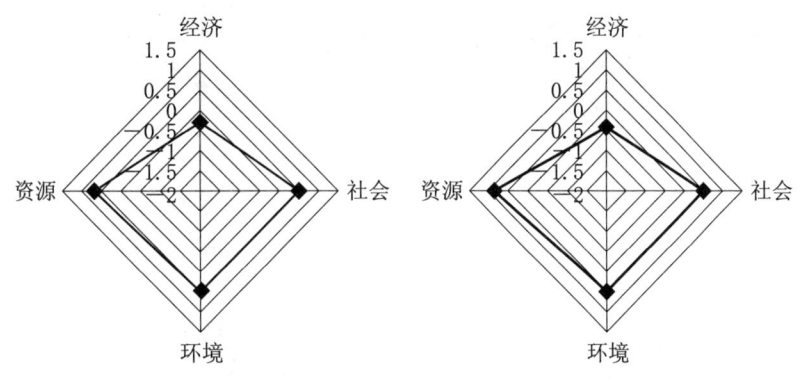

图 4.37　台北可持续竞争力　　　图 4.38　高雄可持续竞争力

台北作为这一类型城市的典型代表,人口只有 270 万,但是却创造了高达 48 400 美元的人均 GDP,这表明台北的城市发展效率较高。在 2012 年的全球宜居城市评选中,台北入选亚洲 10 大宜居城市,这是台北一直致力于社会发展、环境保护和资源合理综合利用的结果。在社会发展方面,台北通过积极推进社区活动中心的发展,开展精神文明建设活动,开展安全社区活动和推动社区支援服务等一系列措施提升城市的整体形象和社会凝聚度。在环境和资源保护方面,台北推出了"为你所扔的付费"（pay as you throw）活动,旨在减少资源的浪费和保护环境,并收到了一定的成效。

（2）缺失发展型城市。

可以看出,中国城市,特别是北京和上海在资源和环境可持续发展竞争力方面都存在一定程度的缺失。上海的资源可持续竞争力在所有 20 个亚太样本城市中排名垫底。北京和上海在环境可持续竞争力方面也得分较低。如前所述,城市的资源和环境可持续竞争力是城市可持续竞争力的承载主体。中国城市在这方面竞争力的缺失极大影响了中国城市的未来发展潜力,对城市的可持续发展造成了阻碍。近年来,中央政府和各地方政府越来越重视城市发展除经济发展以外的其他方面,认为在追求经济发展效率的同时,也应追求城市发展的公平效应,城市经济发展应当建立在环境和资源可持续发展的条件下。在这一方面,各级政府也投入了巨大的人力和物力,但从图 4.39 和图 4.40 可以看出,北京、上海等城市在社会、资源和环境方面的表现仍有待提升。

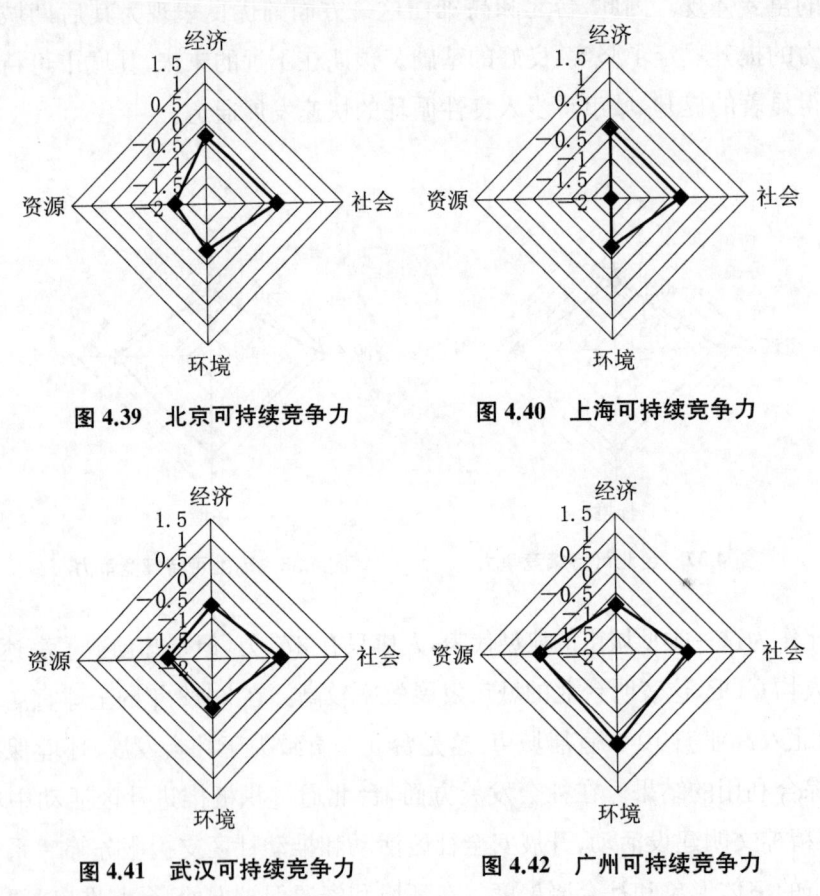

图 4.39　北京可持续竞争力　　　图 4.40　上海可持续竞争力

图 4.41　武汉可持续竞争力　　　图 4.42　广州可持续竞争力

4. 追赶型城市

泰国首都曼谷和菲律宾首都马尼拉属于第四类城市,追赶型城市。从前文的分析可以看出,曼谷和马尼拉在亚太城市可持续竞争力的各方面发展都与其他样本城市存在一定的差距。特别是在经济和社会方面,城市经济可持续竞争力和社会可持续竞争力是这两个城市发展的短板。

2011 年曼谷的 GDP 仅为 894 亿美元,仅为亚太城市第 1 名东京的 3％,马尼拉的 GDP 也仅为 1 082 亿美元,与亚太发达市还存在较大的差距。此外,曼谷和马尼拉在企业创新能力、知识产权保护、跨国公司指数、全球 2 000 强指数以及基础设施建设等方面均未取得高于均值的得分,造成其经济可持续竞争力水平较低。

在社会方面,两城市在公众对政府信任度、司法独立水平、产权保护、总体教育质量、预期寿命和婴儿死亡率方面都得分较低。曼谷作为泰国的首都,虽然经济较为发达,人均 GDP 达到了一定的水平,但是泰国的发展较不平衡,除曼谷以外,其他地区的经济和基础设施发展还较为落后,这为曼谷的城市可持续发展埋下了隐患。

4.4　本章小结

本章选取了层次分析法,基于前文提出的城市可持续竞争力指标体系和精简的城市可持续竞争力指标体系分别对中国 35 个主要城市和亚太地区 20 个主要城市的可持续竞争力进行了分析。

在中国的主要城市中,北京、上海和深圳以其在经济中的绝对优势取得了2011 年中国城市可持续竞争力的前三甲。尤其是北京和上海,在综合可持续竞争力方面与其他城市拉开了较大的差距。在经济可持续竞争力方面,上海排名第一,北京紧随其后。中国的主要城市在城市经济可持续竞争力的得分方面总体呈现出东高西低的态势,表明中国城市在东西部发展方面仍存在一定的差距。然而与强劲的城市经济可持续竞争力形成反差的是,北京、上海等一线城市在社会可持续竞争力、环境可持续竞争力和资源可持续竞争力方面发展落后。其中,上海在这一方面表现较为明显。除在城市经济可持续发展竞争力方面排名第 1 以外,上海在社会可持续竞争力排名第 26,环境可持续竞争力排名第 11,资源可持续竞争力排名第 24,严重影响了上海的综合可持续竞争力。可见,中国的一线城市在发展经济的同时,也应更加关注社会、环境和资源的平衡发展,才能促进城市的可持续健康发展,提升城市的可持续竞争力。

在对亚太城市的可持续竞争力分析中涉及包括北京、上海在内的 4 个内地城市,但从分析可以看出,中国内地主要城市的发展和亚太发达城市之间仍存在较大的差距。在综合可持续竞争力方面,东京、新加坡和大阪分列前3位,其中东京和新加坡在综合可持续竞争力的得分方面远高于其他城市,香港排名第6,广州、北京、上海和武汉分列第15至第18位。在经济可持续竞争力方面,东京和大阪分列第1、第2位,新加坡紧随其后,香港位列第12位。上海、北京、武汉和广州分列第13位、第15位、第17位和第18位。在社会可持续发展竞争力方面,新加坡名列第1,香港位列第4,北京、广州、武汉和上海分列第11至第14位。在环境可持续竞争力的排名中,惠灵顿、高雄和台北分列前3名,香港名列第6,北京和上海分列倒数第1和倒数第2。这表明中国内地主要城市在环境方面的突出问题和面临的严峻挑战。在资源可持续发展方面,高雄位列第1,而东京和大阪紧随其后,香港位列第4,广州位列第12,武汉名列第17,而上海和北京再次排名垫底。这再次表明目前中国一线城市在城市可持续发展中所面临的挑战主要来自资源和环境的挑战,如何合理升级城市产业结构,转变城市发展模式,实现城市合理布局规划是未来中国内地主要城市发展中需要思考的重要问题。

为了对亚太城市所处的发展阶段有更好的了解,对中国城市在亚太城市发展中所处的地位和与其他城市的差距有更清醒的认识,本章还引入了城市聚类分析法,将亚太20个样本城市分为了四大类、七个小类。其中,中国内地的四个样本城市北京、上海、武汉和广州都属于第三大类城市——发展型城市中的"缺失发展型",所缺失的主要体现在资源和环境可持续竞争力方面。此外,第一大类卓越型城市包含效率卓越型城市东京和大阪,公平卓越型城市新加坡;第二大类良好型城市包含经济良好型城市首尔、旧金山、西雅图和釜山,社会良好型城市香港、悉尼、墨尔本、惠灵顿和奥克兰;第三大类发展型城市除包含缺失发展型城市外,还包括全面发展型城市台北和高雄;泰国首都曼谷和菲律宾首都马尼拉由于在经济发展方面与其他城市的巨大差距,同属于第四类追赶型城市。

第5章
城市可持续竞争力：亚太地区最佳城市案例

本章以新加坡、大阪、旧金山、悉尼为研究对象，通过对亚太地区这四个各具特色的城市的案例，分别从不同观察视角对城市的竞争力发展、竞争力关键指标的表现进行研究，包括贸易经济、投资就业、文化创新、生活环境等方面，结合中观尺度的空间发展研究，总结这些城市在城市竞争力建设和塑造上的优势和劣势，发掘这些案例城市之所以具有较强可持续竞争力的特征，并对未来亚太地区这些城市可持续竞争力发展的趋势进行判断。

5.1 新加坡——最具竞争力的"花园城市"

5.1.1 城市区位

新加坡总土地面积为716.1平方公里，海岸线总长200余公里，由新加坡岛、圣淘沙、圣约翰岛、龟屿等60余座岛屿组成，而裕廊、德光和乌敏为三大外岛，市中心位于新加坡岛的南端。新加坡毗邻马六甲海峡南口，北隔狭窄的柔佛海峡与马来西亚紧邻，南隔新加坡海峡与印度尼西亚廖内群岛。由于新加坡土地资源紧张，政府通过填海工程形成新陆域，2030年预计将新增土地面积50平方公里。

新加坡同时兼具了城市和国家二者的功能，是著名的城邦国(city-state)，也是当今全球最为富有的国家之一。新加坡是亚洲重要的金融、服务和航运中心之一，被认为将成为继纽约、伦敦和香港之后的第四大国际金融中心。工业是新加坡经济发展的主导力量，同时新加坡还享有全球"花园城市"的称号，也是全球竞争力十佳案例之一（科拉索，2008）。

5.1.2 城市竞争力发展

研究城市竞争力需要综合考虑 2008 年的全球经济危机以及其后持续了近五年时间的全球经济不稳定的情况。基于该背景下新加坡发展现状良好,尤其在经济发展及生活水平提高方面。洛桑国际管理学院的《2010 年全球竞争力年鉴》将新加坡评为全球最具竞争力国家。《WEF 全球竞争力报告 2012—2013》(The World Economic Forum, *Global Competitiveness Report 2012—2013*)的 144 个全球参评经济体中,新加坡排名第二。从城市层面来看,经济学人智库(Economist Intelligence Unit, EIU)2012 年指出,新加坡是亚洲最具有竞争力城市,其综合竞争力全球排名第三,仅次于纽约和伦敦。

虽然新加坡在经济可持续性方面发展良好,但社会可持续才是新加坡的核心竞争力。2009 年新加坡被世界银行评为"全球经商最便利区域"(世界银行,2009),并连续 14 年在全球最具投资潜力的城市中排名第二(BERI, 2008);新加坡被英国经济学家情报社评为拥有亚太地区第一、世界第三的经商环境(EIU Country Forecast, 2008);新加坡还被香港政治及经济风险咨询机构评为亚洲最清廉经济体(PERC, 2007);在 BERI《2009 年劳动力评估报告》中高居榜首(BERI, 2009);在劳动力工作积极性方面的排名位居亚洲第一、世界第三(洛桑国际管理学院,2008);在劳动力市场效率和货物市场效率中排名第一[①]。

研究城市竞争力不仅要考虑城市的经济实力,还要考虑稳定和谐的经济社会环境,因此可从多个维度来分析其竞争力的发展:经济强度、物质资本、人力资本、财政成熟、制度效用、生活质量、社会文化特征、环境和自然风险、全球吸引力。新加坡在经济强度、社会文化特征以及人力资源这几个城市竞争力方面的表现平平,但在物质资本、财政成熟、制度效用、环境和自然风险和全球吸引力这几个方面表现尤为突出。

5.1.3 城市竞争力关键指标表现

在我们对亚太城市的可持续竞争力指数评估中,新加坡在亚太地区综合可持续竞争力指数排名第2,仅次于东京。同时在常住人口大于 500 万并小于 1 000 万

---

① 《2009—2010 年全球竞争力报告》,世界经济论坛,2010 年。

的第二梯队城市中,新加坡的城市综合可持续竞争力最高,说明新加坡的城市可持续竞争力主要表现在社会可持续指标上的优势。

1. 贸易与经济

新加坡在自然资源极为有限的情况下经济发展良好,在亚太地区乃至世界范围内,新加坡都以持续高速的经济发展而著称,成为亚洲地区重要的金融中心、物流中心、国际贸易中转站、世界电子产品重要制造中心、第三大炼油中心和亚洲创意枢纽。

2011 年新加坡 GDP 为 2 598 亿美元,人均 GDP 为 49 271 美元[①],且近年来新加坡的经济仍保持增长。国际贸易和金融业在机场经济中扮演重要角色,新加坡是亚洲最重要的金融和贸易中心之一。新加坡重工业包括了区内最大的炼油、化工、造船、电子和机械工厂,拥有著名的裕廊工业区。新加坡是东南亚的一个主要的炼油中心,其炼油产能相当于石油产品消费量的两倍。[②]新加坡的旅游业地位重要,占 GDP 的比重超过 3%。[③]

新加坡经济高度自由,政府极少干预经济。根据美国传统基金会与《华尔街日报》2013 年的"经济自由度指数"报告排名,新加坡排名世界第 2,仅次于香港。新加坡 2004 年开始迈入知识创新经济,为保证经济顺利转型,政府制定了一系列培育知识经济鼓励创新的政策,提出"全商务"(total business)基调,拓展制造业在深度与广度上的角色。为造就新的成长曲线,经济委员会提呈《新加坡经济:新的方向》报告,内容包括短期、中期与长期的政策,提议以制造业、服务业与本地企业为经济增长主力,并把发展重心放在后两者。其中服务业以金融业为首,新加坡良好的国家信用、完善的政府监管机制以及健全的法律制度,使其成为世界领先的国际金融中心,也是亚太地区最成熟的资本市场之一。[④]新加坡将经济结构从高附加价值的资本技术密集型工业和高科技产业,升级到金融业、服务业、生物医药信息产业、数字传媒等知识密集型经济,完成了从单一制造业经济向多元化创新经济的成功转型,稳固了其全球竞争力。2010 年新加坡经济战略委员会(Economic Strategies Committee,ESC)的经济发展战略报告明确提出要建成拥有高技能人才和创新型经济的特色全球城市。

2. 投资与就业

除自身产业发展以外,吸引外资是新加坡的基本国策。新加坡直接投资来源

---

① 《2012—2013 年全球竞争力报告》,世界经济论坛,2012。

② 参见 http://www.macrochina.com.cn/xsfx/wbhj/20040726066948.shtml。

③ 参见 http://www.sginsight.com/xjp/index.php?id=2972。

④ 参见 http://www.contactsingapore.sg/cn/industries/financial_services/。

地前 10 位分别是英国、荷兰、美国、日本、瑞士、挪威、印度、马来西亚、德国和法国，主要集中在金融保险服务业、制造业、批发零售贸易和酒店餐饮业，约占外国直接投资存量的 87%。新加坡吸引外国直接投资额一直较高，同时也积极向外国投资，从其投资路径来看，亚洲国家是其对外投资的首选，而中国又是近年来新加坡对外投资最多的国家。

根据新加坡经济发展局 2013 年初公布的数据显示，2012 年新加坡吸引的以固定资产投资衡量的合同外资达到 160 亿新加坡元（相当于 131 亿美元），同比增加 17%，增长超过预期。新加坡吸引的外资增加主要是由于电子、能源和化工等行业投资增加，这些领域的合同投资额达到 129 亿新加坡元。

新加坡的投资得益于其良好的国际化环境、一流的基础设施、充裕的研发资源和金融中心的地理位置（吕娜，2012）。新加坡是"潜在净移民指数"（potential net migration index，PNMI）最高的国家，有意移民到新加坡的外国人总数，远超出希望移居他乡的本地人。新加坡也是世界上投资环境最佳的国家之一。新加坡经济发展局还推出相应的投资移民项目——"全球投资者计划"（GIP）来吸引投资。

新加坡竞争力的基础在于其开放性。这主要表现在通过税收优惠以及简化审批程序等政策吸引国际商务资源以及人力资源。在人才方面，新加坡市主要是提高宜居度的三个主要方面来留住优秀人才，具体包括：生活质量（包括安全，好学校等）、提高经济质量（提供高质量的工作岗位）、注重可持续发展。

3. 文化与创新

新加坡的城市文化建设，首先是制定宏伟而又坚决的文化发展战略。1989年，新加坡通过一系列举措，将创新塑造为城市文化。2000 年政府公布的《城市文艺复兴报告》中明确提出，把新加坡建设成为"亚洲主要城市和世界级文化中心"，推行"艺术无处不在"计划，把艺术带到城市每一个角落。新加坡凭借有限的资源，激发无限创意，其创新主义成为又一典型城市文化和城市的品牌特征。2002 年新加坡政府成立了专门的经济评论委员会（Economic Review Committee，ERC），提出首先要以创新为核心的产业政策，新加坡将并举制造业和服务业为经济增长引擎，其中具有更大创新潜力的高技术制造业（high-tech sector）、知识密集商业服务业（KIBS）和创意产业（the creative industry）被列为重点战略产业。其次，重视中小企业创新。据统计，新加坡中小企业占企业总数的 92%，主要分布在制造业和服务业，吸纳劳动力人数比重达 51%，创造的总产值比重达 34%，是推动经济发展的重要力量。同时，要发展优质基础设施，搭建自主创新的基础支撑平台，为促进城市创新活动而发展创新基础设施，包括"硬"和"软"两种形式。"硬"创新基础设施,通常指研发设施、明晰的知识产权法、风险投资便利性;而"软"基础设施指的是企业家创新精神、教育和培训等有助于吸引创新型人才的软环境,包括休闲娱乐配套设施、公共空间、文化带以及诸如更具包容性的生活方式,鼓励多元化和非对抗的思维方式。最后,将创新政策与可持续城市发展有机结合起来,2009 年可持续发展部间委员会发布《可持续发展蓝图》。通过科学技术创新实现新加坡可持续发展目标是四大发展战略之一(詹正茂、田蕾,2011)。

新加坡的移民社会特性加上殖民统治的历史和地理位置的影响,使得新加坡呈现出多元文化的社会特色。以发展"全球化、创新化、多元化"经济为目标,围绕提升城市竞争能力,新加坡政府制定了一套创新政策。与之前的新加坡规划相比,这一阶段的创新政策着眼于长期战略:不仅局限于技术密集的制造业,还拓展到知识密集的服务业创新,尤其是创意产业;从偏重技术应用转向研发新技术,加大基础研发投入;不仅针对跨国企业和国有大型企业,而且以中小企业为重点帮扶对象;不但注重研发投入,而且重视企业家精神培育和社会创新观念导向。新加坡政府的这一套创新政策,以培育创新人才和激励创新活动为出发点,涵盖管理机构改革、产业结构调整、中小企业发展,和创新基础设施建设的方方面面,是一个全方位的系统工程。

4. 生活与环境

新加坡森林覆盖率达 23%,是亚洲最有名的度假胜地之一,自然环境和气候条件良好。高质量的生活品质和自然环境条件是吸引人才及移民的基本条件。根据"Mercer 2010 年生活质量调查"(Mercer 2010 Quality of Living Survey)报告显示,整体上欧洲城市依然占据这一排名榜的前列,而排在第 28 位的新加坡(103.5分)超越了东京,成为位居亚洲国家城市首位的最佳生活质量城市。

截至 2013 年 6 月,新加坡常住总人口为 540 万,其中有 331 万新加坡公民,53万永久居民,是世界上人口密度最高的城市之一。常住居民中约有 40% 的外国移民,新加坡是世界上移民率最高的国家之一。居民年龄中位数为 37 岁,每户平均人口为 3.5 人,由于土地面积有限,约有 4/5 的新加坡人居住于公共房屋"组屋"(由政府提供的廉租房和廉价房即保障性住房)。政府通过设置建屋管理局(HDB),将保障性住房的相关事宜全权交给建屋管理局负责,形成了统一规划、建造、分配和管理的集权式运作机制(李琳琳、李江,2008)。

新加坡的公园绿地分为三个层次,分别为区域公园、城镇公园和邻里公园,并通过网络状的公园连接道将三个层次的公园连接起来,连接道的规划建设注重环城绿道、道路型绿道和城市中大型生态区绿道的建设,并注重与水系规划的结合,为市民提供了多样的游憩空间(张天洁、李泽,2013)。

新加坡资讯通信发展管理局于 2006 年底就推出"无线@新加坡(Wireless@
SG)计划",希望在市区购物带和中心住宅区等人流密集区域实现免费无线上网。
如今,现已在全岛部署了 7 500 多个"Wireless@SG"热点,相当于每平方公里就有
10 个公共热点。该项目为城市生活提供了舒适便利的通信环境。

1970 年新加坡政府开始在乌兰地区建设组屋,称为"乌兰新镇"。后来,新镇
渐向马西岭(Marsiling)和海军部(Admiralty)一带扩张,逐步形成了一个大社区,
融合了交通、娱乐、休闲、教育等功能,已成为新加坡较为成功的组团式社区典范之
一。乌兰新镇的组屋项目先在乌兰中心区开展,随后逐渐推进,至今已形成 4 个小
组团,分别是马西岭、务古区、中心区和海军部。经过多年建设,乌兰新城目前主要
建成了包括 3 个轻轨站、众多巴士线路,12 所小学、5 所中学、1 所理工院校,11 所
宗教场所,16 处商业购物饮食中心,8 处社区休闲活动中心等完善的配套服务设施
体系(李俊夫等,2012)。

新加坡交通发达便利,交通产业占到全国 GDP 总产值的 10% 左右。截至
2010 年,新加坡的集装箱港口吞吐量年吨位为标准箱 2 843 万个,居世界第 2 位。
新加坡的樟宜机场也是东南亚乃至全世界最繁忙的机场之一,年旅客数已经突破
3 000 万人次,年过境旅客人数将达到 6 670 万人次。

新加坡在发展之初就注重环境的整体可持续发展。从 20 世纪 60 年代始,新加
坡就已经将环境保护纳入发展的考虑范围之中,制定了严格的环境保护规章及执行
办法,摒弃"先增长后治理"的发展理念,在项目落地之前首先评估其污染水平。

5.1.4 城市竞争力基础建设

在城市物质环境塑造方面,新加坡的城市发展在新世纪前后也经历了几次波
动,在 1997 年亚洲金融危机的冲击下,新加坡凭借健全的金融体制和着眼长远的
发展战略,所受冲击较小,但由于其经济总量小,严重依赖对外贸易,区域经济形势
恶化使其 1998 年经济增长大幅下降。2001 年,遭遇世界经济下滑、国际市场电子
产品需求下降和受美国"9·11"事件影响,新加坡经济出现自独立以来最严重的衰
退。面对 21 世纪经济全球化的挑战与机遇,为刺激经济发展,新加坡政府提出"打
造新的新加坡",制定从传统经济向知识经济转型的战略规划,由新成立的经济重
组委员会全面讨论经济发展政策——高科技战略、中国战略和扩大腹地战略。在
未来发展规划中,注重提升产业结构,积极寻求海外市场,拓展对外经贸活动的空
间,同时大力弘扬创业文化,积极对外签订自由贸易协定,确定了未来经济发展的

主要目标：保持 GDP 持续稳定增长，增加就业岗位，控制通货膨胀，构建富有活力与稳定的知识型产业枢纽，增强企业竞争力和创新力。

新加坡拥有良好的城市基础设施。新加坡港务集团经营全世界最繁忙的中转集装箱码头，处理全球 1/4 的转运量。高效率的交通网络覆盖整个城市，还拥有世界级的信息通信技术（ICT）网络。世界经济论坛在 2002 年把新加坡评为全球十大网际网络整备度最高的国家之一。

新加坡拥有充裕的研发资源，通过研发可为工业提供增值服务。新加坡研发项目在瑞士洛桑管理学院 2001 年的环球经商环境评估中排名第 3。新加坡政府对生物制药、信息咨询、精密加工、微电子等领域的研发投入力度大，科技研究局负责确保新加坡的研发保持世界一流水平，引进和培养了一批来自美国、欧洲、大洋洲和亚洲的研究人才，促使新加坡成为本地和海外研究人才的汇聚点，为孵化期间合作研发提供了可利用的平台。

新加坡更是通过"智慧国 2015 计划"致力于将 ICT 运用到新加坡社会的各个领域。该计划目标是：基于 ICT 所发展起来的经济和社会价值高居全球之首，并实现行业价值两倍增长以及出口收入三倍增长的目标；新增工作岗位 80 000 个，至少 90% 的家庭使用宽带，电脑在拥有学龄儿童的家庭中的渗透率达 100%。这一成就和新加坡政府出台的一系列推动信息通信业发展的政策密不可分。推崇自由竞争的电信监管政策，不仅让新加坡电信市场保持了长久的活力，也让中小厂商得到了公平发展的机会。新加坡还计划通过 ICT 打造下一代的城市。完善的信息通信基础设施是产业发展的基础，新加坡通过智慧城市的规划致力于发展新一代的基础通信基础设施。这将继续确立新加坡作为通信枢纽的地位。同时通过发展智慧城

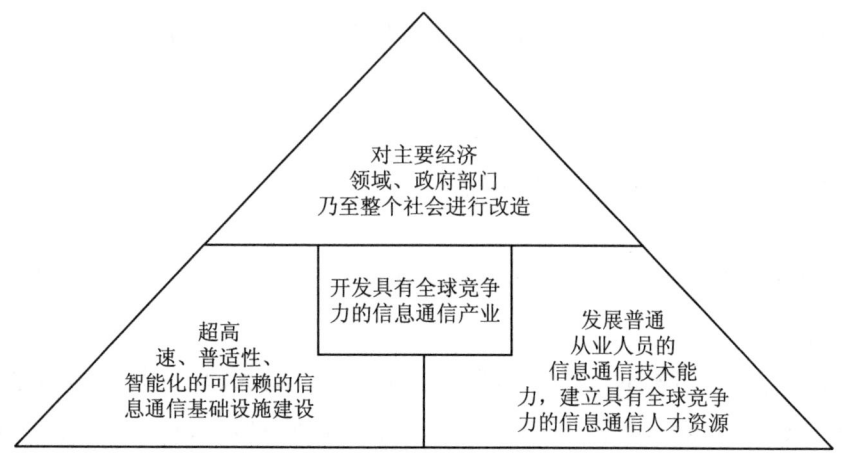

图 5.1　新加坡智慧国计划的四大战略板块构成

市,不仅可提升生活便捷度,同时也可提升制造业的竞争力,带动相关产业发展,将信息通信产业打造为新加坡经济发展的一大支柱。

城市制度环境营造方面,新加坡法律体系主要受英国法律文化和传统的影响,仍保留部分英国普通法的传统,法治严明。

在投资方面,新加坡对外资准入的要求相对宽松,除国防相关行业及个别特殊行业外,对外资的运作基本没有限制。法律没有关于聘用当地人的一般要求,但是要求外籍人员必须取得许可证才能在此就业。新加坡对于外资进入的方式没有过多限制,除金融、保险、证券等特殊领域须向主管部门备案外,绝大多数产业领域对外资的股权比例等无限制性措施。

目前新加坡是世界上签署双边自由贸易协定最多的国家,与29个战略伙伴国家和组织签署了促进和保护投资的协议,具备极强的国际商业辐射能力。

5.1.5　本节结论

根据第4章的研究,新加坡在亚太城市综合可持续竞争力指数的排名中高居第2位,得益于其城市良好的经济和社会可持续竞争力。新加坡在社会方面排名第1和在经济方面排名第3,同时在环境和资源方面也分别有排名第7和第6的良好表现。在整体聚类分析上,新加坡得到了组A评分,表明其城市综合可持续竞争力较强,发展较为全面。

新加坡具有良好的城市竞争力环境和表现,城市竞争力在物质资本、金融发展、自然环境品质以及国际吸引力等方面表现优异。新加坡在维持现有的人才、思想、资本和物流亚太中心的开放城市条件上,将继续保持亚太地区最有活力和最具创新力的高竞争力城市地位,表现出强劲的城市可持续竞争力。

5.2　大阪——知识集群创新中心

5.2.1　城市区位

大阪市坐落于日本本州岛中西部的近畿平原上,大致位居日本的中心,是日本重要的港口城市。大阪西南邻大阪湾,是大阪府府厅所在地,总面积为221平方公里,由26个区组成。截至2010年,大阪市人口为267万,年GDP为227 365亿日元。

大阪是日本的第二大城市,作为日本的经济中心,工业生产规模及其产值仅次于东京而位居日本第 2 位,GDP 总量位居亚洲第 2,仅次于东京,在全世界位居第 7位。由于地理位置优越,濒临濑户内海,大阪及其周边地区形成了大阪都市圈和京阪神大都市圈,是近畿平原的政治、经济、文化、交通中心。

5.2.2　城市竞争力发展

大阪是一座综合性的现代化工商业城市,拥有以钢铁、机械制造、金属加工为主的重工业和以纺织、印刷、食品、造纸和化工为主的轻工业以及十分繁荣的商业经济。中小企业占该地区制造业的 99.4%,就业人口中 78.6%就职于中小企业,是日本最具规模的制造业聚集地,其制造业具有很强的动态竞争能力,一直保持着升级发展的趋势。从传统的家用电器制造业开始,发展至今日以机器人、医疗器械等先进制造业为支撑,大阪的制造业具有极高附加值。大阪的服务业发展规模大,增长速度也十分迅速。大阪市从日本的江户时代开始就是物资流通的要塞,明治时代以后更以商都著称,因此贸易、运输等传统服务业在大阪市兴盛已久。而随着大阪制造业的升级发展,其服务业也扩展为附加值更高的生产性服务业。大阪市的商业经济十分繁荣,全市有 10 万余家各类商店。在城市阪急区,还有繁华的地下街。无论工商活动规模或大众运输捷运铁道密度均在世界名列前茅。

根据历年《全球城市竞争力报告》,在 2007—2012 年这 6 年里城市竞争力指数提升最快的城市中,大阪位于第 7 位,是城市综合竞争力提升最快的亚洲城市之一。大阪从 2007 年的全球第 67 位上升至 2012 年的第 46 位。[①]上海交通大学的国际竞争力中心亚太分中心发布的《2012 年亚太知识竞争力指数》显示,在亚太 33 个城市和地区中,大阪仅次于同处日本的东京,领先韩国蔚山位居总排名的第 2 位。该指数用 19 个知识经济指标进行综合评估,用于反映各地区将知识转化为经济价值及居民财富的能力。

5.2.3　城市竞争力关键指标表现

1. 贸易与经济

第二次世界大战使大阪经济受到毁灭性的打击,尽管如此,以重化工业、商业

---

① 参见《全球城市竞争力报告 2007—2008》《全球城市竞争力报告 2011—2012》。

等产业为主导,战后的大阪再次获得飞速发展。如今大阪已经成为了世界首屈一指的人口密集型经济都市。作为日本国内第二大经济中心和关西地区的核心城市,近年来大阪的产业结构较为稳定,第一产业在整体经济结构中的比例非常低,不到 0.1%,第二产业是大阪的重点行业,制造业的规模占全市 GDP 的 18% 左右。

同时大阪具有发达城市的服务经济特点,2007 年各种服务业的产值超过 33 万亿日元,占 GDP 总值的 76.27%。其中批发零售业、房地产业以及包括商业服务业和专业服务业在内的其他服务业在整个服务业中占有举足轻重的地位。2008 年美国《财富》杂志评选出的全球 500 强企业中,日本企业有 64 家,其中公司总部在关西地区的有 8 家,而这 8 家中在大阪市落户的又有 6 家。除了全球知名的大型企业外,许多拥有专利技术、在特定领域有较大市场份额的中小企业也纷纷在大阪设立总部,成为大阪的一大特色。如今,大阪是全球经济活动最为发达的城市地区之一,在全球商务城市环境的排名中名列前位。据日本经济产业省及厚生劳动省的统计,大阪市在服装纤维产品、化学工业产品、医药品、金属制品等四个制造业优势领域所做的贡献位居日本首位。

大阪作为京阪神都市圈和阪神工业带的重点城市,培育了结构完善的服务业,制造业的发达衍生了相关的专业服务业的需求。大阪服务业在明确东京作为日本最大的、最具竞争力的服务业聚集地的地位不可撼动这一前提下,进行务实审慎的选择,避开与东京的领域冲突,以制造业等基础性产业为竞争优势基础,发展期货与生产者服务业等与大阪及周边地区制造业发展密切相关的领域,同时针对细分服务行业采取有针对性的发展策略(白雪洁,2010)。

大阪是日本的商品集散地,批发零售业发达,在纤维、化学产品、服装材料等方面都有优势。在金融服务业上,大阪拥有在国内仅次于东京的市场规模,是汇集日本商业交易和金融相关资讯的经济枢纽。同时,以京阪神城市圈为腹地的大阪港也带动了日本国内和国际航运服务业的发展。

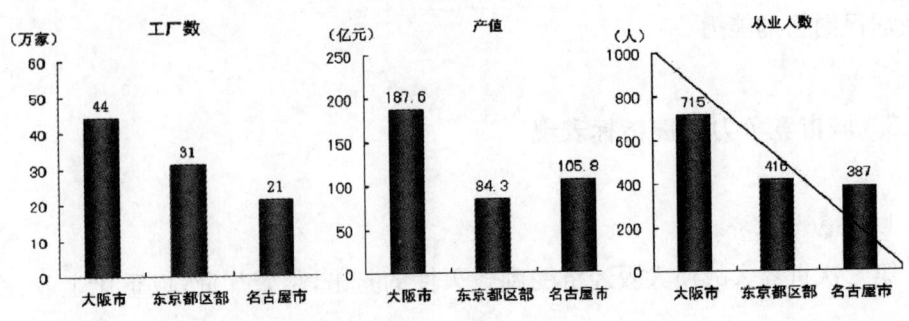

资料来源:白雪洁(2010)。

图 5.2　日本三大城市制造业集聚程度比较

2. 投资与就业

以大阪为中心，形成了大阪城市圈和京阪神大城市圈。京阪神大城市圈的就业人数、企业数和上市企业总数等均在日本居于第二位，仅次于首都东京大城市圈，在亚太地区和世界上也是名列前茅。大阪在商务成本方面具有一定优势，与东京相比，其租金和工资支出分别要低大约 37％和 10％。同时，设立事务所的费用总额也更低(全惟幸，2002)。

大阪为扶植、振兴大阪市规定的重点产业领域，吸引企业投资，设有相应的资助制度。在大阪市内新建、扩建重点产业领域的项目时，政府将资助建设所需的一部分经费。这些重点产业领域包括医疗与福利、信息通信、环保节能、生物技术、机器人技术和人才教育等。

为吸引外资，支持投资大阪的外资企业，大阪外国企业招商中心建立了"外资企业投资支援事业"。该项支援事业提供一定数额的补贴，以在一定程度上减轻初期费用负担。享受补贴的企业是在大阪成立总公司或分公司的外资企业(外资比例三分之一以上)。

	大　阪	东　京	以东京为100来比较的指标
商业用地价格	572 100日元/m²	1 785 000日元/m²	32.1
住宅用地价格	165 300日元/m²	360 500日元/m²	45.9
工业用地价格	93 300日元/m²	231 100日元/m²	40.4
办公室租金	2 745日元/m²	4 364日元/m²	62.9
仓库租金	800日元/m²	1 912日元/m²	41.8
住宅租金	1 747日元/m²	2 745日元/m²	63.6
平均月工资	375 549日元	430 485日元	87.2
消费者物价指数	97	100	97

资料来源：《日本大阪：优化投资环境，展现新的商机》，《经济日报》2010年7月31日第7版，制图：徐惠喜。

图5.3　大阪市与东京市商务成本比较

2001年到2006年间，大阪的生产者服务业企业数量逐步减少而就业人员数量增加了 12.8％，呈现劳动生产率提高的趋势。

3. 文化与创新

大阪是日本商业和贸易发展最早的地区，也是日本的历史文化名城，现已是日本西部文化教育中心，因此孕育了其独特的娱乐、艺术、饮食文化。因为大阪长期以来是经济文化中心,所以还继承了以"上方文化"而著称的"文乐""落语""漫才""歌舞伎""能乐""狂言"等丰富多彩的传统文化。京都、大阪及其周围地区自古以来就是日本的政治经济文化中心,因此一般被称为"上方"。大阪虽然是日本屈指可数的商都,但是却被包括世界遗产在内的许多名胜遗址所包围,具有"传统"和"革新"并存的特点。

大阪目前提出要打造"知识集群"亚洲的创新中心。大阪将以关西的机器人技术、泛网和 IT 等优势产业领域为中心,汇集先进的知识(人才、技术、信息、知识产权),公私合作,发展成为以创造新一代产业的知识创造基地(知识资本)为核心的富有魅力的优质城市。

4. 生活与环境

大阪府于 1987 年 12 月提出了"21 世纪彩虹规划",作为城市全新的道路改造长期计划,用于增强 7 个综合计划和服务于日常生活的道路(汤茂林,1999)。

英国《经济学家》杂志的调查部门"经济学家智库"(Economist Intelligence Unit)针对医疗服务、治安、文化及环境、教育、基础设施建设等 5 个项目进行调查,将世界各城市的生活舒适度按从 0%(难以忍受)到 100%(非常理想)的程度进行排序,结果大阪名列第 13 位,在日本的城市中位居第 1。

5.2.4 城市竞争力基础建设

1970 年,大阪举办了亚洲第一个世界博览会,博览会主题是"人类进步与协调",有 77 个国家参加此次博览会,观众达 6 400 万人,创造了当时的世博会参观人数之最(唐子来、付磊,2004)。这次世博会把大阪抬进了世界性大都市的行列(万振,2003)。2010 年大阪在上海世博会设立了大阪馆,展示了其"都市再生计划"的工业型城市的低碳生态转型成果。

大阪的城市发展以 21 世纪的世界模范都市为目标,其主要发展地区包括大阪站周边地区、中之岛中部地区、御堂筋地区、难波及凑町地区、阿倍野地区、大阪COSMOSQUARE 站周边地区等。开发目标是在位于大阪都市圈的中心地区,建设和提升既有的都市基础设施,建成具有独特风格的国际化中枢都市功能集聚地,建成"直通关西国际机场的大阪南大门"的人员、信息、文化之交流与传播新基地,建成一个具有商业、娱乐、居住、住宿等复合功能的特色基地,建成能冲门利用临海地区特点的研究开发基地,以及高效的 IT 都市基地。①

---

① 参见《日本大阪:优化投资环境,展现新的商机》,《经济日报》,2010 年 7 月 31 日第 7 版。

5.2.5　本节结论

根据第 4 章的研究，大阪在亚太城市综合可持续竞争力的排名中仅次于东京和新加坡位居第 3，成为卓越型城市。这一成就主要依靠其在经济可持续竞争力方面远超其他城市的杰出表现，同时在资源可持续竞争力方面也居于第 3 位。其社会和环境可持续竞争力的排名都处在 20 个样本城市的中游。

大阪作为日本关西地区的经济中心，在制造业的发展上有坚实的基础和辉煌的历史。作为日本的第二大城市，大阪选择以生产性服务业为发展重点，避开与东京的同质化竞争，选择了独具特色的发展路径。同时，大阪依靠大阪大学等高等学府的人才培养作为知识服务经济和创新经济发展的动力基础，在城市竞争力的发展上现实从制造向服务的转型，并实现持续的发展动力，也促使了大阪城市竞争力的不断快速提升。大阪作为日本关西地区的最大城市，通过强化自身的流通枢纽功能，带动相关服务行业的发展，经济辐射能力和范围都非常广。

5.3　旧金山——世界创新之都

5.3.1　城市区位

旧金山全称圣弗朗西斯科市县（City and County of San Francisco），是美国加利福尼亚州唯一市县合一的行政区，是加州的第二大城市，仅次于洛杉矶，也是著名的太平洋沿岸港口城市。旧金山港湾面积 1 126 平方公里，经宽仅 1 200 米的金门海峡通太平洋，是美国通往太平洋区域和远东的门户，为重要海军基地和著名贸易港，也是美国西部最大的金融中心和重要的高新技术研发和制造基地。

旧金山人口为 80.52 万人（2010 年人口普查），为全美第 13 大城市。旧金山每平方英里人口超过 10 000 人，人口密度居全美第 2，仅次于纽约市，是美洲华人最为密集的聚居地之一。旧金山城区中心街道呈格子状向东西、南北伸展，马基特大街（Market ST）为最繁华的商业街；蒙哥马利街及其附近地区为金融区（financial district）有“西部华尔街”之称。城东北部为主要住宅区，房屋盘山而建，街道迂回曲折，使用独特交通工具——缆车，通过城市中心滨水区的 Embarcadero 高架快速路是旧金山的主要交通干道。

5.3.2 城市竞争力发展

在各大城市竞争力的排名中,旧金山总是位于第一梯队,并且大多是在全球前十的位置,这说明了旧金山国际影响力和城市竞争力的绝对地位。旧金山在科技创新、城市环境等方面都具有较高水平的发展。

旧金山拥有超过 250 家清洁技术企业以及不断发展的清洁技术研究设施,因此被誉为"北美清洁技术之都"。旧金山市本身也在私营和公共层面率先投入使用清洁技术。在过去的 10 年中,旧金山政府颁布了美国最宏大的低碳法令,使旧金山成为了对抗气候变化的领头羊。旧金山被经济学人智库(The Economist Intelligence Unit)和西门子公司冠以"北美最绿色城市"的称号。

旧金山还被评为"全美教育程度最高的城市"和"最具企业家精神的城市",旧金山坐拥着一个名副其实的人才金矿,汇集了全世界文化最多元、教育程度最好、生产效率最高的劳动力。旧金山湾区的生产率是全国平均的两倍,申请专利总数也在全美领先。旧金山拥有最多连续 4 年实现年收入 20% 以上增长的企业。支持着这种创新文化的则是全世界最为密集的风险投资企业聚集地:全国 33% 的融资都在湾区产生。①旧金山的海外游客人数在美国排名第 3,并连续 17 年被康泰纳仕杂志评为最佳城市。

5.3.3 城市竞争力关键指标表现

1. 贸易与经济

旧金山是加州旧金山湾区(San Francisco Bay Area,包括旧金山、硅谷、奥克兰、圣荷西等)的核心城市,是美国西海岸商业、金融和文化中心,也是重要的国际贸易中心。其经济以服务业、商业和金融业为主,约占市区就业人口的 1/2 以上,工业仅占 15%,历史上旧金山走的是轻重工业并举的工业化道路,在向后工业化在转型过程中制造业持续衰落(韩忠,2008)。旧金山旅游业兴盛,是服务业中的第一产业,每年吸引近 160 万观光游客。许多其他国际金融机构、跨国银行,以及创投基金都在旧金山创立,或设有地区分部,包括 Twitter、维基百科、BitTorrent、杜比实验室等著名公司。旧金山工业发达,主要有飞机、火箭部件、金属加工、造船、

---

① 参见 http://www.chinasf.org/。

仪表、电子设备、食品、石油加工、化学、印刷等先进制造业，近年来发展新兴高科技产业，使得旧金山逐渐发展成为一个生化科技和生物医学重镇。

旧金山经济发展中心(S.F.Center for Economic Development)发表的数据表明，2012 年上半年旧金山企业的创投资金增加了 41％，超过纽约。此外旧金山政府创立了新能源计划，将带动旧金山发展为世界新的太阳能发展中心。而更大范围的旧金山湾区是当今世界上最具科技创新与竞争力的经济体之一。其知识密集与创新主导是湾区经济特点，具有极强的国际国内任何技术市场的竞争力。

旧金山市是全美公认的最具可持续发展能力的城市。旧金山的经济发展战略为城市的可持续发展提供具体方案，通过社会性政策、经济发展政策特别是基础设施建设来保证城市的知识型经济和体验型经济作为经济发展的战略，包括清洁技术、生物技术、数码媒体、金融、艺术文化、设计等都纳入战略之中。

2. 投资与就业

旧金山是联邦规模最大的地区办事机构所在地。如联邦储备银行旧金山总部，辖西部九州，面积占全国的 36％，人口占 20％。旧金山的银行经济发达程度为全国各地区之首。在 2013 年 5 月富比士发布的全美最佳就业城市名单中，根据地区的短中长期就业表现和未来就业发展增长趋势综合排名，旧金山排名第 1。

旧金山是风投资本集聚和金融服务业的区域中心，城市的经济吸引和支持了大量的创新活动。有 30 多个国际金融机构和交易所都选择落户旧金山，此外，很多私募基金也都选址在旧金山。据全球世界城市研究中心的报告，旧金山是唯一能与纽约相提并论的美国全球银行服务中心城市。通过成熟的商业服务、企业领导和基础设施，旧金山吸引了这些金融服务业前来落户并发展。

3. 文化与创新

旧金山具有多元文化特征，包括华人集中地唐人街、墨西哥裔集聚区、海特街区等给旧金山带来了多样的文化内容和特性。现在的旧金山已经成为了一个非主流的文化中心。包括二战后，这座城市成为美国"反文化"运动的中心、嬉皮士的发源地。这里的非主流文化一波接一波地冲击着美国的主流社会，冲击着美国的东岸城市，形成与美国东岸截然不同的文化景观。由于清教的影响，美国东岸城市的文化氛围趋于传统和保守；而美国西岸城市主要由拓荒者和流浪汉建立，因此这里的人们富于冒险精神，思想活跃，敢于冲破传统的束缚，追求个性的解放（罗朗，2012）。市政当局和当地居民给这些奇异的非主流文化提供了一个宽容的活动空间。这些不同文化的相互冲击和融合也给旧金山这座城市不断带来新的思想的碰撞。旧金山现任的首位华裔市长李孟贤提出并强力推动的城市形象正是"旧金山——世界创新之都"。

作为生物技术的发源地,旧金山为生物技术和生命科学企业提供了最丰富的合作、创新和探索机会,全美65%的生化、基因、药物公司使用加州大学的技术发明专利。现在总共有80多家生物技术创业公司、财富前500强公司、生命科学孵化器以及研究机构坐落在米慎湾。

旧金山湾区的硅谷是世界闻名的高技术中心。创新是硅谷科技、经济和社会进步的原动力,也是全美创新技术(计算机、信息、生化、多媒体传播)总部最集中的地区,如惠普、英特尔、苹果、思科、甲骨文、雅虎、谷歌、欧特克等公司。作为公认的全球多媒体革命的发祥地,旧金山如今仍是数字媒体公司首选的城市,是美国主要的数字媒体中心。

4. 生活与环境

旧金山被认为是全世界最美的城市之一。它以其美丽的都市风光、适宜的气候、丰富的文化景观、多元的街区和世界级的美食闻名于世。旧金山同时也是美国最适宜步行的城市,每平方英里公园和露天公共场所占地为美国最高。温和的地中海式气候使旧金山成为一个全年都适合旅游观光的目的地,也是美国最宜居的城市之一。旧金山的一年四季不十分明显,气候比其他美国城市更宜人,环抱城市的海水使此地气候保持温和。因此,这里的气温很少低于0摄氏度或超过25摄氏度。旧金山以迷人的自然景观、厚重的历史文化底蕴连年被评为美国人心目中的第一旅游城市。城市街道设计很有特征性,有欧洲、中国等各种风格的建筑(卢磊,2011)。且所在旧金山湾区的美国联邦、州、郡、市各级政府的公共行政管理、全球500强公司的企业管理以及世界一流大学与一流科研机构的管理均享誉全球。

5.3.4 城市竞争力基础建设

旧金山城市规划设计展示了如何在由于工业和运输业变迁而被荒废的城市用地上创造城市公共空间的经验,如旧金山滨水区公共空间设计其成功之处在于空间的形成模式、创造公共空间活力发动元素、公共交通、场所特性与空间情趣等方面。其设计也存在不足之处,如绿地空间缺乏活力,空间铺装过于繁琐,连续空间过于单调等(赵鹏军,2005)。

同时旧金山也在加大城市基础设施建设的推进,如供电、供水、排污、机场、道路、桥梁等基础设施,以及非营利性的教育、卫生、文化、科学、社保、社区等公共服务,环境保护、国土整治、绿化建设等工程的公共服务供给,以创造优良的城市服务、生态、生活环境。旧金山交通系统建设较为成熟,包括出入境交通及市内交通。出入境交通以航空、铁路、长途客运为主。旧金山国际机场(SFO)位于圣布鲁诺,距离市中心 14 英里,分为 3 个相连的区域:南区、国际区和北区。

旧金山以生态城市为发展目标,将清洁技术和绿色环保技术的发展作为经济发展的着眼点,通过可再生能源等清洁技术的商品和服务制造经济增长点。推动绿色市政的旧金山是回收率最高的美国城市之一,并拥有替代绕了市政车队。此外为清洁技术公司提供工资税豁免等激励政策和措施有助于推动相关企业的快速发展。目前已有数百家清洁技术企业将总部设在旧金山,如城市垃圾处理企业。在绿色城市建设领域旧金山一直处于领先地位,当地的两个团体——城市森林之友(FuF)和旧金山林业局(BuF)公共事业部门(DPw)已结成合作关系,以保护树木,让旧金山长期保持这种盛名。在 Autodesk 和一家当地 GIs 开发商的支持下,这两个团体正在更加有效地管理和养护庞大的城市森林资源。

在 2008 年金融危机发生后,旧金山市适时发布了《就业与机会——旧金山经济发展蓝图》的经济发展计划,内容包括吸引新公司进驻、创造就业机会、继续投资基础建设和改善、振兴本地制造业、加强与学校和大学的合作伙伴关系、提倡本地雇用以及改善全市的公共交通运输系统等。未来经济发展目标将继续支持和扩展社区小商业,发展新兴经济产业,配合城市多元化的高知识劳动力来带动社区更加蓬勃发展,从社区小商业到观光旅游业,从高科技公司到清洁能源,使旧金山市继续保持成为全球经济的创新中心。

5.3.5　本节结论

根据第 4 章的研究,旧金山在亚太城市的综合可持续竞争力排名中名列第 11 位,其在经济领域的表现最好,排名第 4,但仍然与前 3 位有较大差距,是城市可持续竞争力排名中第二集团的领军城市,具有相对良好的可持续竞争力表现。

旧金山以发展创新之都为目标,也在实际上成为了世界科技的创新聚集地。通过人才培育,塑造良好的经济和生活环境,促进企业的发展,发挥出城市最大的创造力。这种创新的文化创造了一个充满活力的城市生态系统,也吸引了更多创新企业前来发展。同时,旧金山打造可持续发展的城市绿色品牌,塑造积极健康的城市活力形象,也使旧金山成为美国西海岸乃至亚太地区最具吸引力和竞争力的城市之一。

5.4 悉尼——后奥运时代的绿色都市

5.4.1 城市区位

悉尼位于澳大利亚的东南岸,地处塔斯曼海与蓝山之间的沿岸盆地,拥有超过70个海港和海滩,包括全球最大的天然海港——杰克森港。悉尼市区占地1 687平方公里,面积跟大伦敦相近;悉尼都会区占地12 145平方公里,人口450万(2011年数据)。被悉尼市区覆盖的大片地区,以往曾划分为超过300个域区,现由约38个独立的地方政府区域管辖。现在的悉尼市面积占地仅包括悉尼中心商务区及邻近的内城城区,总面积6平方公里,居住人口不到3万人。

悉尼是澳大利亚最繁华的现代化、国际化城市,也是澳大利亚的商业、贸易、金融、旅游和文化中心,有"南半球纽约"之称。2010年被全球化与世界级城市研究小组与网络(Globalization and World Cities Study Group and Network, GaWC)评选为全球八座第一级世界都市的世界级城市之一(其余七座城市分别为东京、香港、巴黎、新加坡、上海、迪拜、芝加哥)。

表 5.1 悉尼市基本数据概况

		悉尼市	悉尼大都市区
面积(平方公里)		26	12 140
人口(人)		167 000	4 119 190
人口年龄结构(%)	0—17 岁	8.3	23.8
	18—64 岁	83.5	63.9
	65 岁及以上	8.2	12.3
海外出生人口率(%)		33.5	31.7
住宅户均人数(人/户)		1.95	2.7
高等教育率——本科及以上(%)		30.5	16
工作岗位(个)		370 000	1 905 000
2003—2004 年 GDP(亿澳元)		630	1 260
GDP 占全国 GDP 比例(%)		12.5	25

资料来源:周祎旻、胡以志(2009)。

5.4.2 城市竞争力发展

悉尼在澳大利亚国民经济中的地位举足轻重，其 GDP 约占全澳大利亚的 30%。服务业是悉尼经济的主体，大部分世界知名跨国企业在悉尼都设有分公司或办事机构，其中金融保险业占全澳大利亚行业产值的 44%，是亚太地区的重要金融中心。悉尼期货交易所是亚太地区最大的金融期货与期权交易所之一。悉尼工业以石油炼制、化工、纺织、服装、食品加工、飞机、汽车和船舶制造业等为主。市内有铁路和公路网连系全国各地，对外出口主要输出羊毛、小麦、面粉、肉类、纺织品等。

2012 年经济学人智库发布了"全球城市竞争力"指数排名，以城市 8 类竞争力和 31 项单独指数对全球 120 个城市进行了评估，悉尼位居第 15 位。悉尼的市中心商业区是国际市中心商业区的 15 强之一。悉尼不仅拥有优化的人口结构、多元的文化背景，还建有各类政府机构、文化及旅游设施，因此在全球经济中占据一席之地。花旗银行(Citi)委托进行的一项 2025 年全球最具竞争力城市评估中，预测了 2025 年哪些城市将最具竞争力，报告显示，悉尼将保持快速发展动力，并超越巴黎，位居榜单第 6 位。

悉尼的城市发展具有较高的发展预期，未来 30 年将提高全球竞争力和创新能力，面对新的全球化浪潮及日益激烈的城市竞争，规划者从过去 30 年悉尼的发展中吸取经验：保持经济的高增长与低成本，同时吸引外部投资，发展区域协作，巩固旅游产业。规划者建议应在中心区培育一些新的经济增长点或者就业增长点，以保证它们与市中心紧密而高效的联系。具体措施包括：(1)确保中心区内各类基础设施的更新与维护；(2)鼓励中心区内新的区域性中心的发展，创造新的经济就业增长点；(3)鼓励有高度竞争力的行业在中心区内集中发展；(4)在中心区内建立高新产业、创意产业区；(5)加强机构间的合作(阿斯涵,2009)。

5.4.3 城市竞争力关键指标表现

1. 贸易与经济

悉尼是澳大利亚最大的城市，也是全澳大利亚唯一的全球型城市。其经济结构以知识驱动型经济为主，附带的提供了全澳最多的知识密集的服务型工作岗位。[1]悉

---

① 参见悉尼市经济规划署(SGS Economics & Planning for the Council of the City of Sydney)，《悉尼大都市区规划方向》(*Planning Directions for Metropolitan Sydney*)，2012.9。

尼拥有成熟的商业环境,在区域范围内,是澳大利亚服务于亚太地区的核心。悉尼经济体系里最大型、拥有最大部分在职人士的行业包括财产及商业服务业、零售业、制造业、健康及社会服务业。悉尼拥有熟练的知识型人才、优良的自然环境和气候,可以吸引商机。悉尼是澳大利亚经济的主要动力中心,1993 年,悉尼获得了2000 年奥运会的举办权,拉动了悉尼和新南威尔士的产业发展,包括服务业、金融业、建筑业、制造业等,快速提升了城市的整体竞争力。

悉尼是澳大利亚无可争议的金融和商业首都,在亚太地区扮演着重要的角色。悉尼市的金融保险业是其支柱产业,占全市经济产出的 43%,许多跨国银行和金融机构在悉尼设有总部。超过 90 个商业银行和超过 60% 的本国排名前 100 的公司总部设在悉尼。450 个区域公司的总部在澳大利亚,其中 60% 分布在悉尼大都市圈内,许多还在 CBD 内。生产性服务业,包括广告、会计、法律咨询以及科技服务等行业,占了全市经济产出的 13%。澳大利亚最大的数字社区也位于悉尼,包括信息、媒体和电子商务等,占总经济产出 11%。此外,旅游业也是悉尼的重要产业之一,海外游客到澳大利亚的首选目的地就是悉尼。2012 年,悉尼共接待了 424万非过境游客。全市约有 16% 的劳动力从事与旅游相关的职业。

2. 投资与就业

2013 年 8 月,悉尼市政府推出全新的《经济发展战略草案》,在未来 10 年内,计划通过促进就业、推动经济、拓展旅游,巩固这座国际化大都市的地位,将悉尼打造为未来产业及高科技制造业的中心。预计该计划将为悉尼带来 5 万个"未来"新岗位,以吸引高技能人才和世界级零售业、旅游业的加盟投资,以保持强劲的本土经济实力,并进一步打造澳大利亚的全球金融服务中心。最新发布的《经济发展战略草案》正是巩固悉尼经济发展的长远蓝图,同时为悉尼 2 万多家企业和 40 多万名职工安居乐业提供支持。

《经济发展战略草案》中提出了未来十年支撑悉尼经济的三大战略重点:第一,加强悉尼的城市竞争力,将悉尼建造成为一座鼓励企业投资、吸引国际游客、满足本土居民生活方式和文化需求的城市;第二,提高城市的生产力与经济潜能,即资助所需基础设施建设,确保城市交通顺畅,提升就业率,支持新兴行业的发展;第三,提供机遇,建设有利环境,即支持悉尼市所有充满活力且具可持续发展能力的产业。

同时,悉尼市政府扶持零售和旅游业发展的计划也已发布。政府鼓励零售商重新定位在悉尼市内的发展,拓展空间承办更丰富的促销活动,并鼓励业界加强合作。在其他行业,包括创意与数字、金融与商业、绿色经济等行业的发展计划也将陆续制定和公布,以引导投资和人才就业的方向。

3. 文化与创新

悉尼歌剧院自 1973 年建成以来,一直是悉尼城市的地标,也是悉尼文化生活的一个缩影。悉尼有大量的艺术展览、表演、重要活动和节庆活动,培养了城市的文化活力。悉尼建有澳大利亚创办最早的悉尼大学(1852 年建)和澳大利亚博物馆(1836 年建)。悉尼拥有本地的音乐与剧场团体,包括悉尼交响乐团、悉尼戏剧团及悉尼舞蹈团。文化盛事包括一年一度的新南威尔士州艺术馆举办的比赛——阿切博尔德奖(Archibald Prize),以及在 1 月举办的音乐、剧场与视觉艺术庆典——悉尼节。

第二次世界大战后大量欧洲、中东、东南亚的移民涌入澳大利亚,其首选居住地往往是在悉尼。悉尼外来移民按人口数量以意大利人居多,其次为黎巴嫩人、土耳其人、希腊人、华人和越南人。近 20 年来,华裔居民大量增加,目前在悉尼地区的华裔人口大约在 40 万左右。在西方现代文化之外,悉尼也扶持土著居民,认可土著为最早的本地居民,并弘扬其仍在传承的文化。

4. 生活与环境

旅游业是悉尼的主要产业之一,大量人口也在从事旅游服务及其相关行业。2000 年悉尼奥运会的成功举办,也向世人展示了悉尼良好的环境。在奥运会体育设施的设计中,组委会提出近 90 条原则,涉及能源资源更新、公共交通、废弃土地和保护威胁环境和物种等内容,力图实现环境友好的奥运会。2013 年 7 月新公布的《可再生能源规划草案》提出,悉尼市区拟在 2030 年前实现 100% 无碳发电,即完全依靠可再生能源供电、供暖,以及制冷。绿色城市已是悉尼新的城市形象和品牌。

城市公共空间是享受城市生活、体验城市风情、彰显城市个性、领略城市魅力的公共场所。城市公共空间的品质直接决定着城市意向的展示,也体现城市竞争力指数中人居环境层面的水平。从城市空间看,具备五大基本元素悉尼公共空间为悉尼创造出成功且独特的城市意象(杨保军,2006)。

在悉尼市中心,有一条贯穿南北的街道乔治街(George Street),连接港湾大桥和中央火车站。三公里长的乔治街已成为悉尼市最具特色的一条街道,良好的步行环境又进一步带动了商业及零售业的发展。乔治街上集中了办公、居住、商业零售等活动,形成了一个功能混合(mixed-use)的城市街道,避免了西方城市中常见的"死城"出现。夜间街道两侧办公大楼低楼层的照明依然继续,为街道上的行人提供安全的步行空间。作为市中心的主干道,乔治街公交车专用线及车站提供了良好的通达性(accessibility),密集的红绿灯有效控制了通过车辆的行驶速度。各路段极具特色的建筑为行人提供明确的位置指示。良好的步行环境、丰富的街道生活吸引人们的到来。悉尼在城市中心创造出人性化的街道和公共空间,也自然塑造出成功的城市意象(周棉旻、胡以志,2010)。

5.4.4　城市竞争力基础建设

悉尼基础设施完善、交通便利。悉尼机场是澳大利亚主要航空港之一,目前有37条国际航线,每周离港航班420架次,返港航班230架次。悉尼不仅有铁路通往全国各地,在城区内还有地铁和轻轨火车以及摆渡船,既可缓解交通压力,也可进行城市观光。悉尼是澳大利亚重要的国家和地区性通讯服务场所。国家卫星系统管理中心位于悉尼。澳大利亚连接塔斯马尼亚、东南亚的同轴电缆和光缆由悉尼开始,国家最大的三个商业电视台总部建在悉尼,两个国营电视台 ABC 和 SBS 也位于悉尼。

澳大利亚土地利用管理系统(ALUM: Australia Land Use and Management)的相关研究表明,悉尼的建设用地总量逐步趋于稳定,居住用地增幅明显,商业用地持续增加,旅游业相关用地增长较快,这得益于悉尼人口的增长和经济的持续提升发展。2000 年悉尼利用举办奥运会的契机,对赫姆布什湾进行了改造(格伦·瑟尔、胡以志,2009)。2002 年悉尼出台了奥林匹克公园发展计划,明确了对悉尼奥林匹克公园的土地利用和商业开发进行投资,欲在未来的 30 年内将该区域培养成世界一流的居住、生活、体育和娱乐中心(石忆邵、范华,2009)。悉尼借助悉尼奥运会承办之机将奥运建设与城市环境治理和生态环境建设结合起来,以解决环境污染问题(王凯军、金冬霞,2003)。第一,运用恢复生态学和景观生态学的原理来改善环境。悉尼奥运会的成功经验是运用恢复生态学原理把废墟变成森林和绿地;第二,保护和恢复城市的生物多样性,促进城市可持续发展;第三,城市景观建设以自然景观为主,使自然景观成为城市生态系统的载体,承载城市生态系统的能流和物质循环,并成为人类与生物共生的场所。悉尼的发展定位是保持在全球经济中的重要作用,并不断发展和变化。

2008 年悉尼市政府推出《可持续发展的悉尼 2030 战略规划》,指导悉尼市未来20 年的发展。在规划中悉尼的目标是成为一个绿色、全球化和网络化的城市,并提出了十大目标、五项重要行动、十大战略方向和十个项目创意。悉尼将凭借杰出的环保业绩和推动经济增长的新型"绿色"行业,利用绿色基础设施网络,减少温室气体的排放,旨在降低能源、水资源以及废物要求,并在多个城市再开发区域率先实行。通过规划新的住房机会,融合主要的交通、设施、基础设施和公共空间,提升悉尼的都市水平。悉尼将在旅游景点以及在文化基础设施、标志物和便利设施方面不断投资,继续保持其在澳大利亚最重要的全球化城市以及国际门户的地位。在市中心给商业活动和高质素职位保留优质的空间,并对社交、文化及娱乐设施提供支持,以培育、吸引及留住全球人才。同时发展创新力及新科技,注重新型媒体和互联网连接,鼓励创造与合作。同时,发展网络化的交通连接性,在其局部性步行和自行车网络的基础上,开拓连接城市小区、市中心和悉尼内城区其他地方的交

表 5.2　"绿色悉尼"及"全球化悉尼"战略及行动方案

战　略	规划策略	行　动　方　案
绿色悉尼战略	可持续型更新发展	提高区域范围内能源循环利用和水资源自给
		减少废物/废水的产生以及可能造成的污染
		改进现有建筑的环保性能
		促进现有绿地系统的网络化
		展开政府、企业与社区间在环保领域的合作
	发展区域活动中心旧城区	提供丰富且便利的社区服务设施
		创建地方性的活动集中区域
		鼓励性措施发展当地经济,提高就业水平
		保持本地特色,增加社区的认同感和归属感
全球化悉尼战略	为市中心重新注入活动	增加中心区内公共场所的吸引力,为市民提供更多的交流、休闲和娱乐的机会
		确保中心区用地多功能的综合发展
		鼓励商业及零售的发展,丰富街道生活
		保证中心区的住房结构的多样性
		利用海港优势,鼓励滨水空间的多功能发展
		鼓励中心区的文化产业和文化设施的发展,尤其是发展特色的澳洲土著文化
	培育全球竞争力和创新能力	保证中心区内各类基础设施的更新与维护
		鼓励中心区内新的区域性中心的发展,创造新的经济与就业增长点
		鼓励有高度竞争力和领先地位的行业在中心区内集中发展
		在中心区内培育高新产业、创意产业区
		加强机构间的合作,促进旅游产业和会展经济的发展

通路线。地区性交通网络将在现有网络的基础上进行升级改造,从各地前往悉尼市中心将会变得更加便捷。悉尼市议会已制定了一份《交通运输策略和行动计划》(Transport Strategy and Action Plan),作为改善城市交通和道路通畅的一个行动框架。2013 年 9 月,澳大利亚新一届联邦政府就职后,也宣布将继续投资悉尼的对外交通联络道路的建设,继续塑造悉尼作为枢纽城市的连通性。该计划以在《2030 年可持续发展的悉尼》中所确定的目标和战略为基础,同时还增加了应对新挑战和新趋势的目标和行动。悉尼希望通过创新的发展战略,实现悉尼城市的可持续发展。

5.4.5 本节结论

根据第 4 章的研究,悉尼在亚太城市可持续竞争力发展中排名第 7 位,社会方面是其排名最高的子系统,获得了第 5 位的较好评价,这得益于其较好的宜居性和社会公共服务。悉尼在经济、环境和资源等方面也都有所建树,但没有突出的表现,因此其综合竞争力较一般。

悉尼是一个充满活力、多元化而且有包容性的城市,悉尼是更广泛的国内和国际社区的一部分将在文化、贸易和互利交流方面与其他澳大利亚和国际城市不断加强合作和联系。作为一个具有强烈品牌存在意识的国际旅游城市,悉尼具有良好的人文和自然资源。在积极且远大的战略规划的指导下,悉尼将以绿色可持续的宜居城市作为新的形象,提升各种资源的使用效率,拓展自身的吸引力和竞争力,悉尼的国际城市地位也将不断得到提升。

第6章
可持续发展视角下亚太城市转型与未来战略

经济全球化的今天,亚太地区正成为全球的政治、经济、文化、科技的重心区域,在全球发展格局中的话语权越来越大。而作为资源和要素高度集中的亚太城市是亚太地区发展的引擎和动力,并且在全球城市体系中的作用也越来越大,亚太城市的发展潜力巨大。据联合国预测,亚洲已经成为全球城市人口增长、大城市数量增加最快的地区。到2015年,全球人口超过千万的特大城市将达到27个,其中18个将出现在亚洲。而亚太地区又是亚洲城市最密集的地区,亚太城市具有悠久的发展历史,亚太城市正面临着新的历史发展机遇期,可持续发展理念将成为亚太城市乃至整个亚洲地区长期发展的重要目标之一。面对越来越激烈的世界各国家、城市间的竞争,亚太地区和亚太城市要保持在全球国家、城市体系中的重要地位,必须加快转型的脚步,在全球视野下树立新的发展战略目标,并担负起全球资源配置中心的地区功能。

本章将讨论当前亚太城市在转型和可持续发展过程中正面临的各种挑战,如城市发展不平衡、生态环境、交通、住房、老龄化、社会融合等问题。虽然亚太城市在构建可持续发展过程中面临着诸多问题,这些问题均为对亚太城市可持续发展形成阻力,然而经济全球化趋势下全球城市体系将面临新的调整,亚太城市体系也将同步调整,这种调整为亚太城市可持续发展带来了新的契机。因此,本章接着分析亚太城市间的竞争、合作、重构到融合的现状、问题以及未来的发展趋势。在此基础上,总结出未来亚太城市的发展前景和战略选择路径。亚太地区在全球城市体系中的地位将伴随全球经济重心的东移而不断提升,将成为全球高端城市的集聚地、全球资源的配置中心,同时在战略空间上逐步多元化,逐步走向以人为本的发展主线,同时知识、智慧、低碳、创新也将成为亚太城市发展的重要发展理念。

6.1 亚太城市转型面临的若干挑战

6.1.1 城市发展差距十分巨大

当前全球经济重心正在向亚太地区转移,亚太地区正成为全球经济活动最活跃的地区。亚太地区的城市化进程飞速发展。以东亚为例,1950—2011 年间,东亚地区城市化率由 17.8% 迅速提高到 55.6%,平均每年提高 0.62 个百分点,同期世界城市化率由 29.4% 提高到 52.1%,年均提高仅 0.37 个百分点。2010 年,东亚有 100 万以上的大都市 113 座,其集聚的人口占全部城市人口的 44%,而 1950 年该比重仅有 28%。虽然亚太地区的城市化速度为世界瞩目,但是城市的发展差异问题十分突出。从第 4 章的综合可持续竞争力报告来看,亚太地区的东京、新加坡、大阪分列前 3 位,竞争力得分分别约为 0.85、0.84 和 0.55。而同为亚太城市的高雄、釜山、广州、北京、上海、广州、武汉、曼谷、马尼拉等城市排名靠后,且得分为负值。

目前亚太地区既拥有东京、首尔、新加坡、香港、上海、北京等世界级城市,也包括了类似达卡那样被贫民窟包围、非常贫困和拥挤的特大城市,还存在大量的落后和退化中的城市。亚太地区城市的差距不仅体现在不同国家的城市之间的发展差距,还体现在同一国内城市间的发展差距。根据中国社会科学院城市与竞争力研究中心公布的《全球城市竞争力报告(2011—2012)》,亚太地区的东京、新加坡、香港、首尔等城市位列全球城市综合竞争力榜单的前 10 名,而排名靠后的城市中亚太地区也占据了较大的比例。东京、新加坡、香港、首尔等城市已经成为全球城市体系中的重要节点城市,成为国家和地区的经济、贸易、航运、文化、科技、教育中心,具有其他城市无法匹敌的城市吸引力,在各类要素特别是人才等高端要素的竞争中,具有绝对的控制权和话语权。这些城市正在或者已经形成了巨大的城市群,如日本的东京都市圈,中国香港与中国内地的深圳、广州正在形成泛珠三角城市群。首尔都市圈土地总面积 11 726 平方公里,占韩国国土面积的 11.8%,人口 2 000 多万,占韩国总人口的近一半。这些城市群和都市圈是城市的高度集聚体,已经成为亚太地区的重要经济门户。

亚太地区各国城市处于不同的发展阶段,各国城市化水平差距较大,日韩等国的城市化已经进入到了后工业化阶段,而多数的亚太城市还处于快速发展阶段。

截至 2011 年底,除新加坡的城市化率为 100%外,日本城市化率已达到 91.3%,为亚太地区国家城市化率首位。同期新西兰为 86.2%,韩国为 83.2%,马来西亚为72.8%,蒙古为 68.5%,朝鲜为 60.3%,中国为 51.3%,菲律宾为 48.8%,泰国为34.1%,越南约为 30%,柬埔寨为 20%。显然,亚太地区不同的国家和地区城市化率存在较大的差异,城市化率较高的国家和地区工业化进程相对较早,这些国家和地区的生活水平相对较高。

不仅如此,亚太地区多数国家内部的城市发展差异依然巨大。韩国的地区发展失衡严重,以首尔为中心的首都圈聚集了韩国近一半人口,经济产出占全国总量的 70%,为了缓解首尔同其他城市发展的过大差异,韩国政府已经决定将行政首都搬迁至中部城市世宗市。中国的城市发展差异也较大,这主要体现在东部沿海城市与中西部内陆城市上。在城市群层面,不仅城市群间的发展差异巨大,城市群内部的城市发展差异也十分巨大。以武汉城市圈为例,中心城市武汉的经济总量是临近次级中心城市黄石市的 8 倍!北京周边地区已经形成了著名的"环首都贫困带",北京周围集中了 25 个国家级贫困县。

亚太地区经济发展不平衡历来存在,城市作为地区发展的引擎,城市间的发展差异对亚太地区城市整体竞争力的提升非常不利。一方面,城市间过大的经济势差不利于中心城市向次级城市的辐射,容易形成城市间的断层,如中心城市的产业外迁时,次级城市无法提供所需的产业基础,则中心城市与次级城市间的产业无法形成对接状态。另一方面,城市间过大的发展差异不利于国家和地区内部的社会稳定,社会的稳定是经济发展的基本前提,过大的地区发展差异难以形成共同的城市价值和共同利益趋向。除此之外,亚太地区作为全球经济最活跃的地区和新型城市的集聚地,在经济全球化的大背景下,城市间过大的发展差异不利于城市间形成共同的合力,特别是在全球城市竞争过程中面临西方发达国家的城市时,无法形成共同的竞争主体。同时,亚太地区城市的过大差异也不利于实现各国家和地区的利益,容易产生国家和地区经济冲突和矛盾,如在碳排放谈判上,落后国家的城市必然要求相对发达城市承担历史排放责任,并且考虑自身的发展阶段而采取不减排的行动。而发达国家和地区则要求履行同样的减排责任和义务。过大的发展差异对实现城市经济和社会可持续形成一定的负面影响,如城市间的经济落差过大,会形成城市体系和产业结构的断层,中心城市无法获得各种优势资源的集聚优势,影响城市的发展后劲,同时周边地区也无法形成对中心城市的产品需求,中心城市的发展也将受到影响。过大的经济发展差距不利于社会的稳定,对城市社会可持续发展也产生一定的负面影响。

6.1.2 城市生态环境问题突出，防范自然灾害能力较弱

亚太地区快速城市化的过程中伴随着大规模的工业化，大规模城市化需要大量的工业和城市土地供给。工业化时代所形成的产出规模扩张迅速满足了城市化建设，人口向大城市过度集中，造成大量的拥挤现象。产出的扩张必然伴随着污染排放的增加，人口集中居住也必然带来各类消费和生活污染。20世纪80年代，东京、大阪等大城市由于长年的空气污染，被称为"烟都"。而在工厂集中的工业地区则集中暴发了各种公害病。熊本县的水俣病、新潟县的第二水俣病、四日市哮喘病和富山县痛痛病都在这一时期出现，并称为"日本四大公害病"。公害病直接导致数千人死亡，健康受到影响的人则不计其数。因此，日本列岛当时一度被称为"公害列岛"。据亚洲开发银行报告，菲律宾首都马尼拉目前已经成为亚洲空气污染最严重的城市之一。马尼拉人口1 180多万，虽然不及日本首都东京，但空气中的有害微粒含量均比东京高出不少。世界银行在对菲律宾的环境监督报告中指出，由于空气污染，菲律宾每年有2 000条生命过早夭亡，9 000多人患上慢性支气管炎，用于治疗与此相关的疾病的费用达到15亿美元。著名的旅游胜地泰国同样遭受污染之害，据"中央社"报道，最近泰国污染控制厅的调查显示，全泰主要河川水质恶化率39%。每年泰国产生1 520万吨垃圾，但其中只有580万吨或总量的38%被适当处理。这些污水和未经处理的垃圾对泰国居民的身体健康造成了很大危害。据媒体报道，由于澳大利亚东部海岸的城市化进程过快，人口集中和城市开发破坏了澳大利亚的动物考拉的栖息地，该动物很可能在15年内灭绝。中国环保部数据显示，2011年，中国机动车排放污染物4 607.9万吨，比2010年增加3.5%。2013年年初，中国中央电视台《新闻1＋1》的报道显示，中国中东部的大部分地区被雾霾笼罩。截至2013年1月13日24时，在全国74个监测城市中，有33个城市的部分监测站点的检测数据都超过了300，表明这些城市的空气质量均达到了严重污染的程度。不仅如此，连中西部地区的城市也开始持续出现了雾霾天气。知名医学杂志《柳叶刀》2013年的一则报告称，亚洲一些快速发展的城市中汽车使用量的激增，导致这些地方成为全球空气污染的"核心地区"。该报告称，2010年以来，亚洲地区共有超过210万人因受空气污染影响而死亡。报告援引联合国的调查数据，指出现在亚洲地区由污染引起的死亡数字占全世界的65%，是全球空气污染最严重的地区。另有数据显示，目前全球10大污染城市中有7个城市在中国。机动车增长速度过快和城市交通供给相对不足是造成城市交通拥挤的主要原

因，由于机动车保有量的迅速增长，大量的汽车尾气、工业、化工企业排污等对亚太城市的生态造成了破坏，城市二氧化碳排放量逐年递增，有害吸入性颗粒物的浓度居高不下，亚太城市生活环境面临着挑战。

亚太地区快速的城市化不仅引起了严重的生态环境问题，而且亚太地区是各类自然灾害的频发地区，而亚太地区不少国家在快速城市化的过程中，城市的公共基础设施建设滞后，如城市排水系统和污染处理系统陈旧，无法跟上适应城市规模迅速扩张的脚步，多数处于大发展和大规划时期。亚太城市几乎没时间准备和建造适合的基础建设。经济合作与发展组织（OECD）的一份研究表明，20 个最容易遭遇洪灾的港口城市中，15 个都在亚洲。以人口数量为基础计算出的 20 座最容易在 2070 年前遭遇洪灾的港口城市中，15 座位于亚洲，其中包括胡志明市、曼谷、仰光、东京和雅加达等亚太城市。仅 2012 年中，马尼拉的洪灾淹没了全市 80% 的面积，北京也曾成了"水中城市"，水灾也经常出现在曼谷。2008 年中国四川省汶川县发生 8.0 级大地震造成近 7 万人死亡，2013 年四川雅安地震造成约 200 人伤亡，2011 年日本北部海域发生 9.0 级大地震并引发海啸导致 15 843 人死亡。2013 年夏季亚太地区多个城市经历了历史上罕见的高温，仅 2013 年 7 月 23 日至 29 日的近一周内，日本国内城市共有 8 686 人因中暑被送往医院急救，死亡 16 人。2013 年夏天，中国的上海、杭州等城市均经历了 40 度以上的极端高温天气，仅上海就因中暑死亡 10 余人。亚洲开发银行（ADB）2012 年发布报告称，亚洲地区快速城市化过程中，自然灾害的风险日益加大，严重阻碍了亚洲地区的发展。报告显示，亚洲地区洪水、地震、山体滑坡等自然灾害频发，死亡人数增加，21 世纪的头 10 年间，因自然灾害死亡人口约为 65 万人，是 20 世纪 80 年代的 7 倍。自然灾害对亚洲的影响是非洲的 4 倍，是欧美的 25 倍，灾害造成的经济损失和救灾重建成本日益膨胀。2010 年洪水、山体滑坡等灾害令中国经济损失达 180 亿美元，2011 年洪灾令泰国经济损失达 450 亿美元。而作为亚洲地区城市化最快的亚太地区，也是天灾频发和最容易遭受重大经济损失的地区，凸显出亚太城市无法应对气候变迁挑战，难以保护城市居民的基本安全。

亚太地区城市化的快速推进引发了严重的生态环境污染问题，过度的城市开发会引起自然生态系统的破坏，引发自然灾害，而亚太地区城市应对自然灾害的能力十分薄弱。从生产的角度看，环境可视作一种生产要素，当技术水平一定时，过多的使用环境要素虽然可以带来产出规模的扩大，同时也会产生更多的污染排放。环境污染不仅仅直接对城市本来相对脆弱的城市生态系统和居住环境产生直接压力，更重要的是环境污染会影响居民的身体健康，最终影响劳动生产率，环境污染由此可以抑制城市经济的发展。当前,由于全球经济重心向亚太地区转移,由于亚太地区经济增长方式整体为粗放型,特别是近年来东南亚国家的廉价劳动力和土地价格吸引了大量的西方产业和 FDI 的进入,如初级加工制造产业等。同时,东南亚国家的环境规制相对西方发达国家普遍偏弱,使得亚太城市成为西方 FDI 和国际产业的主要目的地,亚太地区几乎成了西方发达国家污染型产业的主要目的地,成为西方发达国家的理想"污染避难所"(豆建民、张可,2014)。以中国城市为例,近年来,由于北京、上海等大城市深受雾霾天气侵袭,不少生活在中国的外国人逃离中国,日本媒体报道空气污染使得在华投资风险增加,日企正准备加快向东南亚国家产业转移的速度,雾霾已经成为中国吸引外商直接投资和游客的重要障碍(马丽梅,2014)。城市的可持续发展的目标之一是要实现经济、人口与生态环境的协调发展。城市生态环境已经成为城市竞争力的重要内容之一,当城市过度拥挤、居住环境不断恶化时,不但城市居民的健康受到影响,而且也会影响城市的形象,会导致企业和产业的外迁,城市的人口出现外迁,从而出现"逆城市化"现象。与此同时,亚太地区是各类自然灾害频发地区,如果在城市化的过程中盲目造城,各类要素集中于城市,一旦发生天灾,将会造成重大的人员和财产损失。城市的发展应以人为本,城市环境既是城市生产的空间载体,更是居民居住的生活空间,亚太城市环境的恶化对城市环境可持续竞争力具有较大的负面影响,不断恶化的城市环境会对增加境外投资的风险成本,从而传导至经济可持续竞争力上。因此,恶化的城市环境将同时对亚太城市环境可持续竞争力和经济可持续竞争力产生负面影响。日益突出的城市环境问题和城市抗自然灾害的能力薄弱将是亚太城市面临的一个重大挑战。

6.1.3 城市人口老龄化问题

虽然当今世界人口老龄化是一个普遍现象,但是亚洲尤为严重。根据联合国亚太经济及社会理事会的数据,预计亚太地区老龄人口的数量到 2050 年将增长 2 倍,到达 12 亿以上,这意味着到那时在该地区每 4 人中就有 1 人超过 60 岁。目前全世界超过一半的 60 岁以上人口居住在亚太地区。根据 2013 年中国国家统计局统计公报数据显示:截至 2012 年底,中国 60 岁及以上老年人口已达 1.94 亿,占总人口的 14.3%。预计在 2013 年突破 2 亿,2034 年突破 4 亿。2011 年上海市户籍人口中,60 岁及以上的老年人口为 348 万人,占 24.5%;65 岁及以上的人口为 235 万人,占 16.6%。"十二五"时期,上海的老年人口平均每年将会增加 20 万,预计到

2015 年将达总人口的 30%。中国香港政府统计处的数据表明,预计 65 岁及以上人口在总人口中占比将从 2006 年的 12% 上升至 2036 年的 26%。香港政府统计处 2013 年公布了 2012 年至 2041 年的人口推算数据,香港人口在未来 30 年将增加 140 万,增至 2041 年的 847 万。更为引人关注的是,65 岁及以上人口的比例推算将由 2011 年的 13% 显著上升至 2041 年的 30%,老龄化将给香港社会各方面带来严峻挑战。韩国统计厅公布的《2010 韩国社会指标》显示,韩国的人口老龄化加速,2010 年韩国 65 岁以上老年人口约为 530 万,占总人口的比例也升至 11%,预计到 2050 年,韩国人口将达到 4 400 多万,65 岁以上老年人口占总人口的比例将上升为 38.2%,到时候平均每 1.4 个劳动年龄人口(15—64 岁)需要赡养 1 名老人。日本城市的老年人口增长很快。在 1920 年,日本只有 18% 的老年人口,但是到 1970 年已经有 30% 的老年人口。在 21 世纪初叶,日本老年人口占总人口比例超过 40%。日本国立社会保障与人口问题研究所 2012 年公布的统计资料显示,2010 年时日本的 65 岁以上人口比例已经增至 23%。这也就意味着 5 个日本人中,至少就有 1 个是 65 岁以上的老人。

城市人口老龄化将引发多种经济社会问题。一方面,亚太地区人口不断向城市集中,城市的各类基础公共服务设施建设难以跟上城市人口的快速膨胀,如医疗设施不足,老年人的公共服务基础设施更是不足,老年人的精神文化生活无法得到满足,容易引发各种家庭和社会问题。老年人口的增加,年轻人口的减少,整个社会的老年人口抚养比上升,社会养老的负担变得很重,在亚太地区的韩国、马来西亚、新加坡、中国台湾,养老金或公积金体系基本上是覆盖全体人口的,亚太城市快速城市化过程中在政府财政和债务约束下,难以支付高额的社会养老金,这使不少西方发达国家纷纷采取延缓退休年龄、异地养老等政策来缓解社会养老金的不足,但是面对庞大的老年人口及其对应的高额社会抚养金,人口老龄化依然是摆在亚太各国城市面前的重要问题。当整个社会中年轻人口减少,老年人口增加时,家庭中年轻人身负赡养老人的负担加重,一旦年轻人失业,且社会保险制度不完善的情况下,将会使家庭陷入贫困。更为严重的是,当整个社会的青壮年劳动力数量和比重下降时,会造成劳动力供给不足,这对于亚太地区新兴城市将是一次重大打击。如东南亚已经成为发达国家劳动密集型产业的重要迁移地(如手工制造业、出口加工产业等),其主要原因就是亚太地区城市化过程中广大的农村地区存在大量的剩余劳动力,这些剩余劳动力充当了城市工厂的廉价劳动力。一旦亚太地区出生率下降,青壮年劳动力减少,这些城市将可能会失去产业竞争力,加上人口老龄化的社会抚养资金压力,将会使这些城市的经济陷入衰退的境地。

城市人口老龄化将对亚太城市的可持续发展带来众多负面影响。一是城市的劳动力就业人口可能会面临着供给不足,特别是亚太新兴城市仍然处于工业化推动阶段,大量的劳动密集型产业大量存在,需要大量的青壮年劳动力作为支撑。一旦青壮年劳动力供给不足,将导致劳动力工资的上涨,企业的发展成本也将随之上升,城市的国际产业竞争力下降,从而影响城市的可持续发展,同时亚太城市的劳动力价格相对西方发达城市更加廉价,一旦青年劳动力供给不足,将会使亚太城市失去原有的人口红利优势。二是大量的城市老龄人口将使整个社会背上承重的养老负担,当城市的养老保障体系还不够完善时,政府难以承担庞大的社会养老金,年轻人需要承担家庭的赡养责任,整个社会将处于一种高度的养老负担之中,生活在城市对于年轻人而言将变成一种负担,这种养老负担会影响年轻人的就业和居住地的选择,部分青壮年劳动力有可能会从大城市向中小城市转移,进一步加剧城市劳动力人口短缺的问题。除此之外,老龄化社会也会对城市的家庭结构产生重要影响,当亚太城市生育率不足时(如上海、东京等亚太城市),出现众多的独生子女,独生子女成家后将会同时需要抚养两个家庭的老人和下一代子女,由此将使得年轻人的生活压力巨大,城市可能成为阻碍他们实现梦想的地方。可持续发展要求城市具有源源不断的青年劳动力,需要源源不断的年轻人在城市打拼,带来新的创新思想和观念,以改变城市的现有发展理念。当一个城市走向老龄化的同时,这个城市的创新存量可能由此而减少。年轻一代人的不断创新和改革,这也是城市可持续发展的重要内涵之一,更是城市发展可持续社会竞争力的重要动力之一。

6.1.4 交通、资源短缺、贫困与失业、住房等问题

在亚太地区快速城市化的过程中,人口迅速集中到大城市,大量的人口使城市变得十分拥挤。虽然东京和新加坡等城市是全球著名的不堵车城市,但是绝大多数亚太城市均存在堵车问题。2010 年美国《福布斯》杂志公布全球人口最稠密城市排行榜中,亚洲城市有 16 个,其中亚太城市有 11 个,在人口集中的同时这些城市还面临着城市交通拥堵的现象。如泰国的曼谷是全球著名的堵车城市,因为堵车,曼谷享有"世界最大的停车场"的戏称,目前其汽车保有量在 260 万辆以上,平均两三人就拥有一辆车。印度尼西亚首都雅加达堵车状况日趋严重。雅加达交通局统计数据显示,截至 2011 年底,雅加达各类机动车的保有量已超过 1 200 万辆,其中汽车至少 400 万辆,且还在以每年 9% 的速度递增。交通堵塞不仅影响市民的出行,同时也严重影响经济建设,雅加达每年因堵车造成经济损失高达 43 万亿盾。

中国大城市的堵车问题更加突出,2012 年中国科学院公布的《2012 中国新型城市化报告》显示:在北京,上班平均需花费 52 分钟,居首位,在上海需花费 47 分钟,在深圳需花费 46 分钟。在选取的人口在百万以上的 50 个主要城市中,居民平均单行上班时间要花 39 分钟。如果按照人口算,排名在前的 15 个城市的居民每天上班单行比欧洲多消耗 288 亿分钟,折合为 4.8 亿小时,若按上海每小时创造财富 2 亿元换算,15 个城市每天损失近 10 亿元人民币。

大量的交通拥挤和城市管理,会引起城市财富的损耗,浪费了大量的时间资源和物质资源,损害了城市的可持续发展。2012 年中国汽车产销量双双突破 1 900 万辆,增速都超过了 4%,蝉联世界第 1。中国 667 个城市中,约有 2/3 城市的交通在高峰时段出现拥堵,城市居民平均单行上班时间要花 39 分钟。与此同时,由于城市化的人口集聚效应,造成了物质消费的过度集中,不少城市面临着缺水、缺电的现象,如西部不少城市严重缺水,每年夏季,中国多个大城市出现"电荒"。这些资源短缺现象暴露了城市发展带来的负效应。中国目前人均水资源量不足世界人均水平的 1/3,正常年份全国年缺水量达 500 多亿立方米,近 2/3 的城市不同程度缺水。

亚太城市的快速发展令世界瞩目,并成为全球重要的财富创造中心。凯捷和加拿大皇家银行财富管理发布的《2012 年亚太财富报告》显示,2011 年亚太地区内富裕人士数量已经超越北美,成为全球最大的富裕人士集中地。其中泰国富人增长强劲(12.8%),亚太地区的财富在地域上日益集中,2011 年 76.1% 的富裕人士位于日本、中国和澳大利亚。瑞信研究院 2012 年度《全球财富报告》认为,亚太地区首次取代欧洲成为全球最富裕的地区。中国已经是过去 10 年最主要的新增财富来源地,预计在 2017 年将成为全球排行第 2 的富有国家。尽管如此,亚太城市的贫困和失业问题依然突出。亚太地区 2012 年的赤贫者数量达 7 亿,位居世界第 1。全球贫民窟人口最多的地区依然是亚洲地区,有 5.54 亿,占亚洲人口的 40% 左右,全球城市贫民窟人口总数的一半以上居住在亚洲城市。2008 年,马尼拉拥有 1 200 万人口,其中 1/3 的人口居住在贫民窟。同一时期的菲律宾约有 3 000 万人生活在贫困线下。2011 年的一项调查表明,过去 10 年来菲律宾的城市贫困状况恶化,超过 1/4 的人口每天只靠不超过 1 美元过活。

中国的城市贫困现象也日益严重,中国社科院 2011 年《中国城市发展报告》指出,2009 年中国城镇人口总数约为 6.2 亿人,其中贫困人口约 5 000 万人,占城镇人口总数大约 8%。造成城市贫困的一个重要原因是失业,城市人口没有农耕的土地,一旦失业,将会快速陷入贫困,由于贫困又容易产生城市犯罪。2012 年

《中国城镇失业报告》显示：2011年中国城镇整体失业率为8.0%；其中，男性失业率为8.1%，女性失业率为7.8%。《博鳌亚洲论坛亚洲竞争力2013年度报告》指出，全球经济低迷加剧了亚太地区的失业。报告称，2012年10月日本失业率为4.2%，失业人口273万，领取最低生活保障的人数连续4个月上升，创历史新高。国际劳工组织报告认为，尽管目前新加坡、泰国和韩国就业指数好于2011年，但印度尼西亚、马来西亚、菲律宾、越南以及中国台湾和中国香港的就业状况均比2011年进一步恶化。同时，亚洲发展中经济体的低工资和缺乏劳动权益保障所反映的就业质量问题令人担忧，非正规就业占东南亚新增就业岗位的比例高达2/3，如此高的非正规就业规模可能会引发一系列的社会问题，如拖欠工资、工作环境恶劣等。一旦城市非正规就业规模过大，将会直接影响实体经济，如大量的地下经济会让政府丧失巨大的财政收入，也进一步加剧了市场的扭曲程度，造成负向的经济激励，甚至会影响到整个市场经济的基本秩序和运行。

亚太城市还面临着大量的城市住房问题。一方面，亚太城市快速的城市化大量的占用了农业用地，城市的土地供给趋于紧张；另一方面，亚太城市人口的不断膨胀使得住房价格屡屡攀升。2012年全球房价最高的十大城市中就有亚太地区的香港、东京、新加坡。20—30岁的韩国公民，2012年月平均收入为330万韩元（约合人民币1.89万元），年收入为4 000万韩元（约合人民币22.9万元）。首尔商品房平均房价约497.57万韩元每平方米（约合人民币2.85万元每平方米）。若想购买面积为82.5平方米的商品房，需支付4.1亿韩元（约合人民币235.1万元）。由此可知，首尔的居民工资全部用来购房，至少需要积攒10年。中国的一线城市京沪广深房价一直居高不下，普通城市居民买房压力巨大。中国不少城市房地产繁荣的背后却隐藏着大量的城中村和城市棚户区，这些城中村和棚户区的卫生、治安条件令人担忧。如北京的城区内城中村众多，武汉青山区就有11 142户居民拥挤在破旧不堪的棚户区中，青岛约有20万人住在棚户区。由于亚太城市房价一直居高不下，大量的非城市人口只能通过租房来解决住房问题。难以承受的高房价将会直接影响中低收入阶层的可支配收入，影响年轻人的就业目的地的选择。一方面，过高的房价将会使大量的住房刚性需求得不到满足，同时伴随高房价的高房租也直接会影响到在城市工作人群的生活质量，为了减轻住居成本，可能会引发诸如群租等一系列的问题，既会降低普通市民的生活质量，又会影响城市居民的社会和谐和幸福感。另一方面，当房价过高时，低收入群体会自发形成特定的居住区域，如集中居住在城市城中村、危房和破旧房屋中，容易形成城市贫民窟，从而引起社会治安事件和犯罪率的增加。

交通拥挤不堪,城市用电、用水紧张,城市贫困和失业,虚高的房价是亚太城市化过程中难以回避的现实。拥挤的交通会让城市内部的经济活动变得很慢,大量的社会成本在城市的公路上损失掉。城市贫困和失业是城市发展是否实现成果共享的重要标志,在生活成本巨大的城市里,失业意味着基本的生存受到威胁。而居高不下的城市房价,不仅仅使众多的城市居民背负着买房的巨大压力,而且挡住了不少为梦想而奋斗的年轻一代,城市居民的幸福感会大打折扣。

交通、资源短缺、贫困与失业、住房等问题均会对亚太城市的可持续发展造成直接影响,城市的可持续发展既需要各种要素的可持续,更需要在城市基本发展硬件上的可持续。交通、资源、就业、住房等均是居住和工作的基本要素,属于城市运行的硬件,理应在城市发展的同时得到改善,从而促进城市不断向前发展。这些城市硬件的发展欠缺将直接影响亚太城市的经济、社会、环境、资源可持续竞争力。亚太城市需要综合运用城市管理、科技创新等手段来解决城市交通、资源、贫困与失业和住房等一系列的问题,以提升城市综合可持续发展能力。

6.1.5 利益主体多元化

经济全球化和世界政治格局多极化的今天,亚太地区已经成为全球政治和经济的重心,亚太地区的政治经济格局中不仅仅存在各亚太国家的政治力量,而且成为美国、俄罗斯等超级大国的重要战略高地。目前亚太地区已经形成了五种重要的政治力量:美国、俄罗斯、中国、日本和东盟。美国已经把亚太地区看作美国全球战略的核心之一。俄罗斯也在强化东移亚太的战略,加速开发与开放东部地区。显然,亚太地区已经成为全球各大国实现自身政治和经济利益的核心区域。城市的发展往往受城市所在区域的政治和经济利益导向的影响,亚太各城市分别代表着亚太各国的政治和经济诉求,在这种多种利益主体并存的情况下,国家的竞争体现在城市的竞争,亚太城市也会因为本身成为政治和经济战略的符号而难以形成合力,各自为所代表的利益参与全球竞争。虽然和平与发展已经成为主流,但是当国家核心利益发生冲突时,维护自身利益是各国及城市的首要选择。近年来,亚太各国在海洋主权上存在较多的争端,给亚太各国的间的关系蒙上了各种阴影。如中国同日本、越南、菲律宾的岛屿主权争端引发全球关注。中国是亚太地区的地缘大国,亚太地区的地缘变化和利益格局的变化影响着中国的发展,中国的城市化更需要安定的发展环境。

与此同时,亚太城市所在的国家和地区在政治、文化、宗教、意识形态上的较大差异也对亚太城市的合作形成了一定的影响。亚太地区既有中国、越南、朝鲜等社会主义国家,也有日本、韩国等资本主义国家,导致这些国家的城市在经济体制上存在较大的差异。在语言上,虽然英语已经成为国际通用语言,但是亚洲各国均有自己的语言,如汉语、日语、越南语、菲律宾语、英语等。在宗教信仰上,亚太地区目前佛教、伊斯兰教、基督教同时存在。城市所在国家和地区的文化宗教和意识形态会影响城市文化,并对城市的发展形成各种正面和负面的影响。虽然随着经济和文化交流不断加强,城市的包容性也在加强,城市可以拥有海纳百川的胸襟,但是对于那些深受宗教文化和意识形态影响的城市,在与其他国家和地区的城市交流过程中存在由此带来的各种阻碍。

利益主体多元化强调个体利益,当前和未来若干年内亚太地区依然成为各政治、经济、文化大国和地区之间角力的重要的有形或无形的战场,各利益主体均有不同的利益诉求,当各方利益博弈无法达成多方共赢,势必会影响亚太城市体系的形成和完善,对亚太城市整体的可持续发展产生一定的负面作用。

6.1.6 社会融合问题

在亚太地区快速城市化的过程中,人口向大城市迅速集中,外来人口与城市人口之间的社会融合问题十分突出。特别是以中国和朝鲜为代表的户籍制度国家,在城市化的进程中大量的外来劳动力进入城市工作,由于受教育程度的限制,多数的农村劳动力只能从事低端的体力劳动行业,收入低、工作环境差、受到歧视,他们为城市化奉献了自己的汗水和劳动却无法享受到与城市居民同等的公共福利,这些不公平容易让进城务工人员对城市居民产生敌对和不信任心理。而当他们的合法权益受到侵害时,又难以用法律的武器保护自己,因此往往会造成一些社会冲突,甚至引发群体性事件。

随着亚太各国经济交往不断增多,各国和地区间的劳动力流动也十分频繁。菲律宾佣人在亚太地区十分受欢迎,2010年在中国香港的菲律宾佣人就达到13万。在中国各城市的韩国人已经超过200万。当前有大量的华人在亚太各国工作和定居。如菲律宾人口约1亿,华人占据2%,约200万华人定居或工作在菲律宾的各个城市。在印度尼西亚的华人约为1 000万,占印度尼西亚总人口的5%。这些华人为当地创造了大量的社会财富,也为当地的城市化做出了重要的贡献,然而华人在这些城市融入当地的社会仍然有众多的困难。如1998年在印度尼西亚雅加达等城市发生了著名的"排华"事件。

经济全球化让世界变得更小,亚太各国之间的经济联系度在不断增强,在城市化的过程中,既有本地居民与国外居民间的社会融合问题,也有本国内部城市化过程中的各种社会群体融合问题。社会融合是不同经济团体交往形成信任和建立各种关系的基本前提,也是城市社会和谐的重要反映。当城市财富分配不均,大量贫困人口居住在贫民窟里,这些城市底层的居民在社会生活中往往会有被剥削的感觉,这样的境遇容易使他们滋生对社会强烈的不满情绪,不满情绪不断积累和酝酿,到了一定程度就会引发社会冲突。城市贫民阶层的扩大和贫民窟的存在,以及随之而来的难以调和的社会矛盾,不仅仅反映了社会贫富差距的不断扩大,而且逐渐成为社会发展的阻碍力量,更是社会矛盾激化难以避免的重要因素之一。

以中国为代表的亚太国家在城市化进程中的社会融合问题日益突出。户籍制度导致的城市二元社会结构,其背后所捆绑的社会公共福利差异、社会阶层固化、城市流动人口的管理滞后、社会不公平等均是城市化进程中社会融合问题突出的重要原因。上海 2 300 万人口中有 40% 的非户籍人口,深圳这一比例高达 81%!这是半城市化的重要表现之一,即人口城市化不够充分。城市化的一个经典定义是农村人口的生活方式向城市人口生活方式的转变,包括身份的转变。大量的务工人员进入城市工作,却难以享受到城市户籍所捆绑的各种社会公共福利,如教育、医疗、社保等。他们没有享受到城市化带来的好处,这种户籍限制为城市群的可持续发展带来了一定的负面效应:如造成城市社会的不稳定性和社会的不公平性。另外,工业化速度远低于城市化速度,土地城市化速度远低于城市化速度均不利于城市群的发展。纵观国外城市化的经验,城市化往往是由工业化的带动而快速发展的,而亚太国家的城市化则有虚高现象。土地城市化的速度远低于城市化速度,往往造成城市土地紧张,人口密度过大,城市房地产价格过高。

社会和谐和稳定是城市可持续发展的内涵之一。劳动力由农村不断流向城市,劳动力在国家间和城市间的流动本身对城市的发展是有重要意义的,如可以保证城市具有不间断的劳动力人口,特别是满足劳动密集型产业(如制造业和服务业)的需求。但是,当本地居民和外来人口由于户籍限制、社会福利差异、工作条件和薪酬差异而导致各种不公平时,社会各阶层人口容易形成对立,引起社会阶层间的不融合状态,如城市高端社区、城中村和贫民窟的高度隔离。不同的社会阶层仅倾向于与本阶层交往,整个社会阶层间的交往通道受阻,这对城市的社会稳定和可持续发展极为不利,导致难以形成一致的城市认同感和城市精神、城市价值,从而直接影响亚太城市的社会可持续竞争力。

6.2 亚太城市间的竞争与合作

随着经济全球化和区域经济一体化的不断深入,亚太地区已经成为全球最具经济活力的区域,而亚太城市又是这一区域的发展引擎。根据上节的分析可以看出,当前或未来若干年内亚太城市将面临着诸多的问题和发展瓶颈,如何在可持续发展的视角下有效解决这些问题和发展瓶颈,使亚太城市在未来全球城市竞争中处于领先地位,让城市的发展成果惠及各类社会阶层和人群,如何通过城市发展转型、创新管理等来克服各类城市发展瓶颈,以实现亚太城市经济、社会、环境、资源的可持续和协调发展,这些均是当前亚太城市发展亟需解决的重大理论和现实问题。要实现亚太城市的可持续发展和整体竞争力的提升需要把握亚太城市发展趋势,充分利用亚太城市之间的竞争与合作关系,把握亚太城市体系的调整和城市间的融合趋势,在竞争与合作中试图消除阻碍亚太城市可持续发展的阻力,顺应亚太城市的发展演变趋势,主动进行创新和变革,主动顺应融合和重构。

6.2.1 亚太城市的竞争

当前,在亚太地区已经形成了一定数量且具有国际竞争力的城市,它们在全球城市竞争中占据重要的地位。当今世界,经济的发展与资源受限之间的矛盾越来越严重,国家和地区间的竞争越来越体现于城市间的竞争,城市和城市群已经作为国家的竞争主体直接参与全球各种要素和资源的竞争。中国社会科学院 2012 年公布的全球最具竞争力的前 10 名城市中,亚太地区城市有 4 个,与北美地区平分秋色。亚太城市既面临着西方传统的国际性城市的竞争,同时也面临着亚太地区内部的城市竞争。以香港为例,香港不仅仅面临着东京、首尔、新加坡三座城市在国际贸易、金融、航运中心方面的竞争,还面临着内地城市的竞争,处于"两面受夹"的境地。改革开放 30 多年来,中国内地经济持续稳步增长,对外开放程度越来越高,已经形成了全方位的区域竞争力。过去香港是 FDI、外商、全球 500 强跨国企业进入中国内地城市的跳板和通道,而随着上海和北京等城市在全球城市中影响力的增强,这些跨国企业根本无须通过香港进入内地城市,而是直接进入内地,甚至不少在香港设有总部的跨国公司,也纷纷把总部迁到上海、北京等地。这让香港在亚太地区的经济、金融中心地位越来越边缘化。罗兰贝格公司的《2011 年亚太地区总部调查》显示：截至 2011 年，全球 500 强企业在亚太地区跨国公司总部数量最多的城市是新加坡，随后是上海、香港、北京，而这些受调查的跨国公司中有相当比例的公司正在计划将地区性总部或全球业务总部迁往上海和北京，仅 2010 年就有 24 家跨国企业宣布将地区总部搬迁至上海，其中包括了华特迪士尼、卡夫食品等全球性公司。2011 年最吸引跨国公司的亚太城市前 15 名依次为：上海、香港、新加坡、北京、广州、深圳、东京、吉隆坡、曼谷、首尔、台北、新德里、雅加达、河内、马尼拉。

以上海为代表的中国城市的吸引力潜力十分巨大。当前上海正在推进国际金融、贸易、航运中心的建设，以及设立上海自由贸易试验区的建设。国家发改委公布的《"十二五"时期上海国际金融中心建设规划》指出，力争到 2015 年基本确立上海的全球性人民币产品创新、交易、定价和清算中心地位。这些利好消息均在为上海的国际竞争力增加筹码。在金融方面，香港、东京和新加坡一直是亚太地区金融中心的有力竞争者。香港在全球金融系统中占据着重要的地位，其银行、财务公司、银行分支机构和各类金融机构数量按照人均计算一直雄踞全球第一。香港是仅次于纽约、伦敦、巴黎的世界第四大银团贷款中心，是仅次于伦敦、纽约、苏黎世的全球第四大黄金市场，同时香港还是亚太地区的重要基金中心。但是从外汇的日均交易量上看，香港落后于新加坡和东京，东京的全球金融中心地位难以撼动。在航运方面，新加坡、香港、上海、东京均在争夺航运中心，目前新加坡、香港、上海均是全球重要的港口城市，2010 年上海的集装箱吞吐量已经超过新加坡跃居世界第一。日本东京正在捍卫自己的亚太航运枢纽的地位，日本东京第二个国际机场羽田国际机场的新国际航站楼和第四跑道于 2010 年启动，配合官方名称"东京国际空港"，预期东京与香港、新加坡的航运竞争将更趋激烈。

除此之外，亚太中心城市间还面临着越来越激烈的人才竞争。城市的竞争归根到底是人才的竞争，未来的城市竞争中，作为高端要素的人才是决定城市竞争力的核心。近年来亚太地区城市对人才的吸引力越来越大，根据 2011 年澳大利亚媒体的报道，越来越多的亚裔专业人才和技能人才放弃澳大利亚、新西兰和其他西方国家，转而移民至亚洲一些主要城市。中国香港拥有东亚最多的移民数，大约有 274 万，随后是马来西亚、日本、新加坡和泰国。这些人才的注入为亚太地区城市的发展提供了重要的智力支持。亚洲内部人才的流动相对较容易，这是未来亚太地区城市人才竞争趋于激烈的一个重要原因。中国社科院城市竞争力研究中心的数据显示：香港的人才竞争力连续多年位于中国城市第一。香港不仅仅通过多种优惠政策吸引全球高端人才,同时非常注重人才的培养,面对上海、北京等城市的人才竞争,香港的优惠意识很强。其人才战略甚至延伸到内地,如参与高校生源争夺。2013年,仅香港大学就招收了16名内地省市的高考状元;2012年,香港大学更是"抢走"内地21名省市高考状元。新加坡是典型的"人才强市"型城市,新加坡政府每年花"重金"在包括中国内地在内的地区挖掘人才,并在全世界设立了8大人才猎头公司,挖掘全球各类行业高端人才到新加坡工作。面对亚太城市间人才激烈的竞争,韩国在20世纪60年代就提出了"人才回归计划",以首尔为代表的韩国城市吸引了大批的海外归国人才。上海和北京已经成为中国国内海外人才回国创业和工作的首选地,中央组织部提出了"千人计划",上海也提出了本地的"千人计划",同时重金吸引各类海外顶尖人才来沪工作和创业。显然,亚太城市的人才竞争将越来越激烈,人才的争夺已经成为香港、新加坡、首尔、上海、北京等城市间竞争的重点。

亚太城市间未来的竞争将愈加激烈,高强度的竞争对于亚太城市而言是利大于弊。竞争是进步的开始,竞争也是创新的动力。从地区经济整体发展来看,竞争有利于地区间合理利用资源,促进先进技术、新生产方式、新管理理念、新生活方式的出现。除此之外,竞争的直接好处就是促进城市发展中的效率。在知识经济时代,亚太城市间的竞争从原先的低劳动力成本、廉价土地、税收等要素和政策优惠走向技术创新、智慧城市、低碳城市等领域,这种竞争极大促进了亚太地区整体的生产率,提升了亚太城市的整体竞争力。从地区产业布局来看,通过市场化的选择作用,各地区选择合适的产业是通过竞争机制实现的,地区间的竞争为企业的投资和选址提供了市场化的基础,从而最终实现产业的地区最优选择。除此之外,城市的竞争会强化城市间的比较优势,如东京的全球金融市场地位使得东京具备金融城的特征,而香港在国际银团贷款业务上处于全球领先地位。城市间的竞争使得城市间在功能定位上更加明确,有利于城市间的错位和互补发展。当然,过度的竞争显然不利于亚太城市整体的发展,各城市需要在竞争的基础上展开对话和合作,将竞争的损失降低到最小,避免城市间的恶性竞争和大量的重复性投资和资源浪费。适度的竞争将有利于资源在亚太城市间的有效配置,实现各类要素的高效利用,提高经济效率,提高亚太城市的经济可持续发展动力。竞争已经成为现代市场经济的主要内容之一,亚太城市间的适度竞争对提升亚太城市在全球城市竞争体系中的地位有着十分重要的作用。当前经济全球化和区域一体化使得资源在全球空间范围内进行配置,亚太城市间只有通过适度的竞争才可以发现并发展每个城市的竞争优势,缩短在全球城市竞争中寻找最具有竞争力的优势的时间。

6.2.2　亚太城市的合作

在经济全球化的今天,国家和地区之间的竞争和合作共存。亚太城市间由于地域间的临近和各自发展的需要,合作是互利发展的优选策略。亚洲已经逐渐成为新的世界经济重心,亚太城市更是这一区域经济最活跃的地方,亚太城市间的合作有利于亚太城市经济一体化进程,形成抱团发展和竞争合力,在全球化竞争中形成共同的利益综合体,同西方发达国家的城市竞争,以保持亚太经济在全球经济中的地位和话语权,并减少对欧美发达经济体的经济依赖度,减轻对外经济的风险。亚太城市间的合作主要建立在亚太地区各国家和地区间的合作框架之上,亚太城市是各国经济和贸易的中心,也是国家和地区间合作的最大受益者。亚太地区合作的成果十分丰富,目前已经形成了亚太经济合作组织(APEC),亚太经合组织在推动亚太地区贸易投资自由化和便利化、开展经济技术合作方面不断取得进展,为加强区域经济合作、促进亚太地区经济发展和共同繁荣做出了突出贡献。同时各种地区性的多边或双边贸易协定也成为推动亚太地区合作的重要途径之一。2014年亚信峰会成功在中国上海举行(亚洲相互协作与信任措施会议),该峰会成员国包括了亚太地区所有国家和包括美国在内的观察员国。亚信会议既是亚太地区安全对话的最高对话平台,也是亚太各国及城市增加信任和促进经济、社会、科技、文化等领域合作的重要平台。截至 2011 年,亚太地区国家已经达成或正在筹建的区域贸易协定(RTA)共计 257 个,其中签署并生效的已经达到 109 个,新加坡参加了35 个 RTA,其中多边区域贸易协定(东盟)成员已经扩展至 64 个。同时还出现了多边 RTA 构想:如日本前首相鸠山由纪夫提出的"东亚共同体"、澳大利亚前总理陆克文提出的"亚太共同体"、APEC 框架下的"亚太自由贸易区协议"以及"跨太平洋伙伴关系协定"等。这些已经形成的国家和地区合作组织和框架为促进亚太经济合作一体化进行做出了重要的贡献,亚太城市间的联系更加紧密,合作领域越来越宽广。

除此之外,亚太地区的城市间有更深入的合作。如每两年举行一次的"亚太城市高峰论坛"(APCS),该论坛的主要宗旨是提升亚太地区和亚太城市的经济发展和整体竞争力。APCS 已成为亚太地区重要的政府与商务论坛,参与者针对城市经营、城市管理和建设、城市企业发展、投资环境与其经济效益方面进行深入探讨,APCS 已经成为欧美跨国企业进入亚太市场的重要平台。2013 年 9 月,亚太城市高峰会在高雄市举行。其他还有"亚洲城市信息化合作论坛",设立于上海的亚太地区城市信息化合作办公室。该组织的主要任务是促进与会各亚太城市间合作项目的开展，并促进本地区各城市在政府、公共行政和公共服务的发展和现代化方面的信息共享和合作。

与此同时，亚太各国和地区的城市间也有一些城市之间的合作框架，如中日韩三国于2010年就开始推进"环渤海行动"备忘录，该备忘录被认为是城市版的"经济伙伴协定"。签署备忘录的一共有来自三国的10个城市，分别是中国的天津市、青岛市、大连市、烟台市，日本的北九州市、下关市、福冈市，韩国的釜山广域市、仁川广域市、蔚山广域市。在此备忘录框架下，上述10城市将推进"一站式服务中心"，并形成有效的衔接机制，旨在为各国企业提供贸易与投资的高效服务，最终促进三国相关城市间的经济、贸易合作，创建"环黄海最佳商务区"。亚太城市除了抱团合作发展之外，各城市间单独的合作也十分频繁，如2001年苏州和新加坡协议合作开发建设苏州工业园区，由双方共同出资建设一个拥有全球竞争力的高科技工业园区和现代化、国际化、信息化的创新型、生态型新城区。2007年天津与新加坡合作在滨海新区开发生态新城，该生态城占地20平方公里，是一个集休闲、居住、商业和生态人文融合一体的现代化生态城。双方合作的主要方面是围绕城市水循环利用系统上，该生态城市正在建设一套海水淡化、污水处理以及城市水循环利用的基础设施。广州中新知识城项目是继苏州工业园区和天津生态城后，新加坡与中国合作的第三个大型项目。该项目选址在广州市的广州开发区，规划面积约123平方公里，由广州开发区和新加坡淡马锡控股的直属子公司星桥国际负责项目的投资运作。随后新加坡还与中国的连云港市、泸州市开展了类似的城市发展和城市环保项目。在金融合作上，亚太地区城市间也有广泛的合作。以东京和新加坡为例，2010年6月1日，新加坡和东京的两大商品交易所新加坡商品交易所（SICOM）、东京商品交易所（TOCOM）宣布签署意向条款协议，就拓展交叉上市以及增强新加坡与东京商品市场流动性展开合作。东京和新加坡两大商品交易所也在寻求提供交叉会员服务，方便各自会员易于远程参与对方交易所交易。通过这些城市间的金融合作，新加坡商品交易所和东京商品交易所的市场参与者可以便利地参与两所挂牌的商品合约交易，增加套利交易机会和整体市场流动性。亚太城市间为了增强居民间的文化交流，还建立了以合作和友好为主题的各类友好城市，目前中日已经形成友好城市250对，中韩141对，日韩是中国城市对外友好城市数量较多的两个国家。中日韩三国的城市定期举行友好城市大会，2012年第14届中日韩友好城市交流大会在中国昆明成功举行。

随着亚太地区成为全球经济增长的核心区域，亚太城市在各类国际城市竞争的舞台上闪亮登场,面临着日益激烈的全球城市竞争。亚太地区国家间、地区间、城市间的合作框架均为亚太城市的全方位合作打下了坚实的基础,通过政治、军事安全和经济文化多元化的合作格局,实现"多赢"或"双赢"的格局,亚太城市间将充分依托这些合作成果和既有框架,为亚太城市整体竞争力的提升提供保障。同时,亚太城市间在竞争中寻求合作,形成优势互补,这些政治、经济、文化、科技、教育、医疗等多领域的合作为亚太地区经济一体化提供了一定的基础。亚太城市间的多元化合作将会形成城市竞争力合力,同时也强化了亚太地区经济一体化、大交通网络建设的必要性。亚太城市间需要建立互助互利的合作原则,亚太主要发达城市具有先发优势和优越的城市建设管理经验,先发城市可以通过技术支持、资金支持、管理支持等形式参与落后地区和城市的发展,落后的城市为先发城市提供了新技术和资本投资的市场、新的利润增长点,亚太发达和落后城市间就形成了一种互利互惠的发展路径,促进共同发展和共同繁荣。亚太城市间的互惠合作将有利于亚太城市整体可持续竞争力的提升,如亚太城市间政治、经济、文化、科技、教育等领域的合作,将直接提升亚太各城市的经济、社会、环境、资源可持续竞争力。

6.2.3　亚太城市体系的融合

亚太地区政治、经济、文化、宗教信仰等均存在较大的差异,且城市各处于不同的发展阶段,所面临的问题既有共性问题,也有个性问题。在经济全球化的今天,亚太城市之间进行了各种合作,合作的前提是相互认同并支持相互的发展理念,因此,合作是亚太城市体系进行融合的前提之一。虽然亚太地区是全球重要的新兴市场,但是亚太地区的经济话语权,特别是国际定价权与亚太地区在全球的经济地位不相匹配。一个整合的亚洲可以增强经济话语权,一个协同的亚洲可以减弱对欧美的经济依赖度,而一个整合和深度融合的亚太则是亚洲崛起并赶超欧美的重要前提之一。作为亚太地区政治、经济、文化、科技、教育的核心区域,亚太城市需要在已有的合作框架下进行深度融合,获得持续的竞争力。首先,在国家层面上,亚太各国需要凝聚共识、增强合作,依靠组合力量抑制美欧的贸易保护主义,避免经济因贸易逆转而出现增速急剧下滑,保证经济增长的良好势头。其次,承认各城市在政治、经济、文化、宗教信仰上的差异,尊重各自的发展并相互支持各自的发展。在地区核心利益上要保持高度的协调,充分互信并保持高层的对话机制。

融合不仅仅是城市间由合作走向共生发展的过程,也是人口、经济、社会、生态环境之间相互融合的过程。亚太地区各国差异性较大,各自的发展路径和发展阶段不同,但是保持经济持续增长,形成可持续发展的城市竞争力是共同的目标之一。首先,亚太各国的城市内部需要进行重新融合,以形成代表国家的城市竞争力。国家内部的城市率先实现抱团发展是跨国城市融合的第一步,即形成国内城市的发展合力和利益综合体。以中国为例,中国当前的城市化过程中出现了明显的城市间的融合现象,如中国已经形成了以长三角城市群、珠三角城市群、京津冀城市群为代表的24个城市群,城市群是城市化进入高度发展后的一种空间状态,也是中国未来城镇化的主体空间形态。城市群内部形成了联系紧密、产业分工合理、高度经济一体化的状态,各城市间的合作变为一种跨行政区的空间融合。而为了形成统一的城市利益主体和城市合力,中国政府颁布了《长三角区域规划》等一系列与城市群发展相关的发展规划,这些区域规划是城市群形成共同利益的一种体现。城市群的发展为各城市的发展带来了巨大的经济便利,如长三角城市群内部已经出现了较明显的"同城化"现象,各城市的融合趋势十分明显。在硬件上,城市间的融合可以通过高效的路网交通系统来实现,如中国长三角的高铁和高速公路网已经将各城市串联起来了,各种小时经济圈应运而生。城市群内部的融合不仅仅指城市间经济和产业的融合,更包括了空间的融合和连续。如果城市群内两个临近的城市之间仅仅由一条城际铁路、高速公路连接起来,这只是缩小了两个城市间的通勤时间。城市群作为城市化的高级阶段,更应该强调空间的融合和连续,即两城市在城市化进程中所在的辐射区域在不断的扩大和交融,最后从空间上看是连续的,如同一个城市的两个不同的副中心。亚太城市中的东京对这种融合模式有着丰富的经验,日本东京都市圈花了近30年的时间整治各类城市病。为了解决交通拥挤的问题,日本早在20世纪70年代就开始了大规模建设轨道交通,现在轨道交通总长已超过2 000公里。该轨道交通网络将东京都、埼玉县、千叶县、神奈川县连接起来,这些地区城市化率超过80%,从空间上看,东京都市圈已经成为一个巨型的大都市了。

其次,亚太城市的融合更多表现为不同国家的城市的融合,这种融合需要克服国家和地区间的各种政治、经济、文化、宗教信仰等差异的阻碍,通过国际产业分工和价值链,在当前的国际城市体系中,发挥各城市既有的城市功能,在功能上进行融合和互补。城市间的发展需要差异化,在差异化条件下,各自专注于自身特色的产业和战略,相互形成需求,互相融合支撑。国家和地区内部的城市实现融合相对容易。日本名古屋多年前还是一个不知名的小城,新干线开通后,名古屋被规划进入"东京—小时都市圈"。该市特别注意与东京的错位发展。东京打造金融中心、研发中心,名古屋则侧重汽车、商贸等先进制造业和现代服务业,这种错位发展战略使得名古屋通过接受辐射和拉动,成为日本的第三大城市。亚太城市需要形成更多的跨国家和地区的城市合作和融合。如香港、东京、新加坡、上海等城市可以在经济、金融、航运、贸易等功能上进行深度合作和融合,各自发挥自身在特定领域的经验和特长,关注某一特定领域或产业,逐步在亚太地区内成为该领域的中心城市。如新加坡擅长城市管理和城市生态循环建设,这些经验可以向其他亚太地区的城市推广,让亚太地区更多的城市实现城市化与生态的协调发展。而东京和香港的高端服务业人才众多,可以作为将咨询、金融服务等高端服务业人才的实践和培训基地,向亚太其他城市输入这种高端服务型人才。在城市社会融合上,亚太城市还有较长的路需要走。亚太不少新兴城市的工业化进程仍在继续,大量的劳动力需要造成了大量的人口进入城市,城市由此变得十分拥挤,大量的外来劳动力与当地的社会融合就成为了一个重大的问题。

同时,亚太地区间的城市人口流动也是城市融合的一个重要方面。亚太各国内部城市社会的融合是亚太各国城市间社会融合的重要基础,亚太城市间需要紧密联系起来,进行深入的相互了解和沟通,形成城市间、城市常住居民与外来人口间的融合。除此之外,还需要重视发展理念的融合。亚太城市的发展存在较大的差异,应尊重各城市的发展理念,遵循共同的发展核心思想,如构建可持续发展的城市竞争力,实现经济、社会、人口、资源、环境等多维度的可持续发展理念。特别是在城市发展理念上,亚太发达城市具有先天的优势,落后城市可以学习发达城市先进的发展理念,如新加坡致力于打造智慧型城市和生态型城市,其他发展中国家可以借鉴其先进的城市发展理念,最终各亚太城市在这一发展理念上达成共识。因此,亚太城市间的融合首先需要发展理念上的协同,协同发展将有利于亚太经济的再平衡,使亚太城市各自的经济、社会、环境、资源之间充分互动。在促进城市自身可持续发展动力的同时,亚太各国中心城市还可全面带动其他城市的发展,形成不同层级的辐射和融合体系,以市场一体化为突破口,形成亚太城市间的全方位协同和融合发展,最终实现亚太城市共同的可持续发展。

6.2.4　亚太城市体系的重构

当前人类正经历着历史上最大规模的城市化进程。这种大规模的城市化,带来了世界面貌的巨大变化。在经济全球化和信息化交互作用的浪潮下,要素出现了全球流动和全球配置,突破国家的地域限制,全球的大城市、中小城市逐步形成一定的网络,并决定着世界经济走向和命脉。城市的发展已经关系到国家和地区经济的盛衰消长,城市已经成为国家和地区的核心竞争力量。在当前世界城市化的进程中,经济活动出现全球化,即经济活动在全球范围内进行集聚与扩散,各个城市的空间分布及其功能也随全球性的劳动分工发生重大调整,各个国家的城市和区域因而形成有机的联系,逐渐发展出全球城市网络体系。由此便出现了全球城市体系的重构,这种城市体系的重构代表着城市之间经济关系的变化,以及要素和各类资源的重新配置。在此城市网络体系下,亚太城市体系已经成为全球城市体系中重要的组成部分,亚太城市体系随着全球城市体系的变革而进行重构。在变化着的全球城市体系中,单个城市自身的发展难以回避经济全球化的趋势,只有通过参与经济全球化和全球城市竞争过程,将自身的产业分工和要素配置纳入全球产业分工和要素配置当中,才能保持城市持续的竞争力,因此融入全球城市体系是一种必然选择。

伴随着要素流动性和人口集聚性增强,亚太各国同样经历着本地区历史上最大规模的城市化进程,这种大规模的城市化进程必然会重塑亚太地区的经济社会结构及相互关系。城市化通常具有促进经济增长和导致衍生问题的"双刃剑"效应,亚太各国需要不断探索,从无数条路径中选择一条最优路径,实现城市发展、经济社会、居民福利三者间的良性互动。2010年上海世博会"城市,让生活更美好"这一主题为城市的繁荣、科技创新、社区的重塑及城市文化交融发展提供了一个展示平台。亚太城市的发展既有外延城市人口规模不断增加,也有内涵层面的产业结构优化、居住环境改善、服务能力增强和行政效率提高等方面的内容。

亚太城市体系的重构受到多种力量的驱动。首先是亚洲和亚洲各国综合实力的提升,这在全球关系中的作用越来越重要。当前亚洲在国际关系中的地位日益凸显,亚太国家在亚洲和国际事务中又处于最重要的位置,特别是当前中国崛起且与美国的相互依赖关系增强,中国在与美国的交往中的话语权越来越大。在全球关系格局调整的背景下,亚太各国作为新兴经济体需要强化沟通和协调,通过形成共同的利益诉求在国际经济政治舞台上充当更重要的角色,强化亚太城市在国际事务中的话语权。同时,亚太各国需要继续搭建各类合作平台,拓展沟通渠道,增强以东盟为载体的东南亚合作机制,深化以中日韩伙伴关系为载体的东北亚互动关系,探索朝核问题新思维以促使朝鲜积极融入国际社会。随着经济一体化,社会关联度、政治互动性的增强,亚太各国及城市之间的文化交流必将日趋频繁。经济一体化可以优化资源配置,而文化单一化却只会扼杀社会活力。经济发展有先后,文化却无高低,亚太的经济增长不能损害文化传承性,亚洲各国的经济政治合作也不应牺牲文化的多样性。将经济趋同化和文化多元化相结合是亚太城市实现联动发展的重要原则之一,特别是要尊重历史、加强沟通、促进融合,这是亚洲实现文化繁荣的理性选择,同时也是亚太城市体系实现重构的重要推动力之一。

当前的国际关系瞬息即变,亚太地区内外关系错综复杂。在全球经济再平衡的背景下,亚太已多年持续保持着高增长的态势,亚太城市亟须推进经济、政治、社会、文化等多维度的重构。格局倒逼出路,出路唯在重构。亚太的重构具有复杂性和艰难性,因为重构涉及多元主体、多重目标和多种约束。然而,亚太城市体系的重构具有重要性和急迫性,亚太城市体系的重构不仅仅关联着亚太地区发展的持续性和协调性,还决定着亚洲崛起的步伐和速度。艰难性不能作为延缓重构的理由,复杂性则需要慎重选择城市体系的路径。亚太城市应以勇气、智慧、协作来推进多维重构,应对全球城市竞争。

亚太城市需要遵循"求大同而存小异"、"普遍化但有差别"的基本原则,凝聚共识、形成合力、完善机制、共享收益,以形成多维重构的持续动力机制。亚太地区重构是亚太城市重构的基础。中国、日本、韩国三国的城市应在推进亚洲重构中承担更多的职责,发挥重大的协调作用。在大国发挥重要作用的同时,着重以发展方式转变、经济结构调整为重要的突破口,遵循协商性、渐进性、动态性、可控性等基准积极稳妥地推进重构。重构形成合力,合力驱动发展。亚太各国在"后危机时代"已经深刻意识到重构与调整的重要性,意识到合作与协力的必要性。这种思维转变和务实行动让亚洲的多维重构不仅是未来愿景,而且是可行方案。亚太地区可持续发展的美好蓝图值得期待,这种持续的发展也同样会给亚太城市居民创造更好的福利,亚太城市的重构也会影响到全球城市体系的重构。

亚太地区城市应肩负起亚洲崛起的重任,充分利用亚太城市发展过程中的多样化、差异化的特点,充分挖掘资源禀赋差异,有效发挥比较优势,在域内推进产业结构梯度转移,条件成熟的地区应率先促进产业结构优化升级。同时,还应增强要素市场的信号功能,降低要素流动的交易成本,引导要素重组和集聚,进而优化域内的产业分工结构,挖掘自身投资需求潜能。考虑到资本对实体经济的驱动功能,亚太城市需要重视对内外部金融风险的识别防范能力,在强化监管的基础上推进域内货币合作进程,尝试构建与区域关联相耦合的"亚洲货币单位",形成以人民币等为核心的区域性统一货币。

亚太城市体系的重构应以城市群为重要载体,在大力发展城市群的同时对亚太地区的城市体系进行重构,从而形成几个具有全球影响力的城市群,与欧美等发达国家的城市群展开全方面的竞争,在全球城市体系中获得重要的话语权。重点对东京都市圈、首尔都市圈、长三角城市群、京津冀城市群、泛珠三角城市群在全亚太地区内进行职能调整,发挥各城市群的优势,形成城市群间的经济互补和城市功能互补。同时要强化东京、香港、新加坡、首尔、上海、北京等中心城市的辐射能力,以这些城市为中心的城市群既要错位发展,也需要适度的竞争,以获得最优效率。争取在未来的若干年内形成结构和梯度明显的城市网络结构,形成多级梯度的城市结构:以东京、香港、上海、新加坡、首尔为核心的第一梯度,以北京、吉隆坡、曼谷、台北、新德里为核心的第二梯度,以雅加达、河内、马尼拉、广州、深圳为核心的第三梯度。同时大力发展各类中小城市,承担以上三个不同梯度城市的部分功能,缓解城市人口膨胀、交通、住房、医疗紧张等情况,逐步形成合理的城市圈层结构。在功能上,第一梯度上的东京、香港、上海、新加坡、首尔应与纽约、伦敦、巴黎等全球中心城市进行竞争,应各自承担相应的功能竞争优势,成为代表亚太城市进行全球城市竞争的核心力量,在全球经济格局中具有重要的话语权。

世界是变化的,亚太城市需要在瞬息万变的经济社会变革中勇立潮头,顺应世界发展大趋势,既要着眼于全球宏观经济形势的变化和经济重心的调整,更需要洞察世界城市体系的动态演变和趋势,认清亚太城市在全球城市体系中的重要地位和身负的历史责任。同时,亚太城市体系的重构也是亚太城市可持续发展的重要内容之一,重构意味着发展格局的变化,新的体系要求各城市承担新的功能,同时伴随着城市经济、社会、环境、资源等各方面的结构调整,应剥离那些不符合城市体系调整的功能,从而释放出新的改革和发展动力。因此,亚太城市当前和未来的体系调整会直接影响到各城市的经济、社会、环境、资源的可持续发展,随着全球经济重心东移和亚洲市场在全球市场份额的进一步增加,亚太城市体系的重构将为亚太城市整体竞争力的提升提供重要的战略机遇。

6.3 亚太城市的发展前景与战略选择

亚太城市作为亚洲新兴经济体的增长核心区域,随着全球政治和经济格局的变化,亚洲崛起已经成为不争的事实,亚太城市也将在这一格局中获得新的发展机会,其发展潜力十分巨大,亚太城市将是全球城市体系中最为重要的部分。同时,未来全球城市竞争将更加激烈,亚太城市需要在瞬息万变的城市竞争和合作格局中确立新的发展战略,以获得稳定的、持续的竞争力。基于当前亚太城市发展现状和面临的挑战、竞争与合作关系、城市融合和重构趋势,我们认为未来亚太城市将重点以可持续竞争力为核心,以整体竞争力提升和全球资源配置能力的提升为目标,以战略目标多元化为导向,以城市创新转型、以人为本作为基本发展理念来构建可持续城市竞争力。

6.3.1　亚太城市的发展前景

1. 全球高端城市集聚地,全球资源配置中心

未来亚洲将成为全球的经济重心,作为亚洲的经济重心的亚太城市将会引领全球城市的发展,亚洲将形成以东京、香港、首尔、新加坡、上海、北京多个全球中心城市和巨型城市群。以东京为首的东京都市圈、以上海为中心的长三角城市群、以香港和深圳为首的珠三角城市群将进入全球十大城市群之列,同时,这些亚太中心城市将继续承担各自的全球分工和功能,形成经济、金融、贸易、航运多中心叠加的全球超级城市,其中上海极有可能跻身于与纽约、巴黎、东京相媲美的全球超级城市之列。

在全球资源配置中亚太城市会成为各类高端要素的集聚地,特别是各类高端人才的集结地,城市未来的竞争归根结底是人才的竞争,谁能吸引更多的人才,谁将获得竞争优势。亚太城市将引领全球城市的发展,代表了最先进的现代社会文明和最高的人类城市化水平,在全球资源配置中处于控制和主导的地位,成为全球各类市场的交易中心和定价中心,决定着全球经济走势和经济格局的变动。在全球城市体系中,亚太城市将承担更多的功能中心,全球产业价值链将在亚太城市中进行重新组合和延伸,各类新兴产业云集于此,形成一个全球创造财富中心、消费中心、品牌中心、时尚中心。亚太城市将形成多个多中心叠加的全球超级城市,亚太城市将不仅汇聚亚太地区的高端要素,如金融、航天、生物医药、计算机等领域的领军人物,还将吸引大量的海外高端人才入驻。同时,国际跨国公司总部将继续向亚太城市迁移,跨国公司的大量迁移将为亚太城市带来新的企业管理理念和新技术,包括各类综合性人才。这些因素均将有利于奠定亚太城市在全球资源配置中的地位,亚太城市将处于资本市场高度发达,且实体经济和虚拟经济交互发展的状态,引领亚太地区经济增长和地区产业转型。

中国作为亚太地区最大的国家,正经历着人类历史上最大规模的城市化过程,中国城市是亚太城市的重要竞争力量之一。中国的城市化进程十分迅速,未来中国城市将在亚太城市体系占据重要的位置。特别是近年来中国的城市化过程中已经形成了各类大大小小的城市群。斯蒂格利茨曾指出,影响 21 世纪人类社会进程

的最深刻的两件事,其一是美国的信息技术革命,其二是中国的城市化。中国的城市化不仅决定了中国的未来,而且决定了世界城市化的未来。因此,要提升亚太城市群的整体竞争力,必须重点提升中国长三角、珠三角、京津冀三大城市群的国际竞争力,并培育中西部地区的重点城市群。未来,随着三大城市群国际竞争力的迅速提升,香港将继续保持世界城市和亚太乃至全球金融中心的地位,上海将成为国际经济、金融、航运中心,北京将成为全球重要的政治、文化、科技中心。三大城市群将成为全球重要的资源配置中心,成为高端人才、全球投资、科技创新、优势产业的重要集聚地,全球重要的经济增长极和影响全球经济的重要区域板块,在国际竞争中和大宗商品定价上获得话语权。其中,长三角城市群将继续稳居全球城市群前列,珠三角和京津冀城市群将跻身全球十大城市群之列。山东半岛、辽中南、中原、武汉城市群、海峡西岸、成渝和关中—天水城市群将成为中国乃至亚太地区重要的城市群,集聚部分全球高端要素,影响区域和全国经济,成为中国的次级城市群。

2. 战略空间多元化

当前全球城市体系正进入深度调整之中,亚太城市正在成为全球城市体系调整的重点区域,全球城市在竞争中各自寻求新的发展战略空间,从传统的实体经济空间向各种新模式经济空间转变,以拓宽城市的发展路径,避免单一发展路径带来的风险。城市在不同的发展阶段,具有不同的发展战略需要。城市必须具有足够的发展战略空间,从而获得推动区域发展的持续性的动力。亚太城市未来的发展空间有:

一是实体经济向虚拟经济扩张,产业链融合度加深,嵌入式产业促进产业结构更加稳固。二是交易成本中地理和空间因素的影响将逐步减小。三是空间载体不断扩展,由单纯的地理表面区域向地下、空中、海洋扩展。四是生产中劳动的物化价值不断增大,即人力资本报酬在商品价值的创造中不断提高。亚太城市的发展战略空间将与未来经济发展的趋势保持同步,有巨大的实体经济支撑,又具备实现虚拟经济的各类集聚要素:信息平台、科技创新、产业链等。随着电子商务的不断发展,网络信息为城市的各类供给提供了广阔的市场空间,地理空间的运输成本变得相对越来越小。不少城市群依大海、江河,在城市土地供给有限的情况下,海洋和江河成为重要的经济载体,亚太城市的经济延伸空间具有向海洋、地下、上空发展的天然经济条件。亚太地区具有广阔的海洋以及全球最繁忙的海运和空中运输路线,为亚太城市将陆地经济向海洋和空中发展实体经济提供了基础。亚太城市的发展空间将更加广阔,发展现代服务业和大力扩展海洋经济是两个重要的战略空间。前者包括了以高科技为特征的新兴产业、金融服务业、民生领域的健康保健和养老服务业、生产性服务业等,后者则包括海洋渔业、海洋能源开发、海洋旅游、生物医药等。这些产业符合城市的经济发展特征和经济持续增长的要求。同时,在网络信息时代,网络空间也将是亚太城市重点发展的重要领域。当前亚太城市的信息化建设十分迅速,一些城市基本具备了现代信息城市的基本条件,应该大力发展以网络平台实现的各种实体和虚拟经济的优势,通过网络形成广阔的全球市场空间,赢得未来的利润增长点,为城市获得可持续发展的新动力。

除此之外,亚太城市将会在文化空间上发挥重大作用。城市文化是一个城市的精神和灵魂的重要体现,缺少城市文化的城市就会只剩下骨架,而缺少"血"和"肉"的质感。当今世界,各类西方城市文化不断向亚洲涌入,如各类城市艺术、时装、时尚等均受西方主要城市的影响,在城市精神上也逐渐向西方城市的民主自由靠拢。随着亚太地区的整体崛起,亚太城市的竞争力将会触及城市文化软实力,城市文化软实力将成为城市可持续发展的重要体现。亚太城市一方面可以树立符合自身城市文化积淀和自身特色的城市文化,强调城市公民整体的文化价值认同感和归属感,让城市文化和城市竞争贯穿于整个城市文明和城市建设过程中。另一方面以中国儒家文化为代表的文化符号将会获得更大的发展空间,中国 5 000 年的传统文明不仅仅影响着当今中国城市的文化,同时还影响着亚太地区的文化倾向。中国城市应该在文化上有所作为,通过加强与亚太地区的文化交流活动、海外办学(如孔子学院等)、设立国家文化主题月等途径实现中国文化的对外输出,鼓励中国城市文化产业走出国门,走向世界,宣扬中国传统文化和现代文化的精髓,扩大文化影响力。这样既可以实现本国城市文化的传承,又可提升中国城市的文化可持续竞争力,并引导整个亚洲城市走向文化融合和文化认同。

同时,亚太城市的政治和安全防务意识将越来越强,亚太城市的政治和安全防务空间将大大增广。随着亚太地区经济一体化程度的不断加深,亚太各国会在政治上获得更多的互信并释放和平发展的信号,亚太城市将在竞争中寻求新的合作以及错位发展,进行深度的融合,妥善处理亚太地区海洋领土争端问题,建立平等、互信、合作的对话机制,充分利用亚太地区的对话平台,如亚信会议、APEC 等。更广阔的多元的政治空间有利于亚太城市的发展,如亚太城市之间会加强城市共同防务的能力,同时寻求与印度、俄罗斯、美国等大国的政治合作和城市间的合作和对话机制,亚太城市将会与全球各地区和城市建立高密度经济联系,在世界城市网络体系中形成稳固的利益关联,以提高亚太城市在经济、政治方面的防风险能力。

3. 逐步向智慧型、知识型、低碳型、创新型城市转型

未来的亚太城市将走向以知识、文明和和谐为特征的新型城市组合空间。未来的亚太城市将逐步实现转型，迈向新型城市组合，即迈向智慧型、知识型、低碳型、创新型城市空间组合。智慧城市是新一代信息技术支撑、知识社会下一代创新环境下的城市形态。智慧城市通过物联网、云计算等新一代信息技术，运用综合集成法等工具和方法，实现全面透彻的感知、宽带泛在的互联、智能融合的应用以及以用户创新、开放创新、大众创新、协同创新为特征的可持续创新。智慧城市是智慧地球的一种体现，被认为是 cyber-city、digital-city、U-city 的一种高级版。作为创新 2.0 时代的城市形态，智慧城市是城市信息运用达到一定程度时的必然产物。智慧城市可以改善城市的生存环境，改变物与物之间、人与物之间的普遍联系方式，促进高效的生产现代化方式的形成。从本质上上说，智慧城市是城市发展的一种新思维模式，同时还是城市治理和社会发展的新模式、新形态。亚太城市中的新加坡、东京、香港已经有多年的智慧城市建设经验，如在东京和香港的混合型城市发展模式下，人的居住地和工作地高度融合，通勤时间降低，这就是一种智慧型城市对人口和空间之间关系的一种调整。韩国城市早就计划通过网络技术，将绿色环境技术同网络技术结合，形成数字化、无缝移动连接的生态、智慧型城市。利用城市公共信息平台，全覆盖的网络连接入口，城市居民可以便捷地获得网络教育、医疗和公共事业服务，同时还可获得家庭建筑能耗、安保管理等智能化监控等服务。2006 年新加坡就开展了"智慧国 2015"计划，期望通过新一代计算机技术和物联网的融合，将新加坡打造为全球一流的智能化城市。在电子政务、社会公共服务等领域，新加坡也已经有了很成功的发展。特别是在智能交通系统领域里，新加坡城市公共信息管理系统实现了各种传感数据、运营信息的共享以及丰富的用户交互体验，市民可在任何一个具有无线网络接口的地方充分接受公共交通信息。除此之外，中国台湾的台中市、桃园县，内地的北京、上海、深圳、广州等城市已经开展了智慧城市建设，未来这些亚太城市将成为全球重要的智慧城市。亚太城市在智慧城市建设方面已经走在了全球智慧城市建设的前列，这些智慧城市的经验已经在亚太地区城市内部被广泛学习和传播，甚至在某些领域被西方一些城市借鉴和运用。

知识城市指将知识置于城市规划和经济发展的中心地位，将知识管理和智力资本规划相结合，促进知识传播和创新，为创造高附加值的产品和服务提供可持续的城市大环境，从而为城市打造在未来国际竞争中的核心地位。知识经济通过教育、广告、研究与发展、计算机软件开发、咨询服务、出版、管理等"知识工作"产品和

服务,这些产品和服务正在逐渐成为现代经济中财富创造的主体。知识是人类再生产的来源,也是城市可持续竞争力的来源,亚太城市将更加注重城市发展过程中知识的管理和传播、再运用、知识再造。著名美国经济学家托马斯·弗里德曼(Thomas L. Friedman)在其全球畅销书《世界是平的——21 世纪简史》(*The World Is Flat：A Brief History of the Twenty-first Century*)中说:"我们已经从一个国家积累财富的关键是看它占领、开拓领土的观念,转向一个国家和公司积累财富的关键是搜集、分享和捕获知识的能力。"当今世界,越来越多的国家和地区均意识到世界未来的发展将以知识为竞争基础,谁能掌握最前沿的知识、技术,谁就能引领世界经济。在经济全球化和信息技术高速发展的时代背景下,知识经济已成为城市竞争的关键,知识经济已成为全球城市的共识。知识经济时代就是以知识为基础来发展经济的时代。城市也是各种知识的集合体,同时还是各类知识进行实践和推广活动的主要市场,未来亚太城市将在知识经济上大有作为。东京和新加坡已经是全球知识城市建设的典范,东京和新加坡建设知识城市的经验也在亚太城市中被广泛借鉴和推广。其他亚太城市也已陆续开展了知识城市建设,如上海已经明确提出将在 2020 年前建成亚太知识产权中心,吉隆坡也正在从传统的港口城市向知识型港口城市迈进。很多亚太城市具有建设知识城市的基本条件,如亚太城市中有众多的全球知名大学、教育和研究机构,以知识为核心的知识城市需要人才作为载体,亚太城市在人才建设上已经取得了丰硕的成果。一个知识城市最重要的是其在研究和非研究领域创造新知识的能力。创造出的新的辉煌知识成就,其扩散和产业化也就为知识型的良好服务提供了平台,促进城市经济结构和产业结构的调整升级。知识本质上通常是在研究中心和学习型组织内循环,而知识的生产进程就是来源于城市的科学技术传播和创造主体,亚太城市众多的大学和研究机构就是知识生产的必备引擎。

低碳城市指以低碳经济为发展模式及方向,市民以低碳生活为理念和行为特征,政府公务管理层以低碳社会为建设标本和蓝图的城市。低碳城市关注和重视城市在经济发展过程中的代价最小化以及人与自然和谐相处、人性的包容。发展低碳经济已经成为全球城市发展的共识之一,低碳城市要求城市的发展与生态环境的建设协调一致,城市为居民创造良好的生活空间,并改善城市居民的生活和消费方式,达到节能减排的目标。亚太城市正处于加速发展和转型发展共存的阶段,城市化的推进中需要消耗大量的能源,城市化的过程也伴随着工业化过程,亚太城市化进程的能源消耗需要与低碳城市建设是一对矛盾体。显然,亚太城市在面临城市转型发展时,低碳是一个重要的约束条件。在亚太城市中,新加坡是最早开始进行低碳规划的城市,新加坡最吸引人的地方之一是优美的城市环境,这得益于新加坡政府制定了严格的环境保护法律,新加坡对产业的引进有一套严格的环保审查制度,同时在城市规划过程中常常"留白",大量发展清洁能源型公共交通工具,限制私家车数量,实行汽车配额制度。在新加坡的房地产开发项目中,建筑用地必须低于总用地的 40%;每个房屋开发局建设的镇区中必须有一个 10 公顷的公园;每个楼房居住区的 500 米范围内必须有一个 1.5 公顷的公园;新加坡国土面积很小,但 10% 的土地仍被规划为公共绿地、自然区等。

创新型城市的内涵体现在思想观念创新、发展模式创新、机制体制创新、对外开放创新、企业管理创新和城市管理创新等方面。创新城市包括了科技创新、服务创新、工业创新、文化创新等几种类型。亚太城市不少城市在全球创新城市中处于领先地位。在亚太城市中,东京是著名的科技创新和工业创新型城市,东京的电子高科技以及汽车工业产品享誉全球,不断的城市创新是东京屹立于全球的重要原因之一。首尔的科技创新和城市管理创新也是创新型城市的典范。受传统制造业的局限,首尔多年前就提出了"高科技产业+旅游业"的发展理念,将高科技创新融入到城市的每一个角落,同时将科技创新应用到旅游服务业当中。新加坡也是全球著名的创新型城市,其创新城市发展之路可以总结为四点:一是以创新政策促进高技术制造业、知识密集型服务业和创意产业的发展;二是重视中小企业创新;三是大力发展有高科技含量的基础设施,建设不同层次的自主创新的基础支撑平台,特别重视知识产权、人才吸引与培养、风险投资等城市软环境的建设;四是创新理念与城市可持续发展紧密结合。未来这些亚太城市将继续领跑全球创新城市。创新是一个系统性工程,亚太城市将全面发展创新型城市,将科技创新、文化创新、服务创新等融为一体,以创新促进城市的可持续发展。

未来亚太的城市将同步整合智慧、知识、低碳、创新发展理念,走以知识、文明、和谐、创新为特征的发展转型之路,亚太城市将成为全球城市现代化的前沿阵地。智慧型、知识型、低碳型、创新型城市均是未来亚太城市实现经济、社会、环境、资源可持续发展的发展主线和方向,同时也是亚太城市转型发展、摆脱城市发展困境的长期目标。

4. 城市的发展与人的发展同步

城市是人类经济活动集中的地方,也是为个人提供发展机会和实现梦想的地方,因此城市的发展成果应该最终由城市的居民来分享。城市除了应该为所有人提供基本的生存机会外,还应该提供能够实现自我实现价值的机会。城市化的进程是让更多的人过上梦想的现代生活,城市的发展与人的发展应该保持同步。城市的可持续发展需要源源不断的年轻人集聚到城市中,发挥创造力和新的改革动力,从而实现城市的可持续发展,城市的可持续发展又为各类人才提供新的发展机会,城市的可持续发展与人的发展相辅相成。

城市发展的根本目标在于为本地区集聚要素、创造财富和为居民谋求福利。因此,城市的发展需要与人的发展保持同步,城市化的发展成果理应由居民同步分享,城市发展应关注人的需要。城市群作为城市化的最高水平,代表亚太国家直接参与全球城市竞争,需要树立城市发展以人为本的思想,积极为城市居民创造良好的公共服务设施,优美的生态居住环境,良好的社会保障体系,一流的教育、医疗、文化资源,满足全社会和居民的各项生产、消费、娱乐、生活需要,着力提高居民的幸福感。特别是要逐步抛弃唯 GDP 的目标观,注重城市经济发展的质量,建立居民的利益诉求表达机制、居民参与城市建设和发展的参与机制,创建良好的城市文明和生态环境,将城市的发展全过程融入到促进人的全面发展过程之中,建立和谐的城市公共关系、人与人之间的融洽关系、人与自然的和谐关系。总之,城市的发展要以人为本,关注和满足人的现实需求,实现城市与人、自然的共同和谐发展。

当经济高度融合时,通过社会和文化的融合等非经济因素来整合城市群的凝聚力,让市民获得城市的认同感和归属感,最终促进人的全面发展和幸福感的提升,这也是城市群发展的根本目标。社会和谐、文化软实力、生态软实力是城市综合可持续竞争力的重要体现,通过协同的社会创新管理体制和文化融合来提升城市的协调度,从而营造亚太城市的共同利益和公共价值。亚太城市要在经济、社会、文化、生态环境协同发展的基础上,形成生产、生活、生态一体化的发展理念,即在生产上实现各城市的定位和功能分工,通过产业价值链将城市连接起来,建立城市间完善的上下游产业联系,提高分工的协作程度,实现高度专业化的产业集聚。推进城市群内部公共服务均等化,通过高效交通网建设,教育、医疗、社保等方面的一体化建设,实现城市群内的生活同城化,提高居民生活的舒适度和便利度。当前城市的生态环境问题日益突出,城市环境是未来城市可持续竞争力的重要内容之一。城市群的生态环境治理需要各城市联动整治,建立城市群公共生态基金账户和联动治理机制,形成共同防治的生态保护带。

城市发展最终目标是改善城市居民福利并实现与人的发展同步。人作为城市的主体,也是城市存在的目的。城市是人居环境,这是城市的主要功能价值之一。显然,城市不仅是建筑、交通、生态等系统在空间上的构成形式,而且更重要的是人的社会关系的构成形式。城市的任何部分都离不开人,城市可持续发展不仅仅是物质实体的发展,更是人的发展。在东京,很多林荫大道是沿着富士山和筑波山的自然地势而修建的,以方便人上山参观景色。亚太城市中的不少城市在城市化的过程中坚持了以人为本的根本发展目标。东京的城市规划者们所看重的是行人而不是汽车。新加坡作为典型的移民城市,政府非常在乎人民的感受,很在意市民对于城市的认同感。在城市景观规划上,处处精心设计,以人为本。城市作为人类居住的空间,优化这一空间的目的在于让居住在里面的人生活得更好。城市的发展和人的发展、生态环境的改善保持同步,这样的城市化就是以人为本的城市化。亚太不少城市正处于城市化的加速发展期,城市土地供给紧张、生态环境日益恶化、城市旧城改造和拆迁等,均会引发一系列的经济和社会矛盾。将以人为本的城市化作为首要发展理念,是亚太后发城市发展的主要方向。同时,亚太的东京、新加坡、首尔、香港等城市以人为本的发展理念将会得到进一步的推广和借鉴。亚太城市居住着全球最多的城市人口,保持城市发展与人的发展同步将是一个长期的目标。

6.3.2　亚太城市的发展战略选择及路径

未来的亚太城市将在全球城市体系中占据重要的位置,同时,亚太城市之间以及亚太城市与其他全球城市的竞争将越来越激烈,应充分认识全球政治、经济发展大格局,把握城市在国家和地区经济的发展脉搏。城市的发展战略选择将会对城市未来的发展路径形成重大的影响,鉴于全球经济格局和全球城市体系的调整,亚太城市需要重新调整发展战略,以便在未来的全球城市竞争中处于不败之地,获得可持续的发展动力。未来亚太城市的发展战略主要如下:

1. 构建城市战略联盟,对外形成利益共同体

虽然亚太地区已经形成了 APEC 等区域经济合作组织,且为亚太经济一体化进程做出了重要贡献,但是在亚太城市层面上并未形成一个共同的合作框架,在政治、经济、文化等活动中各自作为单一的主体,缺乏一个共同的城市利益主体,这是城市区域合作发展中普遍面临的一个难题。无论是对一个国家和地区的内部城市,还是不同国家和地区的城市来说,形成共同的利益框架是一个长期的目标。虽然目前各国和地区的区域规划中并未明确提出达成一致的城市共同利益,但是从长期的发展目标来看,必须实现亚太各国内城市、各国城市的整体竞争力这两股合力,前提是亚太各国内城市及各国城市间整体、协调和一致的城市利益。各城市基于自身利益考虑往往会设置各种适合于本地发展的政策,不利于形成协调发展的局面。城市的发展需要形成联动和协调发展的动力,因此构建共同的亚太城市利

益十分有必要。一方面,城市之间形成科学的功能定位和产业分工,强化城市间的跨区域合作,形成共同的战略合作和共赢互利的合作框架;另一方面,对于城市内部需要加强经济整合,从产业、基础设施、市场、交通、政策上加强统一协调,同时关注区域自身的比较优势,最大限度地发展本地优势,获得城市群整体的经济效益。通过形成共同的城市群利益体来实现各自的城市价值,从而在未来的全球城市群竞争格局中,形成亚太城市群的整体竞争力。

在战略上,亚太城市需要形成一个实体性质的城市战略联盟,可考虑在各国建立一个城市合作和协调机构,各国城市的城市合作协调机构代表本国和地区的城市共同构建一个亚太城市战略联盟机构,机构主席可以采取定期的轮值机制。该机构的职能是:负责制定亚太城市战略联盟的中长期发展战略、战略联盟的规章制度等,对外直接代表亚太城市参与全球城市经济合作与对话;同时,负责亚太城市内部的合作与协调,定期举行联席会议,解决亚太城市间的合作与协调问题,以及亚太城市的功能定位等;处理各类冲突,定期举行城市群联席会议、市长论坛等,建立共享的城市群合作发展信息平台;在国家内部,建立统一的协调机制,建立各级城市自上而下的垂直领导和利益互动机制,在充分发挥已有垂直合作的基础上,特别要建立跨区域层面、区域内部各城市之间的水平合作机制;建立各类跨区域的行业协会,提升亚太城市内外专业化和分工,提供各类供需信息、谈判机制,降低亚太城市间的交易成本,促进亚太城市内外的融合;加快亚太城市协调机制的法制化进程,通过立法规范亚太城市的发展并保障亚太城市内外部协调发展,如考虑制定《亚太城市战略联盟协调规章》,促进亚太城市发展的统一和规范化发展。

同时要求设立亚太城市战略联盟发展基金,支持亚太城市的发展并提供资金支持。重点从促进区域经济一体化入手,促进亚太城市间的交流和合作,如考虑建立亚太地区统一货币结算中心、金融证券市场的合作、科技教育文化合作、产业及人才交流合作等,在城市产业和城市功能上形成互补,各城市结合自身特色发展比较有优势的产业,发挥城市的自身优势。在协商和对话的基础上起草亚太城市的中长期发展规划,以科学的规划引领亚太城市的发展。在企业层面上,加强亚太地区本土跨国公司的合作力度,以跨国公司作为城市发展的主体。强化亚太城市间的合作并形成公共的城市利益,整合产业布局和城市功能,在同西方发达国家的城市竞争时,促成抱团发展,形成亚太城市竞争力的整体合力。亚太发达城市与落后城市之间形成反哺机制,通过国家层面的财政转移支付、对口援建、产业转移、项目优先等政策扶持落后地区快速发展,警惕对周边落后地区资源和要素的抽空效应。

当前亚太城市之间、亚太国家内部各城市间的区域发展摩擦趋于频繁,应通过发展战略联盟来进行有效的协调。

2. 促进城市一体化,构建大交通网络

当前亚太城市的发展参差不齐,既有诸如东京、新加坡、香港等全球性城市,也有众多处于快速城市化阶段的中小城市,亚太各城市缺乏一种共同体的认同感。亚太城市一体化的前提是市场一体化,因此,要形成亚太城市一体化的首要任务是建立亚太城市的市场一体化,推进亚太城市间经济和贸易往来的快捷和高效,以及交易成本最小化。亚太各国应从国家的层面出发,继续在 APEC 框架下推进亚太地区经济一体化,同时大力发展多边和双边的贸易协定,重点发展中日韩、中国—东盟贸易区、日本—东盟、中国—新加坡等国家和地区间的一体化。亚太城市一体化可先以金融市场、大宗商品交易市场为突破口,首先在亚太城市间形成市场融合和利益的共存,从而逐步推广至经济、社会、文化等领域的一体化。

纵观全球高度一体化的地区,可以发现,全覆盖和无间断的大交通网络对地区经济一体化起到了十分重要的作用。经济高度一体化的欧盟早年就开始了大交通网络的计划,欧盟将在 2030 年前完成欧洲核心交通运输网,包括 86 个连接铁路与公路的主要港口、37 个有铁路通向城市中心的机场、1.5 万公里高速铁路(主要是对现有铁路升级改造)、35 个降低运输瓶颈的跨境项目等。将零散的公路、铁路、机场和运河等融入大交通网络中,欧盟的大交通战略基本可以实现全境的道路交通畅通,形象地说就是开车可以在欧盟畅通无阻,且在路网收费上实现了统一,可以实现一站式的到达。但是到目前为止,亚太地区并未实现畅通的大交通网络,目前亚太各国主要通过航空和海运来实现经济、贸易、社会往来,但是航空和海运也并未实现统一的空中和海上运输网络。近些年来,亚太各国对于建设亚太地区跨国大交通的呼声越来越高,并已经取得了一些初步的成果。2009 年在泰国曼谷,8 个缔约国签订了《泛亚铁路网政府间协定》,涵盖亚太地区 28 个国家,铁路总长度达 11.4 万公里。该协定计划建设和连通四条泛亚铁路动脉,包括连接朝鲜半岛、俄罗斯、中国、蒙古、哈萨克斯坦的北通道,连接中国南部、缅甸、印度、伊朗、土耳其的南通道,连接俄罗斯、中亚、波斯湾的北南通道,以及连接中国、东盟的中国—东盟通道,四条线路的总长达 8.1 万公里。2010 年 4 月,亚洲 18 个国家的代表在韩国釜山签订了《亚洲铁路网政府间协定》,该协定计划了四条跨国铁路交通主线:

(1) 北线。北线连接欧洲和太平洋,沿途经德国—波兰—白俄罗斯—俄罗斯—哈萨克斯坦—蒙古—中国—朝鲜半岛。在波白(由标准轨至 1 520 毫米阔轨)、中哈及中蒙(由 1 520 毫米阔轨至标准轨)边界换轨。

（2）南线。南线连接土耳其—伊朗—巴基斯坦—印度—孟加拉国—缅甸—泰国，然后进入中国云南，以及经马来西亚进入新加坡。在伊巴（由标准轨距至 1 676 毫米阔轨）、印缅（由 1 676 毫米阔轨至 1 000 毫米窄轨）和中泰（由 1 000 毫米窄轨至标准轨）边境需要或将要换轨。

（3）南北走廊。南北走廊连接北欧与波斯湾。主线始于芬兰赫尔辛基，穿越俄罗斯国土至里海，然后分成三条支线：西线经阿塞拜疆、亚美尼亚进入伊朗西部；中线以火车轮渡经里海进入伊朗；东线经哈萨克斯坦、乌兹别克斯坦和土库曼斯坦进入伊朗东部。三线在伊朗首都德黑兰会合，最后抵达阿巴斯港。

（4）泛亚铁路—东盟通道。第一方案：新加坡—吉隆坡—曼谷—金边—禄宁—胡志明市—河内—老街—昆明；第二方案：新加坡—吉隆坡—曼谷—仰光—昆明；第三方案（3A 线）：新加坡—吉隆坡—曼谷—万象—万安—河内—昆明；第四方案（3B 线）：新加坡—吉隆坡—曼谷—万象—昆明；第五方案（3C 线）：新加坡—吉隆坡—曼谷—巴塞—沙湾拿吉—东河—河内—昆明；第六方案（3D 线）：新加坡—吉隆坡—曼谷—万象—昆明。

2013 年 9 月 5 日，第 8 届 APEC（亚太经济合作组织）运输部长会议在日本东京召开，通过了题为《提供优质运输服务，促进亚太地区互联互通——打造促进环太平洋地区增长和繁荣的交通运输系统》部长联合声明，倡议 APEC 经济体以实现"物理连接、制度连接、人文连接"为核心，制定亚太地区"2020 互联互通地图"。显然，亚太各国已经充分认识到构建亚太地区大交通的紧迫性和必要性。未来一段时期亚太地区交通运输在转方式、调结构、促发展等方面的四项重点工作是：加快构建便捷、安全、经济、高效、绿色的综合运输体系，加快发展智慧交通，深入实施城市公交优先发展战略，大力推进物流业健康发展。亚太城市发展便捷、高效和绿色的交通运输系统需要在各方面取得协调：一是加强 APEC 经济体在交通运输法律法规、产业政策、技术标准等方面的沟通和协调；二是积极采用新能源、新材料、低碳技术、信息技术，大力发展公共交通，实现交通运输发展与资源、环境的和谐统一。

构建亚太城市大交通网络需要分两步走。第一步需要在亚太各国内部城市间建设完善和畅通的交通运输网络，实现国家内部城市的交通技术标准、法律、路桥税等口径上的统一。这一步日本已经做到了，各中心城市间需要建立高速铁路干线、高速公路，实现城市间的大畅通。日本的"新干线"和地方遍布全国各地。中国近些年来的高铁建设速度为全世界瞩目。根据中国《"十二五"综合交通运输体系规划》，中国将在 2015 年贯通"四纵四横"的高铁网络，并建设相关辅助线、延伸线和联络线。这"四纵四横"的高铁网络基本可以覆盖中国长三角、珠三角、京津冀三大城市群以及中西部地区的中心城市。韩国计划将在既有的金釜线、庆全线、金仁线、京义线、岭东线等主要干线的基础上扩建铁路网络,连接全国主要节点(城市),形成一个可于一个半小时内抵达的都市圈;主要节点之间将以 KTX(高铁)连接;在大都市圈建设半小时内到达市中心的广域特快铁路网;建设绿色铁路物流体系。第二步是构建亚太城市间的跨国海、陆、空大交通网络,目前亚太主要城市间的经济社会交往主要依靠航空和海运实现,由于航空和航海交通并不需要地理上的物理连接,难以实现真正意义上的交通大融合,因此,未来亚太地区需要加强跨国高速铁路和高速公路的建设。一方面,需要加强亚太主要城市在全球航空和航海运输中的战略地位,亚太各城市建立更加紧密的航空一体化线路,通过航空可以快捷地实现各类商务和贸易往来。继续发挥亚太港口城市在航海线路上的优势,建立亚太港口城市间的网络化线路,在国际贸易和货物运输上相互给予便利和服务,强化亚太城市在国际海运和贸易中的重要地位。另一方面,亚太各城市需要紧密合作,继续在《亚洲铁路网政府间协定》的基础上让更多的国家和城市加入该协定,构建亚太城市间跨国铁路的全覆盖和贯通。同时考虑到陆地运输及其在军事战略上的重要性,亚太各国需要在互信互利的基础上,打通亚太国家边界之间的公路,实现人员和跨国公路运输体系的融合,在条件成熟的基础上建立亚太城市高速公路的统一管理和技术标准,实现亚太主要城市之间高速公路的畅通。通过构建亚太城市大交通网络,实现亚太地区经济一体化,让亚太城市紧密联系在一起,让亚太地区庞大的市场在交通网络一体化的进程中进一步相互融合,并促进亚太地区经济协调发展,使发达地区对落后地区形成强有力的带动作用。亚太城市大交通网络的形成将为实现亚太经济一体化和可持续发展打下坚实的基础。

3. 着力促城市群发展,构多元多极化空间

当前,经济全球化和区域一体化趋势十分明显,临近或分工合作紧密的城市间"同城化"效应日益凸显,城市间的地理界限越来越模糊,城市群和都市圈的兴起正是这种趋势的真实写照。城市集聚后的城市群,具有单个城市无法比拟的发展优势。一方面,从空间上看,城市群的形成意味着高度的城市化,城市群的集聚经济和规模经济为每个城市创造更大的市场,城市群的中心市场优势可以将周围地区和城市的各类优质要素吸引过来,形成良性的循环累积效应。另一方面,城市群一旦形成,各城市间会因为产业结构和分工的合作而形成各自的比较优势,形成程度更高的专业化分工,经济和社会的联动和紧密度大大提高,容易形成综合竞争力和共同的利益,对外可以代表每个城市参与全球城市的竞争。全球城市体系中城市

群的作用越来越明显,并成为全球城市体系中的重要力量。与此同时,由于城市群内部的城市并非完全同质,各城市在资源禀赋、发展条件、经济社会环境、产业结构、发展路径等方面均存在着各自的特色,因此在城市群的形成过程中,不断新兴的城市副中心和增长极成为城市群经济增长的新力量。必须允许这种多极化城市空间的存在,因为这是城市群可持续发展动力的源泉。目前,亚太城市间的发展差异较大,各城市的发展路径及其空间组织必然是多元的。亚太城市由过去单中心集聚模式向多中心、网络化格局演变。随着产业由城市群核心地区向外围地区不断转移,城市群核心城市的劳动力需求从一般产业工人转向特定的高素质人才,核心区集聚的大量从事低附加值制造业的产业工人开始回流,就地、就近展开劳动力的二次转移,从而推动了城市群次级中心城市的发展。

在城市群内部同时存在着几个在规模、功能等方面相当的城市,且经济要素和经济活动在空间上也表现为集中与分散相结合,在向心发展过程中,城市间的吸引范围不断袭夺、削弱或加强,城市群体内部的联系进一步密切,位移扩展和跳跃式扩展并存,两个或多个城市之间由于引力加强和影响空间的临近,会出现互为影响区、互为空间环境的局面,城市群体空间向多中心、网络化的空间结构演化。沿交通走廊的扩展使它们进一步聚合,同时新生的次级交通走廊也成为城市群扩展的短轴方向,波及城市化发展的低谷区,形成交互式的扩展局势,人流、物流和信息流等可以便利地进入这些网络体系,从而促进多中心网络化的空间模式的形成。在城市群内部,通过部分城市中心区职能向外疏散,城市从单中心结构向多中心网络化结构转变,以有效减轻中心城市由于高密度发展带来的压力,降低聚集不经济,加速周边地区发展,并与次一级的中心城市通过网络化融合形成更大空间尺度的城市区。因此,扩散的结果往往是在更大的空间尺度上实现集聚,推动区域城乡空间形态不断优化,实现城市规模的持续增长和竞争力的提升。

建立多极化的城市群空间格局。以城市群为载体,不同层级的中心城市在带动区域发展中发挥多极作用。重点打造几个具有较大辐射力的城市群,一方面是基于亚太地区人口资源分布实际的客观选择,另一方面也是亚太城镇化道路的现实路径。受国土空间和人口资源环境条件的限制,亚太地区大规模的工业化、城镇化,不可能遍地开花、平面推进,只能在一些发展条件和基础好、人口密集、城镇密布的地区集中展开,形成以一个或多个核心城市为中心,大中小城市和小城镇共同组成的城市群。城市群地区经济发展水平高,产业集中,人口和城镇密集,在重大建设项目布局、资源利用、环境保护、空间组织等方面的矛盾也比较突出。从亚太地区各国的发展规划来看,未来城市群将成为城市发展的主要方向,东京都市圈将继续保持在全球三大城市群之列,香港将作为中心城市融入中国珠三角城市群的发展,首尔都市圈将继续领跑韩国城市,新加坡与亚太各主要城市的经济往来更加密切,以上海为中心城市的中国长三角城市群、以北京和天津为中心城市的京津冀城市群将成为中国和亚太地区的重要门户。除此之外,中国城市群在亚太城市群中的地位越来越重要,中国目前已经形成了大大小小共计24个城市群,分布于中国东、中、西部。亚太城市将以城市群为主要载体,形成在空间上的点、线、面结构,以亚太城市间的大交通网络为基础,以亚太地区跨国铁路、高速公路网络系统为依托,将亚太城市群串联起来,形成互动和交融的发展路径。在空间上,大力促进亚太城市群间的融合,特别是在城市发展功能和产业分工上进行空间上的重组,充分发挥各城市群的比较优势,对外形成功能上的整合,使得亚太城市间的经济距离越来越小。亚太城市发展多极化空间不仅仅有利于缩小亚太城市间的发展差异,充分发挥各城市的比较优势,为亚太地区经济一体化进程和协调发展做出贡献,同时也可为亚太城市的发展赢得更广阔的战略空间。亚太城市的发展不可千篇一律,多极化的空间可减少亚太城市间的经济摩擦,形成互补发展和错位发展,让每个亚太城市都成为地区经济发展中的增长动力。亚太城市在城市功能和产业上在空间上的多元化发展有利于减少对欧美发达国家和地区在产业和功能上的依赖性,形成较为独立且整体性较强的亚太城市体系。

4. 改变粗放式发展模式,树立创新驱动促转型

作为全球主要新兴经济体,亚太地区经历了大规模的劳动密集型工业化进程,亚太发达地区已经完成了这一过程,而仍然有不少亚太国家和地区处于这种依靠劳动力、土地等要素投入的工业化推动阶段。亚太城市的发展也经历了这种粗放型的发展阶段,特别是东南亚城市的发展普遍得益于廉价劳动力和土地。这些城市为了获取资本,往往提供廉价的劳动力和土地,吸引国外的投资,形成了众多的劳动密集型出口加工产业,部分城市甚至为了争得更多的国际投资和产业转移,不断降低环境规制的标准,吸引了大量的污染型工业,造成了城市环境的恶化。同时,受技术水平的限制,不少亚太城市在工业化的过程中往往会出现高投入、低产出的现象,在国际产业链的结构中处于低价值创造的位置,大量的低附加值和高污染的产业集中于亚太地区。当前,亚太城市发展呈现出许多新的特点,在取得巨大成就的同时,亚太城市发展也面临着城市土地扩张与人口增长不匹配、城乡与区域发展不平衡、社会问题日益凸显以及大城市过快膨胀等矛盾和问题。如果这些问题得不到及时解决,将严重影响亚太城市的科学发展和社会和谐和可持续发展。亚太地区在城市化过程中出现了大规模的劳动力转移,亚太地区的落后地区青壮

年劳动力大量涌入经济发达地区或中心城市,这些青壮年劳动力优化了城市就业结构,使城市的就业人口变得相对年轻,整个社会的社会总抚养系数相对较小。发达地区和中心城市充分利用了人口红利机会窗口,获得了人口红利的经济增长效应。由于地方政府间在招商引资上的竞争趋于白热化,特别是亚太落后地区地方政府通过不断地降低环保标准,牺牲生态和环境来获得快速的经济增长和城市化。以牺牲生态环境来换取发展空间的做法显然不符合可持续发展的基本理念,且城市生态环境往往具有不可修复性,污染治理成本巨大,先污染后治理之路已经不符合当前城市发展的形式。另外,土地、资本、技术等要素是亚太城市发展的重要推动力。土地是城市发展的空间载体,同时也是城市获取财政收入的重要手段之一。土地的市场化为城市房地产的发展提供了基础,通过土地市场的繁荣从而带动了地面人口的集聚和经济繁荣。资本投入是亚太城市实现持续经济增长的重要保障,技术进步是城市现代化和提高劳动生产率的重要因素。

亚太地区的城市化得益于各种红利。以中国为例,中西部为沿海地区输送了大量的青壮年廉价劳动力,造就了中国沿海地区的世界工厂。然而,中国沿海地区的劳动力、土地等成本逐渐上升,东南亚新兴国家劳动力更廉价,国际投资和国际产业纷纷向越南、老挝、缅甸等国家转移。中国发达的城市群人口红利的机会窗口逐渐消失,城市群需要谋求新的发展优势以取代劳动力成本优势。依靠以牺牲环境为代价的经济增长和城市化有违可持续发展理念,生态红利的空间将越来越小。另外,亚太城市的发展不可能处处通过行政手段申请政策红包,未来城市的政策红利空间越来越小,因此,城市需要获得新的持续发展动力:创新。亚太城市群必须走创新之路,未来亚太城市的创新体现在科技创新、制度创新、理念创新、管理创新等方面,坚持以生产方式的创新为基础,通过技术创新来发展一批具有国际竞争力和话语权的产业,将创新产业化,以技术创新来推动制度创新、管理创新等,使创新成为城市经济新的增长点。作为区域经济的增长极,城市群在创造需求和供给、地方税收、资本投入、集聚高端生产要素等方面优势明显。在这些优势领域,城市群通过集聚和扩散的效应更容易诱发和形成创新,通过各类创新性生产活动成为区域的创新和研发中心,推动区域创新转型发展。

5. 树立需求导向型规划理念,坚持市场化主导城市化

城市的发展需要科学规划,城市规划为城市的中远期发展提供了可靠的路径,对城市发展起到纲领性的作用。当前亚太城市中不少城市的规划存在众多的问题。如城市发展规划编制方法单一,规划内容面面俱到,投资驱动,各区域、城市间的规划存在较多的交叉和矛盾,着重经济物质建设、忽略综合发展效益,公众参与

度低,过程不够透明化,注重短期利益,忽视规划的公共性和连续性等。这些规划的不足会给城市的发展造成负面影响,为了配合未来亚太城市发展和市场化的需要,亚太城市的规划需要改变过去的供给主导的区域规划思路,建立符合现实需要的需求导向型城市规划。需求导向型区域规划思想是以社会公众需求和社会发展、制度安排需要为基本依据,制定区域未来一定时期内的发展方向和行动纲领。需求导向型区域规划思想是基于需求管理理论的资源综合利用、公众广泛参与、科学发展观的综合体。供给的刚性较强,资源要素消耗是不可逆的,一旦计划好供给总量和产品种类,就基本确定了要素消耗量,并不考虑最终的消费情况。而需求管理要求从生产调控向最终消费品需求方控制转变。在生产和服务之前,社会公众事先确定需求;在资源配置之前,事先了解各种主体的潜在需求,部分地计划需求。需求导向型区域规划的基本思想是,通过转变传统的供给计划规划资源思想,反过来最终消费品的需求方作为一种重要的规划资源,在政府制定规划中引入需求管理理念,在制定规划的全过程、全要素中充分考虑最终消费品需求者——公众的真实需要和感受,提前将未来的需求计划性地分配到不同的时间段内,从而有效控制使用区域内的生产要素和各种资源,达到以人为本、综合平衡各种诉求、效益与公平统一的科学发展目标。

政府作为需求管理者在充分掌握了区域发展的基本信息和发展动态之后,全面了解社会公众的需求,来组织和编制区域规划,一方面可以充分满足社会公众的需求,另一方面也使得未来区域规划的供给与需求形成平衡。政府的实施者角色要求最终的规划由政府来统一安排实施,包括组织制定规划和实施规划,或者监督第三方按照需求导向来编制规划和实施规划。协调者的角色是指在城市群规划的制定过程中需要协调好亚太城市之间、亚太城市群内部城市之间的局部利益和整体利益、短期利益和长期利益,以期获得城市规划的整体经济社会效益。

亚太地区的城市化速度让世界瞩目,除了新加坡、日本外,多数的亚太地区城市化主要遵循自上而下的城市化推动模式,即政府通过行政力量来集中资源和政策来发展城市。显然,计划机制作用下的城市化进程是政府借助行政力量来推动的,发展全面、规范、稳定,战略性强。在经济起飞的阶段,通过这种自上而下的城市化推动模式将有限的资源集中投放至发展基础较好的地区,集中发展具有较好的宏观效率。但是,该机制也有劣势,主要是重上轻下,微观效率低。由于政府是统一的决策—指挥中心,各组织和个人的自主能动性不免就会受到一定程度的抑制,尤其是基层群众的创造能力很难得到充分的发挥。随着亚太城市化和市场化水平的不断提高,市场经济将在资源配置中发挥基础性作用,要素的流动和集聚以要素价格为基础进行空间的选择,城市作为各类要素汇聚的空间集聚体,其高度集聚和规模经济特征只有在市场的自由选择下才能发挥最大效益,因此依靠政府的行政力量推动城市化和城市间的空间融合不能实现效率的最大化。亚太城市未来的发展需要逐渐树立自下而上的主导型推动模式,充分发挥市场机制的作用,在区域发展规划的前提下,通过价格机制让要素充分流动,让产业在亚太城市间、城市群内部自由选择,获得最大效率。在市场主导型的城市化过程中,政府可以通过提供适合市场经济的政策供给,优化各类公共基础设施,提高公共服务水平,使亚太城市的公共利益与投资者的利益方向趋同。同时,鼓励公民积极主动地参与城市化,使资本拥有者和公民通过城市化使二者的利益均得以实现。所以,市场机制下的城市化主要是由利益机制发挥作用的,是可以为社会公众带来福利的,因而规模更大,动力更足。

坚持需求导向型城市规划和市场主导型城市化模式对亚太城市的发展具有十分重要的意义。一方面,从以人为本的角度来看,关注城市居民的现实需求,而城市的发展也应该以居民的需求和最终福利为目标,市场化主导的城市发展模式正是遵循了市场规律,极大地发挥人的主动性,高效地实现资源的优化配置。未来亚太城市的发展是人的发展与城市的发展同步,因此,需求导向型规划和市场主导型城市化在目标上是统一的。另一方面,从亚太城市可持续发展的角度看,需求导向型城市规划和市场主导型城市化为亚太城市的可持续发展提供了持续的动力。只有坚持以人为本的规划理念,持续地改进城市居民的福利,城市才会有源源不断的人才吸引力,各类高端人才才会选在亚太城市定居,为亚太城市的建设和发展做出贡献。同时,也只有坚持市场化主导的城市化模式才能发挥出市场机制的作用,做到"物尽其用",营造出一个公平和效率兼顾的市场氛围,从而将各类高端要素吸引到亚太城市,让这些要素在亚太城市发挥其最大的利用和配置效率。当然,需求导向型规划理念和市场化主导城市化也需要政府的参与和调控。公众是需求规划的重要主体,但是规划的起草到最终的实施均需要政府的全程参与,以保证规划的顺利进行及时的调整。市场并非万能,"市场失灵"的存在必然要求政府在公共资源的配置上起到关键作用,在城市的发展过程中需要政府对市场进行监管,制定相关的法律法规来完善市场机制,维护市场的稳定运行。如在招商引资上,政府需要在市场化的基础上引进各类产业和资本,但是在城市环境问题日益突出的今天,招商引资的项目需要政府制定详细的环境规制准则,保证城市的经济发展与生态环境的协调发展。需求导向型城市规划将有利于城市走上一条正确的可持续发展道路,防止城市在发展过程中偏离预定的轨道;有利于城市以具体的发展目标为导向,实现规划引领可持续发展。

6. 借力国家发展战略,引领国家竞争力

城市作为一国和地区的经济引擎,是一个国家现代化程度和经济实力的主要展示窗口,城市发展的好坏直接影响国家综合竞争力,当前国家间的竞争力主要体现在城市和城市群之上。而国家的发展战略又直接影响一个城市的发展,国家可以集中各类政策和资源集中发展城市,国家的整体经济社会发展状况也会直接决定了一个城市发展的外部环境,国家的发展战略为城市的发展战略提供了基本政策保障。同时,城市的发展战略服务于国家的发展战略,城市是国家竞争力实现的核心载体,城市和城市群的发展引领国家的发展。目前亚太各国均制定了各自的中长期发展战略,亚太城市的发展需要借力于国家的发展战略获得优先发展的机会。如在全球产业和投资中,亚太城市受到政治地位和外交的限制,亚太城市可以借助国家的外交战略和优势与其他国家和地区建立战略合作框架,然后将城市作为合作主体。反过来,城市的发展又引领着国家的发展,城市是国家竞争力的主要载体。

国家战略对世界城市的形成起到重要作用。纵观全球著名城市的发展历程可知,跨国公司是世界城市形成的第二大力量,跨国公司基本是世界著名城市发展中的核心要素。以日本的东京为例,虽然东京的发展有一些特殊性,它与纽约、伦敦以及巴黎等世界著名城市的发展历程有差异,东京却是典型的规划引导型世界城市。这主要表现在以下几个方面:首先,东京在建设国际金融中心时主要依托国家经济实力和日元国际化程度的提高,发展非离岸金融业,并通过大爆炸式的金融改革,不断地巩固东京国际金融中心的地位,发挥其对世界金融资本的管理与控制作用;其次,日本通过构建中央政府主导的国家信息中心,强化包括高校在内的生产性服务业在东京的高度集聚,推动信息的生产经营,使之率先迈入信息化时代;再次,日本政府确立并维护东京的世界城市定位,如由财政部控制银行体系,鼓励公司企业向银行借贷,并由商业银行组建网络监督工业的发展,通过中央集权控制资金借贷,使作为首都的东京市在执行政治决策中心功能的同时,强化了其在世界经济体系中的地位,使之成为名副其实的"国家冠军"。显然,东京在变成世界城市的过程中得到了强大的国家发展战略的支持。

在经济全球化的今天,城市和城市群成为国家竞争力的核心区域,需要全面参与国际产业分工和功能定位。国际产业分工是指世界上各国(地区)之间的劳动分工,它是社会分工发展到一定阶段,国民经济内部分工超越国家界限的结果,是促进国际贸易和形成世界市场的基础。国际分工分为产业间国际分工和产业内部国

际分工。前者是指不同产业部门之间生产的国际专业化,后者是指相同生产部门内部各分部门之间的生产专业化。目前亚太主要城市以及城市群为代表的国际贸易量不断扩大,国际联系度日益紧密。但是,在承接产业转移时,多为单一的产业群,亚太地区、城市间产业的上下游产业链出现了一定的断裂情况,产业联动的效率较低。未来需要提高亚太城市参与国际产业分工的精度和联系度,把握国际产业分工的趋势并结合本地的产业规划及定位,充分发挥亚太城市产业集聚的规模效应,特别要重视跨国企业的发展,既要加大吸引境外投资的力度,吸引国外跨国公司区域总部和创新中心的落户,也要扶持本国大型企业境外投资,实现投资走出去战略。同时要做好亚太城市和城市群在国家战略中的功能定位和城市群内部各中心城市、次级城市的功能定位,避免出现城市间和城市群间的过度竞争,实现亚太城市之间、亚太城市群内部各城市的协调发展。通过国际产业分工的深化和功能定位的明确化来提升国家在全球产业格局中的话语权,为亚太各国整体发展战略提供基础。

　　亚太地区城市化的进程在未来几十年内还将继续,亚太城市群将成为亚太地区城市化的主体空间形态。将城市群作为城市化的主体空间形态相比以优先发展小城镇的主体空间形态具有更大的优势:一是更具有经济上的效率。城市群是区域要素的集聚地,更具有规模效应,具有更高的区域劳动生产率,提供同等公共服务水平需要的成本更小且获得更高的公共资源使用效率。二是更具有区域辐射能力和承载力。城市群具有规模经济和专业化分工,具有更大的市场潜力、需求和供给等经济规模优势,对周围地区具有更大的带动作用。高聚居使得城市群在单位空间上具有更大的人口、经济、社会承载力,可吸引更多的人口并解决更多人口的就业。三是更易于管理和政策的实施。城市群具有相对高效的政府、企业和市场的管理能力,同样的政策,将会有更高效的管理和实施效果。将城市群作为亚太地区城市化的主体空间形态将提升亚太国家的综合竞争力,有效对接全球市场和深度参与国际分工,同时有效带动城市群周围小城镇的发展,最终促进区域经济的整体联动和可持续发展。

第7章
依托亚太地区的上海城市转型契机与可持续竞争战略

7.1 以亚太地区为依托的上海可持续竞争力发展趋势

20世纪80年代以来,伴随着经济和技术的急剧变迁,经济全球化进程不断加快,深刻改变了世界经济。一方面,以信息技术为主导的科技革命迅速蔓延,对传统的经济空间定义提出了挑战,使得距离因素在经济中的重要性有所下降。另一方面,以跨国公司为主要媒介的全球化扩张行动跨越了国家边界,根据比较优势开始"扫描地球",进行全球化资源配置。因此,全球化资源配置的模式使得主权国家对本国经济的控制能力有所削弱,取而代之的是以城市为经济空间载体的重要性的凸显。

亚太经济的崛起带动亚太城市的兴起,并促使亚太城市中的全球城市的崛起。上海以亚太地区为依托,以国家战略为支撑,以长三角区域为广阔腹地,有望成为下一个亚太城市网络中重要节点城市。随着上海国际化进程的日益加快,上海嵌入全球城市网络的程度也逐渐加深。

7.1.1 全球化与亚太经济崛起

1. 亚太经济的崛起

亚洲经济的高速增长有目共睹:亚太地区拥有世界人口的40%,其占世界国民生产总值的50%和世界贸易总额的40%。据IMF预测,2014年东亚经济规模会达到17.34万亿美元,与世界第一经济大国美国并驾齐驱,增长率据预计达到6.8%,为欧元区增长速度3.5%的近2倍,而且中国在21世纪将成为推动东亚乃至亚太地区经济增长重要动力。据 IMF 预测,中国占东亚经济比重将增至 48%。

2. 亚太区域的城市化和工业化

亚洲经济的高速发展,带动了亚太地区的城市化和工业化,这种城市化和工业化是伴随着国际贸易、国际投资和国际金融的跨国界运作发展起来的。

日本从第二次世界大战后的复苏阶段开始承接欧美产业转移,进行出口加工贸易。日本凭借着优良的质量管理,优质的服务和低廉的价格迅速占有海外市场。从 1956 年到 1973 年,日本通过出口贸易加工经济战略,将国民经济增长率始终保持在年均 10%,继而成为仅次于美国的世界第二大经济大国。20 世纪 70 年代中期,日本因为一系列原因开始经济战略调整。日本资本从 20 世纪 70 年代末期开始寻求海外投资空间,主要向亚洲临近国家进行投资,带动了一批新兴工业化国家经济的繁荣,其中包括亚洲"四小龙":韩国、中国台湾地区、中国香港地区、新加坡。日本对亚洲的 FDI 在 1989 年达到 82 亿美元,1995 年达到 123 亿。如此庞大的 FDI 和国际贸易使日本和亚太地区国家的经济联系日益紧密。

到 20 世纪 80 年代末和 90 年代初,国际形势发生了新的变化。亚洲"四小龙"等国家和地区也面临比较优势转移等问题,这开启了第二代工业化国家产业转移。它们主要把劳动密集型制造业和轻工业出口加工向外转移,而保留了附加值高、有技术含量的产业。这一次受惠的国家主要是中国、印度尼西亚、马来西亚、菲律宾和泰国等第三代国家。

不仅如此,这些国家的产业转移使得国与国之间的分工格局更趋于多层次化。传统产业间的分工模式,即发达国家专注于制成品的生产,发展中国家提供原材料和初级产品的模式,日益向产业内和产品内分工模式转变,这种分工模式是基于产业链内不同环节进行分工的。在这样的背景下,亚洲各个国家的经济联系从原来的等级经济体系趋向网络化经济体系。

3. 上海嵌入全球城市网络的机遇

世界经济重心的转移、欧美和亚太地区的产业梯度转移和中国改革开放的进一步深化都为上海的发展提供了机遇。上海发展的机遇与世界经济形势、国家战略举措、长三角发展态势和上海自身发展所处的历史地位息息相关。

（1）世界经济形势给上海带来机遇。

20 世纪 80 年代以来,以电子计算机和电子工业为代表的第三次科技革命的诞生预示着新一轮的产业结构调整和重组。随着全球化和信息化的深入发展,国际劳动分工出现新特征,产业内和产品内分工逐渐代替产业间分工,这种对价值链环节进行全球空间配置的分工模式为新兴工业化国家的经济发展提供了新的机遇。同时,柔性化的生产模式使得一些跨国公司将在母国保留的研发机构、品牌营销和创意机构等生产性服务业逐渐向新市场区域转移,跨国公司的区域总部为了配合管理和控制也随之选址于新兴工业化国家。价值链高端环节的转移和分散布局加快了一些新兴工业化国家城市产业结构转型和城市能级的提升,促使城市通过嵌入全球生产网络高价值区段而跃升为重要的城市网络节点。上海作为中国经济的桥头堡应该利用这次以服务形态为主导的产业转移,吸引发达国家跨国公司的投资机构、金融机构和研发机构进驻,以促使城市产业结构向高端制造业和以生产性服务业为主的现代服务业双轮驱动的转型。

世界经济除了产业链的梯度转移这一趋势外,2008年金融危机以后,欧美等国开始面临产业空心化、经济虚拟化等问题,欧美各个国家开始寻找新的经济增长点,培育战略性新兴产业,可以预测,新的技术正在酝酿并向产业化方向发展。作为高技术产业的新能源、新材料、生物医药等产业将成为未来各个国家抢夺新一轮经济制高点的目标。高技术产业的突破将对未来世界经济体系和世界城市体系的重新塑造具有重要作用。在这样的背景下,上海应该抓住这次经济结构转型的机遇,突破体制瓶颈,转变传统经济发展模式,积极构建创新体系,培育高技术产业,提高自身在城市网络体系中的能级。

(2)国家战略的改变给上海带来机遇。

2013年,李克强总理推出了上海自由贸易区试点改革,使上海在世博会之后再次成为了全球经济聚焦中心。从自贸区总体方案看,自贸区改革的重点在于以下几个方面:(1)治理体系治理能力提升;(2)深化行政体制改革;(3)构建便利化的贸易环境;(4)建设依法行政和法制化制度市场环境。同时上海一些具有市场准入的经济领域将被引入竞争。这无疑将加速资金流、商品流在自贸区内的流动。市场区域的扩大有利于经济规模扩大、产业链进一步细化和经济专业化分工,并提升城市功能。这可能增加城市经济受外界经济的影响,但这在全球化经济中是不可避免的,唯有将自己越做越强。最近,好消息频传,央行准许银行贷款利率下限全面放开,这意味着中国金融市场利率市场化改革又迈出了一步,这对上海建立国际金融中心是个巨大的机遇,将有利于未来上海金融产品创新、金融资源市场化配置以及金融市场体系完善。上海一定要抓住这一轮经济改革的机遇,审时度势,利用国外和国内、全球化和地方化两种力量,突破制度瓶颈,积极创新,完善商务环境以吸引人才、资金,并吸引跨国公司将管理、研发等高级功能入驻上海,提升上海的功能能级。

（3）长三角一体化给上海带来了机遇。

从全球生产网络考察,上海长三角城市群的网络核心城市,南京和杭州等次级中心城市同样处于全球生产网络的地方子网络中的价值链较高端(李建,2011)。以跨国公司为主导的全球化经济将价值链的不同环节根据空间的比较优势分散化布置。上海成为跨国公司总部管理、金融运营、研发设计、市场营销等高价值链环节首选城市。而跨国公司会将工业生产区布置在临近核心城市和次级中心城市的一些周边地区,并形成上海和周边城市的功能等级分工。

长三角是上海发展巨大的经济腹地,区域兴,城市兴,区域衰,城市衰,所以长三角与上海的关系是一荣俱荣,一损俱损。2008 年金融危机以后,各国都加紧产业结构转型,无疑上海作为中国最大的制造业中心、龙头城市,凭借其人力资源、科学技术、高新技术产业基础成为新一轮技术创新、产业创新的空间发展主体。上海抓住机遇继续和长三角城市保持紧密的分工协作,通过优势互补、市场相通和产业整合,代表整个长三角甚至中国和发达国家的世界级城市竞争新兴产业价值链的制高点、生产网络技术控制和标准制定的高地。

7.1.2　全球商品链延伸对上海国际化影响

1. 全球商品链在上海进一步延伸

进入 21 世纪,经济全球化和一体化进程逐渐加快,国际劳动分工出现新的形势,呈现出产业间分工、产业内分工与产品内分工共存的多层次的分工格局。这加大了全球商品链在上海进一步延伸的深度与广度,上海国际化程度也随之日益加深。而上海国际化程度将决定上海能否嵌入全球城市网络,嵌入到什么深度,以及在这个网络中处于什么样的位置,并且是否具有大规模可供配置的经济流量(周振华,2012)。这对上海提升其自身在亚太城市网络的地位和迈向全球城市具有重要意义。上海国际化的动力将绝大部分依赖于全球商品链在以上海为龙头的长三角区域的延伸和拓展。

2. 上海国际化进程

（1）跨国公司带动上海总部经济。

随着全球商品链在长三角区域的延伸和拓展,作为全球化经济主导的跨国公司,以上海为桥头堡,以长三角为腹地,进行产业重新布局和调整。上海凭借其较强的经济基础、良好的社会管理和优惠的政策法规等优势,迎来了一批跨国公司进驻上海。自 20 世纪 90 年代末,上海就开始成为跨国公司的新宠儿。可口可乐、联合利华、通用电气、阿尔卡特等跨国公司将其总部或地区总部迁至上海。此后,上海制定了一系列发展总部经济的支持性政策,包括设立总部经济促进中心,发布总部经济地图和圈定16家总部经济基地。

2008年上海市政府在修订《上海市鼓励外国跨国公司设立地区总部的暂行规定》的基础上,颁布并实施《上海市鼓励跨国公司设立地区总部的规定》和《关于〈上海市鼓励跨国公司设立地区总部的规定〉若干实施意见》等法规。这些政策和措施有力地推动了上海外资总部经济的发展。目前在上海设立跨国公司总部的有可口可乐、阿尔卡特、联合利华、通用电气、IBM、AT&T、索尼、飞利浦、巴斯夫、杜邦等著名跨国公司。上海不断改善跨国公司的投资环境、商务环境,以及生活环境,希望吸引跨国公司将其更高级的职能或地区总部进入上海。

2011年,上海吸引外资创历史新高,跨国公司地区总部数量也居全国首位。在2012年,上海新设跨国公司地区总部50家、投资性公司25家和外资研发中心17家。截至2012年末,外商在上海累计设立跨国公司地区总部403家、投资性公司265家、外资研发中心351家。上海的跨国公司地区总部和投资性公司数量居全国第一,外资研发中心数量居全国第二。

跨国公司在上海的能级也不断提高,据统计有95%的跨国公司在上海有两种以上的职能,并且职能范围主要涵盖协调、管理、投资控股和信息调研等知识、信息密集型环节。不仅如此,跨国公司总部的地位也逐次提升,从地区总部到中国总部,再到亚太区总部,最终到全球总部,都开始选址于上海。现在上海有三家跨国公司全球总部:2005年,英特尔公司将其全球五大事业部之一的渠道平台事业部(CPG)设在上海,这是上海吸引的第一家跨国公司全球总部;2006年,ABB公司将其集生产、研发、销售等功能于一体的机器人事业部迁来上海;2007年,霍尼韦尔公司将电子材料部全球总部从美国迁往上海。跨国公司因其广泛对外经济联系性、强大辐射性和业务环节居价值链的高端,带动了上海经济的发展,同时也加快了上海产业结构的转型。与此同时,上海也通过吸引跨国公司这个重要的功能性机构与全国经济和世界经济发生联系并产生巨大的经济流量,使上海在亚太乃至全球城市网络中成为重要的全球网络节点城市。

(2) FDI向高端服务业进军。

从全球经济发展趋势来看,第三产业将成为未来经济增长的引擎。第三产业的快速发展不仅带动一个城市的经济发展,并且提升城市在全球城市网络中的能级,更重要的是,第三产业的发展规模、层次结构、质量效益将在很大程度上决定未来城市的竞争力。

　　上海要建立四个国际化中心,势必要大举发展服务贸易,而且要通过吸引外资来逐步改善服务业贸易结构,使服务业由传统服务业向新兴服务业结构转型。不仅如此,引入外资已经成为上海经济转型、产业结构调整、城市能级提升和国际化的重要力量。2012 年全市新批外商投资项目 4043 项,合同外资 223.38 亿美元,同比增长 11.1％;实到外资 151.85 亿美元,同比增长 20.5％,双双创下历史新高。在全球经济处于低迷、国际外资纷纷撤出新兴市场的背景下仍能表现出如此不俗的成绩,充分说明上海的经济的外向度、自由度和开放度已经逐渐得到外资的认可。

　　从外资流向的领域看,劳动力密集型产业吸收的外资逐年递减,而高技术产业和现代服务业成为外资主要青睐领域。这反映了上海在引入外资的目标上已经不只是简单的规模扩大,而更加注重外资的质量以及外资对产业结构优化调整和转型的推动功能。同时也看出跨国公司越来越看重上海经济体在未来扮演连接国内和国外两个市场和配置国内和国外资源的功能。值得一提的是,服务业利用外资比重从 2006 年的 60％上升到 2011 年的 85％,2012 年服务业利用外资的占比也再次超过了 8 成,而 2012 年上半年服务业合同外资占比更是高达 88％。

　　不仅如此,上海突出的市场辐射集聚功能,优良的投资运营环境和高素质的专业技术人员和人力资源也促使外资进入高端服务业领域。2012 年,新设外商投资服务业合同外资 187.13 亿美元,同比增长 9.6％。投资领域主要集中在租赁和商务服务业、房地产业、商贸业、金融服务业和交运仓储业。而在职业技能培训、商品拍卖、养老服务、保安服务等领域也均有外资进入,引进融资租赁公司 60 家,商业保理公司 8 家。可以看出,上海以服务经济为主的引资结构已经逐渐凸显。上海希望通过制度创新和扩大开放来推动服务业内部结构优化,并吸引更多的跨国公司地区总部、服务业跨国公司、服务外包公司进驻上海,以此扩大上海的信息流、资金流、知识流,从而使上海的网络经济流量规模进一步扩大。

　　(3) 服务贸易快速发展。

　　服务贸易的进出口发展情况也说明了上海与世界经济联系的紧密度和国际化程度。上海服务贸易进出口连续几年呈增长态势。进出口总额从 2000 年的 79.1亿美元增加到 2005 年的 324.6 亿美元,2012 年达到 1 515.6 亿美元,连续几年增长率保持在 15％以上,高于北京、广东、深圳等城市并居全国首位。其中上海进口额从 2000 年的 43 亿美元增加到 2012 年的 1 000.3 亿美元,增长率保持在 20％以上。出口额从 2000 年的 36.1 亿美元增加到 2005 年的 161.5 亿美元,2012 年达到 515.3亿美元,增长率低于进口额。

从上海服务贸易的逆差中,可以看出上海服务贸易结构的确存在不合理的地方。上海在服务贸易传统领域依旧保持着很强的竞争优势,仅仅就运输和旅游这两项服务贸易进出口合计占上海服务贸易进出口总额的66%,达到2/3。而咨询、金融和保险、计算机和信息服务等新兴服务贸易进出口总额虽然只占上海服务贸易的24.9%,但是从增长率看,新兴服务业增长率超过服务业平均增长率,说明它们仍旧保持较快的增长态势,可以看出高端新兴服务业是未来上海发展的趋势,这也是与上海建立"四个中心"的目标相匹配的。

3. 上海嵌入全球城市网络和定位

随着全球化和信息化进程加深,全球商品链进一步向上海延伸,这不仅为上海城市产业结构升级和城市功能转变提供了新的动力和外部环境,也为上海在全球城市网络体系中的重新定位奠定了基础。同时,上海城市转型步伐也在加紧,"十二五"规划中已经明确指出上海走"创新驱动,城市转型"的道路,以创新为新一轮城市发展的内驱动力,在"十二五"规划中上海对城市创新系统、人才培养机制、创意服务产业等与创新密切相关的内容都给予较多关注。

上海嵌入全球城市网络的地位将进一步提升。这可以从入驻上海功能性机构的级别窥出一二。2012年底,已经有60家跨国公司在上海设立了亚太区总部或者亚洲区总部。在这些跨国公司中,15%左右为亚太级别以上的总部。如新通用公司在上海设立国际运营总部,主要负责协调、统筹管理通用汽车在亚太、非洲、中东以及俄罗斯和独联体国家的业务运营;IBM公司把新兴市场总部设在上海,管理区域覆盖了亚洲、非洲、东欧和拉美等绝大多数新兴市场。而一些跨国公司经过深思熟虑,两相比较后将总部从原址迁往上海。比如,全球十大医药企业之一的阿斯利康公司将其亚太区总部从新加坡迁至上海;福特汽车公司把亚太及非洲地区总部从泰国迁至上海;宜家、麦当劳则分别把亚太区总部从新加坡、香港迁移到上海。还有数据显示,越来越多的跨国公司将设在上海的中国区总部升级为亚太区总部。可以预见,随着跨国公司在亚太地区新兴市场的业务整合步伐加快,上海将逐渐跃升为全球产业链在亚太地区重要的控制节点,集控制、管理、协调等高端功能为一体的节点。上海通过了跨国公司这个中间解释变量,提升了上海在亚太城市网络的地位和能级。上海嵌入全球城市网络的地位将取决于这些跨国公司和专业服务机构自身在生产价值链的地位和它们自身的职能。

与此同时,上海自贸试验区将是一个制度创新的突破口,随着上海自贸试验区的建立以及上海的一系列制度创新提上议程,这将有助于上海突破现在的一些政策上的短板,弥补上海在法律、税收、金融、文化、政府服务等各方面的不足。举例来说,在上海建立国际航运中心这一方面,它未来的制度创新应集中在下列几方面:有竞争力的税收体制、合理的港口收费制度、便捷高效的海关监管制度、宽松的可控金融监管体系、灵活的制度管理机构、规范完善的法律政策制度,以此吸引全球性的航运经纪公司、船级管理机构、船运保险贷款公司等航运服务公司,从而带动上海高端航运服务业的发展,并提升上海航运服务群的能级。上海不仅可以吸引更多的航运业务量,更重要的是上海在全球城市网络中的地位亦将逐渐凸显。

所以,自贸区将释放更多经济潜能。如果上海在政策和制度环境方面能够提供更加务实和实际的措施,上海对香港和新加坡将形成更大的竞争压力。上海未来在全球城市网络中的定位是成为亚太城市网络中的一个重要节点城市,与香港和新加坡形成三足鼎立之势,从而与香港和新加坡形成竞争互补的格局。

7.1.3　上海对长三角城市群的影响力

2012 年长三角城市群经济总量突破 11 万亿元,它用约 2% 的国土面积和约 12% 的全国人口创造了中国 GDP 总量的约 21%,成为中国最具有影响力的城市群。2012 年长三角城市群 25 个城市中有 20 个城市经济总量超过 2 000 亿元,上海 GDP 总量超过 2 万亿元,依然位居首位,苏州也已突破 1 万亿元,两个城市双双步入"亿元俱乐部"。长三角城市群中城市化水平已经初步形成完整的城镇体系,各类城市的数量呈现"金字塔形",城市之间经济联系进一步紧密。而且长三角城市内部产业结构进一步优化,城市产业以"二三产业"为主,逐渐形成优势互补和专业化分工格局。长三角各个城市功能定位形成错位发展,城市合作态势良好,形成区域合作组织框架,并且通过区域协调机制和利益共享机制对城市内部产业发展战略定位进行研究和利益评估。

上海的人均 GDP 已经超过 1 万美元,第三产业占全市 GDP 比重超过 60%,第三产业内部结构进一步调整,新兴服务业发展亮点频现,城市功能逐步向服务型城市和消费性城市转型。城市空间结构进一步优化,形成以陆家嘴金融区和外滩一条街为核心的城市中心区和五角场、徐家汇、花木和真如四个城市副中心的格局,以宝山、嘉定、金山、闵行为主的郊区承担城市部分功能,并且形成各自的特色产业,同时上海远郊随着轨道交通延伸,城市化率有所提高,城市人口进一步向郊区转移流动。至此,上海大都市区的雏形已经基本显现。随着上海城市能级的不断提升,其对长三角的影响力也发生了质的改变,无论内涵还是外延都有一些根本性的变化。

1. 上海对长三角的影响力从制造业向服务业转变

上海发展的定位是以服务经济为主导的产业体系，其辐射范围将主要以长三角城市为主并对全国起到示范作用。上海和长三角城市尤其是上海周边的城市如苏州、无锡、宁波、杭州、嘉兴将进一步形成"总部—加工制造"和"服务—生产"的区域合作模式。上海作为国际金融、航运、经济、贸易中心的国际化大都市，势必带动高端服务业、知识型服务业和科技型服务业的集聚发展，上海的现代服务业将继续向专业化、个性化和品牌化方向发展。随着长三角城市产业结构升级和传统制造业改造，长三角必定对上海的现代服务业尤其是生产性服务业产生巨大的需求和依赖，上海也可借此机遇进一步深化服务业体制改革和提升上海现代服务业能级，以此形成良性互动。

2. 上海对长三角的影响力从有形资产向无形资源转变

上海一直是国家改革的排头兵和试点区。过去的浦东开发使上海的发展提升一个能级，而如今的自贸试验区建设也将为上海未来的发展提供更多的动力，所以上海的发展一直走在全国的前列。它遇到的问题是前所未有的，它的经验性对策是具有共性的，它在体制上的创新也有示范效应。不仅如此，众多的功能性机构、跨国公司总部、生产性服务业企业还有国际组织重要职能机构都选址于上海，这为上海熟悉国际信息、掌握国际惯例、了解国际准则提供了便利。所以，上海无论是在改革经验的积累，还是在国际惯例的熟悉程度上都具有得天独厚的优势。上海在未来对长三角的影响也将因此更多地向无形产品倾斜，这种无形资源的溢出效应将比有形资产的影响更加深刻和长远。上海可以趁势提高自身综合服务功能，因势导利，循序渐进，将上海打造成重要的无形资产流动交易的网络平台，以此提升网络经济平台流量和城市能级。

3. 上海对长三角的影响将深入到制度层面

上海一直是长三角城市中的核心主导城市，所以上海在长三角区域一体化中起着举足轻重的作用，上海在迈向国际化大都市乃至全球城市过程中会推动长三角城市一体化和大上海都市圈的进一步形成。上海与长三角城市的合作已经从一般项目合作向资本融合方向发展，从单一的生产合作向科研开发合作过渡，从工业领域为主的合作向金融保险、房地产、旅游等领域的全方位合作拓展。上海与长三角的合作领域已经在不断拓宽，而现在上海与长三角合作的重点要向建立长期合作机制框架方面进行努力。而在这个合作组织框架建设中，上海会起到领头作用，因为上海是长三角城市群中首位度最高的城市，同时也是高度外向型城市。上海在转型之际影响力亦与日俱增，尤其是上海市场化改革的动力进一步释放，未来网络经济流量平台会再上一个能级。上海可以凭借其得天独厚的优势在长三角区域一体化中组织框架中起到引领统筹和战略协调作用。上海在与浙、苏两省制定长三角长期发展规划和战略目标时亦当站在全局的高度，放眼未来，从而起到高屋建瓴的作用。

7.2　基于亚太地区整体竞争优势的上海城市转型契机

随着经济全球化进程的加快，亚太经济崛起以及产业分工在亚太城市网络中的进一步细化，上海城市转型将迎来新的契机。上海未来城市转型主要涉及上海城市产业结构转型、城市功能转型和城市空间结构转型。上海城市转型是一个系统工程，一转百转，所以上海城市转型应该因势利导，在稳妥而又谨慎的步调下进行。

7.2.1　上海产业结构转型

1. 创新驱动和制造业升级

上海的制造业未来发展将围绕"创新驱动，产业升级"这个宗旨进行谋篇布局。这是根据当下上海经济发展现状所做的基本判断。上海从浦东开发以后，利用国际国内两种资源快速发展经济，经济增长势头强劲，并领先于全中国。上海的GDP增长率也一度以两位数遥遥领先于全国，人均GDP从1992年的8 208元增长到2012年的85 000元，20年时间之内增长了9倍之多，可谓经济增长奇迹。在这过程中，上海的制造业发挥了重要的作用。

直到2008年，上海经济增长率跌破10%，并在往后几年显现出一蹶不振的颓势，GDP增长率也一度徘徊在8%到9%，在排名上与北京轮流垫底。2008年由世界金融危机引发的外需减少对像上海这种高度外向型、以出口投资拉动的经济体造成了一定程度的打击。以政府为主导、投资驱动的"上海模式"在辉煌了十几年后由于这个外力因素开始显露疲态，并且暴露了一系列因为经济高速增长而被掩盖的矛盾和问题。不仅如此，"上海模式"与国际大都市的目标也无法匹配。这种通过对内依赖资源、廉价劳动力和对外依赖外资结合的增长模式使得上海的制造业一直被锁定在价值链的低端，无法进行技术升级和品牌创新，进一步阻碍了城市产业结构的升级。对上海的制造业发展前途来说,已经到了不破不立的关键时刻,而且上海制造业转型升级成功与否将对上海整体经济转型有着至关重要的影响。

(1)上海制造业在未来是机遇与挑战并存的。

第一,上海的经济总量已经超过了新加坡和香港,人均 GDP 超过 1 万美元,达到了中等发达国家的发展水平。这是一个转型的契机,因为上海可以趁此机会把经济发展的焦点从量上向质上转移。我们应该看到增速下降的原因一方面是上海在积极淘汰落后产能。另一方面,上海新的具有比较优势的产业潜力尚待挖掘,所以在上海产业转型过程中暂时出现了青黄不接的尴尬局面。但是,上海的综合竞争力在全国还是居于前位,这对上海未来发展新兴产业和高技术产业来说是一种得天独厚的优势。

第二,上海未来经济发展是国家战略发展的重要组成部分,得到中央的高度重视。2009 年,国务院对上海两个中心政策的《关于率先形成服务经济为主的产业结构,加快推进上海国际金融中心和国际航运中心建设的意见》中,提及制造业的部分是:"发挥先进制造业优势,为服务业发展提供有力支撑,以服务业发展带动先进制造业的更大发展。"由此可以看出,上海未来制造业发展的趋势将呈现出与服务业相互促进、相互支撑、相互融合的态势。上海制造业将通过生产性服务业的技术、知识、人力资本更多的投入实现产品创新和产业升级。

第三,上海制造业面临的挑战也是巨大的。上海经济结构不协调、不可持续的问题由来已久,其中尤以制造业最为严重。2005 年上海还在以重工业为支柱产业,如化工、钢铁、汽车等产业,不仅有能源消耗、环境污染、吸收就业能力有限等问题,而且上海制造业因为秉承市场换技术原则多贴牌生产,所以缺乏核心技术和创新能力。例如汽车还是缺乏整车底盘核心技术,钢铁在精纯度上仍旧无法满足高端装备制造业的要求,需要依赖国际进口。石油化工产品能源消耗大,环境污染严重。

(2)上海制造业升级的技术背景和现实背景。

上海制造业升级的背景是新一轮产业革命正在改变和革新传统产业的旧有模式。当前已经初露端倪的新产业革命是以现代信息技术为核心,并且对传统制造业的生产模式、组织流程和运营管理有重新整合和改造的影响效应。这一轮产业革命的关键不是以技术革命性突破为特征,而是传统产业的模式和业态因为引入了信息技术而催生了新业态和新模式。当下正在发生的是新业态和新模式与老业态和老模式新老交替的演变过程。所以上海制造业产业升级要注重培育产业的新业态和新模式,以此为切入点,发挥本土一切资源优势,聚集产业链整合和细分,发挥平台经济的作用,整合资金流、信息流、人才流,打造自己核心竞争力,完成一系列制造业升级。

另一方面,上海制造业升级的约束条件主要有两点:第一,上海空间、资源有限,不能盖大厂房、买大机器,粗放式增长模式在上海很快就没有市场,应该尽早淘汰,占居产业链低端的劳动密集型产业应该首当其冲退出上海,并向周边外围城市转移扩散。第二,上海是中国对外的一张国际形象名片,而环境污染严重、高能耗、高排放的重工业应该受到规制和约束,并且在条件允许的情况下,有步骤、有规划、一步一步地向外省市转移。上海制造业升级在未来应该将更注重轻型化、绿色化、知识含量高、竞争力强、具有前景的产业。

（3）上海制造业发展升级路径。

上海制造业升级在特定的产业背景和约束条件下进行,制造业发展的方向是以创新的质代替简单加工的量为核心要件。上海制造业的升级和改造将着重于依赖于两方面:一是以高新技术产业为代表的"上海创造",二是以生产性服务业为代表的"上海服务"。通过"上海创造"和"上海服务"嵌入"上海制造",帮助上海制造业突破技术难关,挖掘自主创新潜能,形成技术研发创新基地,打造一批具有代表性的上海先进制造业和高端制造业,以点带面,以面牵动全局,形成"中间在外,两头在沪"的区域分工格局。

2009 年上海启动 9 大高技术产业重点领域,包括新能源、民用航空制造、先进重大装备、生物医药、电子信息制造、新能源汽车、海洋工程装备、新材料、软件和信息服务业。2010 年启动的 5 大领域包括智能电网、物联网、云计算、节能环保、民用航天。上海发展以高技术产业为代表的战略性产业对上海制造业有重大意义,这表明上海在新一轮的产业革命中抓住机遇,发展以装备制造业、新能源和新材料为代表的高技术产业,从抓住新技术和新经济为切入点提升上海制造业的创造力。此外,高新技术有利于改造上海传统优势产业和传统优势产业的创新能力与核心竞争力提升。信息化带动工业化也是利用高技术产业改造上海传统制造业,比如数字制造、智能制造、绿色制造概念下的数控机床、工业机器人、智能电网技术都在未来有很强的增长潜力。

2. 以服务经济为基础的综合城市服务体系构建

上海经济转型的目标不是以简单的服务业代替制造业,也不是制造业和服务业机械化的两者并存,而是基于"二三"产业融合的经济服务化。上海经济服务化的内涵指的是在服务经济框架下重点发展现代服务业和先进制造业,全面构建高端化和集约化、服务化的新型产业体系,促进基于产业融合的服务经济发展。上海应该加快以服务经济为基础的综合城市服务体系构建,尤其要注重以生产性服务业为主的现代服务业和提升居民生活质量和城市好感度的消费性服务业。

(1)生产性服务业为代表的现代服务业。

从城市的角度来说,"十二五"阶段上海服务型经济的发展应该将重点放在能够延伸其辐射半径的现代服务业,其中上海要集中精力发展与"四个中心"城市匹配的高端现代服务业:商务服务业、信息服务业、航运金融业、咨询服务业等服务业。上海通过全球商品链的延伸和产业的集聚发展成为长三角区域的制造业中心。上海作为一个生产基地,拥有与其相匹配的规模化和层次化交易平台、纵横交错的基础设施以及完善的货物贸易的软环境。

然而上海不仅需要通过货物流来拓展其流量经济,因为货物的辐射范围和交易范围一般来说都会受制于其货物的属性和硬环境。上海需要通过发展现代服务业,将上海塑造成一流的具有综合性服务体系功能的国际化大都市。因为现代服务业能级提高对上海拓展服务规模、丰富服务功能层次性以及打造全球网络平台大有益处。上海通过发展现代服务业,尤其是高端服务业,有利于吸引跨国公司、专业服务机构和金融机构在上海集聚,形成具有协调和控制功能的总部经济。通过向这些高端功能性机构提供知识含量高的服务可以帮助上海拓展现代服务业服务范围,加快上海服务业承接国际性服务外包,促进上海服务贸易向高端服务进一步推进。除此之外,随着上海服务向高级化和多样化发展,对上海发展先进制造业和高技术产业也有促进作用。

从产业角度说,上海发展现代服务业有利于上海制造业集中精力发展归核化业务,并以此提高核心竞争力。上海制造业的创新发展和转型升级离不开生产性服务业发挥作用。上海传统制造业在一定程度上是通过低成本、批量化生产,甚至是牺牲环境的代价来获得竞争力,并在国际舞台上参与竞争的。但这种模式是不可持续的,并且随着时间的推移,一些内部结构性矛盾将逐步凸显甚至是爆发,所以上海制造业竞争力的来源必须摒弃这种短视的模式。上海制造业升级迫切需要将注意力放在如何提升自身技术和知识含量上,而且上海应该放弃原来大而全的发展模式,转而向小而精的经营模式转变。要做到这一点,上海制造业就应该进一步深化分工和分解产业链,提升效率,专注价值链两端具有高价值的产业。这些发展的前提条件是以知识和信息为主要特征的生产性服务业的发展,比如产品设计、信息服务、供应链服务和电子商务等高端化的生产性服务业还有以促进交易和贸易的一般性服务的发展。这些服务业发展可以提高上海制造业的能级。

从企业角度来说,上海发展现代服务业有利于帮助上海企业营造创新氛围,培养创新意识。以生产性服务业为代表的现代服务业发展是呈现空间集聚态势的,比如上海着力打造的五大生产性服务业集聚区:张江研发服务区、漕河泾技术服务区、嘉定汽车服务区、浦东业务流程外包服务区和外高桥及临港物流服务区。这些技术开发区或者高技术区定位鲜明,功能明确,内部生产性服务业是以园区内专业产业配套为目的,以内部企业需求为自己发展的目标,当集聚呈现质的变化后,区域内部就可能成为创新区域系统,形成良好的服务创新体系。它们帮助企业沟通连接各个产业链的环节,像商会中介、信息平台帮助企业交流新产品信息,共享行业信息,刺激企业获得新的灵感,并且在合作竞争中联合创新。

(2)消费性服务业。

上海的服务经济是以构建综合服务体系为基础,其目的是将上海城市功能从单一的生产性城市功能向以消费和高端生产综合城市功能升级和拓展。伴随着消费经济的蓬勃发展和消费文化的兴起,与之相配套的消费性服务业也开始呈现多样性。上海作为国际化大都市,消费服务的对象具有国际性、多元性和复杂性等特点。尤其像来自跨国公司的中层管理人员和高级技术人员,他们对服务需求比较高,对服务质量要求比较苛刻,而且对服务内容要求也比较多样。但是我们在满足这方面的需求上还有所欠缺,比如作为区域性金融中心的载体,上海的陆家嘴金融商务中心有很多高档跨国商务人士在此工作和生活,所以这个地块面临着日益增长的文化娱乐、休闲旅游的需求,然而我们在建设城市 CBD 的时候只关注了与其配套的生产性服务业,而忽略了人除了基本需求以外的更高层次的精神需求。

事实上,上海的消费文化也是随着上海人均收入的提高才慢慢兴起,所以上海消费性服务业由于过去需求的严重不足而呈现出质量的良莠不齐和业态的单一性。要改善这一现状,上海需要着重发展以消费性服务业为主的综合服务体系。从城市居民的角度看,除了基本衣、食、住、行外,要把一般的传统消费性服务业比如商业、购物、文化娱乐、公共交通设施等服务功能进一步完善,还要推动新兴的消费性服务业发展。比如,医疗保健服务包括康复、护理、体检、美容等非基本医院家政医疗;教育培训服务包括专业技能、语言类、兴趣型等教育培训产品;家政服务包括幼儿托管、养老服务、社区服务等家庭服务。这些服务的发展可以满足城市居民对多元化、综合化服务的需求,从而满足不同层次城市居民的需求。

所以,上海城市的综合服务体系不仅体现在为企业营造良好的服务创新氛围,还要体现城市人文关怀精神,这也是上海通过打造优越的软环境来吸引优秀的服务企业和优秀的人才的一条途径。

（3）现代服务业的"二三"产业融合发展。

"二三"产业的融合发展是产业发展的必然趋势。所谓"二三"产业融合发展就是"制造业服务化"，以知识和人才为基础，以产业价值链为切入点，通过信息化和技术嵌入等手段，使各自独立存在的制造业部门逐渐演化成各部门交叉、各业务互相联系的新业态和新模式。这是制造业产业结构高级化的结果，也是推动产业结构向高级化发展的内在动力。产业融合使得各种产业间技术和行业壁垒不断地被打破，减少了交易成本，提高了产业的效率，从而形成核心竞争优势。产业融合意味着原本作为制造业企业提供的有形产品将包含更多的服务内容，而这种服务是基于越来越多的技术、知识和信息，从而使产品的价值更多地体现在无形的服务上。比如在宝钢的业务收入中，非主营收入和服务收入已经占了很大的比重，在不久的未来，宝钢的服务收入将有望超过主营收入。"二三"产业融合发展要求有条件的制造业企业积极运用自有的知识和信息与不同部门的知识交流与整合并加以运用，最后向客户提供融合后的新产品和新服务，以此引导企业向产业链两端延伸，逐渐从单一生产制造演变成"生产加服务"的模式，促进生产制造业服务化和高端化。

因此，上海在构建以服务经济为主的产业基础时，要运用现代信息技术改造传统产业，包括汽车、成套装备、钢铁、化工、轻工、纺织，促进产业的技术融合，在广泛利用电子信息网络平台的基础上，打破传统产业边界及其各自发展的模式，实行业务交叉和产品融合，拓展新型业务，发展新的产业部门。上海尤需要进一步发展总集成总承包、研发设计、检验检测、专业维修、供应链管理服务、金融专业服务、节能环保服务、电子商务与信息化服务等生产性服务业，对整条生产价值链进行整合，形成"一条龙"式的生产性服务业链条，实现先进制造业和现代服务业一体化发展。通过一体化发展，促进传统制造业提升五种能力，包括技术控制能力、市场营销拓展能力、产业链建设能力、产业集约发展能力、信息技术应用能力，最终使上海制造业的核心竞争力摆脱依赖廉价劳动力而得到真正的提升。

7.2.2　上海城市功能转型

1. 中枢控制——管理决策协调中心

长三角区域经济发展的区域增长极是上海，而上海的增长极是以跨国公司为主体的总部经济集聚区，而在总部经济中核心的功能是中枢决策控制功能。具有决策和控制功能的智能型总部经济就是上海整个经济发展的核心，它像人的大脑，支配和控制布局于周边具有比较优势的地区的生产和加工环节,所以它具有核心地位和价值。可以说上海的总部经济是上海新的增长引擎。上海发展总部经济可以提升上海对全国乃至全球经济的影响力,同时也为上海进一步带动长三角区域联动发展提供了新动力(丰志勇、何俊,2009)。

上海总部经济的辐射范围的大小取决于它的决策和控制的范围大小。比如伦敦的金融城,它控制的是全球资本的配置和流动方向,所以它是全球金融中心。对于上海来说,上海的总部经济目标应该着眼长远,放眼全球,当然也要考虑到上海的实际经济基础所能承载的能量。上海总部经济的决策和控制功能的发挥应该是在整合长三角区域的各种资源,并推动长三角区域的产业升级和转型的基础上,将目标辐射范围定位在服务全国乃至整个亚太地区,从而与香港和新加坡的总部经济进行竞争,这是上海实施总部经济战略发展的目标。

上海总部经济的能级取决于跨国公司的价值创造在整个价值链的位置。今天的上海,从最初吸引跨国公司制造功能实体的入驻开始转向吸引跨国公司的高端智能价值创造实体的入驻,鼓励更多跨国公司将投资总部、研发总部和创意总部等更多高能总部入驻上海,使上海率先成为高端智能人才、信息、科研、管理、决策、运营、金融、服务等集中和聚合的总部经济城市。上海的总部经济向国际控制决策中心迈进是上海城市功能的转型的核心化的目标,这对上海提升全球网络流量经济和上海城市在全球城市网络中的地位具有不可估量的重要意义。

2. 创新中心——研发创新中心

"十二五"规划中提到将上海建设成为具有活力的创新型城市,这一点体现了上海城市功能能级在不断的提升,同时也反映了上海坚持产业结构向价值链两端转型,摆脱"世界工厂"的决心。这要求上海制造业要走自主创新的道路,重点核心技术要重点投入,不能仅仅通过依赖先进国家进口技术把自己锁定在价值链低端,要通过吸收国外一流技术消化后做到再创新和融合创新等;通过政策方针在与创新有关的各个领域包括金融财税等方面给予支撑,要推进制度创新、管理创新和文化创新等;要通过各种中介组织发挥中间媒介作用加强跨部门、跨企业、跨行业的联动创新和合作研发。上海要充分激发整个经济社会发展转型的内在动力和活力,培养整个城市的创新意识和提升城市整体创新氛围,使上海率先向创新驱动的城市功能转型。

上海建设创新中心可以通过吸引跨国公司研发部门和创新中心入驻上海,以此带动上海进一步发挥创新潜力。跨国公司研发部门或者创新中心在本地区会产生知识和技术的溢出效应。跨国公司的研发部门或者创新中心会在全球不同城市进行布局,进而形成全球创新网络,它们入驻上海后,会通过整合该公司在全球创新网络中的研发资源和最新研发成果来带动整个部门的创新产出。比如普立万创新中心在 2012 年成立,该创新中心将使普立万更好地与客户开展业务合作,并开发以客户为导向的创新产品和解决方案。上海普立万创新中心的未来愿景是成为亚洲最大的,乃至美国之外最大的研发中心。普立万在新加坡、泰国和我国的苏州、深圳、天津、东莞都设有研发基地,可以说在亚洲形成了创新网络,这将有利于上海间接吸收这个亚太创新网络的知识和技术溢出,有利于上海形成创新氛围并提升上海的创新能力。

3. 专业服务——专业化服务市场

提升上海城市服务功能是上海作为一个国际化大都市发展方向的内在要求,也是上海打造全球网络经济平台增加流量经济的必要途径。上海城市服务功能要与上海国际化大都市的"四个中心"建设要求相匹配,不仅要扩展服务规模还要提升服务质量和丰富服务内容。

举例来说,上海要建设国际航运中心,航运中心是以资源配置为目标,流量经济非常大,国际航运和内陆航运要两项兼顾,所以对服务的要求就相应较高。上海从软环境着手完善现代航运服务体系,优化航运服务产业链,发展船舶交易、船舶管理、船舶检验、船舶供应、船员服务、航运经纪、航运咨询、海事法律和仲裁等各类航运服务;完善航运金融服务体系,促进船舶融资、船舶保险、航运保险等高端服务发展,加快开发航运运价指数衍生品;在综合实验区中,要完善国际航运船舶登记注册制度,优化审批流程,优化税费政策,完善企业离岸账户政策,加强各方面政策配套和有关航运支持政策的先行先试;上海通过围绕航运中心目标建立起专业化的航运服务体系,不仅使航运经济的发展更加蓬勃向上,而且使航运经济更加趋向服务化和现代化,最终使上海成为真正具有国际影响力的航运中心。

上海的专业化服务不仅要辐射长三角区域并与之形成"两头在外,中间在沪"的生产组织体系,还要辐射亚太地区,甚至在全球生产网络的高端服务中占有一席之地,这样上海城市专业化服务功能才是具有国际影响力的。上海的专业化服务的发展主体不仅要依靠外资企业和国有企业,更重要的是要培养民营企业成为服务市场的供给主体,以此形成多主体参与服务业的市场竞争格局。上海的专业服务要为上海的制造业尤其是战略性新兴产业和高技术产业打造一条优质和便捷一体化的服务链,降低交易成本和服务关联成本,提升上海制造业的核心竞争力。上海的专业服务还要承接跨国公司总部各种后台服务的发包,通过与跨国公司的合作逐渐熟悉国际流程和服务标准,获得知识溢出,并进行融合创新,以此提升上海专业服务质量和品牌知名度。最终在上海形成一批具有国际影响力和国际品牌知名度的服务型企业,以点带面,以面覆盖全局,最终将上海打造成专业化服务市场。

4. 以人为本——低碳城市

上海在未来将更多地关注人的生活环境,正如世博会的主题"城市让生活更美好"所表达的那样,要将上海营造成一个宜居绿色家园。上海通过提升软环境和塑造国际形象不仅是为了吸引更多的国际商务人士和专业人才来上海居住和工作,也是和上海国际化都市四个中心的目标相匹配的。

低碳城市建设要求上海发展低碳循环经济,就是最大限度地发展能够降低碳排放和碳消耗的循环经济发展模式。低碳发展要积极以低碳能源系统、低碳技术体系和低碳产业机构为基础,寻求技术创新和制度创新的突破口,探索与低碳要求相适应的生活方式,并建立政策法规体系,不断提高碳利用率和可再生能源比重,减少温室气体排放,逐步使经济发展摆脱对化石能源的依赖,最终实现可持续的低碳发展。

上海建设低碳城市不仅要从硬环境着手,更要从软环境等方面建设。不仅要提升城市居民的绿色环保意识,还要引导城市居民在生活工作中选择绿色节能的生活方式。从垃圾分类到出行选择绿色交通工具,再到从塑料袋换布袋购物等生活方式转变都不可能一蹴而就,要用渗透式的、点滴式的、潜移默化式的方式影响城市居民的生活方式,可以综合使用各种经济手段起到辅佐作用。总之,上海能够建设成为环保低碳、绿色宜居的城市,不仅能使城市居民受惠良多,也有助于上海在全球城市网络中的地位进一步提升。

7.2.3 上海城市空间转变

1. 从单核心到多中心——分散化布局

上海在现代化的国际大都市的建设中面临着城市产业结构、城市经济结构、城市功能多元化等各方面的转型。在这一过程中,上海的网络平台经济流量会得到大幅度的扩展和延伸,这对上海土地集约化利用和空间要素合理配置提出了全新的要求。上海的主要空间拓展方式是以上海中心城"摊大饼"式的往外扩张。这种模式随着城市经济不断发展和城建区不断扩大,开始暴露出一系列弊端。比如人口密度过大,中心城功能超负荷,服务业、制造业和居住社区混杂,交通拥堵和环境污染等城市病。更重要的是,上海所承担的全球网络流量平台和城市中枢控制协调的功能无法在单核心的城市空间结构中施展,综合性功能禁锢于中心城的狭小空间，难以得到强化和增强。所以，上海要对城市空间结构进行调整，对城市空间进行功能分解。

上海的中心城区 600 平方公里，而上海整个陆域面积有 6 300 平方公里，是 1∶10 的比例关系，所以上海的郊区城市化将是上海下一轮战略发展"主要发动机"。上海各个郊区将是上海未来战略新兴产业、高技术产业和现代服务业的重要载体。随着人口的导入和日常生活设施的逐渐完备，郊区的各个中心节点开始形成自己的功能和特色，这是一种立体式的集聚而不是平面式的集聚，中心城与郊区不是简单的"中心—外围"的关系，而是"核心—次核心"的关系，郊区也就成为相对功能完备又与原城市中心区相互联系的新城。所以，上海新城的建设既要注重为中心城功能分流，又要注重自己的特色功能塑造。这种以新城为主城区功能分解的载体的多中心空心结构模式体现了局部与整体协调、分工与整合相统一的城市发展理念，也是上海大都市区构建多元功能相互组合的现代化城市的方向。

2. 郊区新城建设

对于上海建设国际化大都市，乃至迈向全球城市建设的战略来讲，新城建设具有重要的战略意义，是改变上海单核心的城市空间结构，拓展城市容量与辐射功能，和构建主要城市网络节点的重要环节。在"十二五"规划中，上海已经把郊区新城建设提上重点日程。上海郊区新城建设不是简单的城镇建设，而是一个系统规划工程，旨在跳出各区县各自为政的小格局，从整个大都市区层面构筑"现代化国际大都市"。

上海郊区新城建设中，新城和主城区有一个合理分工的问题。新城不是卫星城，也不是新区，因为他们与中心城区仍有相对较紧密的联系。事实上，新城是一个具有产业高度化，城市功能多元化的相对独立的"边缘城市"。它是城市扩散过程中新的集聚中心和边缘经济增长极。从产业布局来看，中心城区主要是集聚上海城市核心功能，高度集中与此相匹配的产业，主要以总部集聚区和高端生产性服务业为主。而郊区新城将主要分担城市部分功能，并非其不重要，只是它不处于核心价值区段，但仍旧是上海城市功能不可或缺的一部分，所以郊区新城产业空间布局是与部分功能相匹配的。

从大局看，都市型工业以外的制造业将分散布局，集中于若干新城区及周边地区。商业、旅游餐饮、娱乐旅游、生活旅游等消费性服务业根据主城区和新城区不同人口规模进行分布，以满足当地和外来消费者的需要。生产性服务业的分布将根据主城区和新城区功能各自配套形成自己的服务体系。一般来讲，主城区的上海以总部经济集聚区为主，所以主要以高能级的生产性服务业，包括金融、咨询、法律和会计等服务为主,以及政府、非政府组织、国际组织、传媒、研发和大学等机构通常集中在中心城区。而郊区新城的生产性服务业将围绕该新城的主导产业进行生产链的拓展,当然也包括承接来自主城区的后台服务的分流,比如技术服务、物流、呼叫中心、数据处理等。总体上看主城区以现代服务业为主导,而郊区新城则是制造业与服务业并存。

上海新城的建设要注重产城融合和人与自然和谐共处的绿色生态社区建设。由于上海建设新城的一个重要依托是上海郊区的开发区。上海的开发区是上海的新产业空间,它促进了生产要素在空间的集聚,成为上海经济增长的重要载体。但是开发区成立的初衷只是单一的生产功能开发,具有目的强和效率高的特点。新城和开发区建设的性质是不同的,新城不可以只注重单一生产功能,而是要做到生产职能和生活居住职能的动态协调。所以要注重新城功能开发平衡,注重居住、就业、购物、办公、文化娱乐、公共设施等方面平衡发展,为新城居民提供多元化、综合性的城市服务,满足当地居民不同层次的需求,促进新城的平衡协调发展。

3. 提升城市 CBD 能级

上海的空间结构模式在向多中心转型的过程中,中心城区 600 多平方公里的制造业产业和部分核心功能会逐渐扩散化并布局于郊区新城,这并不意味着上海的中心城区会衰弱下去,相反它在上海整个城市的核心功能应该进一步提升。这与上海要建设国际化大都市过程中构建全球网络平台和承担中枢协调控制功能有直接关系。中心城区的战略要素资源是人才、知识和信息,要使这些要素能够快速有效地在这个环境下流动,以及不同知识背景的人才能够分享各自的想法,促进"面对面"思想交流和合作创新。这些新的变化对中心城区的重新塑造提出了新的要求。

上海的老城区虽然有大量的功能性机构取代旧厂房聚集于此,商务功能不断增强,但是功能过于单一,休闲娱乐等综合性配套服务设施不足;商务环境过于浓厚,缺乏人文历史气息;同时对于网络流量经济的进一步扩展要求也无法满足。因此,上海在中心城区的再开发中,应运用城市发展先进的理念,在城区更新改造中注入宜居、绿色、低碳、历史文化等现代元素,营造适合于国际化功能性机构集聚的环境条件,促进中心城区转型和功能升级。

针对中心城区 CBD 功能单一,高度集中的商务机构和商业设施,需要通过增加其他服务设施来增加其复合型功能。在服务功能方面,不仅有大量的商务办公用楼用以商务和商业活动,还应具有行政设施、教育设施、文化设施,以及住宅、购物中心、服务区等配套设施,以此实现行政、医疗、教育、金融、商务、会展、娱乐、旅行、居住等多项功能的复合化,满足多层次和综合性的需求。还有,为了增添中心城区的魅力就应该增加公共活动中心和公共活动设施,使其成为集广场、公园、博物馆、电影院、剧院、舞厅、酒吧、咖啡馆等大量综合公共设施为一体"集合体"。这不仅为大量商务人士提供了"面对面"的信息交流的场所以及为业务沟通提供了良好的条件,同时也为城市居民提供了良好的居住条件和生活环境,满足外来游客多样化和多层次的综合性需求。

7.3 上海可持续竞争力提升的障碍因素

上海在建设国际化大都市和"四个中心"的过程中,其经济发展水平是其建设的重要指标。2012年上海人均收入已经达到10 000美元,标志着上海正式步入服务经济时代。然而从上海经济的自主创新能力、可持续发展能力以及上海产业在整个全球产业链的位置来看上海经济发展现状,上海仍旧存在众多因素的制约,包括资源、体制、环境等问题,这些问题也逐渐成为制约上海经济可持续发展的瓶颈问题。

7.3.1 服务业经济现状及障碍因素

1. 上海服务业发展现状

(1)服务业总体规模。

2012年上海服务业增加值为12 060.76亿元,增长率达到10.6%,服务业增加值占上海市GDP的比重首次达到了60%,标志着上海已经进入服务经济时代。从表7.1可以看出,上海服务业的总体规模呈现逐年上升的趋势,服务业产值从2005年的4 776.2亿元增长到2012年的12 199.15亿元,产值在5年内翻了一番。从表7.1还可以看出,上海服务业每年以10%左右的增长率增长,除了2012年增长率低于10%,其余几年均保持在10%以上。从图7.1来看,上海服务业增长率从2007年以后有回落趋势,并且在13%上下波动,这从一定程度上说明上海服务业的内部结构还处在调整时期,所以出现了增长率不稳定现象。2005年服务业产值占GDP的比重只有50%,往后6年服务业在三次产业产值比重中始终保持着领先优势,比重逐年增加,在2012年首次超过60%。

表 7.1　2005—2012 年上海服务业即第三产业产值、第三产业占 GDP 比重和第三产业增长率

年　份	上海市生产总值 （亿元）	第三产业产值 （亿元）	第三产业占 GDP 比重	第三产业增 长率
2005	9 247.66	4 776.2	0.50	0.17
2006	10 572.24	5 508.48	0.52	0.15
2007	12 494.01	6 821.11	0.55	0.24
2008	14 069.87	7 872.23	0.56	0.15
2009	15 046.45	8 930.85	0.59	0.13
2010	17 165.98	9 833.51	0.57	0.10
2011	19 195.69	11 142.86	0.58	0.13
2012	20 181.72	12 199.15	0.60	0.09

资料来源：上海市统计局。

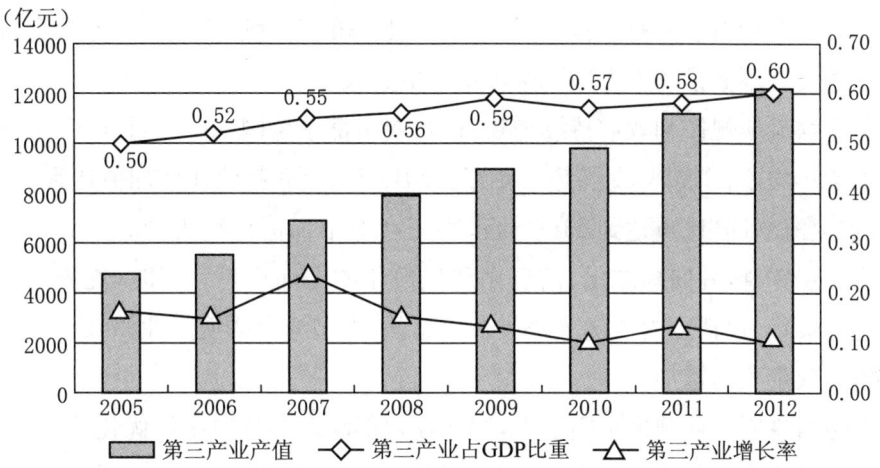

资料来源：上海市统计局。

图 7.1　2005—2012 年上海服务业即第三产业产值、第三产业占 GDP 比重和第三产业增长率

（2）服务业内部结构。

从服务业结构来看，上海的服务业呈现出传统服务业发展势头良好、新兴服务业亮点频现的多元化发展格局。从图 7.2 来看，上海的金融、物流、商贸、房地产、信息服务业、商务成为上海服务业的六大支柱产业。六大服务业产值在 2012 年占上海服务业总产值比重达到 80%。

上海商贸业增加值近 5 年年均增长 16.8%，占服务业比重约为 27%，居各服务行业之首。商贸业中尤以电子商务的表现最突出，发展势头迅猛。上海商务委的数据显示，上海电子商务交易总额从 2007 年到 2011 年，年平均增长 23%。2012年上海电子商务交易额超过 7 000 亿元。电子商务交易额总量占 GDP 的比重从

2002 年的 4.69％上升至 2011 年的 28.69％。电子商务已经成为上海发展的新经济增长点，并且对上海建设上海国际贸易中心起到了促进作用。

上海金融服务业年均增长 15.3％，从 2007 年的 1 209.08 亿元增加到 2012 年的 2 450.36 亿元，5 年内翻了一倍，上海金融服务业规模显著扩大。上海金融业占服务业比重达到 20％左右，位居第二。除此之外，上海金融市场体系也不断完善。上海目前各类金融市场涵盖了外汇、货币、证券、债券、股票、黄金、商品期货和金融期货，已经有了非常完善的市场体系。上海金融机构集聚效应进一步显现，在原有的商业银行、证券公司、保险公司、基金管理公司、期货公司集聚的基础上，其他各类功能性金融机构和新型金融机构不断涌现，比如出现了小额贷款公司、融资性担保公司、股权投资企业等新型机构。截至 2010 年，落户上海的金融机构数突破 1 000 家，达到 1 049 家。上海的金融业务不断创新，跨境贸易人民币结算和期货保税交割等创新业务有序推出后，提升了上海的金融服务水平。上海金融服务业的快速发展不断推动上海国际金融中心的建设。

上海物流业规模和效益持续增长，运行成本低于全国水平。近几年，上海物流业增加值年均增长 10％，发展势头良好。2011 年，上海物流业增加值达到 2 242.69 亿元，占上海 GDP 比重达到 11.7％，占第三产业增加值比重为 20.1％。上海物流体系进一步完善，并向标准化、信息化和规模化的方向迈进。同时，优秀的物流企业向上海聚集，包括国内外优势物流企业总部、大型综合物流企业以及专业化物流服务企业数量不断增加。

上海信息服务业规模不断扩大，结构在内部动态调整中逐步优化。近 5 年，上海信息服务业增加值年均增长 13％，呈现快速增长的态势，占第三产业比重约为 7％。上海信息服务业中以软件产业为主要部分，其占整个产业的比重不断提高，2012 年软件产业占信息服务业比重达到 57.6％，具有绝对优势。互联网信息服务业比重近几年也不断提升，从 2007 年的 8.7％提升到 2010 年的 14.3％。其中，移动互联网发展态势良好，徐汇区已经成为上海移动互联网的重点区域，汇聚了一批优秀的移动互联网企业，包括网络游戏、网络视听、网络支付、网络终端等新业态和新模式的企业，并在聚集区内形成一定的集群效应。信息服务业是上海重要的生产性服务业之一，其对加速上海传统制造业向现代化和信息化改造和发展有重要的支撑作用，同时对上海发展战略性新兴产业和智慧城市具有重要的战略意义。

租赁和商务服务在服务业中规模不大，但是发展潜力较大。近 5 年，上海租赁服务业产值从 2007 年的 475.3 亿元增长到 2012 年的 1 065.56 亿元，年均增长 18％左右。2012 年上海租赁和商务服务业占服务业比重大约在 7％—8％。其中，企业管理服务和咨询服务分别占商务服务的近 3 成左右,会计审计及税务服务、广告服务与会展服务增长速度快。租赁和商务服务业是上海生产性服务业的重要组成部分,主要是为生产、商务活动提供知识型的服务,它具有提升上海制造业国际竞争力和加快服务业内部结构升级的作用,也对上海未来进一步发展服务经济起到重要的支撑作用。

除了服务业中六大支柱产业发展继续呈现蓬勃向上的态势外,以满足民生日益多样化需求的消费性服务业发展亦呈现新亮点,并有望在未来成为上海服务业发展的新增长点。

文化、教育培训、医疗卫生、体育、会展和中介服务等行业发展迅猛。其中教育和公共管理社会组织在 2011 年的产值分别为 462.34 亿元和 435.17 亿元,在服务业中名列前茅。而 2011 年消费性服务业增长最快的是文化娱乐休闲和卫生社会保障等社会福利事业,其中文化娱乐休闲增速为 22.5%,卫生社会保障增速为 14%,这说明上海综合服务功能有所增强,开始满足城市居民不同层次的需求。另一方面也可以看出,上海城市居民的消费偏好从传统的食品、服装、家庭设备向医疗、娱乐教育文化转移,这为上海发展现代服务业提供了有利的需求保障。

2012 年,上海旅游产业增加值为 1 497.68 亿元,增幅为 4.9%,占第三产业增加值的比重为 12.3%,比上年下跌 0.4 个百分点,增加值占全市的 GDP 比重为 7.5%,比上年升 0.1 个百分点。与此同时,上海旅游产业各类主题活动亮点频现,既有战略发展规划内容,也有丰富的主题互动。其中最令人瞩目的是,"中国邮轮旅游发展试验区"在宝山区吴淞口国际邮轮港揭牌,这标志着上海邮轮旅游经济发展进入新阶段。上海旅游产业发展对推动上海建设国际化大都市具有推动作用,同时也丰富了居民的业余娱乐生活。

上海医疗卫生服务能力不断增强。2012 年上海各类机构数达到 3 465 个,比上年增长 3%,卫生机构床位数达到 109 612 个,比上年增长 2.3%。2012 年全市医疗机构共完成诊疗人数 2.14 亿,比上年增长 1 200 万人,门急诊 2.11 亿人,同比增长 5.76%。市民健康三大指标保持世界发达国家或地区水平。据统计,2012 年,全市户籍人口平均期望寿命为 82.41 岁,婴幼儿死亡率为 5.04%。

尤其值得一提的是,上海文化创意产业发展迅速,规模进一步扩大。2012 年上海文化创意产业全年实现增加值 2 269.76 亿元,比上年增长 10.8%,高于 GDP 增幅 3.3 个百分点,占全市 GDP 比重的 11.29%,比上年提高 0.42 个百分点,对上海经济增长贡献率达到 20.2%(上海文化创意产业报告,2012)。在文化创意产业中,尤以艺术、工业设计、建筑设计、咨询服务业、广告及会展服务业、休闲娱乐服务业发展速度最快,增加值增速都超过 10%,平均增幅超过文化创意产业增幅。上海设计产业的迅速发展提升了上海制造业企业自主创新能力和产品附加值,进一步推动上海制造业向"微笑曲线"两端爬升。咨询服务业增加值达到 19.7%,不断推动上海成为国际咨询总部的集聚地。上海文化创意的发展很好地诠释了上海"创新驱动,城市转型"的主旨,通过文化创新和科技支撑,市场导向,贯彻上海城市创新战略,并且促进上海产业结构转型。

表 7.2　2012 年上海服务业各行业产值和各行业占第三产业比重

	各行业产值(亿元)	各行业占第三产业比重
交通运输、仓储和邮政业	895.31	0.07
信息传输、计算机服务和软件业	918.83	0.08
批发和零售业	3 291.93	0.27
住宿和餐饮业	298.4	0.02
金融业	2 450.36	0.20
房地产业	1 147.04	0.09
租赁和商务服务业	1 065.56	0.09
科学研究、技术服务和地质勘查业	503.8	0.04
水利、环境和公共设施管理业	60	0.00
居民服务和其他服务业	221.88	0.02
教育	462.34	0.04
卫生、社会保障和社会福利业	328.43	0.03
文化、体育和娱乐	120.1	0.01
公共管理和社会组织	435.17	0.04

资料来源:上海市统计局。

2. 上海服务业发展问题和障碍

从上海服务业总体规模来看,上海的服务业占 GDP 比重虽然已经达到了60%,产值也超过了 10 000 亿元,上海正式步入服务经济阶段,但是从更加宽广的视野来看,上海服务业占 GDP 的比重仍旧偏低,且与上海建立国际化大都市和"四个中心"的目标也有一段距离。在中国内地,上海服务业占 GDP 比重低于北京和广州两个一线城市,这两个城市比上海早一步迈入 60% 大关,且北京服务业占GDP 比重已经达到 76%,居全国之首。与其他国际大都市相比,中国香港、新加坡在 GDP 超过 10 000 亿元以后,服务业发展势头迅猛,很快服务业占 GDP 比重都达到 75% 以上,而纽约和伦敦大都市服务业比重都达到 80% 以上,是发展服务经济的城市典范。

从上海服务业内部结构来看,传统支柱服务业如金融、商贸、物流、商务等仍占较大比重,达到 80%。一些新兴服务业或者消费性服务业,比如信息服务业、会展业、科技服务、文化创意、中介服务和文化、体育和娱乐等行业虽有一定的发展,并且开始逐渐崭露头角,但是规模尚小,服务种类少,服务质量良莠不齐,服务基础薄弱,没有形成基于价值链的产业体系,所以还不是上海服务业经济的主导力量,屈居于传统支柱服务业之后。上海建设国际化大都市并以"四个中心"为发展目标,就必须发展新兴服务业和消费性服务业,解决服务业内部结构失衡的问题,通过拓展服务内容,提升服务水平,不断完善综合服务配套设施,从而拓展上海服务经济流量。

从服务业市场主体和行业整个竞争格局来看,上海服务业市场主体单一化,没有形成有效的竞争格局,导致服务业缺乏创新激励机制和效率。部门垄断严重,部分行业如电信服务、医疗卫生、金融、教育等行业仍旧有进入壁垒,国有企业在服务业领域的资源配置过程中仍然占据主导地位,从而导致资源配置效率低下,服务业市场化进程缓慢,对外开放程度偏低。服务业市场价格体系尚未建立,使服务业发展潜力无法进一步释放,遏制了服务业提升自身核心竞争力。

从服务业布局来看,上海服务业已经初步形成以主导产业为主,配套服务为辅的产业链集聚,但是服务业集聚功能效应还有待提升,上海城市区域 CBD 的集聚功能不足,这可以从上海与世界城市的比较中看出,上海与纽约、伦敦、香港、新加坡相比,无论是跨国公司的数量还是能级都有很大差距。新加坡的跨国公司地区总部已经达到 4 200 家,大大超过上海,新加坡已成为名副其实的跨国公司区域中心。2011 年在上海设立的跨国公司地区总部数量为 353 家,外资总部(包括跨国公司地区总部、投资性公司和外资研发中心)为 927 家。香港跨国公司地区总部和香港地区办事处分别为 1 340 家和 2 412 家,分别是上海的 5 倍和 3 倍。上海虽然是国家的金融中心,但是在上海设立总部的全国商业银行仅有交通银行,其他大部分都设在北京。而且上海金融资本账户没有完全放开,经营范围有限,也是上海金融中心集聚功能无法发挥的原因。上海的服务业集聚能力不足,导致无法为跨国公司国际化经营提供综合配套服务设施,这也会反过来影响国际功能性机构进一步在上海的集聚。

外商直接投资服务业的行业分布不合理。FDI 比较青睐房地产和商务服务业,投资规模相对较大,大约占到外资投资服务业比重的 60% 左右。而信息传输计算机服务和软件业、交通运输仓储和邮政业在吸引外资方面虽然有一定的外资引入,但是仍旧是资金短缺行业。这些行业对外资引入的需求非常高,尤其像信息产业这种高技术产业,这非常不利于上海服务业能级的提升。在文化娱乐、教育、卫生、体育及社会保障、社会福利和会展业等领域利用外资还处于初步阶段,发展空间还很大。所以外资投资结构亟待优化。

税制是制约服务业发展的制度障碍。服务业所得税税负较重,尤其是批发零售业、信息计算机服务业和商务租赁业。在个人所得税方面,金融、商务租赁和居民服务业税收也较高。从整体看,服务业税收负担高于制造业,批发零售和金融尤为突出。在营业税方面出现了重复征收问题,阻碍了分工的进一步的深化。在增值税方面,抵扣范围狭窄影响了生产性服务业进一步发展。统一产业链条上不同环节存在税率不同,导致税负不均的问题,阻碍了二三产业高度融合。

7.3.2 制造业经济现状及障碍因素

1. 上海制造业发展现状

(1)制造业总体规模。

为了配合城市功能和经济结构转型,上海制造业正处于转型调整提升期,这段时期是上海注重规模、数量质量、结构和效率调整的时期。在"十五"期间,上海确定了信息、金融、商贸、汽车、成套设备和房地产六大支柱工业。但是2008年的金融危机对上海的制造业造成了巨大的冲击,也使上海制造业的一些深层次矛盾开始凸显:结构不平衡,过于依赖重工业,效率低、高能耗、高污染;缺乏核心竞争力,核心关键技术乏善可陈;缺乏自主品牌,贴牌制造锁定升级路径;高技术产业规模不大,结构不平衡。这些问题迫切要求上海制造业走产业高度化和高级化的路径,通过产业结构升级和技术创新提升上海制造业的国际竞争力,使上海制造业重塑辉煌。"十二五"规划中上海提出了九大支柱产业,即新能源、民用航空制造业、先进重大装备、生物医药、电子信息制造业、新能源汽车、海洋工程装备、新材料、软件和信息服务业,以九大产业取代六大支柱产业,成为上海发展先进制造业的核心增长极。这是上海面对本土制造业逐渐丧失竞争优势的情况下,提出的制造业战略发展方向,希望通过早一步抓住机遇,抢占新一轮产业发展的制高点。

上海制造业从"十一五"规划以来基本保持健康良好的发展态势,虽然金融危机给制造业带来了创伤,但是上海积极回应,做出调整,使制造业迅速回暖。从表7.3来看,工业总产值从2006年的19 631.23亿元增长到2008年的25 968.38亿元,年均增长率达到15%,工业是经济发展主要拉动引擎。但是从2009年开始,制造业遇到金融危机的后遗症开始显现。虽然上海积极进行产业结构调整和转型,但是2009年的工业总产值为24 888.08亿元,首次出现了下跌,比上年下降4%,之后几年,工业总产值稳步增长,从 2010 年的 31 038.57 亿元增长到 2011 年的 33 834.44 亿元,增长率攀升到年均 16%。但是 2012 年,上海工业产值只有 33 186.41 亿元,下跌 0.2%左右。这可以在一定程度上归因于上海的产业结构目前还处于升级和转型的过渡阶段,所以总产值会出现上下波动和不稳定的状况。从上海工业总产值占 GDP 来看,2006 年到 2012 年可以分成前后两个阶段:2006 至 2008 年工业增加值占 GDP 的比重平均为 42.4%,2009 年到 2012 年工业增加值占 GDP 年平均比重为 36.6%,下滑近 6 个百分点。这意味着上海经济结构进一步向服务经济转型。

（2）制造业内部结构。

从表 7.3 来看产业结构,上海轻工业总产值从 2006 年的 4 747.28 亿元增长到 2011 年的 7 420.92 亿元,年均增长 9%,除了 2009 年轻工业总产值出现了下跌,降幅为 3%。上海重工业总产值从 2006 年的 14 883.94 亿元增长到 2011 年 26 413.52 亿元,年均增长 12%,唯独 2009 年出现下跌,下跌 4%。上海轻工业和重工业在 2006—2011 年期间的发展可以分为两个阶段:2006 年到 2008 年轻重工业增幅较大,年均增幅均超过了 10%;2009 年是转折点,轻重工业增长率均为负,此后两年轻重工业虽然都有回暖趋势,但是增幅有所下降,重工业在 2011 年增长率为 8%。这也佐证了上海一直在淘汰落后产能,积极调整产业结构进行城市转型。2006 年上海轻工业占工业总产值比重为 24%,往后几年逐年下降,到 2011 年所占比重为 21%,与之相反的是,重工业占工业总产值的比重逐年增长,从 2006 年的 75%上升到 2011 年的 78%,说明重工业仍旧是上海工业的支柱产业,而这也为产业结构升级和城市转型造成困难。

表 7.3 上海 2006—2012 年上海工业总产值（及增速）及轻工业和重工业总产值（及比重）

年份	工业总产值（亿元）	轻工业（亿元）	重工业（亿元）	工业总产值增速	轻工业占工业比重	重工业占工业比重
2006	19 631.23	4 747.28	14 883.94	0.16	0.24	0.76
2007	23 108.63	5 318.85	17 789.78	0.18	0.23	0.77
2008	25 968.38	5 839.41	20 128.96	0.12	0.22	0.78
2009	24 888.08	5 663.34	19 224.74	−0.04	0.23	0.77
2010	31 038.57	6 692.35	24 346.22	0.25	0.22	0.78
2011	33 834.44	7 420.92	26 413.52	0.09	0.22	0.78
2012	33 186.41	7 507.02	25 679.39	−0.02	0.23	0.77

资料来源:上海市统计局。

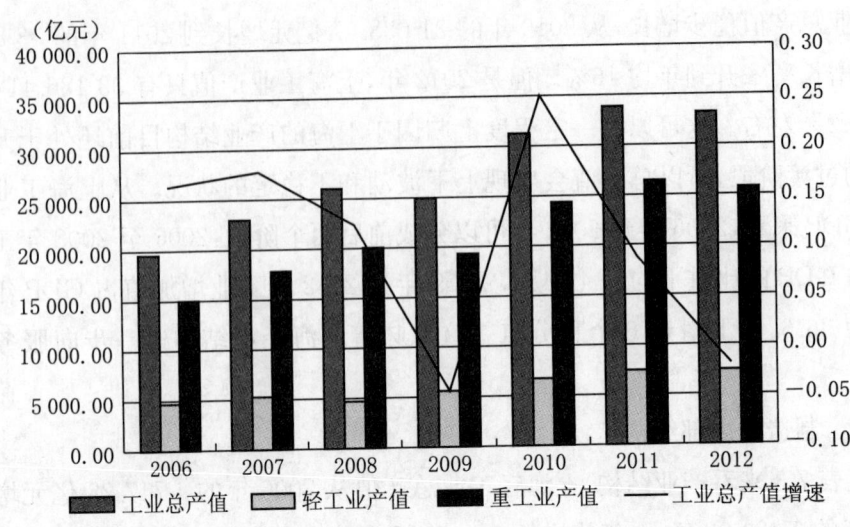

资料来源：上海市统计局。

图 7.2 2006—2012 年工业总产值(及增速)及轻工业(及比重)和重工业总产值(及比重)

(3) 上海 6 个重点工业发展情况。

从规模上看,上海的 6 个重点发展工业总产值从 2006 年的 11 917.35 亿元增长到 2012 年 21 063.56 亿元,6 年翻一番,年均增长 12%。6 大重点工业总产值占工业总产值比重从 2006 年的 61% 逐年增长到 2012 年的 63%,2011 年为巅峰,达到 64%。

表 7.4 上海六大重点工业发展总体情况

年份	工业总产值 (亿元)	六大工业总产值 (亿元)	六大工业 总产值增速	六大工业总产值占 工业总产值比重
2006	19 631.23	11 917.35		0.61
2007	23 108.63	14 502.94	0.22	0.63
2008	25 968.38	15 998.83	0.10	0.62
2009	24 888.08	15 538.23	−0.03	0.62
2010	31 038.57	19 801.08	0.27	0.64
2011	33 834.44	21 593.31	0.09	0.64
2012	33 186.41	21 063.56	−0.02	0.63

从六个重点发展工业的内部结构看,图 7.3 显示,在 2012 年,电子信息产品制造业是六大重点工业的重中之重,其产值占到六大重点工业总产值的近 1/3。在 2006 年到 2008 年间甚至达到过 40%。但是电子信息产品制造业产值增长速度波动比较大,在 2007 年和 2010 年一度达到 25%,而 2008 年和 2011 年的增长率分别下跌到只有 6% 和 2%。电子信息产品制造业属于高技术产业,代表着上海未来先

进制造业发展的方向,发展的不稳定说明上海电子信息制造业大而不强,内部结构有待优化和调整,创新能力不强,亟需提升产业整体能级。

代表装备制造业的汽车制造业和成套设备制造业产值占上海工业总产值比重在 2011 年分别为 19％和 18％,其中在 2009 年和 2010 年汽车制造业呈现出了爆发式增长,增长率达到 38％和 41％,到了 2011 年有所回落。成套设备制造业发展相对稳定,虽然在 2008 年和 2009 年受到了金融危机的影响,外需疲弱,出口受阻,但是在 2010 年和 2011 年都有 10％以上的增幅。

石油化工及精细化工制造业和精品钢材制造业是上海传统的资本密集型制造业,对上海工业总产值贡献很大,它们的产值分别占六大重点工业总产值的 18％和 10％左右。由于它们面临着技术升级和产品向高精尖方向转型等问题,近两年增速波动较大,尤其是精品钢材制造业,随着宝钢主动外迁落后产能以及产业结构内部调整和升级,2011 年钢铁行业总产值增速仅为 5％,精品钢材制造业产值占六大重点工业总产值比重也由 2006 年的 12％逐年下降到 8％,这也标志着上海在发展传统制造业上是有所为有所不为,上海未来要积极以高新技术和生产性服务业带动传统制造业升级,使上海传统制造业向价值链的两端高价值含量方向攀升,进一步促进上海传统制造业的转型。

值得一提的是生物医药制造业,虽然其产值在六大重点工业总产值中只占 3％左右,但是呈现稳步增长态势,即使在金融危机中也未出现增幅下滑,产值从 2006 年的 312.03 亿元增长到 2012 年的 745.66 亿元,年均增长率保持在 16.31％,产业规模呈现平稳增长态势。生物医药制造业属于高技术产业,未来发展前景广阔,是上海发展的战略新兴产业,也是上海最新的九大支柱产业中一项。

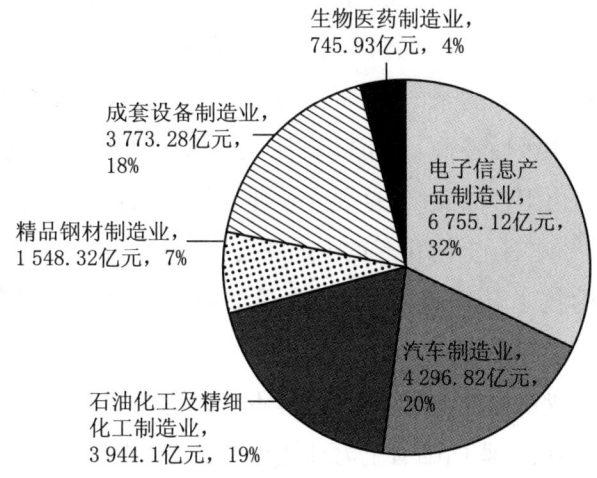

图 7.3　2012 年上海六大重点工业各产业产值

表7.5　2012年上海六大重点工业发展情况

	工业总产值（亿元）	六大重点工业占工业总产值比重
电子信息产品制造业	6 755.12	0.32
汽车制造业	4 296.82	0.20
石油化工及精细化工制造业	3 944.10	0.19
精品钢材制造业	1 548.32	0.07
成套设备制造业	3 773.28	0.18
生物医药制造业	745.93	0.04

从经济效益和社会贡献看六大重点工业，2012年电子信息产品制造业虽然产值占六大重点工业总产值的比重近1/3，但是创造的利润仅为总利润的11%，税金只占总税金的6%，为42.78亿元，对上海财政税负方面贡献相当有限。这说明电子信息产品制造业所赚的利润都被具有核心技术的主导厂商所瓜分。上海电子信息产品制造业长期缺乏科技研发的投资，使自身缺乏自主研发技术，所以在技术专利方面受制于国际品牌制造商和全球供应商，而不得不交付昂贵的技术专利费用。由于长期对国外技术的依赖，使上海电子信息产品制造业沦为制造业价值链低端，为跨国公司做嫁衣裳。目前上海电子信息产品制造业存在的问题有集成电路设计不匹配、配套产业不成规模、研发投入不够、研发能力不强、人才缺失、无自主品牌等。

同样的问题也出现在传统资本密集型制造业——石油化工及精细化工制造业和精品钢材制造业中，2012年它们的产值分别占总产值的19%和7%，它们创造的利润分别占总利润的6%和9%，税金分别占总税金的32%和3%，石油化工和精细化工制造业的税金呈现逐年稳步增长，是六大重点工业的纳税大户，但是精品钢材制造业的税金从2007年的21%以后逐年下降至3%。上海石油化工企业过去是依照规模经济要求建设起来的，很多都是大型企业或特大型企业，这些企业对生产精细化工产品的积极性不高，而上海石油化工未来转型方向就是淘汰落后低端的化工产品走精细化工产品路线，这要求企业有技术创新能力，国际上大化工公司的R&D投入在5%左右，上海化工的R&D投入只有2%左右。不仅如此，许多企业尚未建立自己的技术开发机构，也制约了上海化工制造业向精细化工制造业发展。

而上海钢铁工业在积极的转型过程中，不但创造的利润低，而且上交税款也逐年下降。一方面，钢铁产业面临着上海商务成本高企、环境制约以及土地资源条件限制的问题。由于中国钢铁原材料铁矿石全面依赖国际进口，特别是铁矿石长协定价机制瓦解后定价趋向金融化。另一方面,上海钢铁产业布局也有待进一步优化,目前尚有 100 万吨零星钢铁产能分散在郊区,布局分散化,无法发挥集聚效应和规模效应也是成本高企的原因,它们约占钢铁制造业总产值的 6%。上海钢铁配套的生产性服务业企业多而规模小、集中度低,所以上海钢铁产业和生产性服务业融合发展程度不够,没有形成以钢铁为核心的高效服务体系。最后,上海钢铁关于精品钢的重点领域核心技术缺乏竞争优势,无法与国际精品钢进行比拟,国内的战略性新兴产业如上海新能源汽车、民用航空制造业、先进重大装备制造业、海洋工程装备高新技术对钢材的基础原材料的韧度、耐腐蚀性、耐焊接性要求较高,上海精品钢铁制造业尚无法完全满足他们的需求。

2012 年上海生物医药制造业虽然只占六大重大重点工业总产值的 4% 左右,但是它创造的利润占总利润的 6%,2008 年和 2009 年所创造的利润达到峰值,一度占六大重点工业总利润的 9% 和 7%,生物医药制造业向政府支付的税金也占总税金的 6% 左右。上海生物医药制造业是上海的战略新兴产业之一,它发展的势头良好,虽然现在规模尚小,但是在未来有望成为上海重要的支柱产业,并且对上海未来城市经济结构转型具有重要的带动作用。它也是上海从投资驱动向创新驱动转型的一个重要示范。上海生物医药制造业近年来保持 16% 左右的增幅,其持续高速发展的背后是上海生物医药制造业正确定位、产业园区建设和产业政策指导。上海生物医药制造业的定位是把上海建成国内生物医药创新产品中心、商业中心和研发中心。大力发展生物医药研发服务外包,增强自主创新能力,形成自身的医药服务创新体系。目前上海已涌现出药明康德、开拓者化学、睿星基因、桑迪亚、睿智化学等一批在国际上有一定声誉的研发外包企业,促使上海生物医药制造业通过服务外包融入全球医药产业链。同时上海生物医药创新体系不断完善,形成了由 10 多所高校、30 多家专业研究机构、30 多个研发中心、30 多家新药临床研究基地、200 多家研发型企业组成的生物医药创新网络,不断探索产学研合作创新的新模式和新举措,使上海生物医药制造业焕发勃勃生机。上海生物医药生产基地已经初步形成六大产业基地,它们各具特色,优势互补,错位竞争,市区联动发展。它们是浦东张江周康研发核心区、闵行研发区、徐家汇临床外包服务、奉贤产业基地、金山产业基地和青浦产业基地。2010 年六大产业园区实现生物医药制造业产值 469.68 亿元、占全市医药制造业的 74%,产生良好的集聚效应,成为生物医药发展的重要载体。上海医药政策体系旨在为生物医药制造业提供良好的创新环境和财政税收支持,同时上海在医药金融、市场准入、产品价格、国际化支持、知识产权和人才培育等方面给予扶持。

汽车制造业是上海支柱产业,2012年上海汽车制造业的生产总值为4 296.82亿元,占六大重点工业总产值的20%左右。2012年汽车制造业创造的利润为769.13亿元,占总利润的56%,比上年下跌3%,但是2011年汽车制造业创造的利润达到795.49亿元,比上年增长33%左右,是六大重点工业创造利润最大的产业,向政府交税306.09亿元,占总税金的40%,比上年增长17%,也是上海的重要财政来源。上海汽车制造业凭借成熟的本土沪产汽车品牌和过硬的产品质量,抓住国内汽车蓬勃的市场需求,汽车生产能力强劲。经过20年左右的汽车产业发展,上海汽车现在已经拥有的自主品牌是上海荣威和上海华普,并且形成以上海嘉定为核心的嘉定汽车产业基地布局模式。但是上海汽车制造业发展的问题很多。上海汽车制造业主要分成四个部分:整车制造业、改装汽车制造业、车身和挂车的制造业、零部件及配件制造业,其中整车汽车制造和零部件及配件制造业是上海汽车制造业的主体。但是上海由于早期采取市场换技术的策略,对国外汽车先进技术过度依赖,尤其是对美国和德国的汽车技术较为依赖,缺乏自主研发创新体系,一些核心关键技术仍旧掌握在跨国公司手中。虽然上海已经拥有了自主品牌,但是在关键核心模块还是需要通过外购,这影响了汽车制造业的利润,也使汽车制造业受制于国外企业,使上海汽车制造业是处在全球汽车制造业产业链的低端。所以,上海汽车制造业需要通过产业链的延伸和创新突破来提升汽车制造业的能级。

(4)上海高技术产业发展情况。

上海高技术产业正逐渐成为上海"创新驱动,经济转型"的重要支撑力量,并成为上海制造业产业结构优化和能级提升的重要主导力量。近几年,上海高技术产业的规模和增长速度在全国城市中名列前茅。从表7.6来看上海高技术产业整体规模,上海高技术产业总产值从2006年的4 460亿元增长到2012年的6 824.99亿元,增长至原来的1.5倍左右,年均增长10%。从图7.4来看,上海高技术产业的增速并不是呈现稳中增长的态势,而是存在上下波动、起伏不定的现象。其中,2009年受金融危机的外部环境影响,上海的高技术产业产值出现了8%左右的跌幅,而2012年上海高技术产业再次出现3%的跌幅。上海高技术产业的增长幅度不稳定现象从一定程度上反映了在新产品内分工背景下,上海高技术产业处在发达国家高技术产业链环节的低附加值劳动密集型的生产环节中,对外需依赖大,产值也因此受其影响。高技术产业产值占工业总产值的比重是衡量制造业产业结构优化程度重要指标。从表7.6来看,上海高技术产业占工业总产值的比重一直保持在20%以上,在全国名列前茅。但是近几年,高技术产业产值占工业总产值比重呈现出下降的态势,从2007年的26%下降到2012年的21%,上海高技术产业总产值占工业总产值比重始终不上升,也说明了上海高技术产业的发展在一定程度上受某些因素制约,在发展上遇到了瓶颈。

表 7.6　2006—2012 年上海高技术产业发展概况

	高技术产业总产值 (亿元)	高技术产业占工业 总产值比重	高技术产业增速
2006	4 460.97	0.24	0.11
2007	5 606.63	0.26	0.26
2008	6 041.98	0.25	0.08
2009	5 560.65	0.23	−0.08
2010	6 958.01	0.23	0.25
2011	7 060.47	0.22	0.01
2012	6 824.99	0.21	−0.03

资料来源:上海市统计局。

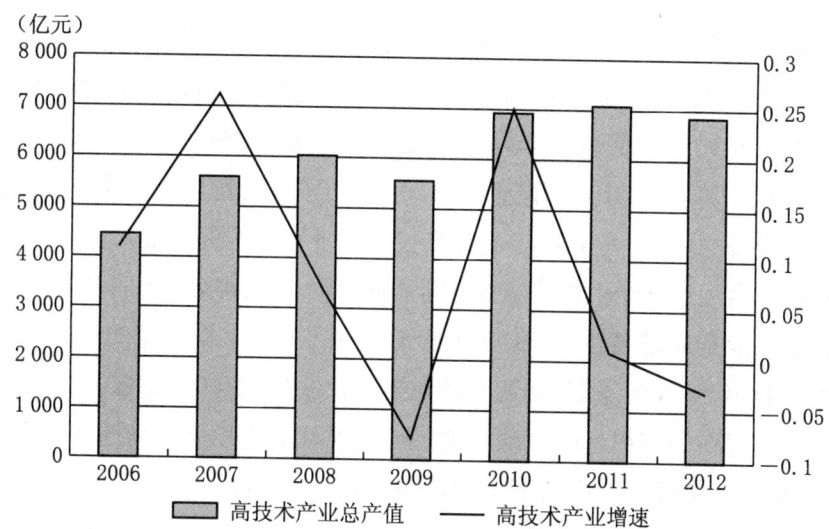

资料来源:上海市统计局。

图 7.4　2006—2012 年上海高技术产业总产值和增速

从全国各省市区的排名看上海高技术产业总产值排名,从表 7.7 中可以看出,上海高技术产业产值一直稳居全国第 3 位,排在广东和江苏之后,但是由于这几年高技术产业的增速一直不稳定,所以上海与广东和江苏两省在总产值上的差距越来越大,从表 7.8 来看,上海高技术产业产值占广东高技术产业产值比重从 2009 年 34% 逐渐下降到 2011 年的 25%。与此同时,上海高技术产业产值占江苏高技术产业产值的比重从 2008 年的 50% 逐渐下降到 2011 年的 30%。

表 7.7 2008—2011 年上海、北京、天津、广东和江苏高技术产业总产值排名

2008	当年总产值 (亿元)	2009	当年总产值 (亿元)	2010	当年总产值 (亿元)	2011	当年总产值 (亿元)
广东(1)	16 750.5	广东(1)	17 161.9	广东(1)	21 050.2	广东(1)	23 576.3
江苏(2)	11 910.4	江苏(2)	13 015.4	江苏(2)	16 277.8	江苏(2)	19 487.8
上海(3)	5 900.9	上海(3)	5 557.5	上海(3)	6 900.6	上海(3)	7 021.4
北京(4)	2 953.2	北京(5)	2 757.1	北京(6)	2 992.7	北京(8)	2 897.6
天津(8)	1 944.3	天津(8)	1 901.1	天津(8)	2 242.4	天津(9)	2 672.3

资料来源:《中国高技术产业统计年鉴 2012》。

表 7.8 2008—2011 年上海分别占广东和江苏的高技术产业总产值的比重

	2008	2009	2010	2011
上海与广东的差距(上海占广东的比重)	0.35	0.34	0.28	0.25
上海与江苏的差距(上海占江苏的比重)	0.50	0.45	0.36	0.30

资料来源:《中国高技术产业统计年鉴 2012》。

从利润看上海高技术产业的发展效益,近几年,上海高技术产业利润从 2008 年的 105.6 亿元增长到 2011 年 221.97 亿元,4 年内翻了 1 倍,年均增长 60%,但是上海高技术产业利润增长速度非常不稳定,波幅较大,2009 年和 2011 年出现了 28% 和 12% 的下降,而 2010 年增速达到 200% 之高。从表 7.9 来看上海高技术产业的利润在全国的位置,其排名与上海高技术产业产值也不相匹配。上海高技术产业的利润排名远远低于上海高技术产业产值的第 3 位排名,且排名也不太稳定,上海高技术产业利润排名在 2008 年是第 8 位,在 2009 年排名是第 11 位,在 2010 年排名上升到第 5 位,在 2011 年又下降到第 6 位。从表 7.10 来看,上海与广东和江苏的差距也存在一定程度的波动。这些波动现象反映了上海高技术产业经济效益并不高,也在一定程度上反映了上海高技术产业的创新能力并没有真正完全转化成实际利益成果,以及上海高技术产业处在低端加工劳动密集型环节,还没有真正进入高技术产业核心技术环节。

表 7.9 2008—2011 年上海、北京、天津、广东和江苏高技术产业利润排名

2008	利润(亿元)	2009	利润(亿元)	2010	利润(亿元)	2011	利润(亿元)
江苏(1)	687.20	广东(1)	859.90	广东(1)	1 225.60	江苏(1)	1 065.13
广东(2)	538.30	江苏(2)	676.10	江苏(2)	942.10	广东(2)	1 006.50
北京(5)	140.80	北京(5)	156.50	上海(5)	251.20	北京(5)	228.91
上海(8)	105.60	天津(8)	106.20	北京(7)	182.20	上海(6)	221.97
天津(10)	70.40	上海(11)	75.90	天津(12)	115.60	天津(10)	165.11

资料来源:《中国高技术产业统计年鉴 2012》。

表 7.10　2008—2011 年上海分别占广东和江苏的高技术产业利润的比重

	2008	2009	2010	2011
上海与广东的差距(上海占广东的比重)	0.20	0.09	0.20	0.22
上海与江苏的差距(上海占江苏的比重)	0.15	0.11	0.27	0.21

资料来源:《中国高技术产业统计年鉴 2012》。

从新产品产值看上海高技术产业创新能力,从表 7.11 来看,近 3 年,上海高技术产业新产品价值不升反降,上海高技术产业新产品价值从 2009 年的 1 062 亿元下降到 2011 年的 1 008.11 亿元,在全国的排名从 2009 年的第 4 名下降到 2011 年的第 7 名,排名始终落后于广东、江苏和北京。同时,与广东和江苏的差距也不断加大,从表 7.12 来看,上海高技术产业新产品价值占广东的比值从 2009 年的 29% 下降到 2011 年的 14%,与江苏的比值从 2009 年的 46% 下降到 2011 年的 28%,降幅颇大。而且近几年,上海高技术产业的新产品价值占高技术总产值也从 2009 年的 19% 下降到 2011 年的 14%。这些都暴露出上海高技术产业创新成果在市场转化方面和整体创新方面还亟需加强。

表 7.11　2009—2011 年上海、北京、天津、广东和江苏高技术产业新产品产值排名

2009	新产品产值(亿元)	2010	新产品产值(亿元)	2011	新产品产值(亿元)
广东(1)	3 605.47	广东(1)	6 156.77	广东(1)	7 408.07
江苏(2)	2 295.35	江苏(2)	2 565.71	江苏(2)	3 642.17
北京(3)	1 464.76	北京(3)	1 365.94	北京(3)	1 537.96
上海(4)	1 062.00	上海(4)	1 077.96	上海(7)	1 008.11
天津(6)	826.11	天津(7)	853.94	天津(8)	739.86

资料来源:《上海高技术产业统计年鉴 2012》。

表 7.12　2009—2011 年上海分别占广东和江苏高技术产业新产品产值比重

	2009	2010	2011
上海与广东的差距(上海占广东的比重)	0.29	0.18	0.14
上海与江苏的差距(上海占江苏的比重)	0.46	0.42	0.28

资料来源:《上海高技术产业统计年鉴 2012》。

从上述图表中可以看出,上海高技术产业发展存在"高技术不高"、创新能力和整体综合实力不强等问题。上海高技术产业总体产值规模一直稳居全国第三,但是反映其经济效益水平的利润和创新能力的新产品价值在全国的排名却时常上下波动,且低于第三名,说明了上海高技术产业的经济效益和创新能力并没有与上海

高技术产业的规模同步增长。

这主要是因为上海高技术产业缺乏核心技术。上海的国有大型企业以模仿代替创新,而忽视长期性、前沿性技术研发,持续依赖引进技术和进口零部件,这些情况导致上海新产品产值不高。而且上海缺乏与高技术产业创新发展合适的投融资体系。这主要体现在政府对高新技术产业化的投入上。到了产业化的中后期,政府资金投入减少后,社会投融资机制还未完全形成,导致高技术产业化的资金缺口较大,成果转化率也因此不高。上海高技术产业化资金问题如果得不到妥善的解决,多层次、开放式的投融资机制又不能完全形成,这些因素就会成为上海高技术产业规模化发展的瓶颈。

3. 上海制造业发展问题和障碍

通过上海六大重点产业和上海高技术发展现状可以基本总结出上海制造业发展的一些典型问题,这也为后续上海发展九大战略新兴产业提供了经验性的建议和意见。上海制造业发展中存在一些通病:

(1)上海制造业在国际竞争力方面还是有待提高。工业增加值低,增长幅度时高时低,缺乏稳定性,有一定的脆弱性,尤其是上海的传统制造业,受外需影响很大,产值和利润以及税金存在严重的不匹配问题。

(2)上海制造业普遍存在的问题是缺乏自主品牌。不管是传统制造业还是高新技术产业,由于产业内分工和产品内分工,上海制造业凭借着规模、成本还有质量上的优势在国际市场上占有一席之地,但是上海制造业在全球制造业分工中仍处于低端位置,一直是处在垂直性分工的劳动密集型制造加工环节,使上海制造业一直受制于跨国主导厂商,这对上海制造业升级非常不利。

(3)上海制造业缺乏自身核心。比如精品钢材制造业无法为战略新兴产业如新能源汽车、民用航空制造业提供精品钢材料,无法对接下游需求,所以在产业联动性和关联性方面做得不好。缺乏核心关键技术也因此拿不出拳头产品,使上海制造业无法提升其在全球价值链上的位置。当我们的产业发展越来越受到环境、能源、劳动力成本等要素约束的情况下,上海制造业的发展也陷入了尴尬的困境。上海的目标是建立国际化大都市,但是上海的制造业竞争力还没有真正形成。目前来看,上海未来制造业虽然定位为先进制造业,但事实上,上海是国际先进制造业即具有高端技术优势的制造业的产业承接基地,这与建设国际化大都市和"四个中心"的目标是不匹配的。

(4)上海制造业缺乏核心技术更深层次的原因是上海缺乏创新氛围。这涉及的因素是多方面的,要有创新的氛围首先要把上海打造成创新型城市:改善环境吸引创新型人才流动,建立人才高地;完善金融资本市场体系和投融资机制,鼓励风险资本、创新基金,满足中小企业融资需求,扶持创新项目;创新和探索产学研合作新模式和新机制,把产业园区建设成为创新基地,发挥各个创新主体在创新过程中的优势,实现联动发展和合作创新;构建创新服务平台,通过共享行业新资讯和新信息,促进知识快速流动。上海需要营造全方位、立体式的创新环境,满足上海制造业在创新过程中对创新服务的需求,包括发现新产品的融资需求、寻求合作伙伴的需求、挖掘人才的需求、末期的创新产品产业化和商业化等一系列创新产业链上的需求。上海在这些方面还是很欠缺的,但是发展的空间也是巨大的。

　　(5)上海制造业与生产性服务业融合度不高。上海制造业未来的发展方向是通过向价值链两端的攀升进行转型升级,主要发展价值链两端的研发设计环节和品牌营销环节等高价值量环节,促进上海制造业的高端化发展。还要通过二三产业的融合加速上海制造业的信息化、智能化、数字化和绿色化。目前,上海制造业因为考虑到交易成本问题大都不愿意外包服务,这阻碍了生产性服务业的规模化和内涵化发展,需求不足也阻碍了产性服务业的进一步专业化、信息化和国际化。围绕某个特定制造业的发展还没有形成特定的生产性服务业的配套体系,比如说钢铁生产性服务业集聚区有待完善,需要围绕精品钢生产,完善精品钢加工配送基地、船板加工配送中心、大型仓储基地、钢铁电子交易中心等服务业功能,所以生产性服务业配套体系还有很大的提升空间。

　　(6)上海制造业发展不够集约化。在空间布局方面,集聚式发展有待加强,比如钢铁制造业还是有很多规模小、产能少和竞争力弱的企业分散化布局,既没有经济效益,同时存在高能耗、高污染等问题。在能源、土地和资源方面,上海制造业中还有部分企业采取粗放式发展模式。随着上海资源环境约束趋紧以及上海建设国际化大都市进程加速,上海制造业需要大幅提高能源利用效率。

7.4　提升上海可持续竞争力的战略举措和政策建议

　　随着上海城市转型进入了关键期和重要机遇期,上海建设国际化大都市和"四个中心"也面临越来越多的挑战。构建上海城市可持续竞争力对上海未来发展具有重要的战略意义。城市可持续竞争力指的是吸引和积累形成城市未来发展优势和影响城市长期增长要素的能力。上海未来的可持续竞争力应该体现在保障上海城市未来高效运作的管理体制、持续的经济增长以及社会的和谐稳定。所以,构建上海可持续竞争力要通过转变政府职能、构建区域创新系统和社会公共服务均等化来实现。

7.4.1 转变政府职能

上海要提升可持续竞争力,政府所扮演的角色和功能是至关重要的。上海的目标是建立国际化大都市和"四个中心"乃至于未来的全球城市,所以上海大都市的治理模式也应该随着城市功能定位的高端化而更趋分散化和网络化。上海政府职能应该向服务型政府转变。

构建服务型政府,就是要转变政府管理方式,建设为民政府、法治政府、有效政府。首先要从审批型政府向服务型政府转变。上海政府服务经济的重点应该放在为各类市场主体服务和创造良好的发展环境上。对于上海这个国际化大都市来说,它要拓展全球网络经济流量,吸引各类资源要素向上海这个平台聚集,并在上海高效快捷地实行资源配置,这对上海的软硬设施和场所提出了更高层次的要求。尤其是服务平台涉及多样化、高质量、复合型、连续型的服务,需要一大批国际级的咨询、贸易、金融、保险、研究开发、产品设计、法律、会计、工程、公关等专业人士为商界提供一流的服务,政府应该为他们营造优良的经济发展环境,更重要的是宜居的生活环境。同时,政府部门应该深化行政审批制度改革,规范和和减少行政审批项,便利于民,将社会事业和民生问题作为重点,优化公共资源配置,做好环境生态保护、公共设施建设、社会管理制度的完善,以此提升整个社会运作的效率。

其次,要从人治政府向法治政府转变。上海政府要坚持依法行政,夯实和谐社会的法治基础。政府施政必须以法律规定为准绳,做到有法必依、执法必严、违法必究。政府部门通过以身作则维护宪法和各项法律的权威,提升政府部门的公信力和透明度,对各项政策实施和落实都做到有法可依和有据可查,同时使民众有知情权,真正做到公平、公正和正义。

7.4.2 构建区域创新系统

可持续竞争力,顾名思义是一种潜在的具有延续性的动态竞争力,而上海要想获得这种能力就必须从高瞻远瞩、高屋建瓴的战略角度去规划和布局,这要求上海在政策的制定和落实上要兼顾长期性和短期性的问题。上海可持续竞争力建设的一个重要环节是提升上海的科技创新能力。在亚太城市可持续竞争力指数中,上海和北京的经济可持续竞争力指数分别为-0.161 9 和-0.189 4,排名分别为第 13 和第 15 名,而东京和新加坡的经济可持续竞争力指数分别为 0.755 和 0.442。东京经济可持续竞争力表现优异的原因一部分是因为东京不断进行产业结构升级,发展附加值高、无污染的现代服务业,另一方面的原因是东京的企业创新能力较强,尤其是中小企业在日本城市中起到了重要的作用。无论是东京的服务业还是制造业,创新都是东京的发展源泉。反观上海,上海在经济外向度和经济规模方面表现较好,然而上海城市创新能力和基础设施都表现不佳,尤其是上海发展的高技术产业仍旧处在价值链低端环节,为国外创新产品做加工组装工作,这也使上海高技术产业被长久地锁定在低端环节,无法取得话语权,且上海知识产权力度不够,影响了上海整体创新能力进一步提升。

上海现在正处在创新驱动、转型发展的攻坚时期。上海自主创新能力提升也正跃入关键时期,逆水行舟,不进则退。从上海创新投入和创新产出的各项指标看,上海科技整体实力正在稳步提升,并形成自身的优势和特色。《2012 全国及各地区科技进步统计监测报告》的结果显示,2011 年上海综合科技进步水平指数位居第 1,达到 79.81%,比北京高 0.19%,比全国平均水平 60.05%高将近 20%。在五个一级指标中,2012 年上海在"科技活动投入评价"、"高技术产业化评价"和"科技促进经济社会发展评价"3 个指标的排名中位居第 1,在"科技进步环境评价"和"科技活动产出评价"的排名中位居第 2,居于北京之后。上海的科技投入虽然一直排在北京之前,但是上海的科技活动产出评价却一直居于北京之后,落后几个百分点,两者的差距从 2011 年 6 个百分点缩小到 3 个百分点,尤其是 2012 年上海科技活动投入比北京还高 4 个百分点。这说明科技产出的大小不仅仅取决于整个城市的研发支出,还和一个城市的创新氛围密切相关。显然,北京有"中国硅谷"之称的中关村拥有浓厚的创新氛围,它通过吸引各方面创新要素的集聚带动了整个北京研发产出的增长。这对上海有很重要的借鉴意义。另外,上海的"科技进步环境评价"指标也落后于北京,表明上海的创新政策体系仍然有改善的空间,在面向科技型中小企业的融资难,在鼓励创新的研发费加计扣除等利好政策的落实,在跨国公司普遍要求的法律、政策环境改善的问题上,还需要有的放矢地去改善。

总的来说,上海科技创新中还是存在一些不适应、不协调的"短板":企业作为创新主体的技术创新能力还需要提高;金融资本与科技创新缺乏有效衔接,科技投融资的体系不健全;创业精神和创新文化亟待强化。

1. 加速企业技术创新主体地位

培育创新型企业,针对不同所有制企业的创新问题,建立企业创新能力培育机制;面对国有企业,进一步健全技术创新体系,提升技术创新管理水平,激发研发团队创新动力,完善企业经营考核机制;面对中小企业,着力促进民营科技企业建立研发机构,完善面向民营企业自主创新的技术中介服务体系,尤其是投融资机制和技术转化成果服务机构;面对外资研发机构,在政策方面支持其和本地企业研究机构合作创新,促使它们将技术和价值创新的部门向上海转移,推动本土企业和跨国公司共同建立研发基地,共同开展项目研究和培养人才。

与此同时,加强以企业为主导的产学研合作模式,以企业为主体有效整合产学研各类创新资源,鼓励企业加强多种形式的合作研究,支持有能力的企业建立国家工程技术中心、企业技术中心、实验室和产业化基地,促进企业与高等院校、科研院所和研究所之间的合作创新,通过保留编制、学术休假、企业博士后工作站建设以及共同合作开发项目等多种形式促进科研人才流动,以此加速知识、信息和技术流动。

2. 科技创新环境进一步优化

在完善自主创新政策服务体系方面,研究促进技术创新价值实现机制和技术转移与产学研结合的政策,完善科技创业和科技金融政策,建立技术研究与应用研究联动的政策支持体系,降低企业技术创新的风险和成本。进一步细化政策操作流程,充分有效落实企业研究开发费用税前加计扣除、高新技术成果转化扶持、高新技术企业税收优惠等政策,通过不同渠道与方式加强企业对政策的了解程度,提高政策的兑现率和受益面。同时完善信息系统建设,以此推进科技政策"一门式"服务窗口建设和科技政策"一网通"建设,通过网络完成网上申报、网上受理、网上认定和网上核定一系列流程,提高政策落实的便捷性和服务企业的效能。

在完善科技与金融结合方面,建立科技金融公共服务,建设科技金融信息平台,通过提供综合性、"一站式"科技金融服务,为科技金融供需双方对接搭建桥梁,培育和发展科技金融中介服务机构,提升为科技企业提供融资、担保、上市等全方位金融服务的能力和水平。其次,充分利用财政资金的引导和杠杆作用,创新科技金融服务、金融工具,鼓励和支持各类金融机构开展针对科技企业的产品创新和服务,推动天使投资和科技保险发展,建立知识产权质押融资体系,推动建设投资联盟并探索试点科技金融合作模式。

3. 进一步深化应用技术创新体系建设

推进上海应用技术创新技术建设,通过组建上海产业技术研究院和上海科学院的先行先导、试点示范,构建起全市各类应用型科研院所广泛参与、从事产业共性技术研发、开放式的技术创新平台。在运行机制方面,聚集信息通信、生命健康和新材料等重点领域,可以通过创新基地和创新联盟,对产业关键技术进行攻关研究加强产品开发能力。鼓励新型科研院所和社会力量参与上海产业共性技术研发和服务能力的建设,通过承担一批实现产业技术升级、解决行业共性技术瓶颈的攻关项目,逐渐成长为专业能力强、服务特定行业共性技术研发的产业技术研究机构,并在关键技术研发和重大科技成果转化中发挥主导作用,在企业与高等院校之间发挥桥梁纽带作用。支持企业事业单位、社会团体和其他社会组织设立各类研究开发组织,形成多元化、多层次的科研机构,并与企业、高等院校及其他科研机构形成互相开放、分工合理的结构布局。

7.4.3　公共服务均等化

可持续竞争力不仅体现在一个城市的经济可持续发展能力上,更重要的是体现在一个城市社会结构、管理体制、社会保障能够支撑一个城市经济高速发展持续多久的能力上。这是一个城市社会支持系统,它类似于强大运作系统后方的一个后勤保障系统。它反映了一个城市社会的稳定能力,城市社会的公正、公平、进步、安全有序是城市社会和谐稳定的集中体现。对于上海这种国际大都市来说,社会支撑系统更是发挥了稳定社会、缓和政府和民众关系以及调节社会和经济之间不协调等作用。

从亚太城市可持续竞争力指数中的社会可持续竞争力得分看,北京和上海得分分别为−0.04 和−0.06,排名分别为第 11 名和第 14 名。而新加坡和香港得分分别为 0.32 和 0.14,排名为第 1 和第 4。尤其是新加坡,在社会发展环境和教育医疗两个方面具有较好的表现。新加坡政府认为医疗保健服务不能完全由国家提供,也不允许医疗服务在经营和价格方面任凭市场调节,而是取各方之长的综合管理模式。不仅如此,新加坡连续多年当选亚洲最适宜居住城市,享有"花园城市"的美誉。在住房方面,新加坡的住房保障计划被称为"居者有其屋"计划。新加坡政府通过这种更新理念、营造氛围、健全组织、优化载体、优质服务、人性管理、依靠制度、健全机制、重视文化建设、凝聚民心的社会建设方式,不断提升社会的可持续竞争力。新加坡还在公众对政府的信任度方面取得了很高的得分。而上海的城市规模近年来不断扩大,外来人口不断流入,由此带来了社会经济地位分层、户籍分割、社会凝聚力和社会融入程度等一系列问题。

上海现在正处于转型的关键时期，也必然是矛盾多发时期，如果矛盾没有得到及时解决，有效渠道被堵塞，民意表达不畅通，以至于问题日积月累，会反过来阻碍城市经济持续良好的发展。上海的转型是一个多方面的转型，一转百转，包括城市产业结构转型、城市空间结构转型、城市发展模式转型和城市能级提升。这些经济发展各方面的转型映射到相对应的社会领域就是一大堆前所未有的城市社会转型问题。举例来说，城市产业结构升级会涉及城市人口与产业的重新匹配问题以及城市社会人口再就业问题；城市空间结构转型会涉及城市人口郊区化和城市教育、医疗卫生、体育、文化设施向城市郊区转移和重新布局的问题。如果这些问题处置不当，就会造成社会不稳定，更无从谈起经济可持续发展的问题。

1. 完善和健全社区公共服务体系

社区是社会和城市的基础和细胞。社区和谐是社会和城市和谐的基础。应以社区为基本单位进行公共服务全覆盖，成立社区管理和服务机构，形成既有"政府统筹"，又有居民以及社会组织积极参与"社区自治"的社区。建议成立社区建设指导中心，统一协调、指导、管理和督查社区建设和社会公共服务工作。建议组建社区事务受理服务中心，以民生服务为重点，构建完善的社区公共服务，完善网络平台和电话接线服务，使居民对服务的需求得到有效传达并及时获得所需服务。通过社区管理和服务，使就业、就医、就学、文化和健康等政府职能下放到社区，满足居民不同层次的需求。

创新管理体制，应该发挥社区居委会作为群众自治组织和社区建设主体的作用。政府应当正确处理与社区居委会的关系，从硬性管理向软性管理和监督转变，除了全社区宏观社会事务管理应由政府管理，其他权限可以层层下放给社区，尊重社区居民民主自治的权利。同时，政府要实行"责、权、利"的统一。按照"权利下放，财力下沉"向社区逐步转移管理职能，做到"服务到社区、责任到社区、接受监督评议到社区"，实行"权随责走"、"费随事转"，从财政拨付的专项经费和行政性收费中拨付相应的经费给社区。

加强社区工作监督和考核。通过网络和电话热线来搭建居民和社区沟通的桥梁，居民可以随时通过建议、意见箱和留言簿对社区服务质量进行及时反馈，对政府管理工作进行考核评估，并将评估结果纳入政府管理考核中。组织居民对社区服务进行评价，并向社区推荐择优选取。建立优胜劣汰机制，对社区居委会和社区服务中心进行考核评比，以求提高服务水平。

2. 建立多元化服务供给机制

公共服务多元化供给模式是未来公共服务发展的趋势。由于公共服务的社会需求日益多元化以及个体对公共服务需求日益个性化等因素,因此形成了公共服务多元供给的客观基础条件。公共服务多元供给模式的含义是,政府除了自己生产和供给公共服务外,还可以在一些公共领域引入私人部门或第三部门进行生产,政府在这个过程中起的是购买、监督和协调等辅助性但不可或缺的功能。政府功能可以有效保证多元主体对公共服务提供的总量和效率。

政府在公共服务的提供过程中是主导者。主导者的含义是,政府在公共服务的提供过程中所扮演的角色是多重的,它是公共服务的生产者、安排者、培育者和监督者。首先,对于一些基本的具有共性的,并且对公共安全有较高要求的公共服务,政府需要直接生产,满足全社会成员的基本公共需求。其次,政府是公共服务的培育者。第三部门自身的素质和服务质量良莠不齐,政府应该通过完善考核机制,培育一批具有潜力和服务能力的草根组织,给予准入资格,并在招标过程中给予平等对待。最后,政府是公共服务的监督者。政府在购买公共服务过程时,应该对私人部门和第三部门进行督察,防范私人部门或第三部门的腐败,确保服务质量符合规定以及价格在合理区间范围,避免第三部门或私人部门自身的垄断发生,以此达到公共服务的效率。

3. 健全和完善财政转移制度

周琛影在《公共服务均等化的财政转移支付效应评估》一文中的实证研究表明,上海公共服务均等化水平较高,排名依次为基础教育、社会保障、医疗卫生、基础设施服务。公共服务中均等化的差异主要由中心城区与郊区的公共服务差异导致,而城乡间公共服务差异影响较小。财政转移支付对公共服务具有均等化的效应,所以提高中心城区与郊区间的财力均衡水平,有利于城乡公共服务均等化。

优化财政转移支付的区域分布。由于城市所辖的区县内部公共服务的差异是总体城市公共服务差异的主导因素,所以转移支付调节的重点应该是确保区县内公共服务的均衡,在这基础之上再寻求城乡间公共服务均衡。一些郊区缺乏主导产业,财力薄弱,由于人口导入、公共服务成本相对较高无力承担,所以落后区县公共服务的供给需要依赖市级一般性转移支付,所以市区需要进一步界定财权和事权,以此确保落后区县的公共服务均等化。中心城区是高价值创造区段,具有很强的财政实力,可以通过构建各区间的横向均衡转移支付机制,通过对属于郊区人口导入区,并且财政困难的区县跨区域补足,实现公共服务均等化。转移支付要根据各项基本公共服务的不同进行差别化政策扶持。对于一般转移支付,提高其比重,并且把保障范围扩展到所有民生类公共服务;对于专项转移支付,应该降低获得专项转移支付的标准,进一步促进公共服务均等化。

7.4.4 推进循环经济进一步发展

上海城市发展的模式和一些发展中国家的城市发展模式都有一个共同的侧重点,就是城市发展以经济发展为重要导向,而在不同的程度上忽略环境和资源的可承载力,所以导致上海等城市可持续发展动力不足。自浦东开放以来,上海通过开拓工业区和经济开发区等新产业空间快速发展外向型经济,这种经济发展模式的特征是高增长、高能耗、高污染。因此,上海经济发展模式是典型的粗放型经济增长模式,它在一定程度上以牺牲环境和资源为代价实现快速发展。然而以国际化大都市中关于环境和资源的考核标准来看上海的发展模式,上海与亚太一线城市还有很大的差距,并且在环境保护和资源的有效利用方面任重而道远。

在亚太城市可持续竞争力四项指数中,上海的环境可持续竞争力和资源可持续竞争力的指数得分在亚太几个一线城市和重要节点城市中排名较低。其中,在环境可持续竞争力分析中,上海和北京得分分别为-0.07和-0.08,而东京得分为0.039,新加坡得分为0.036,香港得分为0.029,排名分别为第5名、第6名和第7名。这也反映出这些亚太一线城市在发展经济的同时也注重环境的保护,由于东京、香港和新加坡城市的经济发展以服务业为主导产业,这种轻型化和集约化的经济增长模式也为它们的环境保护提供了良好的支撑。反观上海,在过去十几年中,上海以重工业为主导产业,而服务业由于一系列制度性因素的约束和经济发展阶段的原因一直处于次要地位,上海这种过度依赖以重工业经济为主的工业经济对上海的环境造成了一定程度的伤害。根据世界卫生组织数据显示,2009年,全球1 100个主要城市PM10的平均浓度为36微克/立方米,而上海的PM10浓度达到了81微克/立方米,远超过平均水平。上海在环境治理方面与东京、新加坡和香港等亚太城市有一定距离,尤其体现在固体废弃物处理方面,上海生活垃圾回收利用量和利用率都较低,甚至不及其他一些城市的1/10。在污水处理率和生活垃圾无害化处理率方面与它们也存在一定程度的差距。不仅如此,上海的人均绿地面积未达到亚太城市的平均值水平,大型绿地不足,缺乏多层次植物和群落规模效应,城市绿地缺乏连贯性、整体性,综合生态效应较低。

在资源可持续竞争力的分析中,上海和北京的得分分别为-0.183 4和-0.113 7,在亚太一线城市和重要节点城市的排名中分列倒数第1和第2,而东京、香港和新加坡分别为0.08、0.07和0.04,排名分别为第2、第4和第6。上海自1990年以来,国民生产总值翻番,能源消耗年均增长达到6%。上海能源效率总体偏低,且上海能源消费结构也不合理,上海经济对煤炭和原油的依赖很大,且呈现逐年上升趋势,燃气的现代化程度不高,以煤炭为主的能源消耗造成环境污染,包括空气污染和水污染。上海对环境治理的程度远远不及由于经济造成的污染,这在很大程度上影响了上海建设国际化大都市的进程,导致上海营造舒适的宜居城市的能力偏弱,无法真正吸引高素质的知识型和技术型人才,从而对上海可持续发展造成障碍。

上海需要进一步发展循环经济,其目标是节能减排,以此达到城市环境保护和资源有效利用的双重目的。上海发展循环经济涉及系统能力的建设,必须从制定规划、加强管理、立法政策、经济手段、产业调整、宣传教育等方面提供保障。

1. 加强能源资源节约工作

(1)节约集约利用土地。进一步落实国家加强土地调控的各项措施,实行严格的土地管理制度。研究制定基础设施和社会事业项目用地的定额标准。对于存量土地,需要进一步消化利用,并出台相应政策措施,并开展闲置土地的清理。建立健全建设用地增量和存量盘活的挂钩机制,加快归并整理零星、低效工业用地,支持和鼓励对现有厂房改建,提高容积率。围绕轨道交通站点和枢纽点进行建设,开发利用地下空间。

(2)节约原材料。推进墙体材料革新,新型墙体材料应用占墙体材料应用总量超过90%以上。积极推进新建住宅实施全装修。在市政行业、农村地区、建筑装饰装修工程中扩大使用散装水泥和商品砂浆。开展绿色旅游景点创建评定工作,在具备条件的宾馆、饭店等公共场所,减少使用一次性用品,对商品合理包装标准进行制定。

(3)节约用水。加强高耗水行业用水管理,同时研究制定推进节水洗车的实施意见,整治马路占道洗车,推广使用循环型节水洗车装置和强化使用循环型节水洗车装置。强化城市生活节水管理,继续推进中心城区公共供水管网改造,减少漏失。开展河道汲水点和雨水利用工程建设。在市政、环卫、绿化等领域,全面推行计量用水。推广农业节水,加快设施粮田和设施菜田配套水利设施建设并控制地下水开采。

2. 推行清洁生产

(1)清洁生产审核和试点。对污染物排放浓度严重超标或超过排放总量的重污染企业依法开展清洁生产强制性审核。重点推动钢铁、化工、医药、电镀等行业开展清洁生产。组织新一批企业开展清洁生产试点。扩大清洁生产试点范围,从工业企业扩大到农副产品加工业、养殖业、宾馆服务业和医院等单位。

（2）污染源稳定达标排放。优化水和大气重点污染源监控管理信息平台，加强对重点污染源的监管。推行在用车辆污染排放简易工况检查方法。

（3）电池脱硫。保障已建成的外高桥第一电厂两台机组和宝钢电厂一台机组脱硫设施稳定运行。按节点推进实施吴泾电厂八期工程，全面开展吴泾电厂剩余的脱硫工程。

（4）危险废物无害化处置。对各级医疗卫生机构开展医疗废物申报工作，加强对医疗卫生机构和医疗废物集中处置单位的日常监管。进一步加强对进口废物加工利用单位的监管，在化学原料和化学制品行业先行开展工业危险废物申报登记试点和调查工作，加强危险废物跨省市转移监督管理；完善工业危险废物收集、贮存、运输、利用、处置的技术和工艺标准，完善处理网络和设施。

3. 积极推动企业技术改造和关键技术开发

（1）加大企业节能技术改造。组织制定和实施分行业的节能技术改造计划，鼓励企业加大节能投入，支持一批节能技改工程。支持开发新型照明、节能型空调、高效电机、蓄冷蓄热等节能技术。

（2）开发循环经济关键技术和共性技术。在科技创新行动计划中，支持一批循环经济技术的开发，包括生物质能发电、生物柴油成套设备技术，节能和新能源汽车技术，废旧汽车、废旧轮胎、电子废弃物、生活垃圾资源利用技术，农业废弃物综合利用技术，水资源循环利用技术，大型地下综合体建设技术，高效、清洁、综合利用煤炭技术等。

4. 进一步巩固和完善保障措施

（1）加强组织协调。建立市循环经济联席会议制度和联络员制度，完善综合部门牵头、各职能部门推进的工作机制。各个责任单位要细化本领域各项重点工作的年内目标和节点进度，采取有力措施，确保全面完成任务。实行目标考核责任制度，将节能降耗责任和成效等纳入各级政府、各个部门目标责任制和领导干部年度考核体系中。

（2）落实和制定发展循环经济的财税政策。进一步落实资源节约和综合利用的相关财税政策，继续对企业开展节能环保、秸秆机械化还田、推广商品的有机肥、节水型器具改造等给予资金支持。对获得节能、节水认证的产品以及其他符合条件的节能产品和技术，优先实施政府采购。进一步完善循环经济发展专项资金，对循环经济项目、技术开发、法规标准制定、宣传推广给予一定政策支持。

（3）推进资源类产品价格改革。对电价实施差别定价，对钢铁、铁合金等高能耗行业中的落后产能用电实施加价。研究促进环境保护的电价机制，对安装脱硫设施的燃煤电厂上网电价给予脱硫加价。完善节能代发电价格措施,推进电力优化调度。推进实施促进风力发电、生物质发电、太阳能发电的价格政策,鼓励发展可再生清洁能源。继续推进燃气价格改革,平稳实施相关调价措施。完善水价改革方案,建立促进节水的价格机制。

（4）完善相关法规和标准。加强对国家强制性能效标准的宣传培训,全面推进对国家能效标识制度和标准的宣传、实施、监督检查工作。进一步深化能源标准化研究,研究制定交通节能管理标准。修订高耗水行业的用水定额。优先制定节能、节材、节水等领域的地方标准。实施已经制定好的节能和环保地方标准。

（5）进一步加强宣传教育工作力度。各区县、部门要积极组织开展创建节约型机关、企业、社区、学校等活动。新闻媒体加强舆论宣传引导和监督,进一步形成节约资源光荣、浪费资源可耻的文明风尚。以区县和重点用能企业为重点,开展节能培训;在各级各类学校开展节约能源资源教育;利用社区等平台,普及资源节约知识和措施,努力形成全社会共同节能的良好氛围。

7.4.5　加强资源保护与生态环境建设

上海建设国际化大都市的进程受制于上海环境和资源的承载容量。上海是个资源匮乏的城市,然而上海在早期发展工业经济的时候并没有意识到资源的有效利用和环境保护的重要性,造成了上海资源能源和环境在粗放式经济发展的背景下极大的损耗,例如上海每年能耗为日本的 4 倍,美国的 4.7 倍,印度的 2 倍,且以煤炭为主的能源结构对上海空气和水等环境又造成了很恶劣的影响,使上海在建设资源节约型和环境友好型城市的进程中备受阻碍。这对未来上海建设国际贸易中心、国际金融中心、国际航运中心、国际经济中心和亚太重要节点城市提出了重大的挑战。良好的生态环境是国际化大都市重要标志之一。这迫使上海重视加强资源保护和生态环境建设。

1. 合理使用资源和优化能源使用结构

上海应该坚持合理使用资源,坚持"开源与节流"并重的方针,合理开发利用土地、水、海洋等自然资源。在土地方面,深化土地使用制度改革,建立土地供应、收购、储备、整理、复垦等开发利用制度,调整和优化土地利用结构,同时提高土地集约利用水平和耕地资源总量动态平衡。在水资源方面,实施水资源综合管理,加大全市河道污染整治力度,切实保护水资源地,有计划地续建、新增供水工程,逐步实行分质供水,提高水资源重复利用率,倡导节约用水,解决水质型缺水的矛盾;以海岸带和近海为重点,适度开发海洋资源和发展海洋经济,合理调整海洋产业布局,高效、有序地开发长江口—崇明岛屿等。在能源消费总量方面,进一步优化能源结构。降低能源结构中的耗煤比重,控制煤炭消费总量,逐步提高石油、天然气的使用份额,同时开发太阳能、风能等绿色能源。完善节能管理体系,加强节能技术改造、发挥节能潜力;强化能源的综合规划与管理,提高能源的利用水平。

2. 生态环境保护和建设

上海应该进一步优化生态空间结构。通过结合基础设施建设、新城建设、旧区改造和新农村建设,推进大型公共绿地、楔形绿地以及新城、小城镇和大型居住区绿地建设,同时启动郊环绿带、中心城区林荫大道等建设工程,加大老公园改造力度。同时加强自然生态保护,拓展生物多样性基础生态空间,初步形成国际重要湿地、国家重要湿地、自然保护区以及具有特殊科学研究价值的栖息地网络。引进和推广多种技术措施,促进野生种群及数量恢复和生态重建。建立健全的滩涂湿地管理体系。建立滩涂湿地跟踪监测制度,定期开展湿地生态评估。建立对滩涂湿地开发利用及用途变更的审批管理程序,并实施环境影响评价制度。加强生态环境评估。开展全市生态环境调查评估,评估生态系统健康状况,并提出对策。启动生态观测试点,开展区域生态系统多样性研究。加强海洋生态环境保护,实施近岸海域污染防治"十二五"规划和健康海洋上海"十二五"行动计划,开展陆源入海污染控制、海上污染控制、港口污染控制、外来物种入侵潜在风险控制,开展水生物增殖放流、海岸生态修复、海底碳汇示范牧场建设和侵蚀海岸修复,保护海洋生态系统。

3. 环境热点难点问题处理

进一步加强辐射污染防治,完善辐射管理体制和机制。理顺各个部门间、市和区间的职责,逐步构建完善的辐射污染防治和监管体系。强化辐射监管与应急能力建设。提升信息化管理水平,建立核技术利用单位信息库,建立统一的辐射环境在线监测网,建设辐射安全许可证网上办理渠道。强化执法监管和应急机动监测能力建设,满足应对两处发生辐射事故的监测与处置要求。

完善噪声污染防治政策法规。强化城市噪声监控体系建设,结合城市发展和行政区划调整,修订并完善"上海市环境噪声标准使用区划"。着力加强交通噪声污染防治,新建、改扩建交通建设项目须严格执行环境影响评价制度;对噪声污染严重、群众投诉多的铁路、轨道交通和主要道路沿线区域,加大噪声治理力度。推进工业噪声污染防治。严格新项目审批和执法监管,强化工业噪声污染源头控制。督促企业严格落实环境功能区划要求,控制噪声污染。努力减少建筑施工噪声污染,加强对建筑施工噪声的指导和监督,规范文明施工。推进建筑施工的噪声实时监控系统建设,加强对建筑施工噪声的执法,完善执法手段。

完善土壤环境保护的法律法规,加强区域重点区域、重点行业土壤环境保护和污染防治,对人口密集的城镇区域、基本农田保护区域、水源保护区域、自然保护区等实行土壤环境优先保护,对加油站、燃煤电力、化工、农业等重点行业实施最严格环境监督。加强土壤环境保护监管能力建设。开展土壤环境监测体系建设、基本农田土壤环境监测预警体系建设,提升污染场地修复设施设备和土壤污染应急处置装备,建立和完善土壤污染事故应急预案。

逐步提升对上海温室气体的监测监管能力。编制并定期更新上海市温室气体清单,建立重点单位温室气体排放账户,推进重点企业温室气体排放申报试点工作,建立并逐步完善全市碳排放监测、评估和考核三大体系。

附 录

附录 1 国外城市竞争力主要评级机构

1. 世界经济论坛

从 1979 年开始,世界经济论坛(World Economic Forum)开始出版《全球竞争力报告》(*The Global Competitiveness Report*)。其发布的指数被称为"全球竞争力指数"(Global Competitiveness Index, GCI)。在 2012—2013 年度报告中 WEF 对全球 144 个经济体的竞争力进行评价。GCI 指数较多地依赖于问卷调研之类的"软性"数据,这与 IMD 的 WCI 指数正好相反。由 WEF 发布的"全球竞争力指数"由 108 个指标组成,这些指标被归纳为 12 大"支柱"(pillar),这 12 大"支柱"又被进一步划归为 3 大类因素:(1)"基础条件",包括制度、基础设施、宏观经济、健康与初级教育;(2)"效率驱动"包括更高级教育与培训、商品市场效率、劳动市场效率、金融市场效率、技术成熟度、市场规模;(3)"创新和高级化因素",包括商业高级化、创新。

2. 瑞士洛桑国际管理发展学院

创立于 1989 年的瑞士洛桑国际管理发展学院(International Institute for Management Development)"世界竞争力中心"(IMD World Competitiveness Center)开始每年出版《世界竞争力年鉴》(*World Competitiveness Yearbook*),其发布的指数称为"世界竞争力指数"(World Competitiveness Index,以下简称 WCI)。

IMD 的 WCI 指数比较重视"硬性"统计数据(hard statistical data)。这些数据来源于像经合组织(OECD)、世界银行(World Bank)、联合国(United Nations)、世界贸易组织(WTO)、联合国教科文组织(UNESCO)、国际货币基金组织(IMF)等国际组织以及相关国家和地区性组织。"硬性"数据占整个指数的权重达 2/3,另外的 1/3 是"软性"数据(soft data),主要通过对企业执行总裁或领袖之问卷调查(Executive Opinion Survey)获取。

3. 经济合作发展组织(OECD)

OECD(Organisation for Economic Cooperation and Development)从人口、经济、就业、政府管理、宜居、社会融合等方面,对其范围内 78 个大都市区的城市竞争力进行了研究。OECD 强调在发展中要促进城市的宜居、可持续发展、社会融合能力。

4. 英国威尔士大学卡迪夫学院国际竞争力研究中心

英国威尔士学院大学国际竞争力研究中心(Centre for International Competitiveness,University of Wales Institute,Cardiff)Robert Huggins 教授和 Piers Thompson 教授,于 2000 年开始隔年出版《英国竞争力指数》(UK Competitiveness Index)。该指数根据英国 407 个地区为成长中的企业和企业家提供的环境,对它们进行排名。另外,该中心还隔年推出《世界知识竞争力指数》(World Knowledge Competitiveness Index)、《欧洲竞争力指数》(European Competitiveness Index)等系列研究报告。

5. 英国利物浦约翰摩尔大学欧洲事务研究中心

利物浦约翰摩尔大学欧洲事务研究中心(European Institute for Urban Affairs,Liverpool John Moores University)的 Michael Parkinson 教授,2004 年受英国副首相办公室资助,从 6 个方面(经济多样性、熟练劳工、执行长期发展策略的战略能力、企业和机构的创新能力、生活质量)对英格兰核心的 8 个大城市的竞争力进行过评价研究,并将其与欧洲 61 个大城市进行比较。2005 年,Michael Parkinson 教授的研究进一步得到苏格兰议会执行机构资助,增加了对苏格兰 6 个核心城市竞争力的研究。

附录 2　世界经济论坛（WEF）发布的全球竞争力指数

世界经济论坛(World Economic Forum)发布的"全球竞争力指数"由 3 大类因素、12 大"支柱"(pillar)、108 个指标(criteria)构成。

3大类因素	12大支柱	指 标
基础条件	（1）制度	X1：不动产权 X2：知识产权保护 X3：公共资金来源多元化 X4：政治家的公信力 X5：贿赂 X6：司法独立性 X7：支持政府做出的决策 X8：政府支出浪费程度 X9：政府管制负担 X10：司法框架下解决争议的效率 X11：司法框架下对解决规章制度存疑议的效率 X12：政府决策透明度 X13：政府为提高商业绩效所提供的服务 X14：恐怖活动造成的商业成本 X15：犯罪造成的商业成本 X16：有组织犯罪 X17：警察服务的可靠性 X18：公司的道德行为 X19：审计和鉴定标准的力度 X20：董事会的运转效率 X21：对股民权益的保护 X22：对投资者的保护力度
	（2）基础设施	X23：基础设施总的质量 X24：道路设施质量 X25：铁路设施质量 X26：港口设施质量 X27：航空设施质量 X28：航线距离 X29：电力设施质量 X30：每百人拥有移动电话数 X31：每百人拥有固定电话数
	（3）宏观经济	X32：政府债务占 GDP 比例 X33：全国存款占 GDP 比例 X34：通货膨胀 X35：政府赤字占 GDP 比例 X36：政府评级
	（4）健康与初级教育	X37：疟疾对商业活动的影响 X38：每 10 万人患疟疾数 X39：肺结核对商业活动的影响

（续表）

3 大类因素	12 大支柱	指　　标
基础条件	（4）健康与初级教育	X40：每 10 万人患肺结核数 X41：艾滋病对对商业活动的影响 X42：成人艾滋病感染率 X43：每千婴儿的死亡率 X44：寿命 X45：基础教育质量 X46：基础教育入学率
效率驱动	（5）更高级教育与培训	X47：初中入学率 X48：大学入学率 X49：教育体系质量 X50：数学和科学教育质量 X51：管理学院质量 X52：学校使用互联网情况 X53：研究和培训服务情况 X54：教工培训
	（6）商品市场效率	X55：地方竞争强度 X56：市场垄断程度 X57：赋税程度 X58：税率 X59：开办企业所需步骤 X60：开办企业所需时间 X61：农业政策成本 X62：关税 X63：外资企业比例 X64：规章准则对外商直接投资的商业影响 X65：报税程序所带来的负担 X66：进口占 GDP 比例 X67：顾客导向程度 X68：买方市场的成熟度
	（7）劳动市场效率	X69：劳资关系合作程度 X70：工资决定因素的柔性 X71：雇用与解聘 X72：冗余成本 X73：对职业经理管理的依赖度 X74：人才流失 X75：员工中男女比例

（续表）

3 大类因素	12 大支柱	指　标
效率驱动	(8) 金融市场效率	X76:金融服务供给情况 X77:用得起的金融服务 X78:通过当地证券市场融资 X79:借贷难易度 X80:风险投资 X81:银行的名誉度 X82:期货交易监管 X83:法律权益指数
	(9) 技术成熟度	X84:最新技术可获得性 X85:公司层面技术吸收程度 X86:FDI 和技术扩散 X87:使用互联网比例 X88:每百人宽带用户数 X89:国际互联网 X90:每百人移动宽带用户数
	(10) 市场规模	X91:国内市场规模指数 X92:国外市场规模指数
创新和高级化因素	(11) 商业高级化	X93:当地供货商数量 X94:当地供货商质量 X95:集聚发展程度 X96:竞争优势 X97:价值链广度 X98:对国际分配的掌控 X99:生产过程高级化 X100:营销程度 X101:代表当地政府的意愿
	(12) 创新	X102:创新能力 X103:科学研究机构质量 X104:企业的研发支出 X105:产学研融合程度 X106:政府对高新技术产品的促进力度 X107:科学家与工程师 X108:每百万人专利申请数

注：WEF 发布的全球竞争力指数（中文版）由课题组成员翻译得到。

附录3　洛桑国际管理发展学院（IMD）发布的世界竞争力指数

瑞士洛桑国际管理发展学院(International Institution for Management Development)发布"世界竞争力指数"，由 4 个关键要素(main factor)、20 个次级要素(sub-factor)、312 个指标(criteria)构成。

关键要素	次级要素	三级指标	四级指标
经济绩效	国内经济	规　模	国内生产总值 国内生产总值(购买力平价) 对世界 GDP 的贡献 家庭消费支出(绝对值) 家庭消费支出占 GDP 比例 政府消费性支出(绝对值) 政府消费性支出占 GDP 比例 固定资本形成总额(绝对值) 固定资本形成总额占 GDP 比例 国民储蓄总额(绝对值) 国民储蓄总额占 GDP 比例 经济部门明细 经济多样性
		增　长	实际 GDP 增长率 实际人均 GDP 增长率 家庭消费支出增长率 政府消费性支出增长率 固定资本形成总额增长率 经济弹性
		财　富	人均 GDP 人均 GDP(购买力平价)
		预　期	预期:实际 GDP 增长率 预期:通货膨胀 预期:失业率 预期:GDP/GNP
	国际贸易		经常账目差额

（续表）

关键要素	次级要素	三级指标	四级指标
经济绩效	国际贸易		经常账目差额占 GDP 比例
			国际贸易差额
			国际贸易差额占 GDP 比例
			商业服务差额
			商业服务差额占 GDP 比例
			对世界出口贡献
			出口额
			出口额占 GDP 比例
			人均出口额
			人均出口额增长率
			商业服务出口额
			商业服务出口额占 GDP 比例
			商业服务出口额增长率
			商品和商业服务出口额
			经济部门出口明细
			商品和商业服务进口额
			商品和商业服务进口额占 GDP 比例
			商品和商业服务进口额增长率
			经济部门进口明细
			国际贸易占 GDP 比例
			国际贸易指数
			国际旅游收入占 GDP 比例
			货币兑换率
	国际投资	投 资	对外直接投资净额
			对外直接投资净额占 GDP 比例
			对外直接投资存量
			对外直接投资存量占 GDP 比例
			对内直接投资净额
			对内直接投资净额占 GDP 比例
			对内直接投资存量
			对内直接投资存量占 GDP 比例
			直接投资差额
			直接投资差额占 GDP 比例
			直接投资存量净额
			直接投资存量净额占 GDP 比例
			生产转移风险
			研发设备转移风险
			服务业转移风险

（续表）

关键要素	次级要素	三级指标	四级指标
经济绩效	国际投资	金　融	资产投资组合 负债投资组合
	就　业		从业人数 从业人员占社会总人口比例 从业人员增长率 各部门从业人员比例 公共机构从业人员比例 失业率 长期失业率 25 岁以下青年人失业率
	物价水平		消费者物价指数 生活成本指数 住房租金 写字楼租金
政府效率	公共财政		政府财政盈余(赤字) 政府财政盈余(赤字)占 GDP 比例 一般公债 一般公债占 GDP 比例 中央政府国债 中央政府国债占 GDP 比例 支付利息 公共财政事项 偷逃税 养老基金 政府总支出
	财政政策		总的税收收入占 GDP 比例 总的个人所得税占 GDP 比例 总的非直接税收收入占 GDP 比例 总的房产税占 GDP 比例 个人所得税税率 企业所得税税率 消费税率 雇员的社会保险费率 雇主的社会保险费率 实际个人税率 实际企业税率

（续表）

关键要素	次级要素	三级指标	四级指标
政府效率	制度框架	中央银行	实际短期利息 商业扩张成本 利率差 国家信用等级 中央银行政策 外汇储备 汇率稳定性
		政权效率	法律和法规框架 政策应急能力 政府决策 政府透明度 官僚作风 贿赂腐败
	商业立法	开放程度	关税 海关机构 贸易保护主义 公共部门合同 外国投资者 资本市场 投资激励
		竞争与管制	政府补助 补助是否扭曲公平竞争和商业发展 国有企业产权 平行经济 开办企业的难易度 公司创建 开办公司所需时限 开办公司所需程序
		劳动规章制度	劳动规章制度 失业保险法 移民法 冗余成本
	社会框架		正义 个人安全和私有财产产权 社会老龄化

（续表）

关键要素	次级要素	三级指标	四级指标
政府效率	社会框架		政治波动的风险
			社会融合
			基尼指数
			收入分配（最低的 10%）
			收入分配（最高的 10%）
			平等机会
			议会中女议员比例
			董事会女董事比例
			性别歧视
商业效率	生产率和效率		总的生产率（购买力平价）
			总的生产率
			总的实际生产率（购买力平价）
			劳动生产率（购买力平价）
			劳动生产率增长率（购买力平价）
			农业生产率（购买力平价）
			工业生产率（购买力平价）
			服务业生产率（购买力平价）
			大公司效率
			中小企业效率
			公司生产率
	劳动力市场		补偿标准
			制造业劳动力成本
			服务业薪酬
			管理层薪酬
			薪酬差距
		劳资关系	年平均工作时间
			劳工关系
			工作主动性
			劳资纠纷
			员工培训
	金融	技术	从业人员数量
			从业人员数量占社会人口比例
			从业人员数量增长
			兼职雇员比例
			女性雇员比例
			外籍雇员比例

（续表）

关键要素	次级要素	三级指标	四级指标
商业效率	金融	技术	技术人员
			金融技能
			吸引和留住人才
			人才流失
			外籍高技术人员
			国际经验
			高级经理胜任能力
		银行效率	银行资产占 GDP 比例
			人均银行卡
			人均银行卡交易
			投资风险
			银行和金融服务
			金行和银行管制
			金融风险因素
		股票市场效率	股票市场服务
			股票市值
			股票市值占 GDP 比例
			股票交易额
			国内上市公司数
			股票指数
			股东权益
		金融管理	信用卡使用
			风险投资
			企业债务
	管理实务		公司对市场的应变
			企业伦理道德
			经理层的信赖度
			企业董事
			审计实务
			顾客满意度
			企业家精神
			企业家的社会责任
			对健康、安全和环境的关注
	态度和价值观		对全球化的态度
			企业外在形象
			国家文化

（续表）

关键要素	次级要素	三级指标	四级指标
商业效率	态度和价值观		对挑战的应变能力 需要社会和经济改革 价值体系 企业观念
基础设施	基本设施		土地面积 可用土地面积 水资源 水获得的难易程度 日用品获得难易程度 城市管理 人口规模 15 岁以下人口比例 65 岁以上人口比例 道路 铁路 航空 航空设施质量 基础设施分布 水运 维护与发展 能源设施 未来能源供给 总的一次能源生产 总的人均一次能源生产 电力成本 天然气价格
	技术设施		电信设施投资占 GDP 比例 每千人固定电话用户 固定电话费率 每千人移动电话用户 移动电话费率 通信技术 联接程度 电脑使用 每千人拥有电脑数 网络用户

（续表）

关键要素	次级要素	三级指标	四级指标
基础设施	技术设施		固定宽带费
			每千人固定宽带用户
			网速
			信息技术
			注册工程师
			技术合作
			公私部门风险
			技术转化应用
			技术开发资金
			技术准则
			高新技术出口占工业出口比例
			网络安全
	科学设施		总的研发支出
			总的研发支出占 GDP 比例
			商业研发支出
			商业研发支出占 GDP 比例
			全国总的研发人员
			全国总的研发人员占总人口比例
			商业部门总的研发人员
			商业部门总的研发人员占总人口比例
			科研人员中拥有大学学历比例
			每年发表科技论文
			诺贝尔获奖数
			人均诺贝尔获奖数
			专利应用
			人均专利应用
			普通居民所获专利技术
			每 10 万人发明专利申请
			科学研究水平(国际标准)
			对科技人员的吸引力
			知识产权保护
			知识转移
			创新能力
	健康与环境		总的医疗健康支出占 GDP 比例
			人均医疗健康支出
			公共支出中医疗健康所占比例
			医疗设施
			平均预期寿命

（续表）

关键要素	次级要素	三级指标	四级指标
基础设施	健康与环境		健康预期寿命 婴儿死亡率 医护人员 城市人口比例 人类发展指数 健康问题 能源使用强度 纸板回收 废水处理 水消耗强度 二氧化碳排放总量 二氧化碳排放强度 可再生能源占总能源消耗比例 可再生能源技术 生态供应能力 生态足迹 生态均衡 可持续发展 污染问题 环境法 气候变化 生活质量
	教　育		教育支出占 GDP 比例 人均教育支出 小学师生比 中学师生比 中学入学率 25—34 岁人群中拥有大学学历人口比例 每千人口拥有外籍大学生数 每千人口出国攻读大学及以上学历学生数 教育评估 英语熟练度（托福成绩） 教育体系 中学科学教育 大学教育（是否符合经济需求） 管理教育（是否符合商业需求） 文盲率 外语技能（是否符合企业需求）

注：IMD 发布的世界竞争力指数（中文版）由课题组成员翻译得到。

参考文献

Scott, Allen J., 1996, "Regional Motors of the Global Economy", *Futures*, 28(5): 391—411.

Asian Development Bank, 2008, *Managing Asian Cities—Sustainable and Inclusive Urban Solutions*, Philippines: Asian Development Bank.

Begg, I., 1999, "Cities and Competitiveness", *Urban Studies*, (36): 795—809.

Cohen, R.B., 1981, "The New International Division of Labour, Multinational Corporations and Urban Hierarchy", in Dear, M. and Scott, A., eds., *Urbanisation and Urban Planning in Capitalist Society*, London: Methuen, 287—315.

Choe, K., Roberts, B., 2011, *Competitive Cities in the 21st Century: Cluster-Based Local Economic Development*, Manila: Asian Development Bank.

Cheshire, P. C., Gordon, I. R., 1998, "Territorial Competition: Some Lessons for Policy", *The Annals of Regional Science*, 32:321—346.

City of Sydney, 2008, *Strategic Plan for City of Sydney: Sustainable Sydney 2030*.

Deborah, Elms, 2009, "From the P4 to the TPP: Explaining Expansion Interests in the Asia-Pacific", paper presented in UN ESCAP conference on "Trade-Led Growth in Times of Crisis", Bangkok, Thailand, 2009-11-02.

Derudder, B., Hoyler, M., Taylor, D.J. and Witlox, F.eds., 2012, *International Handbook of Globalization and World Cities*, Cheltenham, UK and Northampton, MA, USA: Edward Elgar.

Douglass, M., 1992, "Global Interdependence and Urbanization: Planning for Bangkok Meta-urban Region", conference paper.

D'Arcy, E., Keogh, G., 1999, "The Property Market and Urban Competitiveness: A Review", *Urban Studies*, 36(5/6):917—928.

Daly, M., Pritchard, B., 2000, "Sydney: Australia's Financial and Corporate Capital", in J.Connell, ed., *Sydney: The Emergence of a World City*, Oxford University Press, 167—188.

Deas, I., Giordano, B., 2001, "Conceptualizing and Measuring Urban Competitiveness in Major English Cities: An Exploratory Approach", *Environment and Planning A*, 33:1411—1429.

Economist Intelligence Unit(EIU), 2011, *Asian Green City Index*, Simens.

Economist Intelligence Unit(EIU), 2012, *Benchmarking Global City Competitiveness*, The Economist, commissioned by Citigroup.

Elms, Deborah, K., 2009, "From the P4 to the TPP: Explaining Expansion Interests in the Asia Pacific", paper presented at the Asia-Pacific trade economists' conference on "Trade Led Growth in Times of Crisis", available at: http://www.unescap.org/tid/artnet/mtg/Deborah%20Elms.pdf.

Ernst, D., Kim, L., 2002, "Global Production Networks, Knowledge Diffusion, and Local Capability Formation", *Research Policy*, 31(9):1417—1429.

Gordon, I.R., Cheshire, P.C., 1998, "Locational Advantage and the Lessons of Territorial Competition in Europe", paper prepared for the international workshop on "Theories of Regional Development: Lessons for Policies of Regional Economic Renewal and Growth", Uddevalla, Sweden, 14th—16th June 1998.

Huggins, R., Thompson, P., 2011, *Competitiveness Index 2010*, University of Wales Institute, Carddiff.

Hummels, D., Rapoport, D. and Yi, K.M., 1998, "Vertical Specialization and the Changing Nature of World Trade", *Economic Policy Review*, (7): 79—99.

Ito, K., 1997, "Domestic Competitive Position and Export Strategy of Japanese Manufacturing Firms: 1971—1985", *Management Science*, 43(5): 610—622.

International Institute for Management Development, 2012, *IMD World Competitiveness Yearbook*.

Jiang, Y.H., Shen, J.F., 2012, "Weighting for What? A Comparison of Two Weighting Methods for Measuring Urban Competitiveness", *Habitat International*, 1—8.

Jones and Kierzkowski, 2000, "A Framework for Fragmentation", Tinbergen

Institute Discussion Paper, TI 2000—056/2.

Kim, W. B., 1993, "Industrial Restructuring and Regional Adjustment in Asian NIEs", *Environment and Planning A*, 25(1):27—46.

Kresl, P.K., Singh, B., 2011, "Urban Competitiveness and US Metropolitan Centers", *Urban Studies*, 1—16.

Kresl, P. K., 2007, *Planning Cities for the Future—the Successes and Failures of Urban Economic*, Edward Elgar Publishing, 171.

Kresl, P.K., Singh, B., 1999, "Competitiveness and the Urban Economy: Twenty-four Large US Metropolitan Areas", *Urban Studies* 36(5):1017—1027.

Kruger, D., 1996, "Asians Form 'Growth Polygons' to End Poverty", *The Japan Times*, March 29: 17.

Lang, J., 2005, *Urban Design: A Typology of Procedures and Products*, Oxford:Elsevier.

Lever, W. F., 1999, "Competitive Cities in Europe", *Urban Studies*, 36(5—6):1029—1044.

Lo, F.C., Marcotullio P.J., 2000, "Globalisation and Urban Transformations in the Asia-Pacific Region: A Review", *Urban Studies*, 37(1):77—111.

Lo, F.C., Yeung, Y.M., eds., 1996, *Emerging World Cities in Pacific Asia*, United Nations Publications.

Nord, S., 1980, "An Empirical Analysis of Income Inequality and City Size", *Southern Economic Journal*, 46: 863—872.

OECD Territorial Reviews, 2006, *Competitive Cities in the Global Economy*, OECD Publishing.

Parkinson, M., Hutchins, M., Simmie, J. and Clark, G., 2004, *Competitive European Cities: Where do the Core Cities Stand?*, Office of the Deputy Prime Minister, London.

Olds, K., 1995, "Globalization and the Production of New Urban Spaces: Pacific Rim Megaprojects in the Late 20th Century", *Environment and Planning A*, 27(11):1713—1743.

Parkinson, M., Hutchins, M., 2005, "Competitive Scottish Cities? Placing Scotland's Cities in the UK and European Context", *Scottish Executive Social Research*.

Sasuga, K., 2004, *Microregionalism and Governance in East Asia*, London and New York: Routledge.

Sassen, S., 2006, *Cities in a World Economy*, London: Sage.

Scott, A.J., 2001, *Global City-Regions: Trends, Theory, Policy*, Oxford University Press.

Short, J.R., Y.H.Kim, 1999, *Globalisation and The City*, London: Longman.

Tan, Y.T., 2008, *Contractor's Competitiveness and Competitive Strategy in Hong Kong*, Hong Kong: Hong Kong Polytechnic University.

Taylor, P.J., 2001, "Specification of the World City Network", *Geographical Analysis*, 33:181—194.

Taylor, P.J., 2006, "Shanghai, Hong Kong, Taipei and Beijing within the World City Network: Positions, Trends and Prospects", *GaWC Research Bulletin*, 204.

Tisdell, C.,Seidl, I., 2004, "Niches and Economic Competition: Implications for Economic Efficiency, Growth and Diversity", *Structural Change and Economic Dynamics*, 15:119—135.

Thrift, 1994, "Globalisation, Regulation, Urbanisation: The Case of the Netherlands", *Urban Studies*, April 31:365—380.

UNCTAD, *World Investment Report 1991*, United Nations.

UNCTAD, *World Investment Report 2012*, United Nations.

UNCTAD, *World Investment Report 2013*, United Nations.

United Nations, 2000, *World Urbanization Prospects: The 1999 Revision, Data Tables and Highlights*, *United Nations Population Division*, New York, United Nations, (ESA/P/WP.161).

United Nations, Department of Economic and Social Affairs, Population Division, 2012, *World Urbanization Prospects: The 2011 Revision*, CD-ROM Edition.

United Nations, 2001, *Reducing Disparities: Balanced Development of Urban and Rural Areas and Regions within the Countries of Asia and the Pacific*.

UN-habitat, 2008, *The Role of Government in the Housing Market: the Experiences from Asia*, Nairobi: UN-Habitat.

UN-habitat, ESCAP, 2010, *The State of Asian Cities 2010/2011*, United Nations Human Settlements Programme.

Webster, D. and Muller, L., 2000, "Urban Competitiveness Assessment in Developing Country Urban Regions: the Road Forward, Washington D.C.", paper prepared for Urban Group, INFUD, the World Bank.

World Economic Forum, 2013, *The Global Competitiveness Report 2012—2013*, Geneva.

Yeung, Y.M., ed., 1993, *Pacific Asia in the 21ˢᵗ Century: Geographical and Developmental Perspectives*, Hong Kong: The Chinese University Press, 346.

阿斯涵:《〈悉尼 2030 战略规划〉解读》,《城市建设理论研究》2013 年第 8 期。

艾洪德、徐明圣、郭凯:《我国区域金融发展与区域经济增长关系的实证分析》,《财经问题研究》2004 年第 7 期。

白雪洁:《日本大阪市现代服务业发展的特征、经验及启示》,《现代日本经济》2010 年第 8 期。

博鳌亚洲论坛研究院:《博鳌亚洲论坛亚洲竞争力 2013 年度报告》,对外经济贸易大学出版社 2012 年版。

彼得·卡尔·科拉索:《全球城市竞争力最佳案例》,《中国名城》2008 年第 1 期。

伯哈特:《从印度看亚洲的融合与对话:价值观的现实与共鸣》,《华中科技大学学报(社会科学版)》2005 年第 6 期。

车维汉:《"雁行形态"理论研究述评》,《世界经济与政治论坛》2004 年第 3 期。

陈磊:《从伦敦、纽约和东京看世界城市形成的阶段、特征与规律》,《城市观察》2011 年第 4 期。

陈培元:《新加坡政府医疗保险政策白皮书介绍》,《国外医学》1995 年第 3 期。

陈前、廖信林:《城市竞争产生因素研究》,《湖北经济学院学报》2010 年第 7 期。

陈蔚镇、卢源:《低碳城市发展的框架、路径与愿景——以上海为例》,科学出版社 2010 年版。

陈峰君:《当代亚太政治与经济析论》,北京大学出版社 1999 年版。

陈志昂、章丽琼:《劳动力全球化视角下的中国国际竞争力变化——来自亚洲新兴国家的比较》,《经济学家》2010 年第 1 期。

程玉鸿:《经济全球化、城市竞争与城市竞争力研究》,《特区经济》2005 年第 5 期。

崔晓惠:《进一步转变政府职,构建服务型政府》,《现代商贸工业》2008 年第 5 期。

丁成日:《空间结构与城市竞争力》,《地理学报》2004 年第 10 期。

丁蕾、吴小根、丁洁:《城市旅游竞争力评价指标体系的构建及应用》,《经济地理》2006 年第 3 期。

董晓峰、杨保军、刘理臣、高峰:《宜居城市评价与规划理论方法研究》,中国建筑工业出版社 2010 年版。

豆建民、张可:《集聚与污染:研究评述及展望》,《苏州大学学报(哲学社会科学版)》2014 年第 2 期。

杜斌、张坤民、彭立颖:《国家环境可持续能力的评价研究——环境可持续性指数》,《中国人口资源与环境》2006 年第 1 期。

〔日〕渡边利夫:《成长的亚洲、停滞的亚洲》,东洋经济新报社 1989 年版。

彼得·J.泰勒:《世界城市网络的区域性》,《国际社会科学杂志》2005 年第 2 期。

杜鹏、杨慧:《中国和各国人口老龄化比较》,《人口与发展》2009 年第 2 期。

段七零:《江苏省城市生态位适宜度的测算与空间差异研究》,《曲阜师范大学学报》2008 年第 7 期。

樊纲、王小鲁、朱恒鹏:《中国市场化指数》,经济科学出版社 2010 年版。

丰志勇、何俊:《上海发展总部经济的现状、重点和模式》,《区域经济》2009 年第 2 期。

弗里德曼著、陈闽齐译:《世界城市的未来:亚太地区城市和区域政策的作用》,《国外城市规划》2005 年第 5 期。

付达院:《城市竞争力与产业集群的关联研究综述》,《经济研究导刊》2013 年第 35 期。

丰子义:《全球化与资本的双重逻辑》,《北京大学学报》2009 年第 3 期。

龚曙明:《湖南经济外向度的测量与思考》,《湖南社会科学》2004 年第 5 期。

顾朝林、陈璐:《从长三角城市群看上海全球城市建设》,《地域研究与开发》2007 年第 1 期。

郭志刚:《社会统计分析方法——SPSS 软件应用》,中国人民大学出版社 1999 年版。

顾朝林、袁家冬、杜国庆:《全球化与日本城市化的新动向》,《国际城市规划》2007 年第 1 期。

郭彦弘:《香港大都市规划:前店的规划》,《地理学报》1997 年第 2 期。

海热提·涂尔逊、杨志峰、王华东、曹利君:《论城市可持续发展》,《北京师范大学学报(自然科学版)》1998 年第 1 期。

韩国统计厅:《2010 韩国社会指标》,韩国统计厅,2012 年。

韩忠:《后工业化城市与制造业——以旧金山市为例》,《城市问题》2008 年第 11 期。

郝寿义、倪鹏飞:《中国城市竞争力研究——以若干城市为案例》,《经济科学》1998 年第 3 期。

胡昭玲:《经济全球化与中国产业国际竞争力提升》,中国财经出版社 2006 年版。

何珊:《云南大理城市综合竞争力研究》,云南财经大学硕士学位论文,2008 年。

何晓群:《现代统计分析方法与应用》,中国人民大学出版社 2007 年版。

胡钰蕾、周钧:《基于因子分析的长三角地区城市宜居规模研究》,《经济师》2011 年第 8 期。

霍琳:《基于 DEA 和 AHP 的黑龙江省城市竞争力评价》,《经济研究导刊》2010 年第 4 期。

季建军:《中国参与亚太区域一体化的两种路径选择》,《对外经贸实务》2013 年第 10 期。

简博秀:《全球化观点的中国都市与区域研究》,《地理学报》2004 年(增刊)。

江曼琦、唐茂华:《北京—天津与首尔—仁川产业结构与效率比较及其启示》,《城市发展研究》2005 年第 6 期。

姜跃春:《亚太区域合作的新变化与中日韩合作》,《东北亚论坛》2013 年第 2 期。

金震杰:《韩国如何培育小城镇》,《人民论坛》2013 年第 2 期。

金钟范:《世界城市系统研究评述:基于网络结构视角》,《江苏社会科学》2013 年第 1 期。

金泓汎、全毅:《世界发展中心转移与亚太发展中心的形成》,《亚太经济》2011 年第 1 期。

金泓汎、全毅:《亚太地区崛起的路径与特征》,《亚太经济》2010 年第 3 期。

凯捷等:《2012 年亚太财富报告》,法国巴黎,凯捷管理顾问公司,2012 年。

克鲁格曼:《发展、地理学与经济理论》,北京大学出版社 2000 年版。

来辉:《亚洲一体化的理想与现实》,《商业文化》2010 年第 1 期。

蓝庆新:《香港社会福利制度研究及启示》,《亚太经济》2005 年第 2 期。

雷新军、春燕：《东京产业结构变化及产业转型对上海的启示》，《上海经济研究》2010 年第 11 期。

李陈：《境外经典城市病理论与主要城市问题回顾》，《西北人口》2013 年第 3 期。

李俊夫、李玮、李志刚、薛德升：《新加坡保障性住房政策研究及借鉴》，《国际城市规划》2012 年第 4 期。

李琳、韩宝龙、李祖辉、张双武：《创新型城市竞争力评价指标体系及市政研究——基于长沙与东部主要城市的比较分析》，《经济地理》2011 年第 2 期。

李琳琳、李江：《新加坡组屋区规划结构的演变及对我国的启示》，《国际城市规划》2008 年第 2 期。

李建：《全球生产网络与大都市区生产组织空间》，科学出版社 2011 年版。

李廉水：《都市圈发展：理论演化·国际经验·中国特色》，科学出版社 2006 年版。

李亦：《内地企业亚洲总部首选香港》，《沪港经济》2012 年第 10 期。

李青：《全球化下的城市形态——世界城市的论说及现实涵义》，《数量经济技术经济研究》2002 年第 1 期。

李向阳：《全球化时代的区域经济合作》，《世界经济》2002 年第 5 期。

李郇、殷江滨：《国外区域一体化对产业影响研究综述》，《城市规划》2012 年第 5 期。

李岩：《重评东亚奇迹与"雁行模式"》，《当代亚太》1998 年第 2 期。

栗战书：《区域发展可持续性分析：基于三维视角的理论架构》，《学习与探索》2012 年第 7 期。

连玉明：《中国城市蓝皮书》，中国时代经济出版社 2003 年版。

联合国人类住区规划署：《规划可持续的城市：政策方向——全球人类住区报告》，2009 年。

联合国人类住区规划署：《全球人类住区报告（2009）规划可持续的城市：政策方向》，2009 年。

梁竞、张力小：《中国省会城市能源消费的空间分布特征分析》，《资源科学》2009 年第 12 期。

刘大海、李宁、晁阳：《SPSS 15.0 统计分析从入门到精通》，清华大学出版社 2008 年版。

刘颂、刘滨谊：《城市人居环境可持续发展评价指标体系研究》，《城市规划汇刊》1999 年第 5 期。

刘小红:《城市竞争力理论与陕西省 10 个中心城市竞争力实证研究》,西安建筑科技大学硕士学位论文,2004 年。

刘志彪:《长三角托起的中国制造业》,人民大学出版社 2006 年版。

卢磊:《城市样板旧金山》,《城市住宅》2011 年第 7 期。

陆建人:《论亚洲经济一体化》,《当代亚太》2006 年第 5 期。

罗朗:《旧金山的文化记忆》,《世界文化》2012 年第 8 期。

罗思东、陈惠云:《全球城市及其在全球治理中的主体功能》,《上海行政学院学报》2013 年第 3 期。

罗小龙、沈建法:《从"前店后厂"到港深都会:三十年港深关系之演变》,《经济地理》2010 年第 5 期。

吕娜:《新加坡投资的经济环境与法律政策分析》,《法制与社会》2012 年第 15 期。

马而非:《为什么投资旧金山》,《21 世纪经济报道》2013 年第 4 期。

Marcotullio, P., Alaedini, Pooya:《亚太地区城市环境政策构架》,《国际城市规划》2003 年第 6 期。

马立静:《城市竞争力理论和评价方法研究》,东北财经大学硕士学位论文,2005 年。

马丽梅、张晓:《中国雾霾的空间效应及经济、能源结构影响》,《中国工业经济》2014 年第 4 期。

马世骏、王如松:《社会—经济—自然复合生态系统》,《生态学报》1984 年第 1 期。

迈克尔·波特著,李明轩、邱如美译:《国家竞争优势》,华夏出版社 2002 年版。

毛大庆:《环境政策与绿色计划——新加坡环境管理解析》,《生态经济》2006 年第 7 期。

莫翔:《东亚经济模式的分析与反思》,《云南财经大学学报》2008 年第 2 期。

〔俄〕Г·莫谢伊:《世界经济全球化与区域化过程》,《国际社会科学杂志》2003 年第 2 期。

梅松:《世界制造业中心转移与中国成为世界工厂问题研究》,华中科技大学博士学位论文,2004 年。

孟斌、尹卫红、张景秋、张文忠:《北京宜居城市满意度空间特征》,《地理研究》2009 年第 5 期。

穆光宗:《中日韩三国人口老龄化比较》,《中国延安干部学院学报》2012 年第 5 期。

倪鹏飞、彼得·克拉索:《全球城市竞争力报告》,社会科学文献出版社 2012 年版。

倪鹏飞、侯庆虎:《全球城市竞争力的比较分析》,《综合竞争力》2009 年第 1 期。

倪鹏飞:《中国城市竞争力与基础设施关系的实证研究》,《中国工业经济》2002 年第 5 期。

倪鹏飞主编:《中国城市竞争力报告》,社会科学文献出版社 2013 年版。

倪鹏飞主编:《中国城市竞争力报告 No.1》,社会科学文献出版社 2003 年版。

聂磊:《全球大都市基础设施建设发展比较研究》,《城市公用事业》2013 年第 2 期。

宁越敏、唐礼智:《城市竞争力的概念和指标体系》,《现代城市研究》2001 年第 2 期。

牛文元:《2012 中国新型城市化报告》,科学出版社 2012 年版。

裴长洪:《经济全球化与当代国际贸易》,社会科学文献出版社 2006 年版。

仇保兴:《城市定位理论与城市核心竞争力》,《城市规划》2002 年第 7 期。

全惟幸:《东京、大阪城市群建设启示录》,《上海经济》2002 年第 2 期。

饶本忠:《东南亚城市一极化现象初探》,《东南亚纵横》2004 年第 1 期。

瑞信研究院:《全球财富报告》,瑞信研究院,2012 年。

瑟尔、胡以志:《新自由主义管治下的后奥运规划与开发:以悉尼奥林匹克公园为例》,《国际城市规划》2009 年第 1 期。

丝奇雅·沙森:《全球城市》,上海社会科学院出版社 2005 年版。

丝奇雅·沙森:《全球化时代的城市》,《北京规划建设》2009 年第 2 期。

汤茂林:《发展中国家巨型城市现状、成因与对策》,《城市规划学刊》2003 年第 1 期。

上海市商务委员会:《2012 上海服务业发展报告》,上海科学技术文献出版社 2012 年版。

上海市商务委员会:《2012 上海国际经济贸易》,上海科学技术文献出版社 2012 年版。

上海市商务委员会:《2012 上海总部经济及商务布局》,海科学技术文献出版社 2012 年版。

上海社会科学院城市综合竞争力比较研究中心:《国内若干大城市综合竞争力

比较研究》,《上海经济研究》2001年第1期。

沈建法:《全球化世界中的城市竞争与城市管治》,《城市规划》2001年第9期。

沈金箴:《东京世界城市的行程发展及其对北京的启示》,《经济地理》2003年第4期。

盛邦和:《近代以来中日亚洲观简论》,《国际观察》2005年第4期。

盛斌:《亚太区域合作新动向:来自竞争性构想的洞察》,《国际经济评论》2010年第3期。

石忆邵、范华:《悉尼大都市建设用地变化特征及其影响因素分析》,《国际城市规划》2009年第5期。

苏宁、王旭:《金融危机后世界城市网络的变化与新趋势》,《南京社会科学》2011年第8期。

汤茂林:《大阪面向21世纪的基础设施支撑体系》,《城市研究》1999年第6期。

唐子来、付磊:《世博会的经典案例研究之一:1970年大阪世博会》,《城市规划汇刊》2004年第1期。

屠启宇:《世界城市:现实考验与未来取向》,《学术月刊》2013年第1期。

万瑜:《全球化、世界城市可持续发展与政府行为——以东京和圣保罗为例》,上海社会科学院博士学位论文,2008年。

万振:《大阪,不断创新的城市》,《当代世界》2003年第3期。

王磊、徐晓玲:《从国际比较看我国对外服务贸易的发展——以上海为例》,《产业与科技论坛》2009年第8期。

王玉珍:《长三角城市群协调发展机制问题新探》,《南京社会科学》2009年第11期。

王晓丽:《第三部门在公共服务提供中扮演的角色》,《东南学术》2008年第4期。

汪明峰、高丰:《网络的空间逻辑:解释信息时代的世界城市体系变动》,《国际城市规划》2007年第2期。

汪明峰:《城市竞争、职能与竞争力:一个理论分析框架》,《现代城市研究》2002年第2期。

汪占熬、陈小倩:《亚太区域经济一体化的走势及我国的对策》,《经济纵横》2013年第4期。

王丹娜、胡振宇:《新加坡组屋公共服务设施设计:宜居、品质、和谐》,《城市住宅》2010第4期。

王桂新:《人口与发展:上海、东京的比较》,《复旦大学学报(社会科学版)》2003年第6期。

王浩然:《经济一体化背景下亚太地区经济合作的趋势分析》,《改革与战略》2011年第9期。

王景武:《金融发展与经济增长:基于中国区域金融发展的实证分析》,《财贸经济》2005年第10期。

王凯军、金冬霞:《悉尼奥运会对城市环境整治和景观生态建设的促进及经验》,《城市管理与科技》2003年第1期。

王莉莉:《城市生态位适宜度的对比分析——以江苏13城市为例》,《现代城市研究》2007年第3期。

王领西:《从欧洲一体化看东盟发展路径》,《人民论坛》2011年第7期。

王维然、赵凤莲:《欧亚共同体对中亚区域一体化影响的研究》,《国际经贸探索》2012年第28期。

王维然、朱延福:《中亚区域一体化进展及大国作用》,《国际经贸探索》2013年第29期。

王伟、赵景华:《新世纪全球大城市发展战略关注重点与转型启示》,《城市发展研究》2013年第1期。

王岩:《后危机时代推进东亚区域合作的建议》,《长春理工大学学报(社会科学报)》2013年第1期。

王宇主、富景筠:《当前亚太地区合作形式分析》,《亚太经济》2013年第4期。

魏强:《城市竞争力评价指标体系研究及数量分析——以福建省9个地级市为例》,厦门大学硕士学位论文,2009年。

吴奇修:《我国资源型城市提升》,中南大学博士学位论文,2005年。

吴启焰等:《世界城市的未来及面临的区域政策问题》,《城市问题》2005年第2期。

吴子玉、卢海宁:《长三角区域经济发展报告》,《调研世界》2013年第7期。

外交学院课题组:《"雁行模式":东亚模式的形成与发展》,《当代世界与社会主义》2011年第2期。

汪斌:《东亚国际分工的发展和21世纪的新产业发展模式》,《亚太经济》1998年第7期。

吴能远:《亚太地区经济的发展及其问题》,《亚太经济》1985年第6期。

肖耿、薛澜、华强森:《2011城市可持续发展指数》,麦肯锡,2011年。

肖红叶、郑华章:《IMD—WEF 国际竞争力评价比较研究——以中国为例》,《统计与信息论坛》2008 年第 1 期。

徐建明、周英华:《日本人口老龄化对经济发展的影响》,《现代日本经济》2010年第 4 期。

王大伟等:《应对城市病的国际经验与启示》,《传承》2012 年第 15 期。

徐巨洲:《从香港模式看我国国际性城市的发展》,《国际城市规划》2009 年第1 期。

徐康宁:《论城市竞争与城市竞争力》,《南京社会科学》2002 年第 5 期。

徐逸鹏:《美国最美的城市:旧金山》,《决策与信息》2009 年第 2 期。

徐长文:《建立中日韩自贸区促进亚洲一体化进程》,《国际贸易》2013 年第4 期。

徐海英、郭丽丽、张春梅:《西方经济地理学关于全球化经济的理论演化综述》,《人文地理》2011 年第 4 期。

许志桦、潘裕娟、曹小曙:《香港港口与城市发展》,《城市观察》2012 年第 1 期。

亚太经济和社会委员会:《亚太地区的城市化和人口分布》,《现代外国哲学社会科学文摘》1987 年第 10 期。

颜丽杰:《城市竞争背景下的规划管理政策研究》,《城市问题》2008 年第 10 期。

杨丹辉:《中国成为"世界工厂"的国际影响》,《中国工业经济》2005 年第 9 期。

杨先明:《从发展过程看东亚经济奇迹》,《中国社会科学》1997 年第 2 期。

杨勇:《亚太区域一体化新特征与中国的策略选择》,《亚太经济》2012 年第5 期。

杨保军:《城市公共空间的失落与新生》,《城市规划学刊》2006 年第 6 期。

杨汝万:《全球化背景下的亚太城市》,科学出版社 2004 年版。

杨上广:《中国大城市经济空间的演化》,上海人民出版社 2009 年版。

易千枫、张京祥:《全球城市区域及其发展策略》,《国际城市规划》2007 年第5 期。

姚德文:《城市低碳经济的治理体系:来自澳大利亚和中国台湾的经验和借鉴》,《财经问题研究》2010 年第 5 期。

姚士谋、于春、年福华:《城市化问题的深度认识——关于提升南京城市竞争力》,《南京社会科学》2002 年第 S1 期。

殷洁、罗小龙:《尺度重组与地域重构:城市与区域重构的政治经济学分析》,《人文地理》2013 年第 2 期。

郁鸿胜：《长三角城市群发展的思路研究》，《中国延安干部学院学报》2010 年第 15 期。

于涛方、顾朝林、涂英时：《新时期的城市和城市竞争力》，《城市规划汇刊》2001 年第 4 期。

于蕾、沈桂龙：《"世界工厂"与经济全球化下中国国际分工地位》，《世界经济研究》2003 年第 4 期。

余世孝：《数学生态学导论》，科学技术文献出版社 1995 年版。

约翰·弗里德曼：《世界城市的未来：亚太地区城市和区域政策的作用》，《国外城市规划》2005 年第 5 期。

詹正茂、田蕾：《新加坡创新型城市建设经验及其对中国的启示》，《科学研究》2011 年第 4 期。

约翰·奈斯比特等：《亚太地区的崛起》，《世界研究与发展》1991 年第 5 期。

张泉、叶兴平、陈国伟：《低碳城市规划——一个新的视野》，《城市规划》2010 年第 2 期。

张天洁、李泽：《高密度城市的多目标绿道网络——新加坡公园连接道系统》，《城市规划》2013 年第 5 期。

张卫民：《北京城市可持续发展综合评价研究》，北京工业大学博士学位论文，2002 年。

张文忠：《中国宜居城市研究报告》，社会科学文献出版社 2006 年版。

张宪平：《对当前城市竞争的分析研究》，《华东经济管理》2006 年第 2 期。

张学良主编：《中国区域发展报告》，人民出版社 2013 年版。

张建平：《"十二五"时期国际产业转移与分工变化及对我国的影响》，《中国经贸导刊》2010 年第 14 期。

张雪：《东盟发展面临的制约和策略选择》，《亚太经济》2007 年第 2 期。

张引：《韩国城市拓展特定及对中国城市化的启示》，《城市观察》2010 年第 4 期。

赵国杰、赵红梅：《基于网络层次分析法的城市竞争力评价指标体系研究》，《科技进步与对策》2006 年第 11 期。

赵进：《香港公营房屋建设及其启示》，《国际城市规划》2010 年第 3 期。

赵敏、张卫国、俞立中：《上海市能源消费碳排放分析》，《环境科学研究》2009 年第 8 期。

赵鹏军：《美国旧金山滨水区公共空间设计的成功与失败》，《建筑学报》2005

年第 2 期。

张为付、张二震：《世界产业资本转移与"长三角"制造业的发展》，《上海经济研究》2003 年第 7 期。

赵伟：《对外开放与经济增长：中国与印度的比较》，《当代亚太》2011 年第 1 期。

赵玉宗：《全球化、城市化与巨型工程》，《城市规划学刊》2006 年第 3 期。

赵晓雷主编：《2013 上海城市经济与管理发展报告——上海城市低碳经济发展研究》，上海财经大学出版社 2013 年版。

赵小芸、芮明杰：《上海以高新技术推动制造业升级的模式与路径研究》，《上海经济研究》2012 年第 2 期。

郑文晖、宋小冬：《全球化下经济空间结构演化趋势的解析》，《城市规划学刊》2009 年第 1 期。

朱妮娜、叶春明：《全球及东亚区域生产网络研究文献综述》，《云南财贸学院学报》2012 年。

郑欣：《数据包络分析方法评价城市竞争力》，暨南大学硕士学位论文，2003 年。

中国家庭金融调查与研究中心：《中国城镇失业报告》，西南财经大学。

中国经济实验研究院城市生活质量研究中心：《高生活成本拖累城市生活质量满意度提高——中国 35 个城市生活质量调查报告（2012）》，《经济学动态》2012 年第 7 期。

中国科学院可持续发展研究组：《2000 中国可持续发展战略报告》，科学出版社 2000 年版。

中国欧盟商会：《2011 年亚太地区总部调查》，罗兰贝格咨询公司，2011 年。

周家雷、顾广玲：《轮新加坡竞争力的源泉》，《东南亚研究》1999 年第 3 期。

周立：《中国各地区金融发展与经济增长（1978—2000）》，清华大学出版社 2003 年版。

周祎旻、胡以志：《城市意象——以悉尼公共空间为例》，《北京规划建设》2010 年第 3 期。

周祎旻、胡以志：《城市中心区规划发展方向初探——以〈悉尼 2030 战略规划〉为例》，《北京规划建设》2009 年第 3 期。

周祎旻：《可持续发展——亚洲城市的基于与挑战》，《北京规划建设》2010 年第 1 期。

周玉波：《城市竞争力影响因素的宏观分析》，《湘潭大学学报（哲学社会科学版)》2009 年第 3 期。

周振华:《现代化国际大都市:机遇全球网络的战略性协调功能》,《上海经济研究》2006 年第 8 期。

周振华:《全球化、全球城市网络与全球城市的逻辑关系》,《社会科学》2006 年第 10 期。

周振华:《全球城市区域:全球城市发展地域空间基础》,《天津社会科学》2007 年第 1 期。

周振华:《崛起中的全球城市——理论框架及中国模式研究》,上海人民出版社 2008 年版。

周振华:《上海迈向全球城市战略与行动》,上海人民出版社 2012 年版。

诸大建、陈飞等:《上海建设低碳经济型城市的研究》,同济大学出版社 2010 年版。

张开云、张兴杰:《公共服务均等化:制度障碍与发展理论》,《浙江社会科学》2011 年第 6 期。

周琛影:《公共服务均等化的财政转移支付效应评估》,《经济体制改革》2013 年第 4 期。

图书在版编目(CIP)数据

2015 上海城市经济与管理发展报告:亚太城市可持续竞争力研究/上海财经大学上海发展研究院等编.
—上海:格致出版社:上海人民出版社,2015
（自贸区研究系列）
ISBN 978-7-5432-2509-1

Ⅰ.①2…　Ⅱ.①上…　Ⅲ.①城市经济-经济管理-研究报告-上海市-2015②城市-竞争力-研究-亚太地区　Ⅳ.①F299.275.1②F299.3

中国版本图书馆 CIP 数据核字(2015)第 082517 号

责任编辑　李　远
美术编辑　路　静

2015 上海城市经济与管理发展报告
—— 亚太城市可持续竞争力研究

上海财经大学上海发展研究院　上海财经大学城市与区域科学学院
上海市政府发展研究中心　上海发展战略研究所·赵晓雷工作室　编

出　版	世纪出版股份有限公司　格致出版社	印　刷	浙江临安曙光印务有限公司
	世纪出版集团　上海人民出版社	开　本	787×1092　1/16
	(200001　上海福建中路 193 号　www.ewen.co)	印　张	18.5
	编辑部热线　021-63914988	插　页	3
	市场部热线　021-63914081	字　数	263,000
	www.hibooks.cn	版　次	2015 年 6 月第 1 版
发　行	上海世纪出版股份有限公司发行中心	印　次	2015 年 6 月第 1 次印刷

ISBN 978-7-5432-2509-1/F·828　　　　　　　　　　　　　　　定价:45.00 元